Las horas del alma

Hacer del Río
Febrero - 2010

ANA CABRERA VIVANCO

Las horas del alma

Círculo de Lectores

A mi esposo y a mi hija,
que saben hacer milagros

FAMILIA MONTEAGUDO

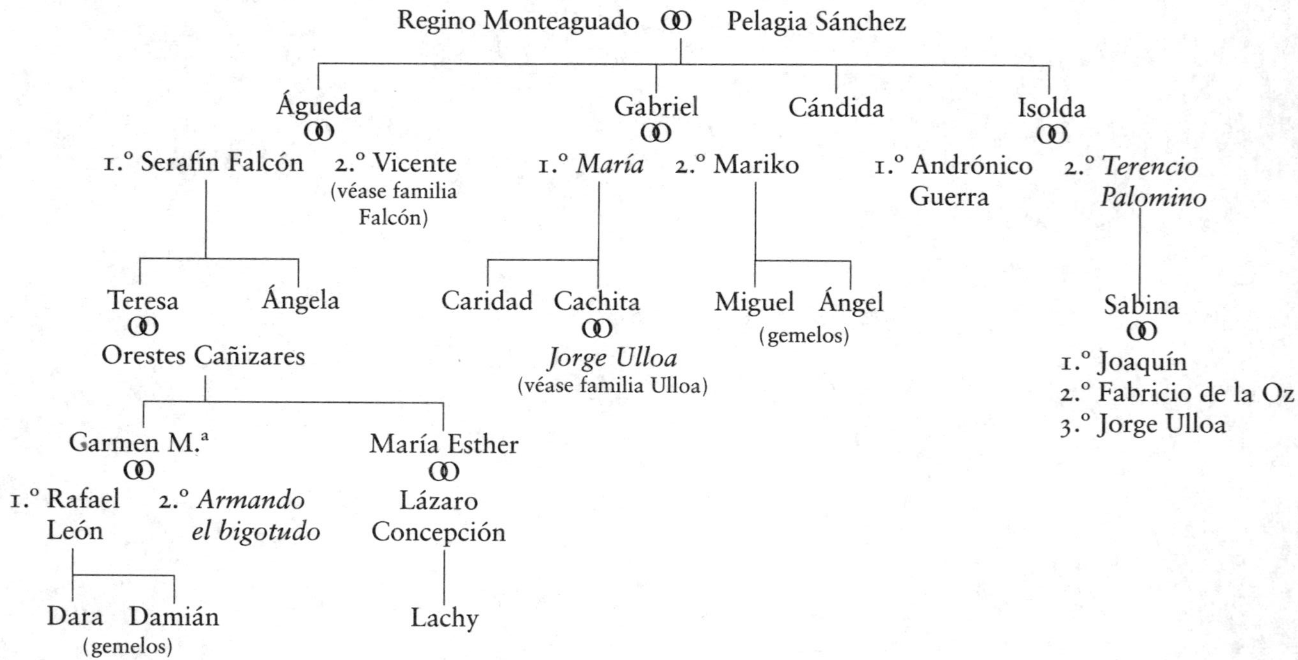

En cursiva, las uniones no legalizadas.

FAMILIA FALCÓN

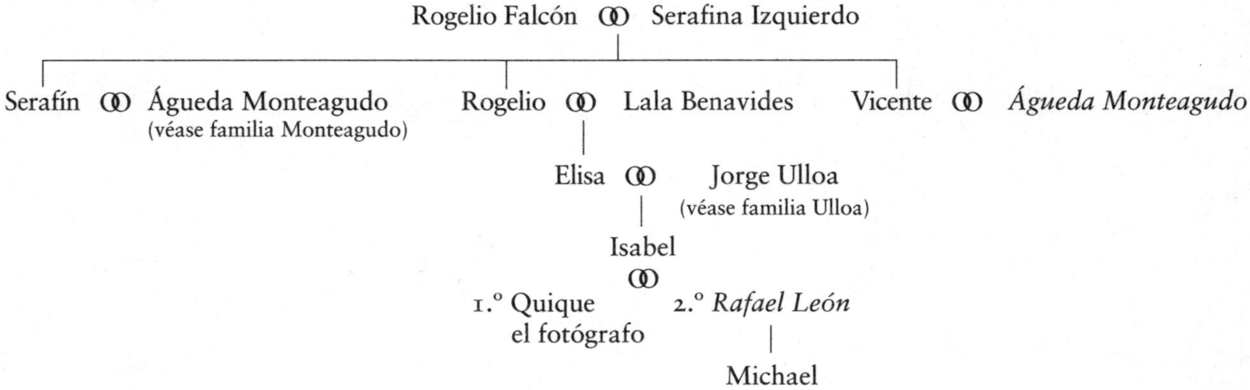

FAMILIA ULLOA

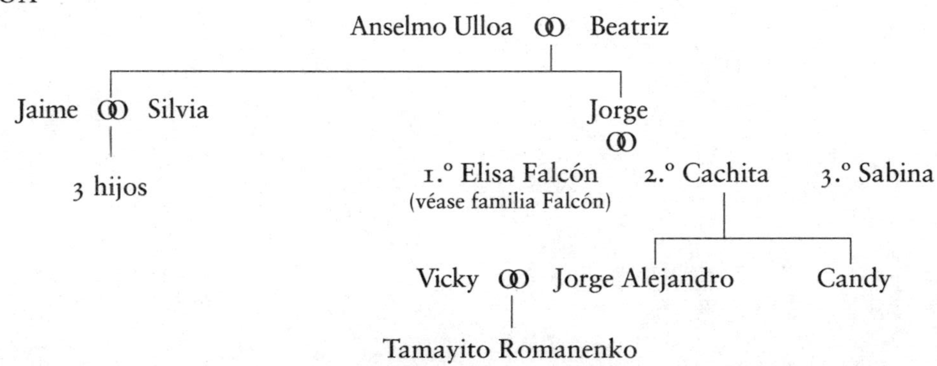

Primera parte

El reloj

El tiempo, en realidad, no tiene cortes,
no hay ni trueno, ni tempestad, ni sonido
de trompetas al principio de un mes nuevo
o de un año nuevo ni incluso en el alba de
un nuevo siglo; únicamente los hombres
disparan cañonazos y echan al vuelo
las campanas.

Thomas Mann,
La montaña mágica

I

Es curioso cómo un olor determinado puede aferrarse a la memoria más que el rostro querido de los muertos a quienes, ¡bien sabía Dios!, ella no había olvidado, ni depuesto del lugar que a cada cual le debía en sus recuerdos. Lo curioso era eso: la eterna polémica de poner cada afecto en su lugar, pues a medida que las facciones de sus muertos se le iban desvaneciendo y se tornaban imprecisas en la retina de la mente, el olor se hacía más firme y persistía hasta cobrar alma propia, más alma aún que los muertos que sólo el alma dejaron de su presencia en la vida y su paso por el tiempo. Ocurre que en la vejez se viaja siempre en picada y cuando la memoria falla nos parece que se vuelve más ingrato el corazón y traicionero el olvido, y no es que falten ganas de quereres y recuerdos: no señor, si algo le sobra a los viejos son recuerdos, añoranzas y ganas de revivir lo vivido. La culpa está en la carcoma de los años y en la maldita escasez de retentiva, para evocar a los ausentes tal cual fueron y retenerlos en la mente sin lagunas ni extravíos. En cambio, el olor del río prevalecía en sus recuerdos por sobre todos sus afectos. Cuando partieron del pueblo, ese olor se fue con ellos a vivir en la ciudad. Tomasa, que además de lengua suelta era terca y sabichosa, decía que era el causante de los ataques de asma que padeciera de niña. Apenas se instalaron en la capital, se dio enseguida a la tarea de airear los escaparates y limpiarlos con un trapo embebido en alcohol, insistiendo en sacar al sol todo aquello que traía encerrado en las maletas.

Pero de nada valieron los esfuerzos de Tomasa. El olor vino decidido a quedarse y se quedó. Andaba como uno más en la casa, colándose por las rendijas de los muebles, metido entre las ropas, las sábanas y los manteles, los álbumes de fotografías, incluso en los libros de su padre, sus apuntes y su maletín de médico, en las muchas cosas viejas que guardan siempre los viejos, en las cosas de ella misma cuando también se hizo vieja y le tomó más apego al olor que la seguía fielmente a pesar de no estar ya ninguno de ellos. Quizá lo quería más por eso, porque la identificaba con los suyos y con Río Hondo, el pueblo que la vio nacer hacía setenta años justos. «Todo retorna a su origen», se dijo. Ella, Ángela Falcón, había retornado también al lugar de donde vino y se había refugiado en él para sobrellevar su vejez con dignidad. Ahora que estaba de vuelta podía respirarlo vivo: a plenitud. Lo sentía correr libre en la brisa primera del amanecer, brotar inagotable de los helechos silvestres que crecían en el convento, germinar en el verdín algodonoso que invadía las grietas de las paredes, advertirlo en su piel, en las grietas de su propia piel, envejecida sin sueños. Adoraba ese bálsamo húmedo proveniente del río que inundaba el pueblo de la mañana a la noche. Jamás se le ocurrió reprocharle que fermentara aquel hongo malsano que la enfermó de asma. Le dispensaba su alergia, el enojoso escozor de las ronchas en el cuerpo, las frecuentes crisis del oguillo y la afección crónica de sus mucosas, que acabó por imprimir a su voz un tono disfónico y nasal.

–Hoy estoy como boba. Me he puesto a pensar en cosas viejas, de los míos, de esas que a los viejos nos da por tener en la cabeza. Dicen que cuando esto pasa uno está por morirse. Antes no pensaba en la muerte. Tampoco le temía, será que ahora la veo ahí, como una esquina próxima a doblarse.

Tenía el pasado hecho presente; en cambio olvidaba los detalles inmediatos: a veces le era imposible preservar en la memoria lo ocurrido el día anterior. Era capaz de recordar con exactitud cronológica los acontecimientos que la obligaron a abandonar su hogar cuando entendió que había dejado de serlo. Su memoria reafirmaba en caracteres dramáticos cada detalle del adiós, los gestos descompuestos, las virulencias de última hora, la frase final disparada a quemarropa, salida de labios de quien menos que nadie debió decirla nunca.

–Fui el resuélvelo todo de la casa, los crié a todos y ninguno pareció notarlo.

Dos generaciones de hijos ajenos crecieron bajo sus faldas, convertida en la esclava de sus horas, en el memorándum de sus vidas. Mientras, por otro lado, ella salía sobrando, estorbaba, la hacían saber fuera de sus planes cuando no les era precisamente necesaria.

–¡Hace más de diez años y lo tengo todo tan fresco como si hubiera sido ayer! De veras fue una suerte que el convento de monjas donde estudié de niña fuese transformado en un hogar para ancianos. ¡Dios lo quiso así para que yo volviera a mi lugar!

Una década atrás regresó a Río Hondo, acompañada de la misma maleta de cuadros escoceses con que partiera hacia La Habana cuando tenía quince años. En la vieja maleta había espacio suficiente para cargar las escasas pertenencias que poseía: cuatro o cinco vestidos pasados de moda, alguna ropa de cama, los objetos de su aseo personal, el imprescindible bolso con sus medicamentos y las fotos familiares entremezcladas con los sagrados recuerdos. Fueron precisamente los trastos que no cabían los que complicaron las cosas. Se empeñó en llevar consigo el antiguo reloj de pared y la comadrita de la abuela Pelagia que contaba casi un siglo. Ella la preservó del deterioro esforzándose por renovar las rejillas y haciéndole encolar los balancines en diversas ocasiones. Se desató una trifulca terrible, cuando Ángela decidió cargar con algunas de las antigüedades que heredó de sus antepasados. Hicieron caso omiso de las fotografías, pero la lucha fue tenaz al verla envolver en papel de periódico el enorme jarrón de porcelana china y la gigantesca carroza de Sajonia tirada por tres corceles de bronce y escoltada por seis ángeles de biscuit, de los que dos habían perdido las alas y un tercero la cabeza. La discusión se puso al rojo vivo al introducir en el baúl parte de la vajilla de Sèvres perteneciente a su madre, y hasta algunos platos volaron por el aire en el clímax de la disputa. Si eso fue con los adornos, qué no harían con las joyas. Ángela se preguntaba dónde habían ido a parar el grueso sortijón de oro del doctor Serafín Falcón y el brillante de su madre que un día se tragó un totí de mal agüero.

–Hoy voy a terminar mal el día. Yo misma me lo estoy buscando con tanto lleva y trae en los recuerdos. ¿Qué importa lo de las prendas? Hubo cosas peores de las cuales tuvimos que desprendernos...

Apoyándose en su bastón de empuñadura de plata se deslizó paso a paso por el rojizo embaldosado de la terraza, donde las ancianas dormitaban el letargo de la siesta, desmenuzaban migajas a los gorriones o se entretenían tejiendo macramés de soga para colgar sus tiestos de begonias, helechos, serpentina y lengua de mujer. En los meses de verano, el resplandor del mediodía impedía que las monjas se pasearan por el patio luego de concluido el almuerzo. Eso las ponía irritables y a menudo se notaban agotadas por el intenso calor. Sin embargo, esa tarde, después de muchos días amenazando llover, había caído un cerrado aguacero que alivió en algo el fogaje; las monjitas salieron risueñas, casi a la desbandada, y se sentaron de dos en dos alrededor de la fuente de la Virgen milagrosa celebrando a su modo la brisa fresca y liviana que corría entre los árboles y las sacaba del encierro. Serían pasadas las dos cuando una religiosa achatada y regordeta con cara de angelote le dijo que sor Carmelina la esperaba en su cuarto con una jovencita que decía ser sobrina o nieta suya.

Ángela se puso rígida y se aferró con fuerza a la empuñadura del bastón.

–¿Nietos? Sor Carmelina sabe que soy soltera y le consta que odio recibir visitas.

–¡El Señor nos proteja! –dijo la monjita haciendo la señal de la cruz–. El odio no es palabra de cristianos, y ahora menos aún... Esa joven que la espera creo que trae malas noticias. Venga conmigo, la acompaño.

–Soy Dara, tía –dijo la muchacha poniéndose en pie en cuanto vio a Ángela entrar en la habitación.

A Ángela le vino a la mente la escena de dos niños adorables, llorando a moco tendido mientras le decían adiós desde un balcón. Apenas podía asociar a la jovencita que tenía delante con la niña retenida en el recuerdo. No sabía qué decirle, pero le bastó mirarla para saber que traía un gran dolor apretado entre los labios.

–¿Pasa algo? –preguntó Ángela, alarmada de sentir su propia voz.

–Yo, tía, vine a decirte... que... mi hermano, Damián, trató de irse... se tiró al mar en una balsa y... desapareció... –Las palabras de la joven temblequeaban en su boca y parecían sacudir todo su cuerpo, pero aun así continuó–. Mamá no pudo con eso... No aguantó lo de su hijo. Se quitó la vida. El entierro es esta tarde... a las cuatro... yo vine a buscarte... para... por si tú... –Dara se detuvo de repente quebrada por un sollozo–. ¿Qué hago yo aquí? –Fue lo último que atinó a decir antes de escapar corriendo de la habitación. Sor Carmelina dudó entre salir tras la muchacha o socorrer a Ángela, que se había puesto cadavérica y apenas se sostenía apoyada en el bastón, preguntando una y otra vez:

–¿Buscarme a mí? No entiendo. ¿Dijo que... a mí... para qué?

–Deberá rezar mucho para que el Señor le dé valor –dijo la monja–. Trate de descansar, yo volveré enseguida. ¿Qué tal si le preparo un cocimiento de tilo?

Pero Ángela negó con la cabeza. Le aseguró a sor Carmelina que prefería estar sola, y que no necesitaba el tilo. Sabía que sería inútil rezar porque ni siquiera Dios sería capaz de sostenerla. Echó el cerrojo con violencia y afirmó su espalda contra la puerta para evitar desplomarse. Volvió a pensar en Dara. La visualizó de nuevo transida por el dolor que contenía la noticia que le habían encomendado. Fue ordenando una por una sus palabras en la mente mientras cerraba los ojos. Sus párpados ardían como plomo derretido. No se detuvo a pensar que el entierro era esa tarde ni que en el antiguo reloj de pared faltaban sólo veinte minutos para las cuatro. Se dejó caer sobre la cama; los muelles del viejo bastidor crujieron herrumbrosos. Un fuerte olor a moho se desprendió con insolencia del colchón.

Carmen María, la niña de sus ojos, aquella que estando viva quiso enterrar en el recuerdo, había muerto de verdad. Recordó a su sobrina en múltiples intentos anteriores por deshacerse de la vida. Finalmente lo había conseguido. Ella pensando todo el día en los muertos, en las cosas de los muertos, y resulta que la muerte se cobraba otras dos víctimas... Damián... Diez años habían transcurrido, ¿qué edad tendría ahora? ¿Dieciséis, diecisiete? Sólo un adolescente, como la mayoría de los muchachos que se echaban a la mar todos los días... Damián, el hijo de Carmen María, el niño coloradote que ella se comió a besos y acunó entre sus brazos acabadito de nacer, incluso antes que Teresa, quien se estrenaba como abuela y no sabía si mecerlo o arroparlo. ¡Ese niño tan querido estaba solo en el fondo del mar frío y oscuro bajo las aguas! Sabía que con esto no iba a poder. Una década de rencores infranqueables se derrumbaba dentro de ella. No iba a llorarlos, eso también lo sabía, nunca lo hizo, no aprendió a hacerlo. Si alguien la hubiera enseñado a llorar ahora se lo hubiese agradecido, tal vez sería el alivio necesario a esta urgencia de mortificarse y hacerse daño a sí misma. Terminó por acostarse. Por un instante permaneció inmóvil, con los ojos perdidos en las cenefas del techo. Inhaló intenso repletando sus pulmones del olor a humedad. Con gesto leve, pero firme, alcanzó el bastón que tenía a su costado; lo apretó con tal fuerza entre sus puños cerrados que sus nudillos palidecieron. Pudo ver el latido acelerado de su pulso serpenteando bajo la piel al descargar el primer golpe sobre la frente, luego otro y otro más. Todavía golpeaba a ciegas cuando el fluido lento de la sangre comenzó a brotar de su cabeza, salpicando la blancura espectral de las sábanas, hasta agrandarse en una mancha color borra de vino, que la almohada se fue tragando poco a poco.

El viejo reloj de la abuela Pelagia dejó escuchar, melancólico, la cuarta campanada en el silencio mortecino de la tarde…

2

Pelagia Sánchez estaba de parto: desde temprano en la mañana se sentía las caderas deslomadas y habían empezado a apremiarle aguijones bajo el vientre. A pesar de llover torrencialmente y saberse a solas con sus tres pequeños hijos en la apartada casita de madera y tejas que Regino Monteagudo, su marido, levantara en el sitiecito, no parecía asustada. Tenía confianza en sus fuerzas de mujer batalladora y creía ciegamente que Dios no habría de abandonarla en el trance. La inquietaba, eso sí, la demora del marido y la evidente cercanía del ciclón que tendrían encima en pocas horas. Cada vez era más fuerte el aguacero, las rachas más prolongadas y el viento arreciaba por momentos silbando entre las rendijas y golpeando en el tejado.

–¡Si Regino acabara de llegar! De no asegurar los postigos, la ventolera nos arrasa.

Pero Pelagia no estaba hecha para cruzarse de brazos. Activa y voluntariosa por naturaleza, no se amilanaba fácilmente. Poseía la presencia de ánimo necesaria para arreglárselas sola con las tablas y los clavos, sin esperar a que su hombre llegase.

Se había criado en el campo, y al igual que don Regino, apenas contaba estudios. Pero no había quien le pusiera un pie alante en simpatías ni otra que la igualara a la hora de lucirse en las verbenas o en los salones de baile, donde ella y su marido hacían la mejor pareja, bordaban el danzón criollo sin salirse del ladrillo y se alzaban cada año con casi todos los premios. Ni Pelagia ni Regino podían asegurar con certeza el momento en que se hicieron novios o llegaron a darse aquel beso que habría de unirlos para siempre; lo único que recordaban era que se habían amado desde que tuvieron uso de razón, y que desde ese entonces supieron que estaban hechos el uno para el otro.

En medio de los claveteos, unas risitas entrecortadas le llegaron del cuarto de los niños. Decidida a echarles un vistazo para imponer disciplina entró en la habitación. Menudas figuritas fantasmales retozaban bajo el marfil crudo de los mosquiteros. Águeda, su hija mayor, asomó un par de trenzas castañas por debajo de los tules.

–Mamá, a Gabriel y a mí el ciclón nos tiene espabilados.

Una cabecita de bucles claros se dejó ver a su vez luchando por desasirse del mosquitero.

–Sí, mamita, sí, no nos obligue hoy a dormir la siesta –dijo el niño.

–No vuelvan a chistar, majaderos, los ciclones son cosas del demonio y se llevan a los niños que no se portan bien.

Un nuevo y creciente aguijonazo se encajó con agudeza a un costado de su vientre, en el momento en que la pequeña Cándida dejó escuchar desde la cama su vocecilla musical.

–Tengo miedo, mamita, dígales que se callen o Dios se pondrá furioso y hará que el ciclón nos lleve a los tres.

Del exterior penetró de improviso un relincho vigoroso que los hizo sobresaltar.

–¡Es *Azabache*, mamá, anda suelto por el patio! –gritó Gabriel–. ¿Lo oye usted?

–A callarse, no se muevan de sus camas, yo me encargo del caballo.

Salió al patio; el viento le hacía resistencia y le enrollaba las faldas dificultándole el paso entre las ramas desprendidas que crujían bajo sus pies. *Azabache* relinchaba encabritado, dando coces inciertas como si quisiera defenderse de una invisible amenaza. Pelagia lo llamó dos veces tratando de calmarlo, se acercó cautelosa, con la ropa completamente ensopada, exponiendo su vientre al peligro de ser pateado por la cólera desatinada de la bestia. Al fin, logró asirlo por la soga que llevaba atada al cuello, y con la destreza de quien sabe cómo tratar a los animales logró dominarlo y conducirlo a la caballeriza.

El esfuerzo acrecentó sus malestares, las aguas placentarias empaparon sus muslos y los dolores arreciaron a la par que la embestida del viento. No tuvo tiempo más que para encomendarse a Dios y aferrarse a la mata de aguacate mientras se mordía los labios pujando con todas sus fuerzas.

Fue una niña y le pusieron nombre de acuerdo con un revelamiento. A Pelagia, que tenía sus manías, le entró el antojo de que oía cantar a su hijo en el vientre si le acercaba la moterita de música que Monteagudo le trajo de la feria. Por más que el padre Florentino se empeñó en hacerle ver que todo aquello no era sino obra de su imaginación, Pelagia insistió en tomarlo como una señal divina y no paró hasta saber el nombre de la melodía que tocaba la motera. Al enterarse de que no se trataba de una composición vulgar, sino de un aria de *Tristán e Isolda*, creyó confirmada su revelación: su hijo sería cantante. Si era varón se llamaría Tristán y si nacía niña, Isolda.

Muy pronto otros vendavales peores que el ciclón azotaron la vida de Pelagia Sánchez. Aún no repuesta del todo del ataque de eclampsia que padeciera tras su quinto y último parto en el cual nacieron muertos los gemelos varones, tendría que enfrentar la enfermedad de la pequeña Cándida, su segunda hija, una criatura de belleza angélica que parecía concebida más por obra y gracia del Espíritu Santo que por don Regino Monteagudo. La niña enfermó de difteria y de nada valieron los remedios, ni los desvelos de la madre, quien sin desprenderse un segundo de su cabecera, no sabía ya qué hacer para atacar la tenacidad de la fiebre y hacerla expulsar las falsas membranas que terminaron por ahogarla.

Al amanecer, todo había concluido y Pelagia, sin poder ya contenerse, se tiraba de los cabellos y arañaba las paredes, llevada por la desesperación. Poco antes del entierro pareció serenarse, pero luego todos temieron verla entrar en una nueva crisis cuando, con los ojos fijos en el cadáver de la hija, la oyeron decir que a la pequeña Cándida le crecían alas en la espalda y estaba segura de haberla visto partir custodiada por dos ángeles. Días más tarde, creía verla en cualquier parte, velando en el cuarto el sueño de los hermanitos, recogiendo flores en el jardín o meciéndose en la hamaca del patio mientras desplegaba su plumoso par de alitas. Con el correr de los años el fantasma de la niña fue asumido por la madre como una buena señal; si la suerte, la chiripa o lo que fuese iba al fin a sonreírles, la etérea y celestial figurita no tardaba en hacerse visible para anunciarlo. Todo lo contrario ocurrió con los repetidos partos de gemelos muertos, que habrían de convertirse generación tras generación en el más terrible anticipo de los malos presagios familiares.

Fue durante la enfermedad y muerte de su hermana Cándida cuando Águeda conoció de cerca al hombre que sin saberlo habría de convertirse en su esposo tres años más tarde. La primogénita de los Monteagudo estaba por entonces en plena floración adolescente y podía considerarse una chiquilla sensual y prematuramente desarrollada. Tenía la cabellera audaz, la piel blanca nacarada, teticas prometedoras, el culito pronunciado, la cinturita de avispa y las caderas moldeadas y retozonas. Se asemejaba a Pelagia, que había sido de soltera una de las bellezas del pueblo, y continuaba sin duda siendo hembra de elogiar, aun rebasados los treinta y parido varios niños. Ningún hombre en Río Hondo podía dejar de volverse ni de quitarse el sombrero cuando Pelagia paseaba por el parque seguida de sus hijos, tras la muerte de Cándida. Desde luego, a ninguno se le ocurría importunarla con un cumplido atrevido, pues todos reverenciaban la firmeza de su temple y su asentada rectitud, además del secreto temor que siempre infundía en la gente el acuñado carácter de Regino Monteagudo.

Los domingos siempre fueron los días preferidos por los niños. Ansiosos y recogidos aguardaban en la iglesia a que concluyera el sermón del padre Florentino, para ir a bañarse al río y pasear en bote con sus padres. Águeda y Gabriel no concebían en todo el mundo un lugar como aquél. El río tenía para ellos un encanto misterioso, se decía que sus aguas verdiocres se perdían en la garganta de una cueva protegida por las raíces de una ceiba centenaria y contaban que en la cueva fueron hallados los trazos y las deidades dibujadas por los indios. Los más viejos recordaban que ninguno de los sabios que ahondaron en el secreto del río desaparecido logró despejar la incógnita de su rumbo o paradero, y tampoco consiguieron aclarar el enigma de la cueva que no sólo se tragó el cauce del río sino una yunta de bueyes que un guajiro llevó hasta allí a beber agua.

Pelagia, abrumada por el luto de su pequeña hija Cándida, renunciaba a los baños y se extasiaba contemplando las alegres zambullidas de Águeda y Gabriel que nadaban junto al padre, mientras Isolda, cantarina de nacimiento, se entretenía a sus pies recogiendo ramitas y hojas secas sin parar de tararear: «Arroz con leche / me quiero casar / con una viudita de la capital». Era un pueblo de bañistas y expertos nadadores. La propia condesa de Merlín mencionaba en sus memorias cuánto había disfrutado de sus incursiones en el río siendo apenas una chiquilla larguirucha de once años. Los oriundos de Río Hondo sentían un orgullo nato por su tierra y su paisaje, donde el verde se mezclaba entre infinidad de verdes y se teñía con reflejos dorados y purpurinos especialmente a la caída de la tarde, cuando las familias se agrupaban en la quintica del río a saborear la deliciosa paella que el gallego Paco servía a los bañistas en gigantescas cazuelas de barro.

Por aquella época los Monteagudo entraron en una etapa de bonanza. Regino, luego de vender el sitiecito, se mudó al centro del pueblo para abrir una tienda de sombreros y calzado. Había invertido hasta el último centavo, pero en la calle Real los negocios rendían buenos dividendos. Su mujer lo ayudaba con las ventas, tenía habilidad para las cuentas y astucia con los clientes. Hasta Águeda y Gabriel cooperaban con sus padres ordenando la zapatería o colocando las grandes cajas de cartón con los sombreros en los altos anaqueles de madera. Gabriel no había cumplido aún los diez años, pero era ya por entonces muy despierto y aplicado. Su padre solía regalarle los cartones y los papeles de China de las cajas deshechas para que construyese sus curiosos papalotes. El niño pasaba horas enteras en el comedor de su casa armándolos con güines, junquillos y caña de bambú, luego los pintaba con acuarela y una vez terminados parecían más que papalotes, cuadros verdaderos.

Una brisa favorable comenzó a soplar en torno a la familia. Pelagia llegó a olvidar por completo el mal presagio de los gemelos muertos y se abandonó de tal modo a la risueña placidez de aquellos días que ni siquiera su olfato de pitonisa pudo intuir el desastre.

Quiso la suerte que Pelagia se hallara enfrascada preparando la verbena y tuviera que salir a comprar hilos para incrustar lentejuelas, llevando a Isolda consigo. Fue un verdadero milagro que Águeda y Gabriel no hubieran vuelto de la escuela, que Monteagudo anduviera de viaje por La Habana y la tienda estuviese cerrada en el momento en que se produjo el siniestro.

Gabriel y Águeda compraban durofríos cuando oyeron gritar que se quemaba su casa. Poco pudo la bomba de incendios que, a pesar de ser cargada con carbón constantemente, despedía un chorro de agua insuficiente para sofocar la voracidad devastadora de las llamas. A la caída de la tarde, Monteagudo estuvo de vuelta. Encontró a Pelagia en plena calle con Isolda en los brazos y Águeda y Gabriel apretados contra ella, mirando el montón de escombros ennegrecidos que quedaba de la tienda y su casa. Un enojadizo olor a madera quemada flotaba en el aire salpicado de cenizas negras. La imagen de su mujer abrazada a sus hijos, frente a aquel desierto calcinado, la retendría en su mente a lo largo de su vida, como el cuadro más patético que recordara de la desolación.

3

Sentía su cabeza aprisionada por una garganta oscura, le dolía, se inflamaba dentro de los repliegues de la concavidad. La embargó una sensación fetal y se reconoció resbalando por la vagina de su madre, esforzándose en nacer. Luchaba por salir al exterior y librarse de la tripa que estrangulaba su cuello. Su cabeza latía, se hinchaba, embestía y se atascaba nuevamente. Sintió manos tirando desde afuera. «Vamos, Águeda, hija, aprovecha este que viene, haz un esfuerzo más y saldremos del trance.»

Era la abuela Pelagia. La voz de la abuela Pelagia cada vez más nítida y precisa. «Pobre hija mía, ¡qué manera de sufrir! Y yo que escupí a todos mis hijos.»

«Faltan los fórceps. ¡Van a ponerme esas tenazas frías en la frente!»

Pero los fórceps no llegaron, sólo pinchazos, agujas, dedos y un hilo atravesando su piel.

«Me están cosiendo la cabeza, ¡están cosiendo a mi madre conmigo adentro de ella!»

–¡Déjenme nacer! –gritó Ángela con un brusco trechonazo.

–Vamos, mi vieja, no se mueva, ya estamos acabando, aguante un poquito más…

«¿Quién me habla? ¿Dónde estoy? ¿Adentro? ¿Afuera ya?»

De nuevo la misma voz haciéndose más clara, suave, estimulante.

–La voy a dejar más linda que antes, esto ni se va a ver. Eso es, quietecita, ¡qué viejita tan valiente!

Una corriente solapada entró en la habitación oliendo a lluvia.

–¿Está pasando el ciclón? –preguntó Ángela.

–No, no se me asuste, no es un ciclón pero está lloviendo fuerte –dijo una voz femenina.

–Yo nací bajo un ciclón como Isolda, mi tía, la que por años estuvo muerta...

–Bueno –dijo el hombre de blanco que la cosía–, yo no sé esa historia del ciclón ni de la muerta, pero usted seguro que ha vuelto a nacer hoy. Ya está, mi vieja. Siete punticos que ni se notan, tiene el pellejo duro, pudo haber sido peor.

¿Qué hacía ese médico allí zurciéndole a ella la frente?

–¿Dónde estoy? –dijo, y al tratar de incorporarse una aguda punzada mezclada con la fuerza del vértigo terminó por revolverle el estómago.

–Está en la enfermería –respondió sor Carmelina con un gesto para detenerla–. Vamos, no trate de levantarse, ¿no le parece suficiente todo el daño que se ha hecho? ¡Menudo susto nos ha dado! Menos mal que no le hice caso y llegué a tiempo con el tilo.

–Tengo sed.

–Voy enseguida por un poco de agua.

Poco a poco comenzó a tener conciencia de lo que había pasado. ¿Por qué no la dejaron morir? ¿Qué derecho tenía Dios a retenerla después de quitárselo todo? ¿No era demasiado cruel dejarla desamparada a merced de los recuerdos? ¿De qué valía vivir de los recuerdos? Ni siquiera tenía recuerdos propios, sólo recuerdos prestados, vividos a través de otros en los que ella, si acaso, había participado.

El agua que le trajo sor Carmelina le supo gruesa y amarga, semejante al Palmacristi que le hacían tragar de niña cada vez que se enfermaba. Arrastrada por el recuerdo, hizo una mueca de asco.

–Todo se me aprieta en la garganta, hermana, junto con los pecados.

–No es el momento de lamentarse, deje eso para luego, cuando se siente a saldar cuentas con Nuestro Señor. En cuanto el doctor lo decida, la llevaremos a su cuarto; si lo desea, puedo quedarme con usted y acompañarla a rezar.

–Rezar no será suficiente para que Dios perdone mis faltas. Los bastonazos me han abierto las entendederas, veo cosas que antes no veía. Creyendo hacer bien, hice mucho mal, y lo peor es que a veces el mal lo hice a sabiendas.

–Yo pienso que el mal se lo está haciendo usted misma. A ver, ¿por qué no quiso recibir a su familia cuando vino?

–¿Familia? Entre los que se fueron al norte y los muertos... ya no tengo familia.

–¿Y qué me dice de su sobrina?

–Carmen María nunca vino...

–Pero sí María Esther. Estuvo aquí varias veces y se tuvo que ir sin verla.

–María Esther nos manchó a todos –dijo con acritud.

–Eso no es usted, sino el Señor, quien debe juzgarlo. ¿Cómo quiere alcanzar el perdón de Dios si no es capaz de perdonar a los demás?

–A mí nunca me perdonaron. Ni siquiera lo bueno. Dejaron que me pudriera por dentro.

–No se deje llevar por el rencor, eso no trae nada de provecho. Vea cuánto daño le ha hecho pensar así. Si oyera mi consejo, y aceptara recibir a su familia... A ver, qué me diría si Dara volviera a visitarla. ¿La aceptaría o no usted?

–Sí que es cabezota, hermana. Dígame, ¿qué pueden tener en común una niña de hoy en día y una vieja resabiosa de otros tiempos como yo?

–Las pérdidas que ambas comparten las iguala ante los ojos del Señor.

Ángela permaneció un rato en silencio, pendiente del sonido de la lluvia, luego con mucho desabrimiento dijo:

–De acuerdo, hermana; si Dara vuelve la recibiré. Se lo prometo en el nombre de Dios.

4

El general Rogelio Falcón representaba por entonces no sólo la figura más prominente de Río Hondo sino también el candidato más fuerte del Partido Liberal. Había conquistado sus grados peleando contra los españoles en la manigua mambisa y regresó de la guerra como regresan los héroes, con ocho heridas de bala repartidas por el cuerpo, una sombra de amargura tras los ojos y una aureola de gloria y de leyenda. En su juventud había sido un hombre apuesto, con su negra barba hirsuta, su mirada agresiva y su temible intrepidez pero, rebasados los cincuenta, los plomos de la guerra no sólo se hicieron sentir sino que llegaron a pesarle tanto como el volumen hidrópico del vientre, y las carnes paquidérmicas que restaban a su porte mucho de prestancia y gallardía, aunque no así a sus agallas ni al ímpetu de su temperamento. Estaba casado hacía más de treinta años con doña Serafina Izquierdo, una mujercita frágil con ojillos de torcaza amedrentada que le parió cinco varones, dos de los cuales murieron de fiebres tifoideas siendo todavía muy niños. Serafín, el primogénito, había cumplido los treinta y ejercía como médico en el pueblo; le seguía Rogelio, que hacía apenas unos meses se había doctorado en leyes, y por último, Vicente, con dieciocho cumplidos y sin nada aún en mente. Su padre solía tildarlo de inútil y tarambana, y su madre lo llamaba dulcemente «mi ovejita descarriada» y lo disculpaba siempre.

Residían los Falcón en La Fernanda, la magnífica finca que

poseían en las afueras del pueblo, dedicada al cultivo de frutales. La Fernanda era un rincón del Edén. Su techumbre rojo grana se distinguía a lo lejos tan alta como los pinos y las crestas de las palmas que custodiaban la verja de la entrada. Sin embargo, la casona colonial donde vivía la familia estaba oculta y sombreada por una espesa arboleda y un bosquecillo de frutales que apenas permitía ver más que las ventanas del ático. Desde el frente de la casa se divisaba la media luna del río cuajado de una nata de nenúfares amarillos y violetas, y bastaba asomarse a la terraza para admirar los rosales y el pequeño senderito blanco abierto en medio del césped que conducía a la glorieta de la Venus, tupida de madreselvas y florecida todo el año. El hogar marchaba inalterable bajo la cándida mirada de paloma de doña Serafina, que trabajaba desde el amanecer sin descanso. Nadie alcanzaba a explicarse cómo en aquella personita aluda, casi volátil, cabían tantas energías. Cada mañana, luego de beber un vaso de leche pura y picotear como los pájaros algunas migas de pan, Serafina se ajustaba el cordoncillo de su pamela de paja y salía al jardín tijera en mano para podar sus rosales y aniquilar las babosas, orugas y bibijaguas. El retoño de una punta verde o el más mínimo pimpollo que brotara en su jardín eran motivo de íntimo regocijo para esta alma dotada de paciencia que pasaba horas hablando con las aves de sus inmensas pajareras en un secreto lenguaje de silbidos, trinos y gorjeos que solamente entendían ella y sus pájaros. Velaba personalmente y con especial rigor la recogida de frutas en su finca. Arremangando su falda, paseaba entre las canastas desbordadas de piñas, mangos y mameyes, palpando los aguacates, saboreando los anones, complacida de las lozanas chirimoyas y el dulzor de las guanábanas. Saber que los frutos de La Fernanda eran los más codiciados de la región hacía palpitar su pecho con un orgullo inocente. Vivía entregada a la tierra que era su razón de ser, y eran bien raras las veces que asistía a una verbena o algún baile en el pueblo, sin que por ello estuviera quejosa o infeliz. A su manera de ver, su hogar era un hogar de hombres y los hombres nacieron para estar puertas afuera. Serafín visitando a sus enfermos, el General y Rogelito enfrascados en asuntos de política y ¿Vicente?... Nadie sabía en qué andaba el más joven de sus hijos, pero eso tampoco era algo que Serafina se atreviese a indagar. Se abstenía de hacer preguntas, preguntar era saber y el saber no era cuestión de mujeres. Tenía los tímpanos mansos y la palabra perdida; de haber nacido sordomuda poco le hubiese importado y hasta lo hubiera agradecido a Dios como un don incomparable. Siempre dócil y conforme con su suerte, tenía al igual que sus plantas una especie de santidad vegetal. Sonriendo despidió al marido cuando se le fue a la guerra y todavía, a su vuelta, conservaba la sonrisa intacta entre los labios. Sus hijos la veneraban en silencio como a la estampa de un santo, habrían sido capaces de arrodillarse a sus pies, pero nunca la tendrían en cuenta a la hora de opinar. Hacía mucho que el marido se acostaba sin tocarla. Todo Río Hondo sabía que hacía lo menos quince años que el General le había puesto casa a su querida. Lo que sí nadie sabía, ni podía sospechar, era que Serafina incluyera a la fulana en sus plegarias nocturnas y diera gracias a la Virgen por haber puesto a la otra en el camino de Rogelio, para calmarle al marido los desafueros del sexo y liberarla a su vez de una carga de tanta responsabilidad. Atrás quedaban los tiempos en que él llegaba a la casa y sin quitarse siquiera la levita, ni sacarse las botas, le arrancaba las ropas a jalones y se le echaba encima poseyéndola por debajo de las sábanas con que ella intentaba a duras penas cubrir su desnudez. Serafina no podía menos que agradecer a esa señora tan valiosa colaboración. Dios, por ser tan sabio, tuvo a bien crear dos tipos de mujeres, unas para servir como esposas y otras para servir de queridas. Ambas, salvando desde luego las distancias, podían lograr grandes cosas por el sagrado bienestar de la familia.

Cuando ocurrió lo del incendio de los Monteagudo, el general Rogelio Falcón se encontraba enfrascado de lleno en las luchas intestinas por mantener su supremacía en el Partido Liberal. Don Olivio Rojas, su más encarnizado contrincante, se había fortalecido mediante la habilidosa campaña desplegada por su sargento político que logró recaudar un apreciable número de cédulas, ganándose la simpatía de los necesitados a los que ofrecía un puesto de trabajo o medicinas gratuitas. Al general Falcón le urgía un golpe de suerte que le hiciera reverdecer viejos laureles en el seno del partido: un hecho fortuito habría de darle ventaja.

La desgracia que en un abrir y cerrar de ojos dejó en la calle a la familia Monteagudo estremeció profundamente los corazones riohondenses de un extremo a otro del pueblo. Se iniciaron de inmediato colectas de extrema urgencia para socorrerles con ropa, dinero y alimentos, y fueron varias las familias dispuestas a recibirlos bajo su techo. Monteagudo, haciendo gala de una admirable fortaleza de espíritu y una ecuanimidad sin precedentes, fue rechazando la ayuda que le llegaba de todas partes. «Prefiero irme a una cueva antes que vivir de la caridad pública», le dijo a su mujer, que apretaba todavía a sus tres hijos vencida por la incertidumbre y el cansancio.

La comadre Francisca acogió a Pelagia y a los niños en su casa y se desvivía en atenderlos sirviendo humeantes tisanas de jazmín de cinco hojas para relajar los nervios y preparando a la vez un buen caldo de gallina.

Era ya noche cerrada cuando el general Falcón, acompañado de su sargento político, llegó en su Packard buscando a don Regino Monteagudo.

–Mire a ver cómo le entra a ese hombre, general –dijo el sargento–. Prefiere que su mujer y sus hijos pasen hambre antes que agradecer un favor.

El General sabía de sobra el terreno que pisaba. Conocía el

carácter de Monteagudo y durante el trayecto de la finca al pueblo estuvo pensando cómo abordar la situación sin hacerla humillante. Conoció al padre de Monteagudo en la manigua, donde lo vio pelear como un león hasta morir. Le parecía verlo en cueros montando aprisa el caballo cuando, estando metidos en el río, avisaron que se acercaba una columna española. El hombre no titubeó: empuñando su machete se lanzó a todo galope dando el grito de «¡al degüello!» que hacía que el enemigo se embolsara en los calzones.

–De tal palo tal astilla –dijo el General–, en nada le desmerece el hijo. Recuerdo que en plena guerra, siendo Regino un chiquillo, subió al campanario de la iglesia y echó a volar la campana gritando a todo pulmón «¡Viva Cuba libre!». Tuvo que correr a esconderse, porque los españoles, a pesar de ser un niño, pretendían desollarlo.

Sería cosa de andar con pie de plomo porque ni apelando a la mujer y a los hijos conseguiría ablandarlo. Al recordar a Pelagia le vino un mal pensamiento: «¡Qué grupa la de esa señora, caray! A mujeres como a ella no les debía tocar cosas así». Al llegar a casa de la comadre Francisca, el General tenía bien amarrada la manera de convencer a Monteagudo para que no pudiese negarse a su propuesta.

Desde la blanca mecedora de mimbre donde estaba sentada, doña Pelagia vio llegar al General. No había siquiera una huella de lágrimas en su rostro ni tampoco hubo en su semblante un gesto de sorpresa que alterase su actitud, pero por primera vez, luego de tantas horas de angustias, un rayo de esperanza comenzó a abrirse paso en su mente. En cuanto al General, verla y quedar desarmado fue lo mismo: los ojos se le amansaron y las palabras que traía pensadas se le volvieron una melcocha en la boca. Sentía que lo arrastraba una penosa mezcolanza de dulzura y devoción, pero se compuso y dijo:

–Anímese, señora, ya verá cómo me encargo de convencer al testarudo de su marido.

Guiado por la comadre Francisca, que no cabía dentro de ella por tener a tan inesperado visitante en su casa, caminaron hasta el patio. Al sentir los pasos del General, Monteagudo alzó la cabeza. Se le notaba muy pálido y cargado de fatiga, pero mantenía el dominio de sí mismo con una serenidad encomiable. Estaba sentado a horcajadas en un taburete, rodeado por un grupo de vecinos que lanzaban al azar las más descabelladas hipótesis sobre la posible causa del incendio. Fue necesario aceptarle el café y el tabaco a doña Francisca para que la mujer consintiera en llevarse a los vecinos y los dejara finalmente a solas. El General acercó un taburete y se sentó acomodándose la levita sobre el vientre.

–Seguramente le sorprenderá verme aquí –dijo.

–¡Mal rayo me parta, general, si queda algo que me mate ya del susto!

–Cierto, pero los hombres como usted son duros de pelar, ¡si lo sabré yo! Dígame, ¿qué tiene pensado hacer?

–Le he estado dando vueltas a una idea en la cabeza y creo es la mejor. Voy a poner un sillón de barbero en la calle Real, para ir tirando...

–¿Qué va a hacer con su mujer y sus hijos? –le interrumpió el General.

–Pienso alquilar una de las ratoneras de don Andrónico; con lo que saque pelando, veré cómo me las arreglo.

–Sabe lo que significa caer en las garras de don Andrónico Guerra, ¿verdad? Ese garrotero no conoce de escrúpulos, es un tipo de la peor calaña; con él nunca terminan las deudas.

–Tiene razón, pero no tengo otro remedio.

–Mire, Monteagudo, yo he venido aquí a pedirle un favor. Ya sé que va a decirme que usted no está en situación de conceder favores, pero en esto que voy a pedirle va en juego el honor del Partido Liberal.

–No le entiendo, general.

–Verá, si lo que quiere es abrirse camino como barbero, yo

puedo prestarle el dinero para abrir la barbería. Usted saldrá adelante y me lo pagará a su debido tiempo. Su familia puede instalarse en una de mis casas, decentemente. Yo le haría, por tratarse de ustedes, una considerable rebaja al alquiler.

El General comprendió que don Regino Monteagudo iba a hacer un gesto de rechazo y se apresuró en decir:

–Espere, déjeme terminar, esto que le ofrezco es un beneficio que será más mío que suyo. Vea, le voy a hablar de hombre a hombre. Estoy luchando dentro del partido por mantener mi prestigio; a ese condenado de Olivio Rojas se le han subido los humos y cree que va a poder echarme a un lado. Necesito de su ayuda, ¿me entiende? Si los dejo en la calle, nadie va a creer en mi generosidad. En cambio, si usted acepta mi propuesta se recuperará de este desastre de una manera honrosa y yo le estaré agradecido por el resto de mi vida.

Monteagudo guardó silencio y el General continuó.

–Puede que usted me tome por mezquino, creyendo que me aprovecho de su mala suerte para sacar ventajas personales, pero acéptelo como un negocio: yo le ayudo y usted me ayuda; después, cuando se reponga, saldamos cuentas y en paz. ¿Qué me dice, acepta?

–Está bien, acepto, pero le devolveré hasta el último centavo.

–Pues claro que sí, hombre –dijo el General palmeándole la espalda–; vamos, si no sé cómo agradecerle. Ahora quiero pedirle algo más. Serafina, mi mujer, está impaciente por recibir a su esposa en mi casa. Ella admira mucho a doña Pelagia. En fin, que se me adelantó y lo ha dispuesto todo para recibir a su familia en La Fernanda. Esta noche la pasarán en la finca y mañana, usted y yo nos vamos a ver lo nuestro con calma.

–Eso ya es demasiado…

–No se atreva a contrariar a Serafina, usted no la conoce; sería una ofensa para ella si no va con su familia a La Fernanda. Ni se imagina de lo que es capaz cuando se le hace un desaire. Oiga, las mujeres son de armas tomar. Decídase, no haga de esto un problema, su esposa se ve cansada y sus hijos ni hablar, hágalo por ellos y por mi mujer. Tendré una terrible disputa si llego sin ustedes a mi casa.

El doctor Serafín Falcón vio llegar a los Monteagudo a La Fernanda y corrió solícito al auto de su padre para ayudar a descender a las damas. Cuando Águeda apoyó su manecita sobre el brazo que él le ofrecía, a Serafín se le aflojaron las choquezuelas y los ojos se le quedaron en blanco, pero Águeda no se dio por aludida: tenía una preocupación muy ajena al doctor gravitándole por dentro. Andaba buscando ansiosa con la mirada a Vicente. Reconoció su arrogante figura junto a la verja de entrada y se sintió desfallecer. Vicente se acercó a saludarla clavando sus pupilas en las de ella con íntima complicidad, mientras le deslizaba en la mano una esquelita que Águeda se guardó en el seno con una turbación culpable.

Doña Serafina les dio la bienvenida en el umbral de la casa. Había dispuesto una cena para no menos de diez comensales, tal como lo ordenara su marido poco antes de salir, mas seguía sin explicarse cómo logró el General convencer a los Monteagudo de venir a pernoctar en la finca. Apagando como siempre los fugaces destellos de su curiosidad, se dedicó de inmediato a desplegar sus dotes de anfitriona a la par que disfrutaba con creces la alegría insólita de recibir visitantes que la tuviesen en cuenta y con los cuales se pudiera compartir de igual a igual.

Después de la cena Águeda, pretextando un cansancio que estaba muy lejos de sentir, excitada como estaba por la constante cercanía de Vicente, se excusó enseguida para recogerse en la habitación que le habían destinado junto a los niños. Esperó con impaciencia que sus hermanos se durmieran y echándose un chal sobre los hombros salió sigilosa al pasillo donde envuelta en las penumbras la aguardaba Antonia la sirvienta, quien siguiendo las instrucciones de Vicente le dijo en un susurro:

–Venga, niña, el caballero Vicente la espera en la cocina.

Tal como prometía en la esquelita amorosa que le entregara, allí estaba él, aguardándola con cien grados de fiebre y la mirada pícara del niño que acaba de salirse con la suya. La atrapó por la cintura, la estrujó contra su pecho, y le succionó el cuello y los labios con un beso de molusco. Ella, en estado de levitación, poseída por la embriaguez del vértigo que le subía hasta las sienes, le dijo sin aliento:

–Vicente, ¡alabado sea Dios!, me moría por las ganas de verte.

Bien lejos de imaginar lo que ocurría en la cocina entre su hija y Vicente, Pelagia se desnudó para acostarse. Era la primera vez en sus años de casada que se hallaba en una cama que no era la suya y eso la hacía sentirse temerosa y turbada. Monteagudo la recibió entre sus brazos y ella se apretó a él como un animalito indefenso, tirándole sin querer de la maraña del pecho. Su marido hizo un gesto simulado de dolor y se echaron a reír de pronto asombrados de estar riendo de nuevo, cuando hacía apenas unas horas parecía que no volverían a tener motivo para reírse de nada. Fue la risa lo que esa noche les emancipó del cuerpo las tensiones y les devolvió la confianza; se besaron, se buscaron por debajo de la sábana y terminaron haciéndose el amor, que los dejó sumidos en un limbo semejante al de dos criaturas acabadas de nacer. Pero a Pelagia le quedaba el recelo de saberse en casa ajena y no cesaba de recorrer la habitación con los ojos.

–A Dios se le va la mano con algunos. Hay que ver con cuánto lujo vive esta gente. Daría cualquier cosa porque mis hijos gozaran de tantas riquezas. ¿Y tú?

–¿Yo? Para mí la mayor riqueza del mundo es tenerte a ti conmigo.

5

En el transcurso de un año la barbería de Monteagudo ganó tanta clientela que su dueño decidió ampliar el negocio y complacer a su mujer brindando servicio a las damas con una peluquería. Pelagia, entusiasmada, inició a su hija en el oficio, revelándole los muchos secretos que conocía sobre el cuidado del cabello, y la hija, que había heredado de la madre el empeño y la destreza, nada tardó en aprender y aplicarlos en la práctica. Fue así como Águeda descubrió en poco tiempo las propiedades del huevo y la miel; los prodigios del limón, la manzanilla y el romero, la técnica para podar horquetillas y enmascarar las canas con azul de metileno, el arte de colocar postizos y manejar con destreza el peine y las tijeras. Años después, en un momento insospechado de su vida, habría de aquilatar cuánto valor tendrían para ella las experiencias de entonces.

Sentado en la barbería de Monteagudo, el doctor Serafín Falcón veía a Águeda peinar cabezas y traer y llevar la jofaina. Había llegado a convertirse en el cliente más asiduo del barbero, no porque sus ralos cabellos precisaran del pelado, ni tampoco porque le urgiera a su patilla tantos pases de navaja, sino por haber hallado un estratégico rincón que le permitía, sin delatarse, seguir el ir y venir de Águeda por el espejo. A veces se embobecía a tal punto que colocaba los titulares del diario al revés, o le pisaba la cola al gato de la barbería que se lo comía a zarpazos. Si Águeda se detenía a saludarlo, su timidez rayaba en lo asombroso, y lo mismo le volcaba encima la jofaina que llegaba al extremo de tropezar con Monteagudo, que en más de una ocasión estuvo a punto de tasajear al cliente que afeitaba.

Como era de suponer nada de esto les pasaba inadvertido a los clientes de la siempre concurrida barbería y pronto corrió la voz de que el doctor estaba enamorado. Al principio con su poco de extrañeza, pues se sabía que el hijo mayor del General había rebasado los treinta sin que ninguna hija casadera de las familias más distinguidas de Río Hondo lograra despertarlo de su plácido letargo de solterón. Algunas lenguas ponzoñosas se encarnizaron tratando de descifrar los ardides utilizados por una chiquilla quinceañera para atrapar a uno de los mejores partidos del pueblo y los comadreos subieron de tono no sólo entre las señoras sino también entre los caballeros que no se quedaban atrás, y lo mismo en la taberna del tío Cabrera que en el café El Criollo sacaban a relucir lo que era a todas luces la comidilla del día: el viejo búho bebía los vientos por la hija de Monteagudo el barbero.

Así llamaban jocosamente en el pueblo al doctor, quien jamás se dio por aludido ni mostró el más mínimo incomodo por el mote que parecía estarle clavado. Desde niño tuvo Serafín cosas de viejo en los rasgos y el carácter. Siempre metido en sus libros y escondiendo tras los lentes los mismos ojillos de pájaro que sacara de la madre, adquirió desde temprano un aspecto de lechuzo, que se acentuó ya de adulto cuando sus fértiles cejas se unieron sobre el ceño como penachos de plumas y su nariz se volvió apenas nada ceñida por los mofletes que parecían dos nalgas. Tenía la figura esférica, sabía más que muchos sabios y poseía un corazón más blando y bueno que el pan, para mayores desgracias.

Águeda veía las calamidades afectivas de Serafín con indulgente indiferencia. Como persona le resultaba simpático y como médico le inspiraba una moderada admiración. Eso de andar curando enfermos era algo bien desagradable y de seguro difícil, que requería mucho estudio además de nacer uno dotado de un espíritu superior al de los otros, y esto desde luego no distaba de ser un mérito que ella no tenía a menos reconocerle, pero de ahí a mirarlo como hombre y aun ¡como galán!... ¡A nadie podía ocurrírsele! Un galán tenía que ser apuesto, cautivador y desenvuelto, sobre todo saberse de memoria cómo tratar a las damas. Debía dominar el arte de sonreír con los ojos y hacerse entender con la mirada, por lo cual era del todo imposible imaginarlo con lentes. Los lentes eran cosa de viejos. Pero ¿acaso Serafín fue joven alguna vez? Era un sabio, sin duda, pero a cambio de la sabiduría, Dios le negó gallardía y juventud. Se le ocurrió compararlo con aquellos verbos de nombre extraño, estudiados en la escuela, que no podían llevar complemento directo. Serafín carecía de sexo, era un ser neutro que jamás cruzaría la frontera de los sueños ni sentiría el amor. A Águeda los sueños y el amor se le fundían en un nombre: Vicente Falcón Izquierdo.

Vicente, aunque muy joven, se sabía sin discusión el galán mejor plantado y seductor de Río Hondo. Con sus seis pies de estatura, los ojos perturbadores, el pelo negro azabache y la voz traspasadora. Quizá por estas mismas razones, sobre él circulaban en el pueblo los peores comentarios. Se decía que le había hecho la gracia a Merceditas, la hija de Baldomero, quien fuera administrador de La Fernanda durante un cuarto de siglo, y que éste, de no haber fallado la puntería, le habría ajustado las cuentas. Al compararlo con sus hermanos mayores, salía siempre mal parado. Dos veces inició los estudios de Derecho y dos veces los volvió a dejar escurriendo su desorden tras múltiples evasivas. Tenía también la costumbre de ausentarse de Río Hondo para frecuentar La Habana, donde hacía de las suyas. Se supo que, en cierta ocasión, estuvo oculto en la finca alrededor de diez días reponiéndose de una desconocida dolencia que según se comentaba no era más que un contagio de mujeres que intentaron ocultar. Para sorpresa de muchos, hacía ya cuestión de un año que Vicente no se ausentaba del pueblo, y solía matar el tiempo apostando a los gallos o bebiendo aguardiente en las tertulias de El Criollo, donde trataba de imponer sus teorías anarquistas que además de envalentonar a los presentes, hacían echar espumarajos por la boca a los liberales partidarios de su padre.

A Vicente le constaba lo mucho que enfurecían al General sus juergas y fanfarronadas, pero a pesar de las broncas y amenazas que le esperaban en casa, y las continuas represalias con que el padre intentaba corregirlo poniendo fin a sus andanzas y apuestas en el juego, Vicente no escarmentaba. Fue precisamente en la valla de Celedonio el gallero, la tarde que el pinto dejó tuerto al colorado, que oyó hablar a la gente del mulato sospechoso que rondaba a medianoche la casa de Monteagudo, y de cómo el cabezota del barbero no sólo se resistía a aceptar la ayuda de los vecinos sino que se negaba también a que dieran parte a la guardia rural, diciendo que se bastaba para hacerse cargo él mismo.

Dos madrugadas en vela le bastaron a Monteagudo para cumplir su palabra. Tenía metido entre las cejas que aquel sujeto estaba más interesado en rescabuchear a su mujer, que dormía siempre desnuda, que en robarle a él sus ahorros. Por eso obligó a Pelagia a ponerse el camisón de recién casada que nunca llegó a estrenar y guardaba en un cajón del armario rociado con naftalina.

–¡Ave María Purísima, Regino, me ahogo del calor! –le decía ella molesta, mientras se metía en la cama y él la pegaba a su pecho tanteando con disimulo el revólver que tenía oculto bajo la almohada.

Era más de medianoche cuando Monteagudo, que no había pegado un ojo, vio entornar levemente las persianas. Sin respirar apenas, tomó el revólver, apuntó directo a la ventana y presionó el gatillo. El estruendo de la detonación hizo a Pelagia caer sentada de golpe en la cama, aturdida de pavor. De inmediato, se escucharon voces, gritos y golpes en la puerta, pero Monteagudo no se inmutó; cuando entraron los vecinos estaba como si nada, con los brazos cruzados sobre el pecho sosteniendo el revólver. Buscaron hasta el amanecer por todos los alrededores sin encontrar al merodeador. Sólo hallaron un hilillo de sangre que iba desde la ventana del cuarto hasta el muro del traspatio y se perdía en la hierba. Veinticuatro horas más tarde, la guardia rural apresó a un mulato sospechoso que habían sorprendido huyendo con un ojo saltado. Enseguida el rumor se esparció por todo Río Hondo. La pelea extraordinaria que el pinto le ganó al colorado, el mejor gallo de Celedonio, pasó a un segundo plano y no se habló de otra cosa que de la puntería de don Regino Monteagudo.

Fuego, sangre, piel, latidos. Eran los signos vitales de Águeda cuando tenía a Vicente frente a ella. Lo conocía desde niña, pero sólo vino a verlo como hombre durante una tómbola en el parque de las esquinas cerradas, pocos meses antes del incendio que cambiaría su vida. La tarde que se encontraron en la feria, él le regaló un abanico de sándalo, que ella no se atrevió a usar por temor a que la brisa le gastase el aroma y le robara el recuerdo, y le compró tantas papeletas en la rifa que consiguió como premio la muñequita de loza, con pamela y miriñaque, que ella deseaba ganarse a cualquier precio. Sólo su hermano Gabriel y Antonia, la criada de los Falcón, sabían que desde ese día se veían a solas en la cueva del negrito, donde la gente decía que habitaba el fantasma decapitado del esclavo carabalí, que había sido perseguido por el rancheador y matado a machetazos. La primera vez que se citaron, ella llegó aterrorizada y se refugió temblando en el pecho de Vicente, pero bastó que él rodeara su cintura para desvanecer sus temores, incluso el peor de todos: que su padre descubriera dónde estaba y con quién. «Si mi padre sabe de esto, nos mata a los dos», le repetía siempre, cuando llegaba y cuando se iba, como si sólo antes y después de estar en sus brazos tuviese conciencia de sí misma.

En esos momentos en que Águeda le mencionaba al padre, Vicente sentía un miedo hermético que se hizo más inquietante después del connotado episodio en que Monteagudo dejó tuerto al supuesto merodeador. Sin embargo, ni él mismo podía explicarse hacia dónde lo arrastraba aquel capricho por Águeda que se le iba anchando por dentro con un desconcertante matiz sentimental. Más de una vez intentó poseerla, pero ella defendió con obstinada fiereza el preciado tesoro de sus entrepiernas. Ninguna de las anteriores se había resistido de manera tan rotunda a sus caricias expertas, y esta batalla tenaz de la muchacha por vencer el deseo de entregarse, que él podía percibir escapando a borbotones por cada poro de su piel, llegó al extremo de conmoverlo y reprimir sus impulsos. Finalmente se sorprendía en sus adentros posponiendo sus deseos para un después que no conseguía alcanzar. Más de una vez se dijo que Águeda no era lo suyo. Una buena muchacha de su casa no estaba hecha a su medida. A Águeda había que amarla primero que gozarla y eso a él era demasiado pedirle. ¿Por qué perder el tiempo en violentar algo que se le daba silvestre en otros surcos? ¿Por qué empecinarse sabiendo que podían volarle los sesos en el empeño? Monteagudo no era Baldomero, ni Águeda era Merceditas. Estaba jugándosela nada menos que con la hija del hombre que igualaba su puntería con la del mismísimo General. Al final de cada cita se repetía: «Ésta será la última», y a las pocas horas le picaba despótico el deseo de volver a verla, de tenerla de nuevo entre sus brazos, de sentir en cada beso la dulzura única, pulposa, de aquellos labios entreabiertos por donde Águeda desgranaba los latidos de su corazón.

La fiesta de San Antonio se celebraba en el pueblo con un baile en El Círculo y Águeda esperaba esa noche con la impaciencia desbocada en el pecho. Se había quedado con las ganas de ver a Vicente por la tarde. La peluquería estuvo llena con motivo de la fiesta y su madre no daba abasto sola con la clientela; hasta Gabriel tuvo que faltar a las clases de pintura porque ella no pudo desprenderse ni un minuto para acompañarlo. El niño se quedó amoscado, arrastrando su tedio por los rincones de la barbería, y maldiciendo aquel baile que le escamoteaba la posibilidad de pasar la tarde empinando papalotes y atiborrándose de las panetelas borrachas que su hermana le compraba para justificar las tardanzas de sus citas clandestinas. Águeda vigilaba a cada instante el reloj de pared, contando las horas que la separaban de la noche. Al menos en el baile podría ver a Vicente y hablarle cuatro palabras, si no querían exponerse a las sospechas. Su inquietud la llevó a distraerse en más de una ocasión, sus dedos estaban torpes y todo le salía mal. Varias veces tiró de los cabellos a las clientas y hasta tuvo que rehacerle a alguna las ondas que no lograba fijar con la destreza de siempre.

Alrededor de las siete, cuando terminó con el último peinado y se disponía a repasar el atuendo que luciría en la fiesta, su madre entró en su cuarto diciendo que quería hablarle. Pelagia se sentó en el borde de la cama, tomó a su hija del talle y comenzó a alisarle los ricillos de la nuca, diciendo que su niña era ya una mujercita, que debía tener en cuenta cuestiones que pronto debería asumir, y que ella, como madre, buscaba lo mejor para su hija, porque si bien era cierto que no podían darle estudios ni otros lujos en la vida, no por eso dejaban de velar por su acomodo y pensar en su porvenir.

Águeda, con los párpados cerrados y la cabeza recostada en el seno de Pelagia, se dejaba mimar preguntándose adónde iría a parar su madre con aquella perorata. Realmente no le importó demasiado abandonar los estudios cuando terminó la escuela secundaria, pero ya comenzaba a aburrirse de la peluquería, anhelando cosas nuevas. Tenía sueños y quimeras que volaban tan alto como los sueños de Vicente, que se remontaban a países lejanos donde era fácil hacerse de una fortuna y vivir como un sultán... Verdad que nunca lo oyó incluirla a ella en sus pretensiones, pero eso se caía de su peso. ¿Quién sino ella había de seguirlo tan lejos para amarlo y compartir sus riquezas? De repente el nombre de Serafín Falcón vino a encajarse como un dardo desplumándole las alas del pensamiento. ¿Fueron figuraciones suyas o escuchó decir a su madre en medio de la retórica que «ese hombre intachable» quería hacerla su esposa?

–Mamita, repítame eso.

–Vamos al grano, Aguedita, ¿desde cuándo anda el doctor babeándose por ti?

–Pero, mamita, ¿cómo es eso de que le habló a usted primero que a mí?

–Bueno; él sabe lo jovencita que eres y prefiere que sea yo quien te vaya aconsejando.

–Ahí tiene razón –dijo Águeda poniéndose de pie visiblemente enojada–. Soy muy joven y no pienso casarme con él ni con nadie.

–Hija mía, eso es algo que ya veremos con calma. Esta noche de seguro te aborda en el baile, no lo rechaces ni seas arisca con él, ¿me oyes? Se trata del hijo mayor del General, ¿lo entiendes, Aguedita? Vivirás como una reina.

–Pero mamita...

–Shhh... No hay peros que valgan, niña. Arréglate y ponte bien linda.

Cuando Pelagia cerró la puerta, Águeda se lanzó de bruces en la cama, mordiendo la funda de la almohada y pateando el bastidor. Sin embargo, poco a poco el cansancio apaciguó la fiereza y entre un bostezo y otro se dijo: «Vicente tendrá una solución».

Rodeado por un grupo de amigos, Vicente charlaba risueño a la entrada del salón donde ya algunas parejas bailaban el primer danzón de la noche, girando bajo la enorme araña de cristal. Elegante y airoso en su impecable terno azul oscuro, se alisaba nervioso el bigotillo, mientras verificaba continuamente la hora, sacando de su bolsillo el reloj de oro que pendía de su chaleco. Un cosquilleo de gusto le subió a la garganta cuando vio llegar a Águeda, vestida en blanco y azul, con los hombros al desnudo y los cabellos recogidos tras la nuca desafiante.

–La verdad es que Aguedita es un bombón –dijo alguien, y el resto de los caballeros se hicieron eco del elogio.

Vicente sintió el aguijonazo de los celos clavársele en las tripas. La mayoría de estos mentecatos frecuentaban la barbería de Monteagudo y de seguro se entretenían en devorar a Águeda con sus ojos golosos. Águeda era algo suyo, le pertenecía por entero y no podía soportar que gozaran su belleza ni resbalaran sobre su carne virginal la baba de la lujuria. La seguía con la vista, como si quisiera preservarla de la contaminación ambiental. Uno de sus amigos aprovechó la ocasión para decirle:

–Vamos, Vicente, deja de mirarla tanto, ese dulce no es para ti. Tú no eres de echarte noviecitas... Esa gallinita está picando alto, a lo mejor pronto la tienes en la familia.

–¿En mi familia? –dijo Vicente, distraído.

–Hombre, pero ¿no lo sabes? Serafín besa donde ella pisa, terminarán casándose.

Vicente soltó una carcajada. ¿Celarse él del viejo búho? Únicamente un imbécil podría tomarse a Serafín como rival. Su hermano miraba a las mujeres a través de su ojo clínico, para diagnosticar si estaban tísicas, grávidas o atacadas de algún mal. ¡Había que ver las tonterías que en el pueblo se inventan! Entonces recordó que Águeda lo había dejado plantado esa tarde a la hora de la cita, y eso era algo que un hombre como él no podía pasar por alto. Ella le debía una explicación y se dispuso a ir a su encuentro.

Águeda sentía la mirada de Vicente posada sobre ella y trataba de reprimir aquel galope en el pecho que le cortaba el resuello y la ponía colorada. Él le deslizó en el oído el aliento tibio de su voz pidiéndole un baile y ella, colgándose de su brazo se dejó llevar con un vuelco en el estómago y la cabeza mareada de placer.

Renunció a pensar en nada. Lo único que deseaba era cerrar los ojos y sumergirse en los vaivenes del vals, para no cesar de mecerse en los brazos de Vicente.

–Águeda, mírame.

No, no quería verlo, sólo sentirle y respirar de su aliento, estar pegadita a él. ¡Dios mío, si el reloj se detuviese ahora!

–Águeda, ¿por qué me dejaste esperando por ti toda la tarde?

–Ay, Vicente, no me hagas preguntas, no me hieras, quizá después de hoy se acaben nuestras tardes –le respondió con la humedad coagulada en las pupilas.

–¿Qué tiene metido ahora mi muñeca en esa linda cabecita?

–Tenemos poco tiempo, pero es mejor que lo sepas todo. Tu hermano Serafín le habló a mi madre, se pusieron de acuerdo. Me casarán con él.

Vicente quedó detenido en medio del salón con Águeda en los brazos.

–¿Casarte tú con Serafín? ¡Eso es absurdo, imposible!

–Vicente, estamos llamando la atención.

–No me importa; explícame eso, Aguedita.

–No puedo, Vicente, todos los ojos están sobre nosotros: si seguimos aquí se darán cuenta de lo que pasa. Mañana, a las cuatro donde siempre. Viva o muerta no dejaré de verte; espérame y piensa mucho en mí.

6

Sin siquiera haber quebrado el hielo de los silencios con una frase de amor, Serafín se comportaba con Águeda como si estuviesen comprometidos, visitándola con una formalidad de noviazgo. La abrumaba de cumplidos y regalos, unas veces eran flores y otras cestas colmadas de frutas frescas que la propia Serafina escogía para la ocasión. A pesar del rumbo equívoco que tomaba su vida, Águeda lo aceptaba todo sin saber cómo oponerse. La tarde siguiente al baile, Vicente le había asegurado que la boda no llegaría a realizarse, y que él encontraría cómo resolver la espinosa situación. Sin embargo, el tiempo transcurría sin ver siquiera el atisbo de una posible solución. Todos en el pueblo dieron por sentado el compromiso del doctor con Aguedita, y el General en persona visitó a la familia para pedir a Monteagudo la mano de su hija en nombre de Serafín. El barbero accedió sin indagar siquiera lo que ocurría en el corazón de la muchacha.

–Yo no entiendo de casorios –le había dicho a su hija–. Para mí sólo existe una mujer: tu madre.

Un inesperado incidente terminó de precipitar los acontecimientos. Una mañana, Isolda, con la tierna inocencia de sus cortos años, irrumpió de repente en la peluquería, haló a su madre de la falda y dijo: «Mamita, hay una niña meciéndose en la hamaca del patio».

Pelagia se echó a temblar y abandonándolo todo corrió tras la pequeña. Efectivamente, una criatura de ojos celestiales y bucles de oro se posaba como un ángel sobre la hamaca que colgaba del algarrobo. «¡Es ella!», dijo, y los que la siguieron hasta el patio alcanzaron a verla extender los brazos hacia la hamaca vacía antes de caer redonda sobre el cantero de azucenas.

El doctor Serafín llegó deprisa, colocó un frasquito de plata con sales amoniacales bajo la nariz de Pelagia y la hizo volver en sí de sopetón. Monteagudo, que la sostenía en brazos y la besaba a intervalos en la frente, preguntó:

–¡Por Dios! Dime, ¿qué fue lo que viste?

–Era Cándida. Ha venido a comunicarse con nosotros.

Su marido la vio tan ilusionada en su creencia que no se atrevió a objetarle. Pero Pelagia, adivinando la duda en sus pupilas, agregó:

–Isolda también la vio, ¿verdad, hijita?

–Sí, mamita, yo también vi a la hermanita –aseguró la niña con infantil petulancia.

Todo aquello se habría desvanecido como un inexplicable caso de aparecidos, si Pelagia no se hubiese encaprichado en insistir hasta el cansancio que Cándida venía a anunciarles un acontecimiento feliz.

«Algo muy bueno va a ocurrir en la familia», decía, y luego de devanarse los sesos quedó firmemente convencida: ¿qué otra cosa podía ser sino la boda de Aguedita y Serafín?

El doctor acogió las predicciones de su futura suegra con especial beneplácito.

–Por mi parte, no veo motivos para prolongar más el noviazgo. Tenga la bondad de escoger usted misma la fecha cuando guste.

Entonces se desató la fiebre de los preparativos. La casa se volvió un torbellino de sedas, tules y comadres. Pelagia, doña Francisca y las costureras se encerraban durante horas en el cuarto, enfrascadas en incrustar encajes, festonear sábanas y crear primorosos bordados, mientras Águeda las dejaba hacer, observando angustiada cómo iban cobrando vida las iniciales suyas y de Serafín entrelazadas en hilos de oro y plata.

Para Águeda los días y las noches se descolgaban sin línea divisoria. Una sensación de desconsuelo le contraía el corazón. Andaba sigilosa, de puntillas, temiendo el sonido de sus propias pisadas. Su sensibilidad se agudizó al extremo de que la simple caída de una aguja en el cuarto destinado a las costuras, la hacía sobresaltarse. Pero lo que más la exacerbaba era ver llegar a Serafín cada tarde con una pucha de flores. Entonces rompía a llorar sin consuelo y su madre tenía que disculparla con el doctor diciendo que era la emoción y los nervios por la boda.

Vicente no la entendía y la increpaba constantemente por no rebelarse y aceptarlo todo con docilidad. Le exigía tomar decisiones que él mismo no se atrevía a asumir de manera categórica y para colmos le echaba en cara la escasa periodicidad con que ahora se veían, debido a la imposibilidad de Águeda para ausentarse con algún subterfugio creíble.

–Yo no veo otra solución que decir toda la verdad –exclamó ella, bañándolo de lágrimas.

–¡Estás loca, mujer! Tu padre me hace picadillo, si el mío no me encuentra antes y me tritura los huesos. Tú misma no te cansas de repetírmelo.

Águeda bajaba la cabeza desalentada y asentía, anulada ante la contundente veracidad de sus palabras, y regresaba al hogar más abatida que antes. Se negaba a interiorizar del todo lo que a las claras se avecinaba sobre ella y se infundía valor diciéndose que jamás llegaría a casarse con el tonto de Serafín. En último caso le quedaba como recurso imitar a las heroínas de las novelas poniendo fin a su vida. Llegado el momento, el suicidio sería la única alternativa; le complacía estimular su imaginación con el supremo desenlace. Las armas de fuego quedaban eliminadas. Sentía pavor de terminar sus días ensangrentada en medio de una tragedia detonante. El veneno, en cambio, tenía para ella una limpieza de mudo dramatismo. Figuraba verse muerta. Sentía el dolor de su padre, el de su hermano Gabriel y hasta el llanto tierno de la pequeña Isolda. Pero el desgarramiento de Pelagia la devolvía a la realidad con una rotunda bofetada. A la mañana siguiente, arrepentida de la tragedia desencadenada en su interior, se iba temprano a la iglesia en busca del padre Florentino, quien le mandaba a rezar un número de avemarías y padrenuestros que ella siempre triplicaba, sintiéndose aún más culpable por no haber dicho a su confesor toda la verdad.

La fecha de la boda quedó fijada para el 20 de septiembre y en la iglesia comenzaron a correr las amonestaciones. Faltaban sólo cuatro semanas para la ceremonia y todavía Vicente vacilaba sobre qué decisión tomar.

Águeda, consumida en su hoguera íntima, resolvió confesarlo todo a su madre; sentía la necesidad dolorosa de sincerarse con ella y quebrantarse en su pecho para saberse aliviada. Decidida a no retroceder, subió al cuarto de las costuras donde Pelagia y Francisca daban los toques finales a su ajuar. Estaba por abrir la puerta cuando las oyó comentar algo que de un tajazo cercenó su determinación.

–¿Es cierto que el General está por casar también al segundo de sus hijos? Me han dicho que Rogelito anda noviando con Lala, la hija del alcalde Benavides.

–Así es, celebrarán el compromiso en La Fernanda, una semana antes de la boda de mi hija.

–El que sí no tiene arreglo es el tal Vicente. Dicen que Merceditas se esconde con un hijo suyo cerquitica de aquí, y que el General les tapa la boca con dinero para evitar el escándalo. Vaya quebraderos de cabeza que le da al padre ese bala perdida. ¿Te acuerdas cuando se contagió con aquella enfermedad de mujerzuelas?

–De ése, ni me hables. Es la mancha de la familia Falcón. La infeliz de Serafina está seca de sufrir.

–¿Te imaginas si Aguedita en vez de Serafín se hubiese fijado en Vicente?

–¡Bendito sea Dios, Francisca! Mi hija jamás se fijaría en un hombre como ése.

–Pero con las muchachas de hoy, nunca se sabe. Vicente es muy buen mozo, cualquiera perdería la cabeza.

–Tú lo has dicho, cualquiera, menos Aguedita, que la tiene muy bien puesta –afirmó Pelagia–. Te aseguro que si una hija mía se dejase engatusar por un canalla como ése, estaría muerta para mí. Sería capaz de enterrarla y decir, como se dice de los difuntos: «Tal día hace un año».

Águeda no quiso escuchar más. Salió de allí despavorida, como alma que lleva el diablo. Casi sin resuello, tropezó con Gabriel y lo zarandeó por los hombros ahogada en lágrimas.

–Gabriel, ayúdame, corre a buscar a Vicente. Dile que me muero si no hablo con él.

Decidido a desentenderse de Águeda, Vicente le había propuesto a su padre viajar a Estados Unidos para cambiar el rumbo de su vida. El General aceptó complacido, con la advertencia de que concluyera en Norteamérica los estudios interrumpidos. Tres semanas atrás Vicente había renunciado a las citas por completo, y aunque se juró a sí mismo que esta vez no claudicaría volviendo a las andadas, el mordisco del deseo comenzaba a impacientarlo. Todavía se sujetaba las ganas cuando vio a Gabriel buscándolo entre las mesas de El Criollo. Toda la inercia adquirida rompió de súbito en su interior, y al ver a Águeda llegar con el semblante tan triste y los ojos desvelados, la estrechó contra su pecho sintiéndose unido a ella por una corriente imantada imposible de romper. Ni siquiera reconoció su propia voz, de tan dulce que le salieron las palabras al intentar consolarla.

Águeda apenas lograba hacerse entender.

–Vicente, ésta será la última vez que nos veamos –alcanzó a decir, reprimiendo los gemidos.

–No, Águeda, escúchame, no te casarás con Serafín, ¿me oyes? Nos iremos a Norteamérica. En un par de semanas todo habrá terminado y serás mía para siempre.

Ella lo miró y un reflejo de esperanza le brilló en las pupilas.

–Yo te quiero, mi Aguedita, te lo juro, no puedo verte sufrir así.

Y la besó en la frente pálida, en los cabellos humedecidos de sudor, en los párpados salitrosos, en la naricilla inflamada y en los labios ardientes y convulsos.

A principios de septiembre, Águeda, acompañada por su madre, fue a visitar la casa en que viviría de casada. Serafín la había hecho construir frente al parque de las esquinas cerradas por ser el lugar más céntrico y concurrido del pueblo. Era una casona amplia, de esbeltos ventanales, risueña y llena de sol, con un portal circular rodeado de columnas blancas. Águeda recorría las habitaciones con un escalofrío en el cuerpo. El olor de la cal húmeda y la masilla fresca que despedían las paredes le hacía arder la garganta. El eco de las voces y pisadas en la casa vacía agravaba su tristeza. Todo contribuía a afligirla esa mañana. Ni siquiera aquel catálogo de lujo que Serafín puso sobre sus rodillas para que escogiera los muebles de su futuro hogar pudo sacarle del pecho el pesar que la oprimía. El buenazo del doctor se desvivía en complacerla. Por encima de su hombro le señalaba una consola de caoba con tapa de mármol rosa que costaba un dineral y ni decir de aquel juego de sala estilo medallón que tenía a Pelagia arrebatada. Pero ella nada decía ni escogía, estaba descorazonada. Mientras más se esforzaba Serafín, más lejos volaban de él los pensamientos de Águeda: «¡Dios mío, ten compasión! ¿De qué valen tantas lisonjas y lujos si nada de esto va a ser mío? Dentro de pocas semanas estaré lejos de aquí. ¡Si Serafín y mi madre sospecharan lo que Vicente y yo tramamos...!». De sólo pensar en la madre le arreció de tal manera la culpa que perdió todo el color y se puso a sudar frío.

–Aguedita, estás pálida –dijo Pelagia extrañada–. Mejor salimos al patio donde corre más la brisa. Decídete, hijita, te queda muy poco tiempo.

Dos semanas después se celebró en La Fernanda el compromiso de Rogelito y Lala, la hija menor de don Miguel Benavides, el alcalde. Águeda asistió acompañada por sus padres, vestida de tafetán color rosa y luciendo las finas medias de seda que le regalara Serafín. Inquieta y apesadumbrada, disimulaba con sonrisas desabridas su torbellino interior, aceptando cumplidos efusivos, bromas sutiles, regalos ostentosos y repetitivos brindis en su honor. Sabía que Vicente no le quitaba los ojos de encima, esperando ansioso la oportunidad de poder hablarle a solas. Finalmente la encontró valiéndose del pretexto de llevarla a conocer sus perros gran daneses.

–Serafín, voy a robarte la novia por un rato. A Aguedita le gustará conocer al resto de los miembros de la familia. Quizá cuando me vaya de viaje le deje a *Satanás* como regalo de boda.

Serafín los vio alejarse y se encogió de hombros. Vicente era un socarrón empedernido que lo dejaba siempre en ascuas con sus satíricas provocaciones y su jocosa mordacidad que él, por más que se esforzaba, no conseguía explicarse ni llegar a comprender.

–Ni me acerques a esos perros –dijo Águeda, retrocediendo asustada al divisar tras la reja metálica de la perrera cuatro animales enormes ladrando a más no poder y al parecer no con buenas intenciones.

–Si a alguien voy a extrañar cuando me vaya es a *Satanás* –dijo Vicente con tristeza–. ¿Verdad, compañero? Si no estuvieras tan viejo te llevaría conmigo y Aguedita. Ven, acércate, despídete tú también de mi amigo.

–No, Vicente, me da pánico.

Él tomó la mano de la muchacha y la puso bajo la suya sobre la imponente cabezota.

–Ves, no te hace daño. Háblale con cariño, los animales nos entienden mejor que muchos humanos.

–Hola, *Satanás* –dijo Águeda tratando de caerle en gracia al perro y complacer a Vicente, que la miraba risueño.

–¡Qué linda eres, Aguedita! –le susurró acariciándole el rostro con el dorso de la mano–. Mañana nos vamos. ¿Estarás preparada para dar este paso?

Ella ocultó el rostro en su hombro y preguntó:

–¿Cómo saldremos de aquí?

–Ve por el camino que sale al cementerio. Allí te esperaré a las cuatro con mi auto. Todo saldrá bien, no te preocupes.

Un ruido de pisadas sobre las hojas secas les hizo volver la cabeza y vieron acercarse a Serafín.

–No hay más que hablar. Recuerda, Águeda, mañana: juntos para siempre.

Al marcharse esa noche el último invitado, los Falcón y los Monteagudo cenaron en familia. El General, a la cabecera de la mesa, se puso de pie, extendió su copa de champán y propuso un brindis por la felicidad futura de sus hijos. Doña Serafina aprovechó el entusiasmo del momento para poner sobre la mesa un estuche de pana color púrpura del cual extrajo un bellísimo crucifijo de brillantes que colgaba de una delgada cadenita de oro.

–Toma, Aguedita, esto ahora es para ti; mi madre lo estrenó el día de su boda, luego lo usaron mis hermanas y por último yo. Después que tú lo lleves, lo tendrá Lala –dijo mirando dulcemente a la novia de Rogelito.

Serafín, como quien cumple un deber sacramental, colgó del cuello de su novia la cadena de oro. Águeda sintió el roce delicado de la joya caer sobre su seno y no atinó sino a buscar a Vicente con la mirada.

Únicamente Vicente podía tener la ocurrencia de hacer una cosa así en un momento tan trascendental: a espaldas de Serafín y su padre el General, le sonrió a Águeda con los ojos y le lanzó con la punta de los dedos un beso de complicidad.

7

Esa noche Águeda tuvo un sueño con la muerte. Fue un sueño definido y claro que permaneció por años guardado en su subconsciente. Se veía acostada inmóvil en un féretro forrado de satín, cubierto por un sudario de flores y dispuesto entre cuatro cirios tristes. Sentía sollozos y voces a su alrededor y entre todas distinguía la de su madre diciendo sin un temblor que el entierro de su hija sería a las cuatro de la tarde. Hacía esfuerzos por moverse y no podía; gritaba a más no poder para que todos supieran que todavía respiraba y le latía el corazón, pero no conseguía hacerse oír ni sacar fuera su voz. A punto de desgañitarse y darse ya por vencida, despertó en medio de la oscuridad del cuarto, empapada de sudor y palpándose a sí misma no convencida del todo de estar viva realmente. Impresionada por la aterradora pesadilla, se levantó sin calzarse. La respiración suave de Isolda dormida en la cama de al lado contribuyó a confortarla, pero así y todo se aseguró de tocarla para tener la certeza de que estaba viva de verdad y no muerta como Cándida.

–¿Qué pasa, hermanita? ¿Estás desvelada? ¿Quieres que prenda la luz?

No, ella no necesitaba luz, sólo quería que la noche se tragara de un bocado el día que estaba por llegar. Salió del cuarto y anduvo largo rato a oscuras por la sala. Los contornos de los sillones de mimbre con sus altos respaldares blancos tomaban en la penumbra una apariencia evanescente y fantasmal. Las repentinas campanadas del reloj de la peluquería la hicieron sobresaltarse. Si ella encontrara el modo de detener las horas de ese reloj, no darían nunca las cuatro de la tarde. Pero sabía que contra el tiempo nadie podía, el tiempo era cruel y no dejaba cabida al corazón. La casa entera reposaba en un recogimiento silencioso. Lo estaba mirando todo por última vez, con la misma aflicción que aqueja a los moribundos. Las angustias de los días anteriores dieron paso a un sentimiento de postración melancólica que le desollaba el alma. Quebrantada por ese sentimiento vio nacer el nuevo día clareando por las persianas: el día en que iba a escaparse con Vicente y sería enterrada para siempre en la memoria de los suyos.

Cerca ya del mediodía, hizo un atadito con sus ropas y lo ocultó debajo de la cama. Apenas conseguía disimular su impaciencia y no hacía otra cosa que asomarse a la ventana. Si el cielo se seguía encapotando no tardaría en llover y eso estropearía sus planes. A menudo en septiembre se desataban temporales que desbordaban el río volviendo los caminos intransitables. Entonces, ¡adiós esperanzas! Sería imposible escaparse.

–Mamita, ¿qué hora es?

–Son ya pasadas las tres. Si por fin vas a la iglesia, no te olvides del paraguas.

Así, tal como estaba, sentada en la comadrita haciéndole dobladillos de ojo a las fundas, quería recordar para siempre la querida presencia de su madre y llevársela consigo en la memoria. Isolda jugaba acurrucando en sus brazos a su muñeca preferida y Gabriel pintaba ensimismado los tonos verdiocres del río bajo el puente. En la barbería, su padre sacudía con un cepillo entalcado los residuos de cabellos del cuello de un cliente. La lluvia se retrasaba y un sol insípido comenzó a asomar entre los grises nubarrones. El reloj dejó escuchar la cuarta campanada y Águeda no dio más. Corrió hacia la comadrita, se arrodilló ante los ojos sorprendidos de Pelagia y se apretó a su regazo clavándose los alfileres.

–No puedo, mamita, los quiero mucho. Yo no concibo estar lejos de usted.

Una semana después, el día 20 de septiembre a las diez de la mañana, Águeda, con la belleza opalina de los lirios, recorría del brazo de su padre la senda del altar. Sólo una vez desvió la vista del sacerdote para buscar los ojos de Vicente, que parecían perdigones queriendo atravesarla. Era necesario que partiera al fin de viaje, para no tenerle cerca y poder sostenerse en lo alto de su pedestal.

Al pasar los años, Águeda no recordaría de la ceremonia más que aquel minuto único en que buscó los ojos de Vicente y se sintió fulminada. No logró captar una sola de las palabras dichas por el padre Florentino, ni tampoco supo nunca precisar la manera en que, en el instante supremo, aceptó a Serafín bajo la bendición de Dios.

En La Fernanda, una larga mesa engalanada de azahares y mantel de hilo bordado aguardaba por los novios. Las criadas se entretenían espantando las moscas de la gigantesca tarta de bodas y miraban a la novia mientras se recogía la cola del vestido salpicado por el fango. Durante la madrugada había estado lloviznando, y la tierra amaneció esponjosa, con intenciones de echarlo todo a perder. Dos puercos enormes se asaban al carbón atravesados por una estaca de madera. El grasiento pellejo comenzaba a dorarse, destilando sobre las brasas su mojo de ajo, orégano y naranja agria. Jesús María, un campesino recolector que trabajaba en la finca, compuso unas décimas para la ocasión; los invitados se animaron haciéndole un coro y batiendo palmas mientras Antonia se abría paso entre el gentío con las bandejas cargadas de copas con sidra, ponche de frutas y crema de vie. El almuerzo transcurrió sin contratiempos. Pero a la caída de la tarde, la mayoría de los asistentes habían bebido lo suficiente como para gastar algunas bromas de mal gusto que asustaron a doña Serafina. Ahí no paró todo. Vicente, bastante achispado, tuvo el pronto de encaramarse en la mesa, arruinando el mantel de hilo bordado y provocando un aparatoso estropicio; nunca llegó a saberse después, ni entre los más íntimos, si lo que hizo fue debido a lo tomado que estaba o si fue un acto de alevosía. De haberlo premeditado, logró lo que se propuso. Empezó alzando una copa y brindando por la dicha de los novios, cosa que a todos les pareció natural. Tampoco se miró mal que se dirigiera a la novia diciendo que le tenía un regalo: «Un recuerdo mío para ti, Aguedita», dijo, y pegó un silbido para traer a *Satanás*.

Aquello fue el acabose. El perro apareció de repente como una exhalación, volcándolo todo a su paso y arrancando exclamaciones de pavor. A una orden de Vicente, se lanzó sobre la novia: le destrozó el vestido, le arrancó el velo con las patas y la revolcó en el fango.

Se oyeron gritos de: «¡Dios mío, que la mata! ¡Agarren a esa bestia!».

–¡Detén al perro o le pego un tiro! –tronó el General.

–¡Aquí, *Satanás*! –ordenó Vicente, y el animal vino de inmediato, echándose a sus pies–. Te has extremado con las felicitaciones, viejito –le dijo palmeándole el lomo mientras con una sonrisa cruel seguía con la vista a su hermano Serafín, que se llevó en brazos a Águeda puertas adentro, ante los ojos consternados de los invitados.

En el cuarto de su madre, Serafín acariciaba las manos de Águeda y le tomaba el pulso discretamente. Doña Serafina, llorosa y apenada, destapó su frasco de agua de colonia ofreciéndoselo a Pelagia, quien comenzó a rociar la frente de su hija sin poder contener su indignación.

–Ustedes me perdonan, pero esto estuvo muy feo por parte de Vicente. Miren qué mal rato ha hecho pasar a mi hija y en qué estado la ha puesto.

Serafina no sabía cómo disculparse, ni disculpar a su hijo,

y buscaba desesperada los ojos de Serafín que permanecía con las cejas levantadas sin saber tampoco qué decir. Fue la propia Águeda quien trató de arreglar la situación.

–Mejor pasamos ya de esto. Vicente bebió demasiado, estoy segura de que mañana él será el más apenado de todos. Ahora, mamita, por favor, quisiera estar sola un rato. Necesito descansar antes de cambiarme, nos espera todavía un largo viaje a La Habana.

Pelagia se resistía a separarse de su hija, pero Serafín la hizo abandonar la habitación tomándola del brazo.

–Déjela, Aguedita tiene razón, se repondrá enseguida si reposa.

Águeda cerró los ojos con fuerza y sintió que todo giraba a su alrededor. Intentó llorar y desahogarse, pero las lágrimas no acudieron a sus ojos esta vez, a pesar del nudo de congojas que le apretaba la garganta. No habría pasado un cuarto de hora, cuando vio a Vicente irrumpir en la habitación dando tumbos, completamente ebrio y fuera de sus cabales. De un gesto brusco alzó a Águeda por un brazo, embistiéndola contra la pared.

–Aproveché la hecatombe que dejamos allá afuera para venir a felicitar personalmente a la novia –dijo con la lengua estropajosa y los ojos rojos de cólera y alcohol–. Así que te casaste, ¿verdad? Después de burlarte de mí como te dio la gana, de ponerme en ridículo, ¿piensas que esto se va a quedar así, como si nada? –Aferró a Águeda por el cuello y le arrancó de un tirón la cadenita de oro con el crucifijo de doña Serafina–. Debía matarte, Águeda. Debí haberte hecho mía para que ahora Serafín recogiese mis sobras. Pero te respeté, te protegí de mis peores instintos, hice contigo lo que con ninguna, ¿me oyes?

Ella inició un gesto para calmarlo, pero él arreció con más fuerza apretando su garganta hasta cortarle el resuello.

–Dime qué vas a hacer cuando esta noche Serafín se te eche

encima, dónde vas a esconder mi recuerdo, Aguedita, ¿debajo de la cama?

–Suéltame por Dios, vas a ahogarme –suplicó ella en un hilo de voz.

–Ojalá te murieras condenada, mil veces maldita. Te maldigo a ti y a ese infeliz de mi hermano a quien deseo lo peor.

–Cállate, Vicente, no sigas.

Él la soltó, pero enseguida, poseído por un arranque de pasión, la tomó entre sus brazos y comenzó a besarla impunemente. Hubo un momento decisivo: cuando él la miró con ojos suplicantes y le habló sobre los labios.

–Dentro de dos días me iré de este país. Ven conmigo, amor mío, aún estamos a tiempo de salvar lo nuestro. Vámonos ahora mismo de aquí.

–No puedo, Vicente, no está en mí.

Él no contestó, ni intentó volver a agredirla. Sin apartar de ella los ojos, se desenredó de los dedos la cadenita de oro que le había arrancado a Águeda y se la entregó diciendo:

–Tómala, es tuya, te la ganaste, Aguedita. –Y desapareció con un portazo brutal, antes de que ella, sin poder resistirse más, se atreviera a llamarlo.

Despacio, con los miembros totalmente dormidos, Águeda se recostó a la coqueta y se miró al espejo. Un sentimiento de profundo vacío era todo lo que quedaba dentro de ella.

–No, no es necesario morirse para una saberse muerta.

8

El índice de Ángela se apuntaló en el aire como un estilete y señaló desafiante el entrecejo adversario.

–Le advierto que conmigo puede ahorrarse sus servicios, doctorcita. No le permito a nadie escarbar en mi vida. Detesto los interrogatorios y tampoco me considero tan chocha que necesite de psiquiatras.

–Escuche, sólo he venido aquí para ayudarla, Ángela.

–Doña... si no le parece mal.

–Muy bien, doña Ángela, déjeme aclararle algo: no soy psiquiatra sino psicóloga.

–¿Acaso no es lo mismo, jovencita?

–No, no lo es; el psiquiatra es un médico que se especializa en los desórdenes mentales. A nosotros nos toca estudiar los del alma.

–Anjá, y usted piensa que mi alma está en malas condiciones simplemente porque me di unos cuantos bastonazos sin contar con el permiso de Dios.

–Yo pienso que usted debió tener una razón más poderosa que la propia fuerza de su fe.

–Mi sobrino yace en el fondo del mar. ¿Le parece suficiente?

–Un hermano mío murió en la guerra de Angola y no por eso intenté rajarme la frente. En cambio, ¿sabe lo que hice?: lo lloré, aún lo lloro mucho.

–Llorar no sirve, no puede devolvernos a los muertos. Eso

lo aprendí de mi madre. Nunca la vi llorar en toda mi vida, y motivos le sobraron.

–Pero el llanto nos limpia de impurezas por dentro, ¿no le parece?

–Cada cual sabe lo suyo, no se ponga de ejemplo, ni me venga con lecciones. Vivimos en un país de suicidas, y ustedes son los primeros. La madre de ese niño desaparecido en el mar era médico también. Intentó matarse más de una vez, hasta que por fin lo consiguió. Los médicos no me sirven de modelo, conocí a uno que se metía en la cama con una negra.

–Yo también conozco muchas negras que son médicos –respondió la psicóloga.

–Sí, según marchan las cosas en este país, uno tiene que admitir hasta eso –dijo Ángela.

–¿Qué piensa de los negros?

–¿Qué quiere, una lección de religión yoruba o de historia de la esclavitud? Si lo que desea saber es si soy racista, le voy a decir lo que decía mi abuela, doña Pelagia Sánchez de Monteagudo: «Cada oveja con su pareja». Venga acá, ¿por qué me pregunta todo esto, le gustan a usted los negros, doctorcita?

–No me llame doctorcita. Ya le expliqué que los psicólogos no somos médicos. Usted habla de los médicos con cierta antipatía, ¿qué tiene en su contra?

–Y dale con lo mismo. Ya le dije, doctores se sobraron en mi familia. No me gustan. En su vida privada no predican con el ejemplo. Mejor pregúntele al Comandante. Incita a la juventud a que estudie Medicina, fabrica sus mediquitos y los exporta como si fuesen chorizos, para poder vender al mundo su imagen de potencia médica. No, no me abra los ojos. Soy vieja y estoy cumplida. Lo mismo me da un entierro que un homenaje. Hace tiempo perdí el miedo. Digo lo que pienso y ya está. Si usted sale de aquí y me denuncia al CDR o la seguridad del Estado, me importa un rábano. Para vivir encerrada en la celda de un asilo, me da igual morirme en un calabozo.

–No soy chivata, Ángela, perdón, doña Ángela. Usted se desvía del tema. Tengo entendido que su padre era médico...

–Ése sí valía lo que pesaba en oro.

–Háblame de sus padres.

–Fueron personas muy decentes.

–¿Era su madre una mujer autoritaria?

–Sí, al igual que mi abuela y la tía Isolda, fue una mujer de gran carácter.

–¿Y su padre?, ¿era el más débil?

–Mire, jovencita, las debilidades son cosas de mariquitas. Mi padre era un hombre de verdad.

–Me interpreta mal, quise decir si era escaso de voluntad, si era su madre la que tomaba las decisiones en casa.

–Pues sí, ¿qué hay con eso? Mi madre sabía de sobra por los dos. Mi padre vivía para sus enfermos. Era un hombre muy sabio y generoso, que me inspiraba tristeza.

–¿Tristeza o compasión?

–Son dos cosas diferentes, jovencita. La tristeza es un estado anímico, la compasión es un sentimiento, lo mismo que el odio y el amor.

–¿Cuál de estos sentimientos ha experimentado usted con mayor fuerza?

La especialista comprendió que la pregunta había acertado en el blanco y se mantuvo alerta, Ángela hizo un gesto de repulsa como quien se espanta una mosca de la frente.

–El que se deja llevar por los sentimientos suele hacerse mucho daño. Los míos yo los mantengo a raya –respondió Ángela.

La psicóloga disparó esta vez a quemarropa:

–¿Era odio, amor, compasión o las tres cosas juntas lo que la hizo apelar a los bastonazos?

–Usted quiere pasarse de lista. Búsquese a otra vieja chocha con quien lucirse, ¿me oye? Yo me guardo lo mío. Los secretos de mi casa van por dentro. Ésos se pudrirán conmigo cuando me entierren. Salga de aquí, déjeme sola con mis antiguas cuentas, ¿qué le importan? Soy un viejo armatoste que a nadie interesa. Vaya a arreglar el mundo allá fuera. Vaya y pregúntele a los otros el porqué de tanto odio y tan poca bondad, por qué tan poco amor y tanta indiferencia. ¿Qué ha pasado, doctorcita, en este país, para que la gente lo abandone? ¿Qué ha pasado para que nosotros los cubanos, tan renuentes a emigrar, veamos la salvación en la eterna condena del destierro? Averígüelo usted y no regrese sin traerme la respuesta; hace años que espero cualquier cosa. Tengo almacenadas todas las horas de ese viejo reloj que usted ve ahí, y ni una sola ha sido enteramente mía. Sólo aguardo ya la última. Vaya, busque la verdad en esas almas desordenadas que dice curar. Mi alma no tiene respuesta, ni siquiera sé si existe; quizá nací sin ella o se atrofió con los años, y si existiese, si yo tuviese un alma todavía, ¿es acaso usted Dios para sondearla? Váyase por donde vino y no regrese, porque la sacaré de aquí a bastonazos.

La rudeza del portazo ensordeció las paredes, y algunas ancianas, curiosas y alarmadas, se asomaron mirando a la psicóloga petrificada en medio del pasillo.

–Venga conmigo –dijo sor Carmelina tomándola del brazo–. Le fue muy mal con ella, ¿verdad? ¿Está esclerótica o algo así?

–Ella tiene razón, me pasé de lista. Si quiere mi opinión, Ángela está clarísima de mente pero tiene lastimada el alma. Necesita de los suyos. Creo que una palabra del afecto familiar conseguiría en ella lo que yo no lograría con cien sesiones de terapia.

La monja y la psicóloga se volvieron para dirigirse a Dara, que se mantenía recogida y expectante escuchando la conversación.

–Ya ves qué bien hice en avisar a tu familia y en convencer a Ángela de aceptar que tú vinieras –dijo sor Carmelina, mirando compadecida a la muchacha.

Ahí mismo la apabullaron con consejos y advertencias: primero fue la psicóloga, que decía confiar en ella porque se veía que no era una muchachita del montón, sino seria, respetuosa y muy formal para su edad, el mejor expediente de su escuela, así que inteligente además. «Te vas a entender con ella, y acabarás por ganártela; eso sí: mantenme al tanto de todo lo que conversen.» Entonces le llegó el turno a la monja: «¡Jesús! Quita esa cara de susto, niña, que tu tía no te va a comer; ándate con tiento, claro está, y por ahora nada de tragedias. ¡El mar... ni se lo mientes! Ya sabes lo que pasó cuando le diste la noticia. Casi le cuesta la vida la muerte de tu hermano y tu mamá».

En ese estado de caos emocional, Dara entró a la habitación para enfrentarse a su tía. Apenas se midieron con los ojos. Se preguntó a sí misma nuevamente: «¿Qué hago yo aquí? ¿Qué pinto yo en todo esto?», pero esta vez se contuvo de expresarlo en voz alta, y retuvo el impulso de salir de allí corriendo. Había aceptado volver de mala gana. A Sabina y su tía María Esther les costó un mundo convencerla, y se empeñaron a fondo: «A ver, Darita, nada pierdes con probar, si basta con que vayas una vez más y ya está. Apenas eras una niña cuando se armó aquella pelotera en la casa y la tía Ángela decidió hacer las maletas. ¿Cómo se te ocurre pensar que pueda estar decrépita? Se entró a bastonazos porque siempre fue así: un tanto rara. A lo mejor fue la soledad. Tanto hacerte de rogar estando becada en el campo, tan cerquita, a unos pocos kilómetros del pueblo. Si hasta podías irte andando a Río Hondo en caso que te fallara la guagüita de la escuela». Finalmente había aceptado, picada más por la curiosidad que suponía el encuentro con la tía que por cumplir la encomienda.

El tiempo iba pasando sin que ninguna de las dos intercambiara palabra. Ángela escudriñaba con los ojos a la nieta de su hermana, y reconocía en lo más íntimo que, al igual que debía ocurrirle a la chiquilla, había aceptado que viniera interesada más en fisgonearla que en cumplir lo que, en el nombre de Dios, prometió a sor Carmelina.

–¿Qué haces aquí? –preguntó al fin la anciana–. No le quitas los ojos al reloj, como si el tiempo no corriera o te pesara.

Dara se sorprendió, ¿sería su tía una bruja que podía leerle la mente?

–Yo... No, no es eso. Es que me llama la atención ese reloj tan viejo que tienes colgado en la pared –respondió, tratando de disculparse.

–Pertenecía a mi abuela Pelagia. Por eso aún lo conservo. ¿A que ni sabes quién era? Claro, a los jóvenes de hoy, muchos teques comunistas y mucha historia de la Revolución, pero mientras menos sepan de los viejos tiempos y los troncos familiares, mejor.

–Tienes razón. Apenas sé nada de mis abuelos. Nadie habla de eso en casa. Cada uno está en lo suyo. Nadie tiene tiempo para nadie. –Sin darse cuenta volvió a fijar los ojos en el péndulo del viejo reloj de pared y suspiró diciendo–: ¡Uf! El tiempo en esta isla parece no correr nunca. ¡Te mueres de aburrimiento! Las horas pesan un siglo, tía.

–Pero sí que corre, Dara, el tiempo nos camina adentro... ¿Quieres que te hable de otros tiempos... del mío y el de tus abuelos?

Dara sintió el aguijón de la curiosidad en la punta de la lengua.

–¡Sí, claro que sí! –exclamó–. Cuéntame de todo eso...

9

Serafín había salido esa mañana a visitar a sus enfermos. Aferrado a las riendas y dando voces al caballo tomó la guardarraya, envuelto en una rojiza polvareda. Una bandada de chiquillos flacos como renacuajos, semidesnudos y descalzos le salieron al paso. Tenían la piel mugrienta y las barrigas hinchadas de parásitos. Se detuvo sonriendo, cargó a dos de ellos y los puso sobre la montura mientras el resto de la grey corría tras el caballo. Cuando llegó al bohío del guajiro Perico Callejas, una chiquilla distrófica de aspecto desaliñado lo recibió llorosa, diciéndole que el hermanito se había pasado la noche con el oguillo y tenía calentura. Serafín desmontó torpemente y entró en el bohío pidiendo permiso para lavarse las manos. El menor de la familia, una criatura de unos cuatro años, yacía sobre una colombina chillona con la carita descarnada por la fiebre. Serafín le tocó la frente y no sacó el termómetro; liberó al muchacho de la manta sembrada de remiendos toscos y sacudió de un tirón el emplasto de hierbas y sebo de carnero que tenía sobre el pecho. Pidió deprisa a la madre una palangana con agua fresca y mojó en ella un paño que, luego de exprimir ligeramente, humedeció en alcohol, frotando con fuerza el cuerpecito escuálido. Cuando la piel dejó de arder, pidió a la madre del niño que le alcanzara un jarrito esmaltado donde él sirvió medio vaso de Agua de Vichy y se la hizo tomar al enfermo con una oblea de fenacetina, esperando que sudara. Presionó con los dedos debajo de la mandíbula, palpó los ganglios inflamados, observó las manchas carmesíes que tenía en la epidermis y las visibles escamas de las manos. Un pliegue profundo ensombreció su entrecejo.

–¿Está muy malo mi Panchito, médico?

Miró pensativo a la madre. Era una mujer que marchitó sin florecer, con el rostro ajado y la boca desdentada de una anciana.

–Tiene escarlatina, Nieves, y no voy a engañarla, es una enfermedad grave y contagiosa. Sería prudente sacar de aquí a los otros niños.

–Pero médico, ¿dónde voy a meter yo siete muchachos?

Comprendió lo ingenuo del consejo y se sentó en el taburete clavando la vista sobre el piso de tierra a tiempo de aplastar bajo su bota un alacrán que se deshizo en el suelo crispando su ponzoña. Descubrió bajo el camastro la bacinilla donde uno de los niños acababa de expulsar un rollo de lombrices palpitantes. A pesar del aplomo y la costumbre del oficio, no pudo impedir que un sentimiento de piedad lo traspasara.

–Le estoy dando semillas de calabaza y piña de ratón –dijo la mujer apenada al adivinar el punto exacto de la mirada del médico.

Él no contestó; miró los pies descalzos del muchacho percudidos por la tierra y pensó en los zapatos que a Gabriel se le quedaron nuevos cuando la comunión. Extrajo del maletín el recetario y comenzó a garabatear una fórmula con su estilográfica labrada en oro. De inmediato se sintió molesto y estrujó el papel en el hueco de la mano.

–Yo mismo le enviaré esta tarde las medicinas, Nieves.

–¡Ay, médico!, no tendremos con qué pagarle, pero yo le prometo que en cuanto Perico mate la guanajita...

–Olvídese de eso y escúcheme bien: el niño puede agravarse, tenemos que impedir que le suba la fiebre. No se olvide de las obleas cada cuatro horas, con una infusión caliente de tilo o flor de naranjo. Es importante que sude, no deje de darle las fricciones de alcohol y cambiarle las compresas. Yo volveré mañana, pero si lo nota peor avíseme enseguida. Siga mis indicaciones y verá cómo Panchito mejora.

Se puso en pie para marcharse; la hija mayor de Nieves le alcanzó el jipijapa y el maletín de piel. Ya en la puerta, tropezó con el chiquillo de las lombrices y le acarició los cabellos.

–A partir de mañana usarás zapatos.

Los restantes muchachos al oírlo se agruparon a su alrededor tirándole del traje.

–¿Y nosotros, doctor?

–Ustedes también tendrán los suyos, sí señor.

La muchacha que lo había recibido tornó hacia él los ojos interrogantes. Serafín le dio una palmadita en la mejilla.

–¿Qué edad tienes?

–Quince, doctor.

–Debes de tener el mismo pie de Aguedita, mi mujer. A ti te traeré los más lindos.

–¡Viva el doctor Serafín! –gritaron los chiquillos saltando de alegría y armando tanto alboroto que durante un largo trecho no cesó de oír la algarabía.

En el camino de regreso encontró a la mulata Tomasa sacando agua del pozo. La saludó quitándose el sombrero y aprovechó para sacar el pañuelo y secarse el sudor. Si por alguien sentía pena Serafín era por Tomasa; vivía sola con María, su única hija, en medio del monte. Su marido había sido un alcohólico que acabó por colgarse de una guásima después de haberlas hecho padecer horrores. El muy salvaje golpeaba tanto a la mujer como a la hija durante sus borracheras, y más de una vez estuvo a punto de matarlas. La niña vivía avergonzada de la oscura cicatriz que le surcaba la frente, y para evitar sospechas a todo el que preguntara le respondía lo mismo: «La mula me tumbó en las piedras y me golpeé». Insistía incluso en decirlo delante de Serafín, quien le cosió la cabeza el día que el padre le dio el brutal botellazo que casi la deja muerta. Mientras más compadecía a la mulata Tomasa, más compasión sentía por su hija. Los ojazos negros de María le traían siempre a la mente la imagen de la Caridad del Cobre que tenía Águeda en su cuarto. La niña poseía el encanto de las vírgenes de bronce, linda y dulce hasta más no poder. Sin duda merecía un destino mejor. ¿Y si él tuviera en sus manos la manera de cambiarlo?

Esa misma tarde, en cuanto concluyó con el último paciente, se fue a visitar a Pelagia para pedirle que le hiciera un saco con todos los zapatos y trajecitos desechados por los niños. Ella lo ayudó de buena gana, diciendo que era un santo de la cabeza a los pies y como santo tenía muy bien puesto el nombre que llevaba. A su suegra le gustaba eso de asociar los nombres con las personas. Gran mujer doña Pelagia: un tanto severa sí, pero noble y desprendida con los pobres, igual que la maestra Engracia y el padre Florentino, que hacían mucho por los niños que no sabían de juguetes ni de escuelas, y lo dejaban a uno pensando y poniendo en entredicho hasta el buen juicio de Dios. El saco lo llenaron hasta el borde y recogieron de todo: los juguetes arrimados por los niños, la marinerita blanca que se le quedó a Gabriel cuando pegó el estirón, los zapatos de la comunión, los vestiditos que ya no le servían a Isolda y los zapatos de charol con lazos de tafetán que Águeda dejó al casarse y Pelagia conservaba casi como una reliquia. De Águeda hablaron mucho esa tarde: de lo voluble que estaba y el mal humor que tenía. Su madre la disculpaba, achacándoselo todo a lo que se le vino encima cuando tuvo que poner a la criada de paticas en la calle, porque había que ver lo ingrata que les salió. Había dejado a Aguedita en el peor de los momentos; sola con las faenas a cuestas: casa, marido y una niña pequeña que atender, ¡y qué niña, señor mío!: todo un diablillo, rebencuda como ella sola, vaya a saberse de dónde sacó esas pulgas pues, mirándolo bien, con un buenazo por padre y una madre más mansa que una paloma no era cosa de caberle a una en la cabeza. Serafín se encogió de hombros, tampoco él sabía a qué atenerse con el carácter de su hija Teresita, pero en lo tocante a su mujer, menos las tenía consigo. Tal vez a su suegra no le faltaba razón y el genio de Águeda se debía a los agobios domésticos. Las mujeres poseían un instinto superior al de los hombres para ver estas cuestiones. Así que, pensándolo bien, no había de qué preocuparse. Lo mejor era tranquilizar a la buena de su suegra diciéndole que podía dormir en paz pues tenía ya amarrada la forma de aliviar a Águeda de sus cargas con una nueva sirvienta: «Muy decente, verá usted, lo mejorcito que nos ha tocado en casa», dijo, y se despidió animoso, pensando qué no haría él por ver feliz a Aguedita.

Serafín se empeñaba inútilmente. Desde el mismo día de su boda cuando Águeda se resistió a los reclamos de Vicente, lo vio desaparecer de su vida pegando un brutal portazo y quedó paralizada, incapaz de correr tras él. Se supo hueca por dentro. A partir de ese momento comenzó su pesadilla. Durante un tiempo creyó que todo era mentira, que nada de lo ocurrido le estaba ocurriendo de veras, y que sólo se encontraba atrapada en un mal sueño del que al fin despertaría y volvería a ser la de siempre. Llegó al punto de decirse que prefería estar muerta. «Debí dejar que mamá me enterrara en vida antes que vivir así: muriéndome de pena.» Cada mañana al asearse y mirarse en el espejo se repetía lo mismo: «Yo no soy la Aguedita que veo ahí»; o aún peor: «Ya no volveré a ser más la Aguedita que fui antes». Se negaba a reconocerse casada con Serafín, pero estaba muy consciente que la causa principal de sus desdichas tenía nombre y residía en el cuerpo gordinflón del hombre que cada noche dormía en el lado opuesto de su cama. Jamás le pasó por la cabeza culpar de nada a Pelagia. Las madres tenían el deber de elegir lo que consideraban mejor para sus hijas, y las hijas el de obedecer y aceptar lo que decidían las madres. Pero ¿por qué entre tantas mujeres tuvo que fijarse en ella Serafín? ¿Por qué se interpuso en su camino rompiendo todos sus sueños? Bastaba que sus ojillos de búho la mirasen por encima de los lentes para que todos estos pensamientos se le agolparan de pronto y encendieran el brasero de sus rabias, buscando el modo de herirlo y hacerlo compartir su malestar. Más tarde se arrepentía: «¿Me estaré volviendo mala?», pero tratando de no sentirse peor de lo que ya se sentía, terminaba por justificarse, diciéndose que era él quien siempre le llevaba la contraria y le amargaba los días. No fue hasta que sintió a Teresa moviéndose en su vientre que recuperó la sonrisa y las ganas de vivir. Pero el nacimiento de la niña, lejos de acercar al matrimonio, contribuyó a malquistarlo y volverlo todavía más hostil. Mientras más se volcaba Águeda en la hija, más ajena y distanciada se sentía de Serafín. Teresa absorbía sus horas, era la reina absoluta de la casa, la niña de sus ojos, el centro de toda su atención. Apenas arrancaba la nena con su primera pataleta de la mañana, ya tenía a la madre al lado mimándola y consintiéndola. Las primeras frases enteras que la niña aprendió a balbucear parecían ya imposiciones: «No me toquen lo que es mío» o «Yo hago lo que quiero». En la única ocasión que Serafín intervino y se atrevió a señalar a su mujer el error que cometía complaciendo los antojos de una niña, de por sí posesiva y caprichosa, no consiguió más que empeorar la situación. Ese día Águeda se encargó de una vez y por todas de poner las cosas en su sitio y colocar a cada quien en su lugar siendo cruda y tajante. «Tú no pintas nada en esto, no conoces de chiquillos. Lo tuyo son tus enfermos.» Esa noche, al acostarse, se juró que no tendría más hijos. Buscaría la manera de evitarlos con lavados y remedios. Por más niños que viniesen ninguno podría sustituir a Teresa en su cariño ni restarle en importancia. Teresa era sólo suya y en todo se le parecía. El varón que tanto anhelaba Serafín llevaría el mismo nombre que su padre y sería como él, torpe, miope, insignificante.

La mulata Tomasa se presentó en casa de Águeda y Serafín con un lío de ropa en cada brazo y su hija prendida de las faldas.

–Aquí me tiene, señora. Su marío de uté me mandó a venir pa' servirle de cocinera.

Águeda, de un gesto, les hizo entender que debían dar la vuelta por el fondo y esperar en la cocina, y sin perder un minuto fue en busca de su marido, empujando sin miramientos la puerta del cuarto de consulta.

Serafín levantó la vista del libro que leía y miró a su mujer, parapetada frente a él con los brazos en jarras en actitud desafiante.

–Ahí está la mulata esa con su hija. ¿Qué voy a hacer en mi casa con ese par de andrajosas?

–Vamos, no te pongas así, lo hago por aliviarte. Tomasa es una mujer muy decente y cocina de maravilla. En cuanto a la muchachita, podrá quedarse con la madre en la habitación que tenemos desocupada para la servidumbre.

–Intentas decirme, Serafín, que esa chiquilla comida de piojos convivirá aquí con Teresita.

–Eso lo resolveremos, Aguedita, con alcohol y ácido bórico. Por lo demás, María es una jovencita saludable, acostumbrada al trabajo; podrá ayudarte muchísimo con la niña.

–No me llames Aguedita, sabes que no me gustan los chiqueos si son para engatusarme; bien te conozco y sé que esto no lo haces por mí sino por esa gentuza. Total, ni te lo agradecen. Ahora tendré que arreglármelas con esas dos. Sólo sabes darme disgustos y quebraderos de cabeza.

Todavía por la noche, durante el mitin que daban los liberales en el parque con motivo de las elecciones, Serafín percibió el enojo en los ojos de su mujer, cuando ella no tuvo otro remedio que aceptar su brazo para acercarse a la tribuna donde don Miguel Benavides, el alcalde, con la yugular a punto de estallarle, se complacía en hacer trizas al candidato presidencial por el Partido Conservador. Serafín, olvidando sus disputas hogareñas, se revolvió asqueado en el asiento ante lo que consideró una recua de calumnias contra la vida personal del opositor.

Sin embargo, una atronadora salva de aplausos lo sorprendió a sus espaldas.

–Métele caña –exclamaron sus correligionarios.

–Dale en la crisma a ese hijo de puta –aullaron los más exaltados.

«Nuestros partidos están caducos y gastados –se dijo Serafín–. Año tras año hay un pueblo en espera de lo mismo: ver resucitar la conciencia cívica del cuerpo electoral, cada vez más enfangada por los candidatos que nos presentan. Cada uno acechando al otro, escalando por encima de cualquiera con un idéntico fin: su beneficio personal. Una historia de intrigas, sobornos, amenazas y deshonestidades repetida en círculo. El futuro de esta isla los tiene sin cuidado.» Con el rabillo del ojo observó a Rogelio y a Lala saltar eufóricos de sus asientos para aplaudir al alcalde Benavides, que bajaba jubiloso del estrado agitando los puños sobre la cabeza y arrancando vítores de las gargantas de sus partidarios. De pronto se hizo un silencio respetuoso para recibir al General, quien mantuvo su oratoria a una temperatura moderada. Hizo un llamado a la cordura y a la necesidad de guiar la campaña electoral en un ambiente pacífico; el pueblo, único soberano, tendría la última palabra. Doña Serafina lo escuchaba con los ojillos de torcaza cuajados por las lágrimas. Muy cerca de ella, unos ojos de gacela la miraban con curiosidad. Era Carmela, la querida del General, que había tenido la osadía de presentarse en público para admirar de cerca al político que por más de quince años había sido su hombre.

Al concluir el mitin, comenzaron a repicar los tambores y la gente empezó a corear la conga que se había convertido en el himno de los liberales: «Yo no tengo la culpita ni tampoco la culpona, ae, ae, ae la chambelona». En ese momento sonaron varios disparos.

–¡Que no cunda el pánico! –gritó el alcalde Benavides, que fue el primero en correr para ponerse a salvo.

Algunos sufrieron empellones en el atolondramiento por alcanzar la salida, otros se embistieron precipitándose a la calle y hasta hubo quienes rodaron por tierra en el intento de huir. Pero pronto se corrió la voz de que el incidente no se debía a represalias políticas, sino a un fallido atentado contra Andrónico Guerra, motivado por el desahucio cometido contra uno de sus inquilinos al negarse a pagar los veinte centavos que el propietario le exigía por ocupar una de aquellas casuchas semidestruidas, conocidas en el pueblo como «las ratoneras de Andrónico». El pobre diablo fue apresado de inmediato por la guardia rural, pero tuvo que ser puesto en libertad a la mañana siguiente debido a la protesta unánime de los numerosos vecinos que se amotinaron frente al cuartel, clamando justicia.

Ese año tuvieron un noviembre muy lluvioso, pero ni siquiera el mal tiempo detuvo la concurrencia a las urnas el domingo de elecciones. No habían dado aún las ocho en el reloj de la iglesia cuando empezaron a alinearse los votantes en las puertas de los colegios electorales, luciendo sus jipijapas con cintas de colores: en rojo los liberales y en amarillo los conservadores. El día transcurrió en una calma aparente, mas a eso de las seis sonaron unos disparos que nadie supo decir de dónde fue que salieron, quedándose todo así, en la más estricta reserva. A la mañana siguiente, Serafín, sentado en el comedor, leía las noticias de los comicios mientras esperaba el desayuno, atrincherado tras el periódico como tenía por costumbre. Desde la cocina le llegaba la voz de su mujer peleando con Tomasa. La mulata había logrado hacerse imprescindible. No sólo se ocupaba de la cocina, la limpieza y los mandados, sino que tanto ella como su hija no dejaban nada sin atender, ni ningún cabo suelto por atar. Lo único que podía reprochársele a Tomasa era lo desmandado de su lengua, tan activa como su temperamento, pero se lo pasaban por alto porque conseguía calmar como nadie las encendidas rabietas de la niña Teresita, que si bien se sabía cómo empezaban, nunca podía preverse cómo irían a acabar.

Serafín puso oídos sordos a la tormenta desatada en la cocina, convencido de que Tomasa sabría cómo disolverla, y fijó su atención en el cintillo del periódico: «En medio de la mayor tranquilidad se efectuaron ayer las elecciones en todo el territorio de la República de Cuba».

Así que los gacetilleros llamaban tranquilidad a que en un pueblo vecino se robaran una urna, a que el alcalde Benavides variara el censo de los electores en uno de los colegios introduciendo cédulas fraudulentas, y se agenciara a un sargento con rostro patibulario y bayoneta calada para coaccionar a los conservadores. A Serafín le constaba además que un paciente suyo al cual él había extendido un certificado de defunción hacía lo menos seis meses, hizo valer su voto sin necesidad de concurrir a las urnas de cuerpo presente.

–Deja el periódico, Serafín, ya tienes servido el desayuno –recalcó Águeda yendo a sentarse al otro extremo de la mesa, mientras Tomasa le añadía al humeante café con leche del doctor una pizquita de sal.

–Oiga, doctó –dijo la mulata ansiosa por comentar lo que había oído en la calle–, dicen que al borrachín de Majagua lo cogieron tapiñao con una cinta roja por un lao y amarilla por el otro. Naide sabe de qué bando está el muy marañero.

–¡Vaya con la pureza de nuestro sufragio! –exclamó Serafín haciendo un guiño de malicia a su mujer que, desarrugando su arisco humor mañanero, acabó por reír de buena gana.

10

Los liberales apabullaron con su triunfo en las elecciones, y el día 20 de mayo de 1925, el general Gerardo Machado escaló a la Silla de Doña Pilar para ejercer su mandato mientras sus partidarios le aclamaban por las calles tocando *La Chambelona*, la conga electoral del partido liberal cubano. «Toquen, toquen, yo les daré tamborcito», fue la frase premonitoria que le dedicó a su pueblo en el momento de tomar las riendas de la nación. El general don Rogelio Falcón, viejo camarada de partido y compañero de lucha de Machado en los años de la guerra de independencia, fue reclamado por su amigo para ocupar su puesto como senador de la República. Se imponía mudarse a La Habana sin mayores dilaciones. La Fernanda quedaría a cargo de Rodrigo, el administrador de la finca; los asuntos de primer orden habían sido despachados. Todo estaba dispuesto: Rogelito se instalaría con Lala en la nueva residencia de la ciudad, respaldaría a su padre en el trabajo y se abriría su propia brecha en la política. Sólo faltaban por resolver algunos detalles de menor cuantía, entre ellos, aquel que dejaron para el último momento: informar a doña Serafina que, ajena a los planes de viajar tramados por su familia, seguía flotando feliz en la atmósfera bucólica que constituía su existencia.

Esa noche, en la barbería de Monteagudo, no hubo largas parrafadas políticas ni encarnizados debates beisboleros. Todos los temas de las acostumbradas tertulias quedaron relegados y no se habló de otra cosa que del acontecimiento de la familia Falcón. Hasta Majagua se olvidó de humedecer su bigote con un trago de ron antes de iniciar la partida de dominó, y fijando los ojos estrábicos en el tablero, puso en alerta sus orejas velludas para escuchar mejor los comentarios.

Majagua era en el pueblo una figura pintoresca, mitad deidad, mitad hombre. Grande y fuerte como una locomotora, tenía ojos de pez, cuerpo de quelonio y una cabeza taurina semihundida en el robusto carapacho de su pecho. En épocas mejores, la fuerza de sus bíceps lo llevó a rozar la fama como un astro del béisbol, y escaló las ligas mayores donde descolló por sus descomunales jonrones. Aquellos que lo presenciaron aseguraban haber visto viajar directo a la estratosfera una pelota bateada por Majagua, luego de dos strikes, nada menos que al Diamante Negro. La hazaña fue cintilada en los diarios como típica de un nuevo Babe Ruth, pero justo cuando el héroe de los rompecercas alcanzaba la cima, un ingrato pelotazo en la nuca puso fin a su gloria, lesionando su tallo cerebral. Aún se andaba cuestionando qué relación tendría un mulo como él con los tubérculos cuando comenzó a padecer aquellos serruchantes dolores de cabeza que sólo el alcohol conseguía mitigar. Por entonces se marchó del pueblo a probar suerte en La Habana, donde luego de trabajar como un esclavo fue encerrado entre los muros de un hospital de locos. De allí lo sacó Serafín, completamente atontado, oscilando la cabeza como un péndulo y hablando en trabalenguas hasta sus habituales palabrotas. Serafín cuidó de él al igual que un hermano. Haciendo valer la amistad sincera que los uniera desde niños, cuando logró que se recuperara, consiguió con la buena voluntad de doña Serafina que se quedara en La Fernanda trabajando en la recolección de frutos y ayudando en las labores de la finca.

Majagua albergaba por doña Serafina un apasionamiento platónico. Sublimaba cada objeto tocado por sus manos y bendecía cada huella dejada por sus pies. Amaba sus pájaros, sus rosales, sus pañuelos embebidos en agua de colonia, la amplia pamela de paja que usaba para cubrirse del sol. Por ella aprendió a entenderse con las aves y conoció el lenguaje que expresaba la naturaleza cuando uno le prestaba oído y atención. Pero su devoción llegó a exorbitarlo el día que podando juntos los rosales rozó sus manos sin querer. Los dedos de su señora eran tan suaves al tacto que bien podían confundirse con los pétalos. Aquel roce lo marcó de tal modo que se ruborizó de golpe como un niño y no atinó sino a huir, temiendo que ella notara los severos golpetazos que sentía en el corazón. Desde entonces deseó que le llovieran encima todas las penas del mundo si así libraba de ellas a la mujer idolatrada en silencio, y si ella, con un solo gesto, le hubiese ordenado echarse de cabeza al pozo, la habría obedecido gustoso, para así demostrarle la grandeza de su amor. Por eso esa noche todos sus sentidos estaban puestos en la partida de la familia Falcón.

La conversación se cortó repentinamente con la llegada de Serafín, que fue a sentarse frente a Monteagudo y comenzó a revolver las fichas sobre el tablero.

–Denle agua a las fichas y a mí un poco de ron –dijo Majagua, y Monteagudo, sonriendo, descorchó la botella y llenó los vasos de todos los presentes.

Al cabo de un buen rato, la pregunta que tenían entre dientes saltó sobre Serafín.

–¿Y usted, doctor, también piensa en dejarnos?

–¿Yo? No. Nada se me ha perdido en La Habana ni tengo que ver con política.

–¡Bravo, doctor, así se habla! –exclamaron, y Monteagudo, al terminar la partida, sirvió otra ronda de ron.

A todos les extrañaba que a esas alturas Majagua no estuviera ya lo bastante achispado como para matar su salida, pasarse con fichas y regalarle la data al contrario. Empezaron a picarlo diciendo lo de siempre: Majagua, bota gordas, agachao, tronco é yuca, come catibía, hasta ir subiendo el tono con palabritas más fuertes para buscarle la lengua y hacerlo entrar en calor soltando uno de esos ternos gordos que tenía la habilidad de virar al derecho y al revés y decir en trabalenguas. Pero Majagua no se dio por aludido; le había vuelto el alma al cuerpo cuando oyó decir al doctor que no se iría. No contaba con nadie más en la vida y ni siquiera recordaba haber tenido un pasado. La señora Serafina y el doctor constituían sus únicos afectos, y La Fernanda su hogar. ¿Qué sería de él si Serafina le faltaba? Llevaba días en vilo aguardando el momento en que le dieran la noticia. Pero ninguno lo hizo y él tampoco se atrevía, temiendo atormentarla por anticipado.

Al terminar la última partida de la noche, se dijo que debía hablarle al doctor y decidió seguirlo hasta su casa. Sin embargo, durante todo el camino estuvo tan apesadumbrado y recogido en sí mismo que fue el propio Serafín quien abordó el asunto diciéndole que sabía de sobra por qué le andaba detrás cabizbajo y silencioso.

–Es que me apena, doctor, que mi señora no se huela na'. Le va a dar un patatús cuando se entere. Sabe, su madre es como una matica, que si la arrancan se muere.

Serafín determinó cortar por lo sano. Requirió de muchas horas para llegar a un acuerdo con el padre y el hermano, pues ninguno de los dos se decidía a dar el paso poniendo a Serafina, de una vez, al corriente del asunto. Por último, tomaron una decisión: aprovecharían el almuerzo en familia que hacían siempre los domingos en La Fernanda para darle la noticia. Se lo dejarían caer dosificado. Una gotica en el entrante, un tincito en la sopa, otro poquito en los postres y finalmente en el café: el día y la hora del viaje. Ya está. Tanto estira y encoge por una guanajada semejante. ¡Qué cará! Como si Serafina pudiera hacer otra cosa que resignarse a seguirlos, concluyó el General.

El domingo en la mañana, Lala llegó a La Fernanda del brazo de su marido vestida en tonos malva y una cinta de raso anudada a la cadera. Desde su viaje de bodas a Estados Unidos se había encaprichado en imitar a las estrellas de cine y se veía muy a la moda con su melenita corta y su alegre casquetico adornado de diminutas violetas.

–Si vieras, Aguedita, ¡qué vida la de las grandes ciudades! Miami, California, Nueva York, son otro mundo. Las mujeres tan diferentes a nosotras, mucho más libres, manejan su automóvil y hasta fuman en público.

Águeda la escuchaba con desgano. Lo único que le importaba de aquel país era saber que allá estaba Vicente, poder hablar de él con alguien aunque fuese una vez, pero nadie lo nombraba, todos parecían haberlo borrado del recuerdo, y si ella no hacía la pregunta que le quemaba los labios, seguiría sin tener noticias de él.

–Y de Vicente, Lala, ¿no me dices nada? ¿No lo vieron ustedes por allá?

–¡Ay, hija, claro que sí! Pero es mejor ni mentarlo. –Le hizo una seña para que se acercara y poder hablar más bajo–. Esto lo oyes y chitón, te lo guardas. Dicen que anda enredado en negocios con mujeres de la vida.

Águeda tragó la noticia con la aspereza de un alcohol fortísimo y pestañeó varias veces para disimular el efecto que le hacía. En eso entró Antonia, la sirvienta de los Falcón, a quien la niña Teresa tiraba del delantal y disparaba puntapiés por no haber sido complacida en uno de sus caprichos.

La mirada de Águeda se dulcificó a la vista de su hija, y Lala, enternecida, abrió los brazos para recibirla, pero la chiquilla le largó un par de pisotones que a punto estuvieron de estropear sus finísimas medias.

Águeda reprendió a su hija blandamente y la disculpó diciendo que por ser la única la tenían demasiado consentida.

–No sabes cuánto te envidio. Rogelio y yo estamos locos

por un hijo, pero nada, ni un síntoma. ¿Sabes? Tomasa, tu criada, me recomendó pasar una calabaza por el vientre durante cuatro semanas. Estoy siguiendo el consejo al pie de la letra, pero hasta ahora...

Antonia regresó para avisar a las señoras que la mesa estaba servida para el almuerzo.

Serafina lloró toda la noche. Un río negro y subterráneo había roto sus arterias y la desangraba por los lagrimales. El amanecer la sorprendió cansada, convertida en la sombra vaga de una desconocida. No por ello dejó de vestirse con la pulcritud de siempre, ni de repetir los mismos gestos y las mismas palabras. Afuera, caminó envuelta entre los tules del alba. Sentía que su cuerpo se amoldaba al paisaje, que se podía reconocer en el susurro de las plantas, en el trino de cada ave, en los aromas más tenues. Ella en sí misma no era sino un tubérculo que se nutría de la tierra que la había visto nacer, un río que no renuncia a su cauce ni se aparta de la orilla sin que el mundo se le acabe y muera. No era necesaria fuera de sus animales y sus plantas: era lo mismo que un árbol, lo mismo que sus rosales, tanto como el suelo mismo. No entregaría sus raíces sin vivir su propia muerte, una muerte verde y vegetal como su propia vida. Se sentía tan cansada que hasta la sombra le pesaba encima, pero así y todo, se fue a visitar sus pájaros.

No estuvo en la casa en todo el día y a la hora del almuerzo, la sirvienta, alarmada, mandó a Majagua a buscarla.

Cuando Majagua la encontró, doblada dentro de la pajarera, iba ya para dos horas que su corazón había parado de latir. Serafina había muerto con la misma placidez que había vivido. Tenía los ojos húmedos, abiertos todavía, y la sonrisa de siempre entre los labios.

La mañana que enterraron a su madre, Serafín tuvo por primera vez conciencia de la lejanía de Águeda. La tuvo colgada del brazo durante todo el sepelio, pero fría e inaccesible como una extraña. Sin apartar sus ojos del féretro lo vio balancearse y descender lentamente hasta tocar el fondo con un sonido opaco y seco que le arrancó del pecho un balido de dolor. Se apretó a su mujer, buscando en ella un gesto de confortamiento; Águeda clavó en él sus ojos álgidos y le indicó con un codazo que debía sobreponerse. De regreso a la finca, quiso refugiarse a solas con su dolor en el cuarto de su madre; allí se tropezó con el hermano, la cuñada y el padre, entregados a la faena de recoger las pertenencias de la difunta. Los vestidos descolgados del ropero que veía amontonar sobre la cama le enconaron las nostalgias. Aún flotaba en la habitación el aroma de su colonia preferida. Sólo eso quedaba de la santa, aquel aroma manso y dulzón como ella misma. Cerró la puerta despacio para no interrumpirlos y apagando sus pasos se dirigió a la cocina, en busca de algo que lo ayudase a bajar el nudo lastimoso que le comprimía la nuez en la garganta. Encontró a Majagua, arrinconado en un taburete, mirándolo con ojos alucinados. Todavía Serafín le sujetaba las riendas al dolor tratando de no flaquear cuando Majagua se acercó y le cubrió el hombro con su mano grandota y cálida.

–Oiga, doctor, olvide eso de que los hombres no lloran y desahóguese aquí –dijo, golpeándose con el puño en el centro del caparazón.

Serafín se derrumbó. Apoyó la frente en el pecho de su amigo y rompió a llorar desamparado.

II

Rogelito Falcón no era el arquetipo del marido moldeable y virtuoso de las esposas americanas admiradas por doña Eulalia Benavides. Ella, la Lala de Río Hondo, tampoco era una de aquellas gringas a las que intentaba imitar en la manera de ser, vestir y llevar el hogar, sino la cuarta hija de unos burgueses pueblerinos, alegre como un colibrí y de alma tan lisa y transparente como una hoja en blanco. En cambio su marido iba más allá. Hombre de buena planta, seguro de sí mismo, de modales distinguidos y hablar mesurado; conocía la dimensión de sus sueños y el calibre de sus ambiciones, guiando con destreza y equilibrio cada uno de sus pasos. No poseía la mirada profana de Vicente, ni su seducción vitriólica y demoledora causante de tantos estragos en los corazones femeninos. Pero sabía conquistar sin esfuerzos con su gallarda figura, su personalidad desarmante y su palabra pronta y convincente. Había heredado la incontinente sexualidad del General y algunos rasgos del carácter de doña Serafina. Esto lo acreditaba como el amante idóneo para las mujeres que se sentían estimuladas por las disparidades en el amor. A pesar de sus escrúpulos a la hora de emprender aventurillas, al año de estar en La Habana, Rogelio perdió los cascos por la secretaria de su padre, al punto de no saberse adónde hubiera llegado el enredo de no haber mediado Serafín, que se enteró del desliz de pura casualidad, a través de un conocido de la infancia que andaba de pasada por Río Hondo. El hombre, poco discreto y bastante parlanchín, lo puso al tanto de todo, afirmando que el romance estaba en plena ebullición, lo que se dice en candela, al borde de explotar y costarle a los Falcón un escándalo de primera plana, muy poco recomendable a su condición de familia influyente en los asuntos políticos, que también estaban en llamas. «¿Usted se acuerda, doctor, cuando Machado dijo que tocáramos que ya nos daría él tamborcito? Pues a cambio del tambor nos ha tocado la porra de la policía política.»

Ese día Serafín tuvo un retrato detallado de la vida que su padre y su hermano se daban en la ciudad. «A todo copete, doctor, como le cuento: mansiones que sacan ojos, automóviles de lujo, vestimenta de mucho empaque, festines hasta el amanecer, queridas instaladas, bueno, en el caso de su padre, la mismita de cuando vivía acá, Carmela se llama, ¿no?, pues bien allá la tenemos, dándosela de señorona decente, como si la santa de su madre, ¡que en gloria esté!, no hubiese existido nunca. Hay que ver, qué poco les duró el luto de la pobrecita. De la señora, ni una palabra. Nada; el muerto se va a la tumba y el vivo sale de rumba.»

Esa noche, cuando Serafín se fue a la cama, tenía el espíritu en vilo, necesitado de verterse como un cántaro. Estaba bajo uno de esos estados en que el hombre precisa del ser querido para desnudar su alma. Necesitaba hablar del padre distanciado, del problema de Rogelito, de los asuntos feos en los que andaba Vicente. Desenterrar el recuerdo de doña Serafina, arrancárselo al olvido, a la mala memoria de la muerte. Miró a Águeda en la misma posición de cada noche. Vuelta de espaldas en la cama. De nuevo le asaltó el pensamiento de no poder salvar la distancia que los separaba por muy cerca que estuvieran. La contempló en silencio y la urgencia del deseo lo hirió como una angustia. La amaba por sobre todas las cosas. Por encima de la hija que tenían y del que ahora esperaban. La sintió moverse inquieta, tratando de acomodar el vientre molesto. Lo hubiera dado todo por tener una caricia suya, por sentirla entregarse aunque fuese una vez. Acariciándole la espalda se pegó a ella, recorrió suavemente la curva de su cadera hasta dejar que su mano se perdiese al final de las nalgas. ¡Qué nalgas las de Águeda: duras, sinuosas y perfectas!

–Déjame, Serafín, esta noche no. Ustedes los hombres no piensan sino en eso. Claro, se ve que tú no estás como yo. Inflada como un sapo.

Él notó cómo su sexo se desanimaba.

–No, mujer, si no es eso. Sólo quería conversar contigo un poco. Pero cuando te siento, junto a mí, no puedo contenerme.

Ella se volvió bruscamente.

–A ver, di de una vez, así me dejarás dormir.

–Tengo tantas cosas en la cabeza, Aguedita. ¿Sabes? Rogelito tiene otra mujer.

–¡Qué dices! Pero si Lala no habla más que de querer darle un hijo.

–Bueno, a Lala ni le pasa por la mente.

–Pero eso es inmoral. Cuéntame cómo te enteraste.

Serafín le contó todo sin omitir detalles.

–Este fin de semana, en cuanto Rogelito llegue, tendrá que oírme. La verdad que Lala tiene parte de culpa. La capital le ha subido los humos. Ya no es la de antes. La cabeza se le ha llenado de musarañas. No se me olvida que lloró más la muerte de Valentino que la de mi propia madre.

Águeda pensó en Valentino. Aquel actor al que nunca oyó la voz y vio un par de veces en el cinematógrafo. Era lo que se dice un galán y hasta tenía cierto parecido con Vicente. Mas, según su parecer, Vicente lo aventajaba en atractivos.

–¿Me escuchas, Aguedita?

–Sí, hijo, sí, me dejas de una pieza. Bueno, allá ellos. Tú, punto en boca. Dice mamá, con razón, que entre marido y mujer nadie se debe meter. Además, salvo papá, todos los hombres son lo mismo. Mañana seguimos con el tema, me caigo de cansancio.

–Aguedita, no todos los hombres son así. A mí me importas sólo tú, ¿lo oyes?

Pero ella dormía ya profundamente.

El sábado por la mañana, apenas amaneció, Águeda se despegó de las sábanas y lo dispuso todo en casa para esperar a Gabriel. Finalmente había conseguido que sus padres permitieran al muchacho hacer carrera en La Habana, en la Academia de Pintura de San Alejandro. Serafín se había ofrecido a costearle los estudios y esto sí que ella se lo agradecía desde el fondo de su corazón. Veía por los ojos del hermano y sólo Teresa desde hacía cuatro años le disputaba el cetro del cariño. Tenía el convencimiento de que Gabriel era un gran artista y algún día no lejano llegaría a ser famoso. No entendía un ápice de pintura, pero ni falta que hacía porque los cuadros de Gabriel hablaban por sí mismos. Terminó de acicalarse frente al espejo. De nada habían valido los lavados de vinagre ni los remedios caseros para evitar que Serafín la embarazara de nuevo.

«Estoy horrible –se dijo, contemplándose el vientre de perfil–. Menos mal que Vicente está lejos y no vino ni cuando lo de la madre. Me moriría de vergüenza si me viese así.»

Al salir del cuarto encontró a Isolda jugando con María, y se sintió aún más mortificada. Las niñas habían hecho buenas migas y eso no lo soportaba. Es verdad que la chiquilla cuidaba mucho su higiene. De los piojos que trajera ya nadie se acordaba, andaba siempre de punta en blanco, y hasta había aprendido a leer y a escribir con Serafín, pero Isolda no tenía que juntarse con las criadas. ¿Quién sabe cuántas cosas de aquellas que su hermana no debía saber podía enseñarle la otra, mayorcita, avispada y encima de color?

–Vamos, Isolda, se nos hace tarde para recibir a Gabriel.

El muchacho saltó del flamante automóvil del General y se lanzó al cuello de Águeda. Pelagia contemplaba la escena secándose los lagrimales con la punta del pañuelo, pensando que su hijo se le había hecho un hombrecito en sólo tres semanas que faltaba de la casa.

–¿Qué te parece, Serafín, nuestro auto? –preguntó Rogelio entusiasmado–. ¡Nuevo de paquete!

–Quiero hablarte.

–Ya. Supongo de qué se trata, te vinieron con el chisme. Espera, ahí viene mi mujer.

En ese momento Lala se acercaba saludando a su cuñado.

–Serafín, deja tus misterios con mi marido y ven a conocer a mister Brown.

Entonces, Serafín descubrió la presencia de aquel gringo rubicundo, pecoso y desteñido, que había viajado con su familia desde La Habana.

–*Glad to meet you* –decía el desconocido extendiendo la diestra, mientras Lala lo exhibía haciéndolo dar vueltas en torno al grupo como si se tratase de un raro espécimen.

–Es californiano. Vino para hacer negocios en nuestro país. Doña Pelagia, le dejo a usted el encargo de organizar algo para homenajear a nuestro invitado. Pienso que el río sería el lugar ideal. Un almuerzo campestre por ejemplo. Allí nuestro amigo entraría en pleno contacto con la naturaleza.

«A éste lo acribillarán los mosquitos», pensó Pelagia, pero estaba demasiado aturdida y feliz con la llegada de Gabriel para prestarle al asunto el más mínimo interés.

Lo del almuerzo en el río resultó ser un fracaso. El alcalde Benavides, con unos cuantos tragos de más metidos en el cuerpo, tomó a mister Brown del brazo y lo llevó a ver el puente ponderando la magnificencia del paisaje.

–Este río ser *very, very pretty* –dijo el gringo, chapurreando el español–. ¿Por qué ustedes no echar góndolas aquí?

–Sí, mister, okey, echaremos las góndolas con los góndolos y verá cómo hacen cría.

La estupidez de Benavides suscitó gran alboroto entre la claque del alcalde en el paseo. Algunos comentaron indignados que el gringo los tomaría igual que Sara Bernard: por una tribu de indios con levita. Otros llegaron más lejos: le ronca la berenjena que habiendo tanta gente cultivada en este pueblo venga ese asno del alcalde a confundir las góndolas venecianas con patos de la laguna. Serafín en cambio aprovechó el desconcierto para hablar con el hermano el asunto que tenían pendiente.

Aborrecía tener que tratar con Rogelio un tema que consideraba tan íntimo y confidencial. Entre él y sus hermanos jamás hubo intimidades, y mucho menos mediaron confidencias. Apeló a palabras que le parecieron claves: moralidad, decencia, recato, vergüenza, escándalo. Pero Rogelio, que se las daba de lucir su verborrea, le soltó todo un discurso. Habló de pasión y deseo, de hembras y buenos palos. Claro, con esa mentalidad de viejo, qué iba a saber el doctorcito de camas: mucha ciencia, pero lo que se dice mujeres... Lo de Aguedita fue un chiripazo, tocó la flauta de casualidad. Y todavía le venía con consejitos, ¡faltaría más! Si en vez de haberse hecho médico debió de tomar los hábitos.

Acabaron echándose con el rayo. Serafín se puso rojo de ira y Rogelio verde de rabia. Quién sabe si hasta se hubieran ido a las manos de no ser por Pepitín, el muchacho mandadero de la bodega del Paco, que llegó muy apurado diciéndole a Serafín que en casa de Francisca lo reclamaban de urgencia porque su hija Reginita estaba en trance de parto.

Según contaba Tomasa, que gustaba de poner en práctica sus mañas de partera ayudando al doctor, Reginita salió del trance en un decir Jesús, y eso sí que fue una suerte porque cayendo la tarde con ellos de retirada, el cielo se puso rojo y un vientecito altanero empezó a barrer las calles y a levantar remolinos y polvareda. Llegando casi a la casa oyeron decir a alguien que el tiempo estaba de ciclón, y ahí mismo le entró la temblequera, pensando en la señora Aguedita que estaba en los días del paritorio.

–Vaya facha que traes, hijo –exclamó Águeda cuando vio llegar a Serafín–. Ahí tienes a tu padre esperándote desde hace rato.

Serafín observó el semblante demacrado de su mujer y no le cupieron dudas: el trance no pasaría de mañana. Pero al entrar en la sala lo aguardaban nuevas desazones. El General, muy agitado, no hacía más que medir el viento en la ventana diciendo que en tales circunstancias no le parecía prudente abandonar la finca y regresar a La Habana. Bajando el tono de voz para no alarmar a Águeda, le aseguró a Serafín que había oído por la radio decir algo de un ciclón, que de acuerdo a los pronósticos habría de tomarse en serio.

–A lo mejor va y no es ná –intervino Tomasa, recogiendo el servicio de café–. Está tronando muy fuerte y los ciclones le juyen a los truenos como le juye el diablo a la cruz.

Serafín estaba agotado y se quitó un peso de encima cuando su padre rechazó la invitación a comer que le hizo Águeda y se despidió temprano. La noticia del huracán había empezado a inquietarlo y aunque se mantuvo ecuánime, para no intranquilizar a la familia, se puso a observar el barómetro que tenía en su consulta y apreció cómo la columna de mercurio descendía de manera alarmante.

En la calle la gente transitaba confiada debajo de los paraguas. Sin alterar el ritmo uniforme de sus horas, hablaban de la llegada del huracán con escepticismo, haciendo caso omiso de la lluvia que arreciaba y del viento recién llegado del este que giraba en espirales desgajando las ramas de los árboles y volando algunas tejas.

Finalmente Águeda acabó por enterarse.

–Dime la verdad, Serafín. ¿Qué hay con eso del ciclón?

–Nada del otro mundo. Con clavar unas cuantas tablas, estaremos seguros.

Pero Serafín era mal simulador. El miedo se le metía en las costillas cada vez que volvía los ojos al barómetro. O el instrumento suyo estaba loco, o algo apocalíptico estaba por venírseles encima.

Poco antes de la cena, Águeda supo que estaba de parto. Había descubierto una flema de sangre en sus bragas, pero se sentó a la mesa sin decir a nadie una palabra de sus sospechas, ni siquiera a Tomasa, que no le perdía pie ni pisada.

–Trae a mis padres y a mis hermanos, Serafín. Nuestra casa es más segura que la de ellos. Estaré más tranquila si los tengo a todos aquí.

Pelagia llegó con los muchachos, escurriendo su paraguas, pero Monteagudo se había negado a acompañarlos.

–Ya conoces a tu padre, no hay quien lo arranque de esas cuatro paredes. Genio y figura hasta la sepultura. Allí lo dejé jugando dominó igual que si tal cosa. –Y mirando el rostro desencajado de su hija preguntó–: No me engañes, Aguedita, ¿tienes dolores?

–No, mamá. Son sólo achaques... Esto aguantará hasta que pase el ciclón.

Los dolores le empezaron en plena madrugada, y tratando de evadirlos, se revolvía en la cama, ahogando el sexo entre las piernas.

–Ya va a pasar, ya va a pasar –murmuraba con los dientes apretados–. Tiene que pasarse.

Una ráfaga de viento irrumpió en la habitación con el ruido seco de un puñetazo y despertó a Serafín, que de un tirón se lanzó de la cama sin calzarse las pantuflas, en busca del martillo y las tablas.

–Doctó, doctó, despierte –escandalizaba Tomasa golpeando en la puerta del cuarto–. Allá abajo el aire etá arrancando tó. El agua entra pol tó lao.

Serafín salió al pasillo a medio vestir y se encontró a su suegra y los muchachos en pijamas.

–Ven, Gabriel, ayúdame. Rodemos los muebles. La consola que pesa más, la pondremos tras la puerta. Los libros, llenemos las cajas con libros. Ni lo piensen, vacíen mi biblioteca. Vamos, Gabriel, pongamos todo lo que pese contra las ventanas y las puertas.

Pelagia en camisón, con el moño desgreñado y metida hasta los tobillos en el agua que iba sacando por cubos, no cesaba de persignarse y de rezar en voz baja.

–Deprisa –gritaba Serafín–. Se nos inunda la casa si no nos damos prisa. Isolda, tú y María ¿qué esperan para traer mis libros? Más, más todavía, y más cajas, llénenlas todas. Gabriel, ayúdame con la ortofónica. –El muchacho se detuvo indeciso sin atreverse con aquel mueble costoso que tanto lo deleitaba con la música salida de sus entrañas, pero Serafín no le dio tregua–. Arriba, no te quedes ahí parado. A rodarla.

Al otro extremo de la sala, Tomasa movía un pesado sofá, mientras Isolda y María apilaban libros sobre el piano para seguir llenando cajas.

Águeda apareció en lo alto de la escalera y bajó unos cuantos escalones aferrando el pasamano con las manos crispadas.

–No aguanto más, Serafín –gimió–. Me muero de dolor.

Pelagia volcó el cubo que traía y se llevó las manos a la cabeza.

–¡Dios mío, no nos hagas esto!

Serafín se paró en seco, mirando a su alrededor. La casa parecía un campamento en pie de guerra.

–Tomasa, ve con ella, sabes lo que tienes que hacer. Dame tiempo a asegurar ese frente.

Un bullicio de cristales rotos los dejó en suspenso.

–Es en el cuarto de consultas –dijo Gabriel–, está todo en el suelo. Hay vidrios por todas partes.

–Yo me encargo. Sube, Tomasa, tú con Aguedita –ordenó Serafín.

–Yo también voy con mi hija –dijo Pelagia, pero la mirada suplicante de su yerno la contuvo.

–Es verdad, aquí soy más necesaria.

A las diez de la mañana no quedaba un solo hueco por cubrir, pero el agua les llegaba a las rodillas sin que nadie intentase ya sacarla. Serafín estaba exhausto cuando vio bajar a Tomasa con el rostro demudado y comprendió que le aguardaba lo peor de la contienda.

–¿Cómo va la señora?

–Mal, doctó. Pa' mí tiene la criatura atorá, enredá en la tripa. Es mejor que uté mismito suba y la vea.

–Está bien, hazme un poco de café.

De pronto se sintió un ruido demoledor que estremeció la casa hasta los cimientos.

–Se ha desplomado el muro del traspatio –se oyó gritar a Pelagia desde el fondo–. La cocina está inundada, no podremos entrar.

–Calma –dijo Serafín, tratando de no perder su propia compostura–. Tomasa, trae el reverbero, ponlo encima del piano. Necesito ese café.

Entonces comenzó la verdadera embestida del viento. Las paredes vibraban como si fuesen a estallar, y hasta las pesadas barricadas que tapiaban las puertas y ventanas se estremecían amenazando ir al suelo. Desde la calle les llegaba el estrépito de los derrumbes y el impacto de los objetos que volaban. Algunos clamores de auxilio apagados por el aullido salvaje del viento los llenaron de pavor. Un aullido angustioso y no menos apremiante salió de los altos, y descendió la escalera.

–Pobre hija mía, voy con ella –dijo Pelagia.

Serafín no la detuvo esta vez y esperó pacientemente por la colada de café.

Cuando subió parecía reanimado; colocó a su mujer sobre varios almohadones y se situó entre sus piernas abiertas, ordenando a Pelagia y Tomasa que sujetasen sus muslos con firmeza. Águeda, convulsionada por los dolores, intentaba desprenderse.

–Quieta, mujer –le dijo su marido, mientras introducía su

mano hasta la muñeca en la sajadura de sus entrepiernas. La garra penetraba en su interior con un movimiento circular que la hacía sufrir horrores, y tiraba de ella desgarrándola.

–Arráncame esto de una vez –gritó desesperada–. Quiero morirme. Te odio, Serafín, te odio. ¡Dios mío, cuánto te odio por haberme hecho esto!

Pero él, inalterable, ordenó secamente:

–Tomasa, los fórceps.

Las tenazas se abrieron frente al pubis expuesto de Águeda con un crujido metálico. Pelagia apretó contra su pecho el muslo tembloroso de su hija, cerrando los ojos. Sólo los volvió a abrir al oír el vagido agrio del recién nacido que Serafín sostenía por los pies.

12

–Ésa era yo. Tres kilos de pellejo arrugado que mi padre depositó en brazos de la mulata Tomasa con un suspiro de alivio y a quien ninguno se acordó siquiera de dar nombre. Afuera se estaba acabando el mundo. ¿Qué podía significar mi llegada en medio de tanta desgracia? Cuentan que aquello duró más allá del mediodía y que a esa hora hubo veinte minutos de calma mientras pasaba el ojo del ciclón. Luego la furia del viento y los torrenciales aguaceros arremetieron sobre ellos nuevamente y se hicieron sentir aún con mayor fuerza durante un tiempo que nadie contó en horas sino en siglos. Mi abuelo, don Regino Monteagudo, que resistió el ciclón a solas, abrazado a un sillón de barbería, a pesar de sus testículos de acero, amaneció con los cabellos grises como las cenizas. Todo vino abajo. Ceibas centenarias cayeron heridas de muerte. Una palma real fue atravesada por el corazón mismo de su tronco con un tablón de más de una pulgada. Ni mi madre pudo guardar cama pues debió dar asilo en casa a la familia del guajiro Perico Callejas, que lo había perdido todo: su bohío, sus animales y cosechas. Aquel viento del demonio no respetó ni la iglesia. Arrancó el crucifijo de la torre, que al caer hundió el techo y destrozó el altar mayor, donde luego encontraron muerto al padre Florentino. Los más ancianos contaban no haber visto jamás cosa igual a aquélla y volvían los ojos al cielo porque en la tierra no hallaban sino desolación. Aquel ciclón sembró mucha muerte y a mí me mató la alegría de nacer. De ahí debió partir el fatídico hado de mi suerte. No sé por qué te cuento todo esto; ustedes, los jóvenes, siempre piensan que a los viejos nos gusta dimensionarlo todo.

Dara la miraba aletargada, dejándose mecer por el relato. Era el segundo fin de semana que visitaba a la anciana aprovechando el pase que le daban en la beca. Había dejado de preguntarse qué hacía allí, y las horas en vez de pesarle se diría que volaran en el antiguo reloj de Pelagia que colgaba en la pared. Tampoco consiguió explicarse en qué momento de la conversación se diluyeron los resquemores iniciales, se le pasó el impulso de huir y llegó a verse niña de nuevo, dejando que los recuerdos de su infancia hicieran desfilar por su mente imágenes conmovedoras. La tía Angelita regalándole a Damián un pajarito y a ella pececitos de colores; la tía parada frente a la escuela, esperándolos, debajo de un aguacero torrencial, cubierta apenas por un periódico ensopado. La tía llevándolos y trayéndolos, metiéndolos en su cama y contándoles un cuento. La tía limpiando, cocinando, curando las rodillas magulladas de Damián, el día que su hermano se cayó de la canal en el parque. Su tía apagando entre lágrimas y risas las velas de su pastel de cumpleaños, la última vez que lo celebraron en casa. Se sentía avergonzada de haber echado al olvido todo aquello. Se arrepentía de haberle dicho a la psicóloga que la mantendría informada. La psicóloga no era más que una entrometida sin ningún derecho a espiar las cosas de su casa. Su tía en cambio había vivido bajo su mismo techo, y era sangre de su sangre...

La voz de Ángela la arrancó de su ensimismamiento.

–¿Sabes?, fue la mulata Tomasa quien le recordó a mi abuela que yo, a los dos meses de vida, no estaba reconocida y seguía sin bautizar. No te he contado que la abuela Pelagia era maniática con los nombres. Siempre buscaba en las personas lo que tenían en común con el nombre que le daban. En parte llevaba algo de razón. Al menos cuando dijo que nuestros presidentes tenían nombres de dictadores, asesinos y energúmenos, no estuvo del todo errada. Si te fijas, Gerardo Machado fue un asno con garras. Fulgencio Batista, un tirano sanguinario, y del actual, ni te digo porque el apellido ya lo dice todo: «Yo Castro, el Dios» o «Yo castro a Dios». ¡Hay que ver para creer! Esta isla de bocones y cojonudos se ha vuelto un país de mudos y castrados: aquí no hay más que una boca dispuesta a hablar por todas... ¿y los huevos?, ¿qué se hicieron?, parece que nos contentáramos con las posturas de ave que nos tocan por la cuota. Las gallinas se contentan fácil: viviendo en cooperativa, cacareando consignas y siendo fieles a Papá gallo o el papagayo: es igual, ¡Ave César! Por cierto, su nombre tendía a confundir. De hecho, al principio, nos confundió a todos. A eso, súmale la entrada triunfal en el tanque, el uniforme verde olivo y las palomas. Tú no viviste aquellos tiempos, pero cada vez que salía por la tele dando un discurso o retratado en los periódicos, las pancartas, y hasta en los almanaques y figuritas de yeso que distribuían en la calle, aparecía con una paloma en el hombro. Para mí que se las pegaban con cola para dar la imagen pública. Cada cual lo interpretaba a su manera: unos veían las palomas como un símbolo de paz y otros creían que era el Espíritu Santo que estaba con nosotros. Lo importante no era el significado sino el símbolo. Este pueblo siempre ha sido muy dado a lo simbólico. Después de sufrir una dictadura sangrienta el pueblo no esperaba otra cosa y no hacía más que clamar: Fidel... Oye, niña, ¿qué te pasa? Te has puesto más tiesa que una estaca. No pensarás que aquí esconden micrófonos o que la psicóloga y las monjas son agentes de la seguridad. Si no iba a mentar el santo, no me dejaste acabar, iba a decir: fi-de-li-dad... Tienes el miedo metido en el cuerpo; no, si ya lo sé: el miedo forma parte de nuestro folclore existencial. Bueno, cambiemos el tema. Te decía que mi abuela me puso Ángela porque conmigo le fallaron los cálculos. En mi casa se esperaba un varón que se llamaría Ángel Serafín, como mi padre. Para hembras bastaba con Teresa, tu difunta abuela, que desde niña resultó todo un carácter. A mí me desplazaba de mi puesto, me dejaba poco espacio, por no decirte ninguno. El resto del espacio lo ocupaba Gabriel, ese tío medio loco, como todos los artistas, a quien mamá adoraba. Luego Isolda, con su belleza, tampoco dejó cabida para nadie. Fue la mujer más hermosa que vi en toda mi vida. No la culpo del todo por lo que pasó después. Las mujeres tan bellas arrastran desgracia.

–Tía, yo no entiendo por qué dicen que Isolda resucitó de entre los muertos.

Ángela se sorprendió de haber hablado tanto. Había soltado todo aquello como si hubiese estado hablando a solas consigo misma, sin percatarse de tener a la chiquilla delante.

–¿Quién te ha dicho eso, niña?

–La tía Sabina.

–Ésa es otra que bien baila. Dile de mi parte que se guarde lo suyo y se sujete la lengua.

–Pero yo quiero saber. Soy de la familia –insistió Dara.

–Hay cosas feas de los muertos que no se dicen a los vivos. Basta de cháchara, niña. Por hoy es suficiente. Vete, se está haciendo de noche y una señorita no debe andar sola por ahí corriendo peligros. Si al salir te encuentras con esa doctorcita que se las da de psicóloga, cuidadito con decirle de mí ni una palabra.

–Descuida, tía.

–Otro día te cuento lo de las lechuzas. Así nos decían a tu abuela Teresa y a mí allá en el pueblo. Una noche de verbena lo oí por primera vez: ahí van las lechucitas del doctor Serafín Falcón. Tenían razón. Éramos un par de pajarracas. Aunque en eso de ser feas, tu abuela también me aventajaba.

–Bueno, tía, el próximo sábado me terminas el cuento –dijo Dara, y sin proponérselo, llevada por el impulso y la costumbre, le dio un beso en la mejilla.

Ángela hizo un gesto esquivo, pero no se atrevió a rechazarla. Al quedar a solas, se reprochó haberse dejado llevar hablando tanto con la dichosa chiquilla. Sin embargo, esa noche se quedó dormida soñando con Dara y esperando el sábado siguiente.

13

Entre los recuerdos negros que Ángela guardaba de su niñez, estaba el asma. Aquellos rincones de la casa rezumantes de humedad, por donde el río parecía querer filtrar sus arterias, le provocaron desde chica las primeras crisis del mal. Al principio fueron muchos los desvelos, remedios y oraciones destinados a sanarla, pero cuando Serafín aseguró que sería en vano afanarse pues la enfermedad era crónica, y no ocasionaba la muerte a no ser en casos extremos, cesaron las preocupaciones y se tomó por costumbre verla siempre con la nariz colorada, respirando impaciente con el pechito apretado y emitiendo un silbido exasperante. Tomasa fue la única que no llegó a acostumbrarse, y la única también que habría de estar a su lado en las noches de vigilia cuidando de socorrerla. En los momentos más duros, le ponía sobre el pecho sinapismos repelentes y la forzaba a tragar el cocimiento de güira con una cucharada de ipecacuana que aligeraba el ahogo y la hacía expulsar las flemas. Al amanecer, si la crisis aflojaba, convencía a la mulata de no hacerle tomar el Palmacristi: la cosa más aborrecible que cabía suponerse a esa hora y en ayunas. Pero la mayoría de las veces no valían de nada sus esfuerzos; Tomasa tenía la teoría de que el mal no se quitaba del todo si no se daba de cuerpo, porque Dios no habría dispuesto de un hueco tan feo en el culo de no ser para aliviarles a los niños las dolencias. Bien entrada la mañana, la vencía la fatiga y dormía a pierna suelta con el cuerpo adolorido y un gusto rancio en la boca que duraba todo el día y habría de permanecer de por vida en su memoria.

Todavía más que el asma, fue Teresa la causante de sus mayores trastornos. Al principio fueron solamente celos, pero con el correr de los años se produjo una compleja polémica de sentimientos: admiración, inquina, desazón; al final prevaleció el resentimiento. Teresa era entonces una chiquilla carniseca de carácter avinagrado y gestos de niña consentida, que además de haberse apropiado del trono familiar, poseía el poder secreto de motivar las ternuras maternales. Únicamente su hermana conseguía trepar a las rodillas de su madre sin esfuerzos. Ella en cambio, ya fuese por ser más tímida o por saberse menos querida, jamás alcanzó tal privilegio.

Toda la vida tuvo en la mente la imagen que la madre tenía de ellas dos. Ángela: desaplicada, torpe, retraída, enfermiza de nacimiento. Teresa: una lumbrera, talentosa, de genio vivo, desenvuelta, con una salud de hierro, igual que ella y sus padres, a quienes no recordaba haber visto nunca en cama ni quejarse tan siquiera de los callos. Ángela no sacó ni eso de sus abuelos, en nada se parecía a los Monteagudo, y sí mucho a Serafín que no valía para nada que no fuesen sus enfermos y su ciencia. Teresa era su orgullo; Ángela, su quebradero de cabeza.

Según el criterio de Águeda, si a Gabriel había que mimarlo por haber nacido artista, Teresa no merecía menos, por ser una niña prodigio. A los tres años sorprendió a sus padres leyendo los titulares del periódico, y a los cuatro tocaba el piano sin ayuda ni maestros. Debido a su insistencia hubo de ser enviada al colegio antes de tiempo, y allí dejó boquiabiertas a las monjas con el brillo de su precocidad. Esto agudizó la diferencia entre las hermanas, y cuando a Ángela le tocó el turno de asistir también a las aulas y demostró a las monjas que era, sin lugar a dudas, el reverso de Teresa, las relaciones de ambas se hicieron todavía más tensas.

Todas las tardes al llegar las niñas del colegio se repetía una escena similar. Teresa soltaba los libros y corría en busca de la madre, quien diluía sus enojos con Tomasa, cesaba de reprender a María y, abriéndole de par en par los brazos, la recibía con la mejor de sus sonrisas. Su hija le mostraba el último diploma y exhibía su nueva medalla, dando inicio al rosario cotidiano de sus méritos, que Águeda aplaudía con los ojos y bendecía con besos tiernos. Al finalizar el recuento ya Ángela estaba preparada. Sentada en la butaca de damasco rosa, se retorcía las manos, enterraba la cabeza entre los hombros y aguardaba. Entonces Teresa alisaba su uniforme, levantaba una ceja, torcía los labios con fastidio y desgranaba las palabras con un tonillo presuntuoso que a Ángela le parecía insufrible.

–Sor Clotilde se queja de mi hermana. Dice que no presta la debida atención y es muy desaplicada. Se ganó un cero en aritmética y otro en geografía. Si sigue así no pasará de grado, y dice que usted debería ponerla de penitencia en el rincón.

Esto último Ángela sabía de sobra que Teresa lo había agregado de su cosecha, porque las monjas no ordenaban a los padres la manera en que debían castigar a sus hijos. Cuando oía a su hermana expresarse con tanta deliberación, se llenaba por dentro de rencor y la acometía el deseo de arremeter contra ella y poder hacerla trizas. Pero sólo se replegaba en sí misma, y acumulaba cada vez más rabia en su interior.

Entrada ya en la vejez, Ángela recordaría con frecuencia aquel rincón de los castigos donde tramaba en silencio la manera de vengarse de la hermana. Desde allí, sin nada de valor que hacer, se entretenía observando el grueso gobelino que cubría la pared del comedor. El verdín de la humedad comenzaba a ennegrecer los tonos rosa sepia de la escena pastoril, y los rostros de los aldeanos y doncellas producían la impresión de estar leprosos; aquellos rostros enfermos llegaron a intimidarla al extremo de aparecérseles en sueños. La humedad cruda del rincón le ascendía por las piernas, le provocaba escozores y le cubría de ronchas todo el cuerpo. La molestia no paraba hasta que la agarraba el jipío, empezaba a estornudar y el silbato de sus pulmones se sentía en el comedor como un llamado de auxilio.

La primera vez que decidió tomarse la justicia por su cuenta fue la mañana que Teresa desplegó sobre su mesa de estudio las cartulinas de los mapas que pintara con especial esmero para presentarlos a las monjas. Guiada por el tío Gabriel, había logrado atrapar los relieves montañosos del continente americano. Pintó de azul las venas de los ríos, de verde la vegetación y de ocre las montañas. Dedicó a los océanos y mares las horas más arduas de trabajo, tiñéndolos de añil oscuro. La propia Ángela quedó maravillada el minuto antes de sucumbir a la tentación de salpicar la obra paciente de su hermana con la acuarela roja, que se desparramó sobre la cartulina como una mancha obscena.

Al descubrir el desastre, Teresa pegó un feroz alarido y se arrancó a tirones los lazos de las coletas. Águeda, después de salir del susto y entrever la mala intención, hizo que le trajeran a Ángela.

–Fue sin querer, mamá, se lo juro. Yo sólo quería pintarle la lava a los volcanes.

Águeda no se tomó la molestia de recriminarla. Ni siquiera parpadeó cuando le soltó la bofetada. Se diría que se había quedado muda de cólera. Hasta Teresa dejó de patalear y retrocedió asustada al ver la actitud de su madre. Fue una suerte que en ese momento entrara Serafín a la sala y atajara a su mujer.

Como era de suponer, Ángela fue enviada nuevamente al odioso rincón de los castigos, mientras Tomasa daba vueltas en la cocina y dejaba cortar el merengue de tanto rezongar su mal humor. Aprovechando que la señora había salido con la niña Teresa a casa de sus padres, fue en busca de Serafín.

–Mire, doctó, uté dipense, pero la niña Angelita lo que tiene son celo de la hermana. La señora ve namá que lo bueno de la niña Teresita y de la otra, lo malo. A mí me parte el corazón.

A partir de aquella conversación Serafín se propuso prestar mayor atención a la menor de sus hijas. Sabía que la niña deseaba tener una mascota en casa y pensó que ésta sería una manera de alegrarla. Pidió a Majagua uno de los cachorros nacidos en la finca y se lo trajo a Ángela como regalo de Navidad. El perrito llegó moviendo alegremente la cola y haciendo cabriolas entre los pies de la niña. Ángela estaba tan feliz, que no hallaba la manera de darle las gracias al padre. En eso se asomó Teresa en el traspatio.

–¿Ya pensaron qué le dirán a mamá?

Ángela miró ansiosa a su padre y Serafín recordó de repente el viejo incidente ocurrido con *Satanás* el día de su boda.

–No le diremos nada de momento –dijo el padre–. Lo esconderemos y después ya se verá.

Teresa le contó a Águeda lo que su padre y hermana tramaban a sus espaldas, y le reveló el escondite del perro.

Tomasa estaba en el traspatio preparando la palangana con el almidón para mojar la ropa blanca, cuando vio salir a la señora con el animalito suspendido del pescuezo. Detrás venía Ángela llorando y suplicando.

–Mamá, no me lo quite, es el regalo que papá me iba a hacer por Navidad.

–Hablando tú de regalos, teniendo tan malas notas y habiéndole echado a perder los mapas a tu hermana. Debería darte vergüenza. Tomasa, llévate este animal, devuélveselo a Majagua. Yo odio los perros.

–Mamá, le prometo que voy a enmendarme, que sacaré buenas notas, que no le haré más maldades a mi hermana, pero no me quite el perro.

–¿De verdad me lo prometes?

–Que sí mamá. Si usted me deja quedármelo, le juro que seré una santa.

Teresa observaba la escena con una sonrisa burlona, pero en cuanto se dio cuenta de que la madre iba a ceder, ahí mismo le entró el ataque. Le pegó un puntapié al cachorro que, intentando defenderse, se reviró contra ella mostrándole los colmillos.

–¡Me ha mordido! ¿No me creen? Miren, me rompió el zapato. Ese animal es una fiera. ¡Que se lo lleven, mamá! ¡Por favor, que se lo lleve Tomasa ahora mismo! –gritaba a todo galillo lanzando patadas al perro, que huyó aterrorizado, chillando.

–Más animala serás tú. Fuiste tú quien le pegó. ¡Eres una mentirosaaa! –le gritó Ángela a la hermana, encimándosele.

Ahí mismo se rompieron las hostilidades. Ángela la embistió de un cabezazo y Teresa la afincó por los moños. Se asieron despatarradas, tirándose de los pelos y las ropas. Hubo jalones de orejas, topetadas y arañazos. Tomasa cogió lo suyo tratando de separarlas y Águeda, sin poder dar crédito a sus ojos, clamaba ayuda a grito pelado hasta que por fin lograron apartarlas. El perro fue devuelto a la finca, y Tomasa se pasó el resto del día llorosa, sabiendo lo que le esperaba a la niña. Si Ángela no agarró esa mañana la tunda que merecía fue gracias a la mulata, que intervino en su favor y le recordó a su madre que estaban en Nochebuena. La propia niña, sin decir esta boca es mía, aceptó que Águeda la castigara, encerrándola en su cuarto y prohibiéndole asistir con ellos a la cena en La Fernanda. Lo único que no perdonaba era que su hermana quedara sin castigo alguno, porque si bien era cierto que ella había sido mala, Teresa era peor y también se merecía el suyo.

La cena se inició en grande, brindando por la novedad de Lala que, después de tantas novenas y calabazas pasadas por el vientre, logró concebir el hijo que tanto anhelaba. Si se trataba de una niña, pensaba llamarla Elisa, igual que la heroína de la novela de radio, pero si era varón lo llamaría Rodolfo: por Valentino, claro está, que había pasado a mejor vida y estaba fuera de moda pero seguía siendo su ídolo. Eso motivó protestas. Vaya una picuencia ponerle al nieto varón de los Falcón el nombre de un galán de cine que por demás era un fósil. De eso nada. Se llamaría Rogelio, como su abuelo y su padre. Se dio por sentado lo del nombre y se brindó alegremente. Esa noche la alegría era contagiosa. Hasta Águeda parecía haber olvidado el mal rato vivido por la mañana y se mostraba contenta.

Cuando acabaron de cenar y beberse el café, los caballeros salieron a la terraza, ocuparon las mecedoras y prendieron sus tabacos. Hacía una noche apacible y llena de luna, una brisa embriagada de jazmines y madreselvas recorría toda la casa. Se respiraba una calma milagrosa, apenas interrumpida por el concierto de los grillos y las chicharras que parecía surgir de todos los puntos de la noche. La conversación se deslizó en esa calma, pero las voces cambiaron de matiz en cuanto se adentraron en la candente situación que se vivía en la isla. Serafín se mostraba alarmado, opinaba que la prórroga del presidente Machado por conservar el poder, además de descabellada, había sumido al pueblo en una dictadura brutal que esgrimía el terror como arma política. Rogelio no le quitaba razón, decía que el país atravesaba su peor momento y se pronunciaba a favor de la intervención norteamericana. Casi se lo comen vivo; Monteagudo, Serafín y el General, que empecinado en defender a su amigo el presidente, tomaba la voz cantante y le llevaba la contraria a Rogelio, atacando a los americanos. Se remontó a 1898, cuando los gringos responsabilizaron a los españoles de la voladura del *Maine*, el acorazado estadounidense, que se hundió tras explotar en la bahía de La Habana.

–Fue el pretexto que esos cabrones americanos usaron para intervenir en la guerra, que ya nuestras fuerzas mambisas tenían, como se dice, ganada a las huestes españolas. Después de arrebatarnos la victoria de las manos, pactaron con los colonizadores, ignorando a los verdaderos héroes. Los que dejamos nuestra sangre y pusimos nuestros muertos peleando en la manigua. Expulsaron a los españoles, se apoderaron de la isla y por último, nos chantajearon. Nos concedieron la República en 1902, podríamos tener un presidente cubano y ondear nuestra bandera, a cambio de darnos por el culo imponiéndonos la Enmienda Platt, que le otorga a Estados Unidos el derecho de intervenir militarmente en la isla cuando se les venga en gana o entiendan que peligran sus intereses. Los sueños de independencia se nos fueron al carajo. Pasamos del grillete de los españoles al yugo de los norteamericanos. Y todavía tengo que oír a mi propio hijo decir que necesitamos que esos gringos hijos de puta vengan con su hipócrita política del «buen vecino» a meter sus garras en la «perla del Caribe», «la llave del golfo»: nuestra patria.

–Te equivocas, papá –intervino de nuevo Rogelio–. Machado está liquidado. Es cierto que le debemos mucho a su Ley de Obras Públicas. Que dio esplendor a La Habana, que gracias a él tenemos el Capitolio Nacional, grandes hoteles, edificios públicos y carretera central. Pero la crisis económica mundial del 29 dio al traste con la continuidad de sus planes. Sin el apoyo de los créditos de los norteamericanos, afectados por la Gran Depresión, nuestro país ha entrado en bancarrota y la República se encuentra sumida en un caos político y social. La rebelión prende en cada rincón de Cuba. Los calabozos están llenos y la hambruna, generalizada. El pueblo no aguanta más. Le guste a usted o no, tendrá que reconocer que a los americanos no les conviene seguir apuntalando al gobierno, el «buen vecino» no quiere males mayores y lo último que desea es que estalle una revolución en esta isla. Pensar lo contrario es engañarse.

–La patria es quien más sufre –dijo Monteagudo–, es lo primero que tenemos que salvar. Los gringos que se vayan a la mierda y se ocupen de lo suyo. A los cubanos se nos sobran cojones para decidir lo nuestro.

Sería más de medianoche cuando Ángela sintió a sus padres regresando de la finca.

–Felí Navidá, mi niña –dijo Tomasa, dándole un beso en la frente.

Ese beso de Tomasa habría de recordarlo siempre, igual que recordaba las largas y negras horas de esa noche cuando se juró a sí misma que no volvería a llorar. Por muchas lágrimas que derramara nada cambiaría. En el colegio las monjas continuarían pegándole con una vara en el cuero cabelludo y la obligarían a ponerse de rodillas sobre granos de maíz. El rincón de los castigos estaría siempre esperándola, su madre seguiría prefiriendo a Teresa, y su hermana, que tampoco cambiaría, seguiría ocupando su lugar, por muy pesada y honda que fuese su tristeza. Sólo el tío Vicente tendría el poder de cambiar a su madre algunos años después, girándola de vuelta en el camino y transformándola en el tiempo.

14

A los dieciséis años Isolda Monteagudo poseía una belleza de estupor. Tan excesiva y prodigiosa que muchos se preguntaban adónde iría a parar después, cuando su piel de durazno terminara de florecer y madurar. Por el contrario de su hermana Águeda, sensual y desbordada, Isolda parecía hecha a golpes de cincel. Nada tenía de más ni de menos. Todo en ella palpitaba en un simétrico equilibrio de formas, con la cimbreante mudez de las estatuas paganas. Tenía ojos de odalisca, el cabello más negro que la noche, y la boca ardiente y roja como brasa. Además de su hermosura y a pesar de su inocencia, conocía el arte de conquistar al sexo opuesto con un talento natural. Poseía el aire felino y astuto de un animal de monte, y además de cantar como los ángeles, era dueña de una voz orgásmica y acariciadora, que dejaba a los hombres sin aliento. A Isolda la adolescencia se le fugó en excesos; se sabía la reina de Río Hondo y aspiraba a casarse con un rey.

Cuando don Andrónico Guerra regresó de España, tras un año de ausencia, y visitó la barbería de Monteagudo para rebajarse las patillas y acicalar su bigote de corsario, dio de bruces con una Isolda que le resultó desconocida. La había dejado jugando a las muñecas, y se topaba con una hembra sorprendente que le ponía la carne de gallina y arrancaba ardores lascivos a su piel. La lengua, acostumbrada al piropo galante, se le hizo un nudo tumefacto, y sus ojos resbaladizos de coyote la recorrieron por entero con un deseo feroz. Venía de su

Galicia natal, luego de haber puesto mar por medio para aplacar la cólera desatada por el alce que diera a los alquileres de sus maltrechas ratoneras y los abusivos intereses que cobraba por sus taimados préstamos. Un nuevo intento de homicidio le quemaba los talones, cuando tuvo que precipitar su partida. A su regreso creyó sentir aún flotando en el aire el relente de la pólvora, además de encontrar en huelga a los obreros de su tabaquería, Aromas de Río Hondo, quienes exigían la jornada de ocho horas y aumentos en los sueldos. En la finca le aguardaban otras preocupaciones. Los vegueros también se rebelaban con nuevas demandas. Pero la sola vista de la niña Isolda, quien en un abrir y cerrar de ojos había dejado de serlo, resultó el mejor bálsamo para sus enojos y una panacea para sus ruines tormentos. Don Andrónico era ya por entonces cuarentón y se le consideraba el dueño y señor de casi todo el pueblo. Había acumulado sus riquezas con el garrote en la mano, esquivando en varias ocasiones la bala que finalmente habría de volarle los sesos. Viudo y padre de dos hijos que estudiaban en la capital internos en un colegio de curas, vivía solitario tras la verja de su finca, Las Veguitas. Se decía que en algún sitio de la casa, rodeada por las extensas caballerías sembradas de tabaco, tenía oculta una tinaja cargada de doblones de oro, y que a pesar de disponer de muchos hombres trabajando en su finca, sólo confiaba en uno: Terencio Palomino, un guajiro fuertote como un toro, honrado a carta cabal y muy diestro con las armas de fuego.

Todos los días los iniciaba don Andrónico con un excéntrico ritual. Antes de cantar el primer gallo, metía la cabeza bajo un chorro de agua fresca para descongestionarse el cerebro y tragaba una cucharada de agua de Carabaña para limpiar por dentro su organismo. Luego se ponía tres pares de calcetines, para evitar que el catarro le entrara por los pies, peinaba con esmero su bigote de corsario y se rociaba encima medio frasco de agua de Florida para alejar los malos ojos.

Estrenaba cada día una guayabera de un color diferente, exceptuando los domingos, que siempre las llevaba blancas. Dedicaba diez minutos a frotar con estiércol de caballo sus espuelas de plata, cinco a la lectura del periódico y otros cinco al desayuno. Se colocaba un pañuelo de seda roja en el bolsillo y un clavel encarnado en la solapa. Tomaba su bastón de ébano, se ajustaba el sombrero de ala ancha y salía todo erguido, cabalgando sobre *Moro,* una bestia purasangre que le seguía al fin del mundo.

Así, con ese aire retador de jinete desmelenado y una estela de agua de Florida desmayada a su paso, lo tuvo en cuenta Isolda por primera vez. Veinticuatro horas después recibía la primera carta de amor que él se atrevió a enviarle, donde plasmaba con una línea en rojo y otra en negro las frases más almibaradas.

A Isolda la misiva a dos tonos le pareció un homenaje osado y de buen tono, que merecía ser atendido por ella de inmediato. Puso oídos sordos a los diversos comentarios que corrían sobre el garrotero. Entre ellos, el de la morita del palenque que se decía le había parido un hijo, del cual nunca se dio por enterado, o aquel, que siempre escuchó transida de un escalofrío, y que hacía referencia a las prácticas de un ritual sangriento al que solía dedicarse don Andrónico en compañía del negro que cuidaba de sus caballerizas con quien se entendía en ñáñigo.

«Son habladurías de la gente.» Un hombre capaz de escribir cosas así tenía que ser diferente a todos los demás. Una carta en rojo y negro no era cosa de ocurrírsele a cualquiera, y desde luego, sólo ella podía haber inspirado algo tan original. El color rojo de la sangre y el negro, que debía ser el de la muerte. Sangre y muerte. Eso era lo que ella significaba para él. No podía suponer que ese mismo significado tendrían los colores que teñirían su destino.

Isolda era impetuosa, desbocada y temperamental, muy dada a recrearse en las fuertes emociones. Exaltada por la euforia de las cartas, corrió en busca de María para participarle su entusiasmo. Al llegar a casa de su hermana Águeda, se encontró a María, sombría y ojerosa, ensimismada en sus pensamientos, incapaz de prestarle atención. Ya la musa de bronce, como la bautizara Gabriel cuando habló de pintarla, no era la de antes. La amiga tierna y solícita que de niña compartía sus travesuras y más tarde sus ingenuas confidencias, parecía un alma en pena. De que María tenía un daño metido entre pecho y espalda, no cabían dudas, pero por más que intentó indagar, no consiguió que su amiga saliera de su mutismo.

–Si no me dices de una vez qué bicho te ha picado, hablaré con mi hermana.

María, con los ojazos desmesurados de terror, le aseguró a Isolda que nada le ocurría y terminó deshecha en lágrimas, haciéndole jurar no decir a nadie una sola palabra. Molesta y extrañada, Isolda prefirió no insistir más por el momento, y hasta lo de la carta fue dejado a un lado, preocupada como estaba por su amiga.

Por aquella época tuvieron lugar en la familia dos acontecimientos importantes. El primero ocurrió una tarde lluviosa de abril, cuando nació Elisa, la hija de Lala y Rogelio. Esta vez el General, inmerso en la caótica situación que atravesaba el país, con las luchas revolucionarias y la huelga obrera que se expandía por todo el territorio nacional y que pocos meses después acabaría derrocando al presidente Machado, ni tiempo tuvo para ponerse verde por la nueva oportunidad que se perdía de tener el nieto varón. Pero en honor a la verdad, todos quedaron encantados con aquella criaturita rubia y sonrosada que, sin proponérselo, llegaría con el tiempo a convertirse en una hija para Águeda. El segundo fue la beca ganada por Gabriel para continuar sus estudios de pintura en Estados Unidos. La noticia colmó la casa de alegría. Águeda reventaba de gozo; se pasó la semana entera hablando de lo mismo, deseando que llegara el domingo para celebrar el acontecimiento.

Los domingos eran días de reunirse en familia, de hacer largas sobremesas, meriendas entretenidas y compartir melodías improvisadas en torno al piano del salón, donde Teresa derrochaba habilidad y talento. Casi siempre era Águeda la encargada de organizar las reuniones en casa, y había escogido esa tarde para celebrar en grande la buena nueva de Gabriel. A Teresa le tocó esmerarse como nunca en el teclado para alcanzar a la tía Isolda, que parecía no dar tregua con sus registros de voz. Había dado más agudos que la Callas, mientras cantaba *La Traviata;* más que Rita Montaner, cuando cantó *El Manisero,* y todavía le sobraban al entonar el tristísimo lamento de Grenet: «Ay, Cuba hermosa, primorosa, por qué sufres hoy tanto quebranto», que dejó a todos lagrimeando en los pañuelos. Menos mal que después vino un respiro y pidió un danzonete; empezó a marcar pasillos, a menear hombros, culo y caderas, hasta que sacó a bailar a su padre. Gabriel acompañaba a la pareja, llevando el compás con las claves y los demás con palmadas, coreando a todo galillo: «Danzonete, prueba y vete, yo quiero bailar contigo, al compás del danzonete». Ángela era la única que no se sumaba al ruedo. Ovillada en la butaca de damasco rosa, se preguntaba cómo podían armar tanta rumbantina con el calor asfixiante que había en aquella sala. No se movía una hoja ni corría gota de brisa y ella no hacía más que aguardar impaciente a María, que, ¡gracias a Dios!, entraba en ese momento con la bandeja cargada de sudorosos vasos de champola.

–¡María! ¿Qué tienes? –exclamó Gabriel de pronto, intentando socorrer a la muchacha, que había caído desvanecida en el suelo volcándole encima la champola.

–¡Por Dios, María, respóndeme! –decía Isolda, alarmada, dándole a su amiga ligeras palmaditas en las mejillas.

Cuando María volvió en sí, tenía los ojos turbios y los labios sin color. Gabriel le tomó las manos y le deslizó en el oído:

–No puedes seguir así. Será mejor que le confieses a Serafín tu situación.

Serafín permanecía frente a ella, con los pulgares metidos en su chaleco de alpaca; había captado a las claras en la mirada de la joven el desamparo de su alma. Se reprochaba nuevamente aquellas absurdas dispersiones suyas, que a veces le impedían ver lo que ocurría a un palmo de sus narices, bajo su propio techo. No obstante, una vez que husmeaba el ambiente, su olfato jamás lo engañaba. El único inconveniente era que, en ocasiones, el mal olor le llegaba cuando ya era inevitable.

María lo negó en todo momento. A Serafín, a su madre, incluso a Isolda quien, compadecida, se desvivía por aliviar sus pesares. Serafín apeló a todo, hasta llegó a amenazarla, exigiendo saber quién era el padre de la criatura, pero ella lo ocultaba con tanto recelo y de forma tan obstinada, que su preñez habría pasado desapercibida de no ser por los desmayos que sufría de tanto exprimir el vientre bajo las recias ballenas de la faja.

–A punto estás de parirlo –le decía Serafín constantemente–. De nada te valdrá seguirlo negando. Confía en mí, más que médico puedes verme como un padre. ¿Fue un caballerito blanco quien te hizo esto? Sea quien sea, deberás decirlo, para obligarlo a dar la cara.

–Tendrá que irse de aquí –aseguraba Águeda, entre ofendida y dramática.

–Y yo con ella y con mi nieto, señora –replicaba Tomasa apretando las mandíbulas.

Al margen del asunto, se preparaba en El Círculo una exposición de los cuadros de Gabriel, como una deferencia al hijo de Río Hondo que recogió con el pincel la geografía de su pueblo, primero en sus papalotes y luego en cada uno de sus lienzos. Pelagia, experta en hacer preparativos, decidió subir al cuarto que Gabriel tenía en casa de Águeda destinado a las pinturas, donde solía encerrarse días enteros para inspirarse en soledad.

–Esto parece un campamento de gitanos –exclamó envuelta en el olor amargo de los óleos.

–¡Por Dios, mamá, no toque nada! Yo me entiendo con mis cosas. Salgamos, cerraré ya.

Gabriel bajó delante, cargado de cuadros, y Pelagia permaneció unos minutos más curioseándolo todo, tratando de insertarse en el mundo desconocido de su hijo, del cual no formaba parte ni tampoco alcanzaba a comprender. Aún se cuestionaba la idea de que Gabriel volara lejos de su seno con alas propias, cuando, sin saber cómo ni por qué, dejó caer el paño manchado de pintura que cubría uno de los cuadros arrinconados en el fondo. Tuvo que descorrer las cortinas para que la luz diese de lleno sobre el lienzo. Bajo el chorro de sol, un desnudo perfecto de mujer brotó con insolencia cegadora. Entre los tonos naranjas del atardecer aparecía María, apuntando hacia el cielo sus pechos puntiagudos sobre el verdor desconcertante de la hierba.

Todos quedaron sorprendidos por el cambio de actitud experimentado por Pelagia. Ella más que nadie se dio prisa en apurar la partida de Gabriel, quien se despidió repartiendo besos entre todos, sonriente como un ángel.

Seis semanas después, María, retorcida de dolor, daba a luz una niña casi blanca, que Serafín logró sacar heroicamente de las entrepiernas clausuradas de la madre. Hasta el último pujo insistió en negarla, con la misma porfía con que de pequeña se encaprichaba en culpar a la mula y a las piedras de las golpizas del padre.

–Tienes una hija, María –le dijo Serafín secándose el sudor que le empapaba la frente.

–No, doctor, todo no ha sido más que un mal de vientre, y ya ve usted, al fin se me pasó.

Al cabo de dos días, vencida por el instinto maternal, pidió ver a la niña, pero la estrujó tan fuerte que Tomasa se la arrebató a la fuerza, temiendo que la ahogara entre sus pechos.

Pelagia en persona quiso hablar a solas con Tomasa y se fue a La Fernanda, donde Serafín había decidido instalarlas de momento.

–Sí ya sé, doña Pelagia, ni me diga na', ¿pa' qué? La señora Águeda me lo ja repetío mil veces. No jiremos pal monte, en cuantico María esté en pie.

–No, Tomasa, he pensado bien las cosas. Usted y María regresarán a casa de Aguedita, y yo me llevaré a la niña conmigo. Se criará en mi casa, igual que si fuese... bueno, una de nosotros. Nada le faltará, se lo juro. Sólo pongo una condición. Nunca se sabrá que es hija de María, al menos mientras viva bajo mi techo. Diremos que es una huérfana que Regino y yo recogimos. Le pondremos Caridad, por la Virgen, y la criaremos como manda Dios.

Águeda no entendía el empeño de su madre por echarse encima la bastarda de color. Entonces Pelagia, para taparle la boca de una vez, le contó el descubrimiento del cuadro. Muy sentida, envió a Estados Unidos una carta a su hermano. En ella se dolía de que no se hubiera sincerado con ella, confesándole la verdad, y le hacía referencia a los recuerdos de otros tiempos, cuando ella confió en él lo «suyo», a pesar de ser todavía un niño por entonces.

La respuesta de Gabriel fue más o menos la siguiente: «Te lo oculté por temor a tus represalias con la muchacha. Te conozco, hermanita, y sé que has pasado lo "tuyo". Ya no eres la de antes, algo en ti murió por dentro. He visto a Vicente. Está muy bien y haciendo mucho dinero. Te envía muchos recuerdos».

15

«¡Cayó Machado!», era el grito que retumbaba en las calles desbordadas de júbilo fundido en una sola voz. Una marea de lava crecía de un extremo a otro del país. Saqueos de casas, cacerías de porristas, tiroteos, huelgas, demandas. Nada quedará de su olor ni de su huella: era la consigna. Había que arrancarlo de raíz, extirparlo como un pólipo maligno.

–¡Mueran los secuaces del tirano! ¡Abajo el alcalde Benavides y el general Falcón!

Un aluvión de piedras y ladrillos cayó sobre la casa del alcalde, quien fue sacado a rastras y golpeado hasta que Monteagudo, subiéndose al tejado, pudo hacerse escuchar disparando al aire dos sonoros fogonazos.

–De nada nos valdrá ensuciarnos con sangre. No se hará justicia con venganza.

Mientras, en La Fernanda, Antonia la sirvienta sólo tuvo tiempo de avisar a Majagua de que una ola humana se acercaba armada con cantos y trabucos.

Majagua se parapetó con su estatura de coloso en la entrada de la finca, cerrándoles el paso con una escopeta de dos cañones.

Se oyó gritar:

–¡Arriba, no se dejen intimidar por un borracho de mierda!

–Si quieren guerra, habrá guerra. Pero tendrán que matarme.

–Queremos al general Falcón –se alzaron algunas voces nuevamente.

–El general Falcón no está –se oyó decir a alguien tras las hercúleas espaldas de Majagua.

Todos los ojos se clavaron en la figura esférica de Serafín, que surgió de pronto y cubrió decidido con la mano la doble boca de la vieja escopeta sostenida por su amigo.

–Nada tenemos contra usted, doctor –dijo uno de los cabecillas–. Queremos al General.

–Mi padre está fuera del país. Estoy solo a cargo de La Fernanda. Si quieren emprenderla, será conmigo. Adelante, arrasen con todo, no les impediré que arranquen y pisoteen uno a uno los frutos que son orgullo de esta región.

No se escuchó ni un murmullo. Los puños agitadores bajaron las estacas y escondieron las piedras. Todos sin excepción le debían al médico alguna vida preciada. Dejó de hervirles la sangre, los ánimos se aplacaron, el odio se trocó en gratitud, y la gente se dispersó retomando el camino de regreso.

Majagua, asombrado de que la palabra de Serafín tuviese más fuerza y eficacia que los cañones de la vieja escopeta, exclamó:

–Vaya, doctor, usted además de hablar bonito tiene unos co... ¿cómo es que le llama usted al forro del que nos cuelgan las bolas?

–Escroto –respondió Serafín secándose el sudor helado que le corría desde la nuca hasta la rabadilla–. Vamos, Majagua, olvidemos este mal rato y bebamos juntos una botella de ron para celebrar también el fin del machadato.

Majagua empinó el codo hasta el cielo, y dos buchazos seguidos le enardecieron el gaznate. Al terminar la botella, salió andando a trompicones, sin rumbo fijo. «¡Abajo Machadoooo!», se le oyó gritar con su voz de carillón, en el momento que embestía la cabeza contra el gallinero levantando un revuelo de plumas y cacareos en estampida.

El General regresó de Estados Unidos cuando las aguas tomaron su nivel. Venía convertido en un anciano de barba nevada y piernas flácidas, que apenas sobrellevaba el volumen adiposo de su cuerpo. De vuelta de todo, después de probar las heces amargas de la derrota, fue a encerrar su decepción en La Fernanda, exhibiendo un reconcomio bastante provocador. Hasta allí lo siguió Carmela, la mujer que durante más de dos décadas había apagado sus fogosidades de guerrero y compartido calladamente su gloria. Detenida en el umbral de la casa, recorría con los ojos las paredes que olían a madre y esposa. Se le venían todas encima con el peso de los años que no le pertenecieron, ajenas a ella, quien tomó sólo prestado sin sentirse nunca dueña ni señora. Una eterna peregrina que siguió siempre al amante a cualquier nido de ocasión, destinada a agradar, a complacer, a vaciar los genitales del hombre que nunca amanecía en su cama. Había aceptado el desafío de las miradas reprobadoras. Ahora era la intrusa, la usurpadora de un trono vacío que no tenía el más mínimo interés en conquistar, ni disputar a la muerte. Muchas veces en sus sueños más inverosímiles soñó con ocupar aquel puesto, pero cuando oyó a su amante decirle aquella tarde: «Adelante, Carmela, no te quedes ahí, estás en tu casa», todo se le volvió al revés y se reconoció más solitaria y extranjera que en los años de La Habana o en el tiempo vivido en Norteamérica. Andaba por la casa limándose nerviosamente las uñas, envuelta en una bata de seda verde musgo, sin saber qué hacer ni mucho menos qué ordenar en lo que ya poseía su propia disciplina. Antonia la servía con el silencio de una gata engrifada, y podía percibir las pupilas de Majagua clavadas en su nuca, vigilándola igual que a una cleptómana que les robara por puro vicio la paz espiritual. Lo peor era los fines de semana, cuando llegaban de la capital Rogelio y su mujer y se reunían en familia con el doctor, su esposa y aquellas niñas mal geniosas y hurañas que parecían un par de lechuzas de infortunio. Lala, la esposa de Rogelio, era todo remilgo. Al hablar intercalaba en inglés palabras que sólo entendían su marido y el doctor, y eso para corregírselas a cada minuto.

–Si vieras, Aguedita; allá en Miami, comparaban a mi Elisa con los «babies» de las etiquetas de compota. Una americanita auténtica, ¡tan rubia y con ojos tan azules!, ¿verdad, darling?

Para todos Carmela era una especie de fantasma, que ni siquiera estorbaba de lo poco que se tomaba en cuenta. Hasta el General olvidaba su presencia, para enfrascarse con su hijo Rogelito en uno de aquellos altercados que invariablemente tenían cada domingo. El padre lo acusaba de haber traicionado sus ideas cuando estableció a espaldas suyas conexiones con el Partido ABC, que pretendía sacar a Machado a tiros del poder, y por haber defendido en un viejo pleito sucio a ese sargentico de mierda, que después del golpe cuartelario del 4 de septiembre simulaba apoyar al presidente, mientras se entrevistaba discretamente con los americanos para derrocarlo y poner una marioneta manipulada a su antojo.

–Tú no entiendes, papá, siempre volvemos con lo mismo. Yo no estaba comprometido como tú dentro de la política. Sabía que Machado se tambaleaba, ¿cuántas veces te lo dije? Tuve la suficiente lucidez para no dejarme llevar, ni marcarme. Lo de Batista, el sargentico, como tú lo llamas, fue una coincidencia. Soy abogado, acepté defenderlo en una causa y la gané; eso me valió su reconocimiento, lo cual es una suerte, porque ése llegará lejos con sus ínfulas. En la política, hay que saber estar con Dios y con el diablo, además de contar siempre con la bendición de los americanos.

–No te reconozco, no pareces hijo mío. Mientras yo me quemaba las manos, tú te las lavabas.

Siempre era el doctor quien terminaba las disputas entre el padre y el hermano.

–Papá, no se altere así, ya sabe el daño que le hace. Recuerde que prometió apartarse de toda esa porquería.

Para Carmela lo único pintoresco de aquellas tardes era la presencia de la pequeña Elisa, un encanto de criatura que le había tomado simpatía a la querida de su abuelo. A la niña, Majagua le permitía cualquier cosa, hasta cortar una rosa de aquellas tan amadas por la santa de Serafina para traérsela a ella a cambio de que le hiciera un cuento.

La noticia de que el General había instalado en La Fernanda a su querida quedó palidecida cuando circuló el rumor de que la hija menor de Monteagudo mantenía un romance epistolar con don Andrónico Guerra. Pelagia nunca se explicó cómo llegó a oídos de la gente aquel asunto que la familia se preservó a boca cerrada. Pero a decir verdad, Isolda era un primor y don Andrónico, siendo viudo, era natural que la pretendiera.

En cambio, Monteagudo pensaba bien diferente a su mujer.

–¡Yo mato a ese cabrón! Te juro que lo mato. Mira que venir a poner en mi Isolda sus ojos de caimán y atreverse con carticas de dos tonos, tratando de deslumbrarme a la muchachita.

De sus tres hijos, Isolda era su preferida. Su único varón truncó bien temprano sus sueños y esperanzas. Desde niño siempre estuvo en el limbo o empinando papalotes pintarrajeados que al principio le parecieron bobadas y después no tuvo otro remedio que aceptar como arte. Isolda era como él: indómita, violenta, orgullosa, bravía; desde chica fue una experta nadadora, capaz de bracear al lado suyo donde las aguas del río se hacían más caudalosas y tomaban tonalidades sorprendentes. Pelagia perdía el sueño cuando los veía salir a las partidas de caza, sabiendo que pasaban la noche a la luz de la luna, metidos en los arrozales, apuntando a las yaguasas sin importunarles el fango, los mosquitos, ni el relente. Sin sentir temor a nada, Isolda dominaba la escopeta, poseía una excelente puntería y no sólo sabía disparar en el momento oportuno sino que tenía un perfecto sentido de la orientación y la distancia. Al emprender el camino de regreso, con el producto de la caza colgando de la cintura, olvidaba el cansancio de la jornada, el fango que traía metido entre la ropa, y llegaba a la casa cantando a dúo con su padre: «Por eso yo te canto a ti, mi capullito de alelí, dame tu aroma seductor y un poquito de tu amor». A veces se embullaban tanto que en vez de entrar al pueblo cabalgando lo hacían a paso de conga: «Ay mamá Inés, ay mamá Inés, todos los negros tomamos café».

«Esta yegüita es cerrera», se decía Monteagudo con el pecho rebosante de orgullo, y echaba espumarajos por la boca, defecándose en ese tremendo hijo de puta que quería venir a domársela.

–Pero si tú siempre has dicho que nada sabes de casorios –le refutaba Pelagia, a quien la idea de que su hija se casara con don Andrónico no le parecía nada mal.

–Pues ahora mismito aprendí, ¿qué te parece? –decía su marido, asentando la navaja sobre el cuero y achicando los ojos según era su costumbre cuando la ira le devoraba las entrañas–. Yo lo mato: le doy un tiro o lo degüello con esto.

Monteagudo se llevó a Isolda de cacería, pero esta vez no hubo yaguasas a la luz de la luna, ni disparos entre los arrozales. Llegaron cuando el sol se levantaba tras el monte cubierto aún por una densa neblina. Se sentaron sobre un tronco caído y él coronó la frente de su hija con ramitas de albahaca para espantar las guasazas aturdidas que se metían en sus ojos. Aspiró de una bocanada la brisa sosegada del amanecer y empezó a hablar sin ilación, hasta caer en lo tocante a don Andrónico. Le contó todo lo que de él se decía de verdad y de leyenda. Dijo que sí, que era cierto: le tenía mala voluntad, primero por garrotero, segundo por desmadrado, tercero porque a pesar de estar podrido en dinero, caminaba con los codos y se hacía el de la vista gorda para no pagarle los servicios, y cuarto, porque un día se presentó en la barbería diciendo que le traía un regalito en señal de gratitud que le entregó acompañado de una cartica en dos tonos, sí señor, de esas que a ella ahora le estaban sorbiendo el seso, y el regalo consistía en dos mandarinas tiernas y treinta y cinco centavos. Eso era todo lo que ese miserable creía deberle a él, a don Regino Monteagudo.

–¿Te das cuenta? Nunca nadie se atrevió a hacerme una ofensa así. A faltarme el respeto de ese modo. Ya sabes. No quiero oír hablar una palabra más de este asunto.

Pero su hija, además de haber sacado sus agallas, tenía mucho de su terquedad, y se mantenía renuente a dejarse convencer ni ceder un ápice en sus propósitos.

–Ay, papá, es que... yo tengo que casarme cuanto antes. Yo no sé cómo decirle...

–¿Decirme, qué? –dijo Monteagudo, poniéndose en pie de golpe con una sombra prieta sobre el ceño.

–Yo ya le di lo más preciado que tiene una mujer para entregar a un hombre. Ahora si quiere puede matarnos a los dos o... dejar que nos casemos.

–¡Muerto, lo quiero muerto! –exclamó, y su voz vibró de tal suerte que hasta los pájaros huyeron y el viento se escondió tras el monte.

16

Isolda Monteagudo se casó una tarde melancólica de octubre, bajo un cielo plomizo y afligido que presagiaba lluvia y quizá otras cosas peores. Todo ocurrió con tal prisa que las chismosas del pueblo marcaron la fecha de bodas con un círculo rojo en el calendario para, a partir de ahí, contar sin equívocos los futuros nueve meses.

Monteagudo, con la hiel agolpada en la garganta, llevó a su hija del brazo ante el padre Aurelio, el párroco que sustituyera al venerable padre Florentino después de su desgraciada muerte bajo los escombros del altar mayor. Don Andrónico, tieso, expectante y sudoroso, aguardaba a la novia con un ligero temblorcillo bajo el atildado bigote de corsario. Monteagudo se detuvo frente a él, con las cejas enarcadas y las pupilas en línea, y sin decidirse todavía a soltar a Isolda de su brazo, le espetó en un tono de voz tan vivo que hizo pestañear a los presentes, estremecer a los santos y retumbar con su eco el sagrado recinto:

–A la primera que le hagas a mi hija, te mato como un perro.

Ángela recordaría eternamente aquella tarde de octubre en que su tía, la más bella de todas las mujeres que conociera en su vida, entrara a la iglesia sin mostrar el pávido temblor de las vírgenes, ni perder su imperturbable compostura. Así, como una diosa, la recogería siempre su memoria y así permanecería en su pensamiento, incluso después de la tragedia.

Tras la ceremonia religiosa no hubo celebraciones ni brindis. Los novios partieron a Las Veguitas, para iniciar su vida de casados, y renunciaron a la idea de hacer su viaje de bodas a España, donde había estallado la guerra civil.

A la mañana siguiente Pelagia recibió un presente envuelto en un celofán color fucsia con una moña punzó que desató intrigada. Se trataba de una sábana de hilo, salpicada de unas manchitas parduscas que no conseguía entrever qué podían significar ni mucho menos sospechar porque venía empapelada con tanto esmero y fineza, hasta que pudo leer la esquelita en rojo y negro que se deslizó a sus pies.

«Aquí le envío con todo respeto a mi estimada suegra doña Pelagia Sánchez de Monteagudo la evidencia de que nuestro matrimonio se ha consumado.»

Quedó atónita, sin poder quitar los ojos de la enrevesada rúbrica de Andrónico; necesitó leerla un par de veces para convencerse de que no estaba sufriendo alguna alucinación. Sin embargo, cuando logró salir del azoramiento, se sintió aún peor, y pensó que le iba a dar un soponcio. Si bien su yerno era un cínico y un jactancioso, su hija no se quedaba atrás, les había jugado una mala pasada para lograr su capricho con una mentira bochornosa. Mucho le costó reprimir a su marido el impulso de volarle los sesos al garrotero por pisotear su honor de padre. Mucho tuvo que rogarle para que los dejara casar porque la niña estaba enamorada y de nada valía oponerse. En todo esto pensaba mientras veía arder la sábana en la hoguera que tenían en el patio para quemar la basura. Su marido jamás habría de enterarse. Pero a ella la volvían a importunar los malos presentimientos. Por primera vez se cuestionó si había escogido bien el futuro de sus hijos, y se respondió afirmativamente. Tanto Aguedita como Isolda estaban perfectamente instaladas y Gabriel, en Norteamérica, dedicado a su arte. Ella había cumplido tapando la falta al hombre en beneficio del artista. Ni un solo dedo en el pueblo podía alzarse y señalarlos. Pero algo le decía que no todo marchaba a pedir de boca. ¿Era Aguedita feliz con Serafín? Lucía desencantada, amargada, muy distinta a la Aguedita de antes. Parecía insatisfecha. Nunca le habló de intimidades. Ésas no eran cuestiones que las madres indagaran con sus hijas, pero de sobra sabía, por la experiencia de los años, que las trifulcas entre marido y mujer sólo se deshacían en la cama. Isolda era harina de otro costal, en nada se parecía a la hermana, estaba hecha de una sustancia inflamable. Monteagudo tenía razón. ¿La haría dichosa ese hombre de costumbres extrañas? La sábana dejó de arder y con ella se aplacó su incertidumbre. ¿Cuántas criollas no se casaban con gallegos desde que España pisó esta isla? Es cosa de todos los días. En cuanto a Aguedita, lo hecho, hecho estaba. Serafín era un santo varón desde el nombre hasta la planta de los pies.

Desde su primera noche de casada, Isolda no hacía más que preguntarse lo mismo: ¿era esto el amor? El frenesí del macho montando a la hembra para apagar sus ardores. ¿Eso era todo? Recibir mansamente, pasivamente, sufridamente, sin nada que sentir, entregar o agradecer. Se sentía alicaída y embaucada y se paseaba desnuda por el cuarto, recogiendo los montoncitos de ropas caídos al pie de la cama. Tomó un baño prolongado, frotándose la piel rabiosamente. Cuando terminaba de vestirse y estaba abotonando su blusa delante del espejo, entró el marido y le devoró los senos con el deseo reverdecido en los ojos.

–¿Adónde cree que va la señora?

–Voy a casa de mis padres. Hace tres semanas que estoy aquí encerrada.

–Estamos en plena luna de miel, amorcito. Nadie puede reprochárnoslo.

–Necesito verlos. ¿No lo entiendes?

–Está bien, sea por esta vez. Que no se diga que no soy complaciente con mi linda mujercita, pero déjame advertirte algo: ahora tienes una nueva vida en la cual ellos no intervienen como antes. Yo soy el que manda en ti. Soy tu marido y éste es tu hogar. No admitiré que mi mujer mueva un dedo sin yo saberlo o sin pedirme permiso. Pero no me mires así, con esos ojitos... Mi palomita se ha puesto triste. A ver, un besito en el piquito para su palomo.

Isolda hizo un esfuerzo y se dejó besar.

Después de visitar a sus padres se fue a casa de Águeda. La encontró a solas en la sala bordando su canevá. Tomasa andaba trajinando en la cocina y María había salido de compras a la placita. La quietud que reinaba en la casa y la expresión serena de su hermana, recostada sobre los mullidos almohadones del sofá, transmitían bienestar.

–Aguedita, ¿puedo hablarte de algo secreto... cosas de esas que una nunca se atreve a hablar con nadie?

–Pues claro, Isolda, para eso soy tu hermana. Vamos, dime.

–¿Qué se siente en la cama con un hombre?

–Vaya, mira por dónde viene la mosquita muerta. Pues te diría que... nada. Es más bien un deber, una obligación igual a las demás. Ellos son los que sienten y disfrutan de eso. Nosotras, hija, los vemos disfrutar.

–Aguedita, ¿estás segura? ¿Tú tampoco sientes nada, es eso normal?

–Pero claro, ¿pensabas que estabas hecha diferente a todas?

–¿Y asco, no te da asco?

–Ya no, al principio sí, pero una se acostumbra con el tiempo.

–Entonces a nosotras nos toca llevar la peor parte.

–Bueno, yo no diría tanto. Una mujer decente no es para el placer, para eso están las otras... las de la calle.

–¿Y ésas... sienten?

–¡Ay, Isolda, qué pregunta!, ¿y yo qué sé? ¿Acaso nos interesan esas indecencias?

–¿Y el amor, Aguedita?

Águeda se clavó la aguja en los dedos y una gota mínima de sangre tiñó las flores que bordaba.

–El amor no existe, no son más que pajaritos volando en la cabeza de una.

Pero de repente sus ojos tomaron un brillo húmedo y su voz se suavizó.

–El amor, hermanita, es una ilusión que nos llega sólo una vez y se evapora muy rápido.

Durante un tiempo Isolda pareció conformarse con la explicación de Águeda. Se resignó a vegetar como una flor exótica, deambulando por la casa y concentrando todas sus ansias en el ser que llevaba en el vientre. Eusebia, la vieja criada de don Andrónico, una negra reseca como una pasa, que mascaba sin parar un mocho de tabaco entre sus prietas bembas, le había tomado cariño, y a pesar de ser arisca y estar siempre al acecho, pronta a saltarle encima a los hombres de la finca, con Isolda se volcaba en un sinfín de ternuras y se desvivía por complacerla. Si algo incomodaba a Eusebia era ver a la señora padeciendo mezquindades. ¿De qué le valía al señor tener tantísimo dinero si no le daba gustos a su mujer? Desde la boda no había vuelto a comprarle ni siquiera un par de medias, y la tenía casándolas unas con otras para disimular los hilos saltados y las disparidades del color. «Eso no es justo», se decía, mascullando maldiciones en las palabras oscuras de sus ancestros africanos; aunque a decir verdad la señora exteriorizaba poco lo que sentía y no daba muestras de inconformidad. Lo único que le importaba de veras era salirse con la suya, conquistando al marido para que la dejara visitar más a menudo a sus padres y allá se iba: vestida con lo que fuese y las medias que casase.

Las escasas veces que los trabajadores de la finca tenían el privilegio de ver a Isolda, la seguían con los ojos desorbitados hasta perderla de vista. Sólo uno se cuidaba de mirarla diferente y era precisamente aquel que tenía el derecho a trasponer el umbral de la casa, enfangarle el piso a Eusebia con el rastro de sus botas y entrar hasta el comedor, interrumpiendo el almuerzo a la pareja con el alegre tintineo de sus polainas. Isolda apenas reparaba en la recia figura de Terencio Palomino, para ella todos los hombres eran ya madera de un mismo palo, sin nada más que enseñarle. Sin embargo, cuando no le quedaba otra alternativa que atender al capataz de su marido, notaba lo aturdido que se ponía en su presencia. El rostro se le encendía y agachaba la cabeza fijando la vista en el suelo, sin dejar de estrujar entre los puños las alas de su sombrero de guano. Eso le producía a la vez satisfacción y tristeza, y le traía a la mente aquellos tiempos que ya creía tan lejanos, cuando se complacía en desencastillar a los hombres con sus dotes de mujer perturbadora. «¿Me irá a pasar como a esas frutas que se caen al suelo verdes y se pudren sin siquiera madurarse?» Andrónico le parecía cada vez más ridículo, meticuloso y dominante, y hasta aquellas cartas escritas en rojo y negro que tanto halagaron su vanidad, las encontraba ahora vulgares y de mal gusto. Desde la cama lo observaba cumplir con su ritual cotidiano, y cuando al fin oía los cascos de *Moro* y lo sentía marcharse, se levantaba repugnada por la estela agobiante del agua de Florida que inundaba el cuarto y todos los rincones de la casa.

La llegada del verano trajo a Isolda nuevas desventuras. A los doce meses y medio de casada dio a luz un par de gemelos varones que apenas vivieron dos días. Pelagia, horrorizada, encendió velas a todos los santos de su devoción y permaneció diez horas en la iglesia, con las pupilas clavadas en la imagen de la Caridad del Cobre hasta que el padre Aurelio la sacó a la fuerza, temiendo que la venciera el ayuno y la fatiga. Vagó por toda la casa y sacudió mil veces la hamaca del patio, clamando la celestial presencia de la pequeña Cándida, para rogarle que les alejara el funesto presagio. Pero el espíritu de la niña no apareció esta vez. Hacía ya muchos años que no se presentaba, bien por haber ascendido demasiados escalones en el cielo o porque Dios no la oía interceder por ellos como antes. Tan ocupada estaba la madre implorando a las alturas, que no le quedaron fuerzas ni tiempo para la hija, quien enferma de soledad y aflicción vertía todas sus lágrimas sobre el pecho flaco de la negra Eusebia.

–No se ponga así, señora. Uté e joven y va a ve cómo horitica vienen ma' niño pa' alegrarla.

Pero Isolda no se resignaba a la pérdida, ni se reponía del trance. De nada valían las píldoras de hierro recetadas por Serafín, ni los caldos de gallina, los ponches de leche y huevo, la horchata de almendra, o los cocimientos de raíces prodigiosas y curativas que le obligaba a beber la negra.

–Si no pones de tu parte, cuñada, no te levantarás de esa cama –la sermoneó una mañana Serafín–. Aguedita y yo ya no sabemos qué hacer para que salgas de ese estado.

Entonces Isolda pidió a su hermana que dejara a María acompañarla por un tiempo. Necesitaba a alguien cercano a la familia que trajese el olor añorado del hogar a Las Veguitas para aplacar de algún modo su soledad de flor en cautiverio, y María se apareció al día siguiente, sacudiendo telarañas, cambiando las flores mustias de los búcaros, espantando la tristeza y poniéndola de pie. Isolda cobró ánimos y fuerzas con la llegada de la amiga. Pasaban juntas las mañanas chachareando y riendo, y las tardes en la cocina, descubriendo los secretos de la repostería que la linda mulata parecía conocer mejor que nadie. Aprendió a hacer el majarete, el cusubé, los coquitos quemados y el arroz con leche con una cascarita de limón y una rajita de canela. Entre risas lavaban los jazmines de cinco hojas para echarlos en el almíbar tibio, de medio punto, que ponían nuevamente al fuego en un jarro bien tapado para conservarle la fragancia.

Fue durante aquellas tardes calurosas y aromáticas pegadas al fogón, cuando María le abrió su corazón y le reveló la verdadera historia de sus amores frustrados.

–¿Gabriel? ¿Es mi hermano el padre de tu niña? ¡Dios mío, y fue capaz de abandonarte! Todos los hombres son lo mismo, unos sinvergüenzas.

–¿Y qué podía esperar yo, niña? ¿Cómo iba a pretender que el señorito Gabriel se hiciese cargo de una de color?

–Dime, María, ¿lo quisiste?

–Ay, niña, con toda mi alma.

–¿Y qué sentías con él?

–Era como una candela aquí, en el pecho.

–No, yo digo cuando te poseía, ¿sentías algo entre las piernas?

–Pues claro, era igualitico a un calambre, pero de gusto.

Andrónico irrumpió en la cocina, frunciendo el entrecejo y pidiéndole a María que le sirviera café.

–Isolda, necesito que María nos ayude en las casas de tabaco. Falta una ensartadora, ella podrá sustituirla.

–María no sabe hacer ese trabajo, Andrónico. Déjala quedarse conmigo.

–Si quiere estar aquí deberá ganarse el pan. Si no que vuelva a casa de tu hermana.

Isolda volvió a vagar solitaria por la casa, esperando ansiosa en el portal el regreso de su amiga. Hacía más de un mes que su marido le negaba el permiso para visitar a sus padres y éstos no venían a verla, dolidos por su ausencia sin entender los verdaderos motivos del distanciamiento. Viendo que esa tarde María se demoraba más de lo conveniente, decidió ir a buscarla. Se cubrió los hombros con un chal de seda clara y caminó bordeando los sembrados. Cuando se aproximó a la casa de tabaco percibió a través de las tablas un extraño forcejeo, y empujó sigilosa la puerta. María, con un cuje entre las manos y el vestido hecho jirones, se defendía de Andrónico que intentaba forzarla. Al sentir los pasos de su mujer, Andrónico volvió hacia ella el rostro encendido y se apresuró a cerrarse la bragueta. María se lanzó llorando en brazos de su amiga, mientras Isolda medía a su marido de pies a cabeza con las pupilas enceguecidas de odio. Andrónico giró los ojos a su alrededor con gesto de animal acorralado y salió a la carrera, secándose el sudor.

Todas las mañanas Andrónico dedicaba diez minutos a la posesión de su mujer. Isolda había sido intercalada en el ritual extravagante del marido, igual que el agua de Florida, los tres pares de calcetines o las polainas frotadas con estiércol. Pero precisamente aquella mañana la esposa rompería su exactitud cronométrica rechazándolo.

–¿Qué te pasa, palomita, estás indispuesta?

–Sabes bien lo que me pasa. No volverás, después de lo que vi, a ponerme un dedo encima.

Andrónico terminó de limarse las uñas y se abotonó la guayabera de los viernes. Isolda le volvió la espalda para salir del cuarto cuando sintió que la aferraban por el pelo y la golpeaban en la nariz y en los labios. Dos garras de acero rasgaron su vestido y le abrieron los muslos con violencia. Notó el paladar inundado por el sabor de su sangre y un vértigo oscuro acompañó un nuevo puñetazo en el momento que él la penetraba.

A la hora del almuerzo, Isolda permanecía aún en su cuarto, negada a presentarse en la mesa, y Eusebia le sirvió al señor, ceñuda y malhumorada.

Andrónico interrogó a la criada:

–¿Y la señora qué tiene, ha perdido el apetito?

La negra lo miró encendiendo los tizones de sus ojos.

–Yo no sé ná.

En ese momento Tomasa apareció en el umbral de la puerta preguntando por la señora Isolda. La noche anterior, María había regresado con su atadito de ropa a casa del doctor, tragándose como siempre las palabras. Pero esta vez Tomasa se había dicho que «los puercos no se le dormirían en la barriga». Algo feo y gordo ocurría, y ella se pintaría sola para averiguarlo.

Andrónico vio llegar a la mulata como salida del infierno. Aquellas familiaridades de su mujer con las criadas lo tenían hasta el tope, pero haciendo un esfuerzo disimuló su desagrado y trató de ser amable, diciendo que su esposa se sentía indispuesta y estaba recogida descansando. No podía suponer que Tomasa no reparase en disculpas y resolviera seguir puertas adentro sin que nadie pudiera detenerla.

–¡Bendito sea Dios, mi niña, cómo le jan pueto la cara!

–Cállate, Tomasa, te lo pido, no empeores las cosas.

–¡Alabao! Si el señor Monteagudo se entera...

–A mi padre ni una palabra, ¿lo oyes? Muérdete la lengua.

Pero pedirle a Tomasa que se mordiera la lengua era pedir demasiado. Bastó que llegara a la casa para que todo lo que vio se lo soltara a Monteagudo y a Pelagia.

–A su hija de uté da pena verla. Ese diablo va a acabá con ella si no jacen algo rápido.

Pelagia le hizo miles de muecas con los ojos, tratando de contenerla, pero ya Monteagudo se calzaba el sombrero sobre las cejas y se metía el revólver en el empeine.

–Voy a dar una vuelta. Si demoro, no me esperen a comer.

Andrónico estaba en la sala con Terencio Palomino, cuando vio la sombra de Monteagudo recortarse en la puerta. Un frío de muerte le recorrió la espina dorsal y lo hizo palidecer hasta los calcañales. Todo ocurrió con una rapidez relampagueante. Monteagudo apuntó al entrecejo de Andrónico y apretó el gatillo, pero Terencio reaccionó con la rapidez de un rayo y consiguió desviar el tiro, que fue a clavarse en el techo con un estrépito seco. Si trabajo le costó a Terencio arrancarle a Monteagudo el revólver, no menos le costó a Isolda convencerlo a fuerza de lágrimas de que debía desistir de esa locura. En pocos minutos la casa se llenó de gente, pero nadie pudo dar cuenta del paradero de Andrónico. Parecía haberse esfumado más rápido que la pólvora. Por más que lo buscaron en la finca y en el pueblo no encontraron rastro de él, y habrían de pasar semanas para que asomara el pelo.

Cuando a Isolda se le aplacó la vergüenza, lo primero que pensó fue en Terencio Palomino; quería expresarle su agradecimiento al hombre que había evitado la tragedia.

–Gracias, Terencio –le dijo, atreviéndose a llamarlo por el nombre con su orgásmica voz–. De no ser por usted, papá se habría desgraciado la vida y Andrónico a estas alturas estaría bajo tierra.

Terencio no la miraba, tenía las pupilas clavadas en la punta de sus botas y el rostro color de grana. Isolda lo recorrió con los ojos reparando por primera vez en su recia corpulencia. Se sintió turbada de repente por la agresividad de los músculos que parecían reventarle la camisa. Lo vio decirle adiós con el sombrero cuando montaba el caballo y un calor nunca antes sentido le abrasó las entrepiernas y le endureció los senos. A partir de aquel día se desentendió del marido. Andrónico había vuelto muy cambiado. Se pasaba las noches fuera de casa y no se atrevía a tocarla como dueño ni verdugo. Incluso llegó a permitirle libertades que antes le estaban prohibidas, y la dejaba salir con frecuencia a visitar a los padres y a la hermana. Tras varios meses de encierro, Isolda encontró a sus sobrinas más crecidas, aunque a decir verdad no tenían nada de bonitas, eran bastante antipáticas y se pasaban todo el día roñosas, disputándose entre sí el cariño de la madre. Águeda había decidido que Ángela no siguiera en el colegio, alegando que nada sacaría de provecho con una niña tan desaplicada, y la chiquilla, en respuesta, no paraba de leer todo lo que estuviera a su alcance, empeñada en hacerles ver que las monjas no podían enseñarle ni la mitad de lo que aprendía en los libros. Su cuñado Serafín seguía al pie de la letra las disposiciones de su mujer, sin interceder para nada en los pleitos de la madre con sus hijas. Cuando Ángela venía a reclamarle justicia, solía decirle que en la vida había cosas que debían ser y no eran y otras que eran y no debían ser. Que a su edad no estaba bien tener leyes de persona mayor, y tampoco era bueno estar cavilando tanto; su madre tendría su forma de ser, pero sabía mejor que nadie lo que convenía a las dos, y le sobraba razón al decir que él sólo conocía de enfermos.

Isolda observaba las querellas domésticas de la hermana con total indiferencia. Le hubiera gustado tener un marido complaciente como Serafín, pero no la convencía su falta de carácter. Sus pensamientos volaban mucho más lejos. A cada momento le picaban las ansias de encontrarse con Terencio. Inventaba un sinfín de artimañas para atraerlo a casa. Se levantaba al amanecer para topárselo en la cocina, cuando Eusebia servía la primera colada de café que él agradecía siempre con una sonrisa ancha. Nada más que por verle sonreír así, preparaba con especial esmero los postres que sabía más le gustaban y no perdía oportunidad de hacérselos probar a solas en la cocina. Un día llegó al extremo de embarrarse el dedo de merengue y pasárselo a Terencio por el borde de los labios, preguntando con una risita ingenua si creía que sabía bien y tenía el punto exacto. Él quedó tan confundido que no atinó sino a volverle la espalda y salir a la carrera sin limpiarse ni el bigote. A ella le bastó sentir el roce de su bigote para descubrir la gloria de haber nacido mujer y darle gracias a Dios por aquel calor bendito que la abrasaba de pronto poniendo en juego la paz de sus entrepiernas.

Cada día que pasaba Terencio sentía debilitar más sus fuerzas. Era un hombre aferrado a sus principios, y los preservaba como única riqueza. Tenía bien definido el concepto del deber y la honradez, y poseía una fidelidad canina hacia sus superiores, que lo hacía revolverse por las noches en su cama y maldecirse mil veces por mirar con ojos indebidos a la esposa del dueño y señor de todas aquellas tierras que constituían su universo. Pero algo semejante al veneno se había colado en sus venas, le embotaba los sentidos y lo arrastraba hacia ella sin poder ya contenerse. Se engañaba a sí mismo con pretextos endebles para pasar cerca de la casa y verla sentada en el portal chupando aquel mango que gustaba comerse al mediodía. Privado de toda conciencia, permanecía tieso en la montura, viendo cómo se deshacía en su boca la pulpa que ella saboreaba inclinando el busto hacia delante, abierta siempre de muslos. La veía entornar los ojos en un estado de complacencia voluptuosa mientras el zumo amarillo de la fruta le corría por el borde de los labios y resbalaba en dos hilillos por la barbilla y la garganta hasta adentrarse y perderse en la curva de los senos, donde él, desde hacía ni se sabe cuánto, tenía fija la mirada y más que todo alebrestada la imaginación. Una tarde la siguió a escondidas y la sorprendió bañándose en el río completamente desnuda. Sus pechos flotaban en el agua abiertos como nenúfares, y el pelo lacio y moreno se le pegaba a la espalda y enroscaba a la cintura como una mata de algas. Escapó enloquecido con el cerebro caliente y el pecho hecho llamas, sin sospechar siquiera que Isolda lo había visto y lo incitaba a sabiendas.

Por aquella época apareció en Las Veguitas el fantasma del gato verde. Todo comenzó la noche que Isolda despertó a Eusebia segura de haber visto un felino de verdor fosforescente y pupilas encendidas, acechándola a través de la ventana de su cuarto. Sólo ella alcanzó a verlo, pero al cabo de unas pocas semanas algunos creyeron escuchar en plena madrugada los maullidos de ultratumba emitidos por la bestia. Aunque el extraño caso del gato nunca llegó a aclararse del todo, los episodios nocturnos proporcionaron a Isolda la anhelada oportunidad de tener un acercamiento con Terencio.

Por entonces don Andrónico se ausentaba con frecuencia con supuestos viajes a La Habana, por asuntos de negocios. Muchos comentaban que en realidad las incursiones del garrotero no iban más allá del palenque, donde pasaba las noches en compañía de la morita con quien había vuelto a entenderse. Al ocurrir lo del gato, Andrónico dio orden de montar guardias nocturnas en los alrededores de la finca diciendo que era cuestión de huelguistas y sediciosos. Al anochecer, Terencio entraba en el comedor, para sacar los rifles del armario cerrado bajo llave. Los repartía entre los centinelas y se iba al portal a sentarse en un taburete con el arma sobre las rodillas para velar el resto de la noche.

Isolda tampoco dormía. El asunto del fantasma la hacía reír en sus adentros; nunca había conocido el miedo y mucho menos a los gatos, ya fueran verdes o traslúcidos. Lo que sí le evaporaba el sueño de los párpados era saber a Terencio en el portal, a unos escasos pasos de ella, tan ajeno a su trampa que, estremecida de placer, sentía hervir su sangre a borbotones. Arrebujada en su bata de seda malva, salió esa noche al portal y sus ojos se encontraron con los de él. Quedaron unos minutos callados, escuchando los ruidos sutiles de la noche. Isolda se contoneó provocativa y se recostó en la balaustrada del portal.

–¡Cuántas estrellas, Terencio! Me pregunto si en otra parte del mundo habrá tantas como en este cachito de cielo nuestro.

Él no contestó, tenía las pupilas absortas en la figura perfilada en la oscuridad a través de los tenues pliegues de la seda. Se puso de pie y caminó hacia ella, guiado por una fuerza recóndita. Isolda lo sintió tan cerca que pudo percibir su aliento en los cabellos y respirar el olor a sol que aún guardaban sus ropas. Se volvió y su pecho chocó contra el tórax de piedra de Terencio. Cerró los ojos, le ofreció los labios y aguardó el beso.

No podría explicarse lo que pasó después: fue un descenso de la conciencia al abismo. Ambos abrazados, sumergidos en la cama, su boca en la suya y luego en su garganta, en el botón eréctil de su seno, viajándola de norte a sur por todos los rincones de su cuerpo, deteniéndose en el centro de su sexo, con la cabeza entre sus muslos esperando la eclosión, y luego más y más, un nunca acabar de pasión y de muerte, de goce y de impaciencia. Lo sentía todo de ella, entero sobre ella, cincelando su cuerpo, fundido a su carne, hasta que de pronto, con un rápido girar de sus caderas, estuvo encima de él, cabalgándolo con un galope insospechado, cubriéndolo con sus cabellos oscuros, hasta que él, asaltado de improviso en pleno goce, no pudo aguantarse más y le soltó aquella frase:

–¡Pero si tú sabes gozar igualito que los hombres!

Al amanecer, Eusebia sorprendió a Terencio escapando de la casa, con las botas en la mano y olvidando por primera vez su buche de café. Dio una chupada profunda al mocho de tabaco y rezongó cuatro palabras oscuras. Luego, mientras servía a Isolda el desayuno en el comedor, le dijo:

–Pa' mí que ese gato velde que ve la señora, usa botas y camina en do' pie.

Isolda la miró suplicante con sus ojos rabiosamente bellos, y Eusebia, dando vueltas al tabaco, masculló:

–Eté tranquila la señora. Eta negra é una tumba.

17

Vapuleado por el viento de cuaresma, Marcial Guerra, el hijo mayor de don Andrónico, se presentó en Las Veguitas la mañana del Viernes Santo, buscando a su padre para un asunto de urgencia. Isolda lo vio llegar con un pálpito de zozobra que no habría de explicarse a sí misma hasta mucho después. Por entonces atribuyó su aprensión al obstáculo que representaba el intruso para sus citas nocturnas con Terencio. Marcial era un joven alto y desgarbado, de ojos melancólicos y gestos epilépticos. Recién salido de los curas, cursaba en la capital el primer año de Derecho y parecía andar en apuros. Era su primera visita al matrimonio en los dos años que llevaban de casados. Isolda, ansiosa por desprenderse de aquel abrupto inconveniente, se mostraba torpe y malhumorada, sin saber qué decirle ni hallar el modo adecuado de tratarlo. En cuanto a él, claudicó sin desafíos al encanto de la diosa: por la manera que tenía de mirar a su madrastra y andar tonteándole detrás, no podía ponerse en duda que lo había trastornado de inmediato.

Iba ya para un mes que los amantes se veían imposibilitados de encontrarse a solas ni permitirse libertades. A Isolda el fuego se le atizaba en las entrañas y se le detenía el corazón por momentos cuando sentía cascos de caballos acercándose a la casa y veía llegar a Marcial con su padre. Por aquellos días las cosas se complicaron severamente en Las Veguitas al desaparecer un fusil Winchester del armario. Sólo Terencio y don Andrónico poseían las llaves de la cerradura y esto dio lugar a que el dueño de la finca le echase en cara al capataz su descuido. Por su parte, Isolda tenía serias inquietudes; ese mes le había fallado su período y las frecuentes náuseas y mareos que la asaltaban al levantarse la llenaron de desesperación e incertidumbre. Sin tener a quién volver los ojos, recurrió a Eusebia.

–¡Haz algo, negra, por Dios! Tú tienes que saber de alguna hierba que me quite esto.

–Eta negra no sabe na' señora –repetía Eusebia enojada, sin dejar de remover los garbanzos del almuerzo–. Uté verá, uté va a vé, que aquí nos va a caé una desgracia.

Finalmente le preparó un cocimiento con hojas de sabina que Isolda bebió esperanzada. Pasó días incalculables, de terribles contracciones bajo vientre y pesar en los riñones sin descubrir ni un rastro en sus bragas. Esa noche, aprovechando que su marido se ausentó de casa en compañía de Marcial, se hundió con Terencio en las penumbras de su cuarto. Después de amarse hasta el núcleo mismo de la culpa, permanecieron enroscados y acezantes. Isolda, entre lágrimas, le confesó a Terencio la certeza de su embarazo, y él, a su vez, la hizo partícipe de su desasosiego por el arma sustraída del armario.

–Pero ¿quién pudo haber robado ese fusil, Terencio, y para qué?

–Eso es lo peor. Don Andrónico tiene muchos enemigos. Hasta tu propio padre lo odia a muerte.

–Matarlo... si alguien se atreviese a hacernos el favor, tú y yo seríamos felices y podríamos tener a nuestro hijo.

–No hables así. Ya buscaremos la forma de querernos sin cadenas. No quiero que tomes más hierbas de ésas. Tú me darás ese hijo cueste lo que cueste.

A Isolda le brillaron los ojos con sólo mentarle la posible realización de su maternidad.

–¿Verdad que sí? Si es varón se llamará como tú y si es

niña le pondremos Sabina, por eso de las hierbas que tomé –dijo escondiendo su frente sobre el pecho del amante, con una risita pecadora.

–Dime, Isolda, ¿serías capaz de irte conmigo a donde sea?

–Al mismo infierno me iría con tal de seguirte.

Todo el pueblo oyó esa tarde a Regino Monteagudo amenazar de muerte a Andrónico Guerra en plena calle, cuando el garrotero se atrevió a pisar de nuevo su barbería con la pretensión de que pelara a su hijo.

–Si vuelvo a ver pasar tu sombra por la puerta de mi casa te abro el gaznate con esto –tronó el barbero en medio de la calle Real, cortando el aire en dos con la navaja en alto mientras Andrónico picaba espuelas en los flancos de *Moro* y salía desprendido a galope limpio.

Esa misma tarde, todavía no repuesto del incidente con el suegro furibundo, Andrónico anunció a su mujer que a la mañana siguiente partiría con su hijo por varios días a La Habana para liquidar allí algunos asuntos pendientes del muchacho. Después de comer, padre e hijo se encerraron en el despacho del garrotero y fue la única vez que Isolda oyó a su marido increpar a Marcial en un tono violento, pero sólo alcanzó a escuchar unas escasas palabras: «Tú y tus puterías no conseguirán arruinarme».

Sin embargo, al amanecer, desayunaron en paz sin mayores contratiempos. Ambos parecían olvidados de la tormenta anterior y puestos nuevamente de acuerdo.

Llegado el momento de las despedidas, Isolda hizo alarde de valor para evitar traslucir en el semblante el íntimo regocijo que aleteaba en su corazón. Andrónico, con el pie ya en el estribo de *Moro*, se inclinó para besar a su mujer. Ella depositó en los labios del marido un beso álgido y se volvió para decir adiós a Marcial con una mirada conciliadora que estuvo a punto de hacerlo claudicar en su empeño de marcharse. Los vio alejarse confiada, sin sentir remordimientos, jurándose a sí misma que no volverían a verse en el resto de sus vidas. Tenía la certeza absoluta de salir airosa en sus planes y se sabía poseedora del coraje suficiente para no dar marcha atrás ni ablandarse con escrúpulos ni arrepentimientos. Coincidía con Terencio en que aquélla era una oportunidad única para escapar y no podían desperdiciarla. En el centro del comedor, bajo la luz del día, sin cuidarse ya de nada ni de nadie, los amantes se encontraron con los ojos. Eusebia notó el intercambio de miradas y se fue rezongando al cuartico del fondo. Isolda asaltó a su amante sobre una silla ondulando sus caderas, y luego rodaron por el suelo, hasta que él la levantó en vilo, y con su andar montuno la llevó al dormitorio, desgranándole al oído palabras primitivas encendidas de pasión.

Cayó la noche sin que salieran del cuarto. Eusebia dormitaba en un sillón con el mocho de tabaco apagado, entre las bembas, cansada de esperar a la señora para servirle la cena. En la cocina, la carne se puso correosa bajo una capa de gelatina, la ensalada se mustió en las fuentes y los frijoles espesaron dormidos en la cazuela.

Isolda y Terencio, olvidados de las manecillas del reloj y de todo lo que no fuese ellos mismos, se desquitaban de los días obligados al silencio. Planeaban la fuga atados en un abrazo, con un solo corazón y un mismo pensamiento.

–Espera –dijo Isolda, sentándose de pronto en la cama y tapándose los senos con la sábana–. Me pareció oír pasos en la sala.

Terencio se puso en pie y comenzó a vestirse. Unos golpecitos apremiantes en la puerta los hicieron volverse sobresaltados.

–Señora, ahí etá el señor don Andrónico, su marido de uté.

Ambos se miraron perplejos hablando en un susurro.

–Date prisa, Terencio, tienes que saltar por la ventana.

El disparo inconfundible del Winchester los dejó paralizados. Casi de inmediato oyeron los cascos de un caballo partir a todo galope, seguidos por el ladrido opaco de los perros.

–Dios mío, Terencio, ¿qué ha sido eso?

La respuesta le llegó de afuera con los gritos de Eusebia.

–¡Ay, Virgen santa! Corra, señora, vengan pronto, lo jan matao, jan matao al señor.

Terencio salió a la sala descalzo y sin camisa, y tras él corrió Isolda desnuda, enrollada en la sábana. Se inclinó en puntas de pie sobre el hombro de su amante, y sus pupilas oscilaron vertiginosas y aturdidas entre un cadáver sin rostro y un reguero de sesos y de sangre, que salpicaban muebles y paredes. Un olor empedernido le contrajo la nariz y le nubló el sentido antes de desplomarse envuelta en una bruma de puntos rojos y negros.

Pocas horas después la guardia rural se presentó en Las Veguitas. Nadie había visto ni escuchado cosa alguna. Los centinelas puestos por Terencio hacía ya un buen tiempo que no cumplían sus guardias nocturnas y se iban a dormir a sus casas, cansados de velar inútilmente al gato verde. Determinaron que el Winchester robado del armario había sido utilizado por el asesino como arma homicida, y luego de dar vueltas y más vueltas revolcándolo todo y comiéndose a Isolda con preguntas, lograron que, tras muchos titubeos, ella misma declarara la falta del reloj de oro y la billetera de piel de becerro que su marido siempre llevaba consigo. Los guardias esposaron a Terencio y lo llevaron arrestado como presunto asesino. Isolda, enloquecida, corrió en busca de ayuda al único lugar donde podría encontrarla. Llegó a La Fernanda desfallecida y se abrazó al General desatada en sollozos.

–Ayúdeme, don Rogelio, han matado a mi marido y se han llevado preso a Terencio Palomino que no es culpable, se lo aseguro.

El General le pidió a la sirvienta que hiciese un poco de

tilo, y se arrellanó en su butaca esperando que Isolda se serenase para escuchar la historia desde el comienzo.

–Vamos, muchachita, ten calma. ¿Cómo puedes estar segura de que no fue el capataz?

Isolda se enderezó en el asiento, repuesta del todo, y se tragó el último sollozo.

–Porque él estaba conmigo cuando oímos el disparo. Metido en mi cama, ¿entiende? Terencio y yo somos amantes. Eusebia es testigo.

El General se vistió con su traje de dril blanco, tomó el bastón de empuñadura de plata y se calzó el sombrero de pajilla. Cuando montó al automóvil con Isolda, era de nuevo el hombre de antaño, el respetable senador de la República. Después de obligar a Eusebia a que los acompañase, llegaron al juzgado. El General se detuvo antes de entrar y, tomando a Isolda del brazo con mucha delicadeza, le dijo:

–¿Lo has pensado bien? Vas a poner tu honor y el de tu venerable familia en la picota pública por salvar a ese hombre.

–Todo, don Rogelio, todo, hasta mis ojos me los quemo por Terencio.

El General la contempló admirativo, calculando su intrepidez, y la aplaudió en sus adentros. La tomó despacio por el talle y la llevó frente al juez.

–¿Dice usted, señora, que esta negra puede ratificar su declaración? –preguntó el juez mirando a la criada de reojo.

–Yo no sé na', yo no sé na' –respondió Eusebia, pero sus ojos encendidos como tizones fueron más elocuentes que su empecinamiento.

Terencio Palomino fue puesto en libertad esa misma tarde. El pueblo se convirtió en una caldera hirviendo con el suceso. Isolda comenzó a pensar en sus padres por primera vez y en toda la mugre que les vendría encima por su falta, y de nuevo apeló al General.

–Tenemos que desaparecer de aquí, don Rogelio. No me alcanzará el valor para enfrentarme a la vergüenza de mi familia.

El General, a punto de derretirse de simpatía por la joven y repleto de odio por el muerto, envió un cable de urgencia a Estados Unidos para avisar a Vicente. Antes del anochecer, Isolda Monteagudo y Terencio Palomino partieron a la capital sin un adiós permisible, para desde allí viajar a Norteamérica.

Por fin se cumplió la profecía de los gemelos muertos. De nada valieron las novenas, los incontables rosarios o los cientos de velas consumidas. Cuando los santos decidían hacerse los sordos no valía desgargantarse con plegarias. El destino estaba escrito y ni los santos metían la mano en la candela para intentar cambiarlo. Pelagia se resumía a sí misma con estos paliativos, sentada en la comadrita, frente a la ventana abierta de su cuarto, por donde se colaba una brisa tibia, perfumada de gardenias. Águeda, agachada a sus pies, le alisaba los pliegues del vestido, apoyando la cabeza en las rodillas de su madre. Pero Pelagia no acariciaba los rizos rebeldes de su hija al igual que otras veces. La vergüenza no logró matarla: la había convertido en piedra para amansarle el dolor.

–Tengo que enterrar a mi hija –la oyó decir Águeda, que alzó la cabeza, sorprendida–. Tenemos que ordenar el funeral y velarla como corresponde. Levántate, ¿qué haces aquí?, ve a tu casa a cerrarte de negro por la muerte de tu hermana. Di a tus hijas que se acabaron los ruidos y la música, porque su tía Isolda acaba de morir. Quítateme de encima, vamos, déjame, voy a disponerlo todo.

Águeda la vio salir a la calle de luto hermético y pensó que su madre había perdido la razón. La angustia la llevó al patio en busca del padre, y lo encontró con el taburete reclinado al algarrobo; sus manos jugueteaban con las vainas castañas que llovían encima de sus piernas, y observaba las volutas azules de su tabaco con el ceño contraído.

–¿Eres tú, hijita? –dijo él, saliendo de su letargo–. ¿Todavía estás aquí?

–Sí, papito... Usted sabe, estoy preocupada por mamá. Me ha dicho que quiere velar a mi hermana como si estuviese muerta. Yo creo que ha perdido la cabeza de tanto sufrir. ¿Qué vamos a hacer?

–Dejarla. Cuando a Pelagia Sánchez se le clava algo entre las cejas, no sabe echarse atrás. Es terca como una cabra de monte, ¡si no la conoceré yo! Puedes estarte tranquila, tu madre no está loca, ella piensa que así callará a la gente. Hay que dejarla, Aguedita. No hay remedio.

–Pero, papá, usted se imagina un velorio sin muerto...

–Si tu madre se empeña, prepárate. Con Cándida quería creer que aparecía y a Isolda quiere verla sepultada. Pero mi muchachita está viva, libre y feliz aunque esté lejos –dijo con la voz rota en el pecho.

Águeda le dio la espalda sin intentar consolarlo. Se encaminó a su casa llenándose por dentro de un flameante rencor hacia la hermana que le saqueaba el cariño de los suyos. Intacto estaba el del padre, a pesar de la vergüenza. Y en Norteamérica, Gabriel, dispuesto a brindarle apoyo. ¿Quién quita que con el tiempo y el roce no atrapara a Vicente, y llegara a arrebatárselo? En cambio, a ella le tocaba cumplir siempre su deber y echárselo encima todo. Isolda que sea feliz, y la moscona de Aguedita que se joda. Pues no. Su madre, loca o no, tenía razón, había que enterrarla para siempre.

Serafín la vio llegar sin atreverse con preguntas. Águeda bebió de un sorbo el vaso de limonada fría que le sirvió Tomasa y les soltó de repente:

–Mamá quiere que velemos a Isolda, la enterremos y le guardemos luto.

Tomasa terminó de recoger la mesa y se metió en la cocina santiguándose y a Serafín se le rodaron los lentes de la nariz y se le levantaron los penachos de las cejas.

–Yo voy a hacer lo que ella diga. Así que ya sabes, Serafín, ponte de luto mientras yo preparo a las niñas.

Ángela nunca entendió claramente que su bellísima tía Isolda, tan llena de vida hasta ayer, estuviese muerta así como así, sin que nadie diese gritos de dolor, ni la llorase. Cuando su madre les dijo que a la tía la habían matado junto a su esposo el señor don Andrónico para intentar robarles, Ángela le escudriñó el rostro buscando el rastro de una lágrima o un simple gesto de emoción. Pero Águeda no alteró siquiera la expresión habitual de su voz, se limitó a comunicarles la muerte de la tía del mismo modo que solía decirles: «Hoy no iremos al cinematógrafo porque llueve mucho» o «La función de teatro fue suspendida para el domingo próximo». Con el tiempo comprendería que en la aparente tranquilidad de su madre había mucho de inquietud. Posiblemente su conciencia le advirtiera en lo más íntimo que estaban actuando mal y que, por mucho que se lo propusieran, nada lograrían, porque la diosa volvería a aparecer en su momento, más viva y bella que antes.

Alrededor de las cuatro de la tarde, bajo un calor bochornoso que presagiaba tormenta, la casa de Pelagia Sánchez y Regino Monteagudo estuvo dispuesta para el velorio de Isolda. Un féretro de cedro forrado de raso lila se colocó en el centro del salón de peluquería, completamente cerrado y cubierto por una blanca cascada de lirios y gladiolos. Las señoras más devotas se apresuraron a reunirse para rezar un rosario por el alma de la fallecida. Mientras, el pueblo entero desfilaba frente a una Pelagia enlutada de pies a cabeza que recibía las condolencias con aplastante serenidad. Tomasa y María se encargaban de repartir a los presentes chocolate caliente con galleticas de biscuit y un café fuerte y abundante, y Majagua escondía bajo el asiento su botella de ron con la que se mojaba a ratos el paladar.

Todos se percataron de la ausencia de don Regino Monteagudo en el velorio de la hija, pero nadie se tomó el atrevimiento de mostrar indiscreciones. La gente se conducía guiada por la costumbre, haciendo los gestos habituales y poniendo los rostros de ocasión. A la caída de la tarde el calor se hizo insoportable. Los caballeros se zafaban molestos los cuellos almidonados, y las damas se abanicaban con golpes en el pecho, desfallecidas por el vaho opresivo de las flores, los olores agrios de las axilas y los vapores del permanente y las lociones de tocador que despedían las paredes de la peluquería. Más allá de medianoche, cuando empezaba a caer un aguacero torrencial, se presentó el General acompañado de Carmela. Los que cabeceaban incómodos en los sillones y las sillas de tijera se despabilaron de repente y cuchichearon entre sí arrancándole las tiras del pellejo a la querida de don Rogelio Falcón.

El General, con su traje de dril blanco y su bastón bajo el brazo, fue a sentarse al lado de Serafín, diciéndole al oído:

–He venido por ti únicamente, porque todo esto a mí me importa un carajo.

–Mi suegra, papá, ha perdido la cabeza, pero no tuvimos valor para contradecirla. Sólo Monteagudo se negó a venir.

–Ése sí que es un cojonudo, la hija tiene a quién salir. Aquí entre nosotros, Serafín, Monteagudo es hombre a todo; terminó por pasarle la cuenta a ese grandísimo hijo de puta tal como se lo anunció.

–¿Crees de veras que fue mi suegro quien lo hizo?

–Lee, lee la prensa de la mañana –respondió el General mostrándole el periódico que traía enrollado al bastón.

Serafín leyó en el diario las declaraciones que Marcial Guerra había hecho en La Habana, en relación con el asesinato de su padre. El joven aseguraba que don Andrónico lo había despedido en la estación de trenes, pero había mentido a su esposa al decirle que viajaría a la capital con el deliberado propósito de sorprenderla junto al capataz y corroborar sus sospechas. Según Marcial, Terencio Palomino sustrajo un fusil Winchester del armario al que tenía acceso y dio muerte a su padre en complicidad con la esposa adúltera y la sirvienta negra de la casa, que apañaba a los amantes, y estaba convencido de que ambos habían escapado al extranjero con una gruesa suma de dinero, gratificando el silencio de Eusebia. Decía que Monteagudo había jurado matar a su padre el día antes del trágico suceso a la vista de numerosos testigos, y finalmente reconocía que a don Andrónico lo aborrecían en Río Hondo, que en más de una ocasión fue víctima de diversos atentados y que contaba con numerosos enemigos. La declaración del joven heredero de Las Veguitas y la tabaquería, Aromas de Río Hondo, incluía una esquela mortuoria en la cual se anunciaba el sepelio de don Andrónico Guerra para esa misma tarde en el cementerio de Colón.

Poco antes del amanecer amainó la lluvia y una brisa cálida y húmeda se pegaba a la piel y a los rostros trasnochados. Apenas comenzaba a clarear cuando el juez se presentó en el velorio escurriendo su enorme paraguas de seda negra y ofreció su pésame a Pelagia. Luego de ocupar asiento junto a Serafín y el General, echó un vistazo al periódico doblado sobre una silla y dijo con una sonrisa cómplice:

–No se preocupe, doctor, su suegro no tendrá problemas con la justicia. Hay testigos de que estuvo toda la noche en la barbería con los amigos de siempre. En La Habana tendrán sus leyes, pero aquí tenemos las nuestras. A nadie en este pueblo le interesa que le ajustemos cuentas al vengador del garrotero.

El entierro de la diosa fue la manifestación de duelo más nutrida y cerrada que se viera en Río Hondo en muchos años. La gente siguió el cortejo por las calles enlodadas hasta llegar al cementerio. Durante todo el camino no cesaron de escucharse lamentos y sollozos apagados. Sólo Pelagia permaneció imbatible, con los ojos enrojecidos, pero secos. Sobre la tumba de su hija hizo colocar una lápida de mármol gris que rezaba: «Aquí yace Isolda Monteagudo y Sánchez, nuestra amada hija».

Había conseguido su propósito: a partir de ahora nadie haría preguntas, ni comentarios suspicaces. El escándalo quedaba bajo tierra. Nunca más se permitió Pelagia, ni siquiera con su hija Águeda, mencionar el nombre de Isolda. Sólo Monteagudo se mantuvo renuente a las leyes establecidas por su mujer, y el mismo día, recién llegada a casa luego del entierro, le advirtió:

–Yo no te juzgo, ni reprocho nada. Tú tendrás tus razones y no te las discuto, pero para mí, Isolda vive, haya hecho lo que haya hecho. En mi presencia no te atrevas a mentarla sino viva, ¿lo oyes?: viva. Ella es y seguirá siendo mi hija hasta que de veras nos toque la muerte y nos lleve a uno de los dos.

–Mira, Regino, lo que hice fue por ti. Eres el más agraviado y sería bueno que la gente olvidara lo antes posible lo que te viste obligado a hacer.

–No sé de qué hablas.

–Yo sé bien que lo mataste. A mí no me engañas.

Monteagudo alzó los ojos y la miró penetrante.

–Escucha, mujer, no estará bien decirlo, pero prefiero saber a Isolda feliz con Terencio Palomino que con el hijo de... en fin, era algo que me cortaba el resuello, que me retorcía las tripas. Pero a pesar de todo puedes dormir tranquila, otro me tomó la delantera. Yo no lo maté.

Pelagia no dijo más. Dio la espalda a su marido, enfundada en su vestido de luto, sin dejar de pensar que la noche del crimen Monteagudo, después del dominó, no se desnudó para acostarse hasta bien entrada la madrugada.

SEGUNDA PARTE

Los años

Y no se puede –te lo digo yo– vivir por muchos años sin volver a nacer de vez en cuando; sin estrenar un poco cada día, el paisaje de todos los días en la misma ventana...

Dulce María Loynaz,
Poemas del insomnio

I

Ese sábado, Dara se presentó en el asilo con Damián y la madre metidos en la cabeza. Cuando eso le ocurría, su mente se oscurecía y la hacía poner en duda las cosas que tenía más claras. Damián y ella lo habían compartido todo, desde el pensamiento más privado hasta el óvulo en que fueran concebidos. Muchas teorías y leyendas circulaban acerca de los gemelos. Se decía que aun estando a distancia tenían sentimientos en común y les afectaban también las mismas calamidades. Por eso, la noche que Damián se lanzó al mar, apenas concilió el sueño y lo poco que soñó no fue sueño, sino revelamiento de muerte. No alcanzaba a suponer en lo que andaba el hermano, pero algo malo le rondaba el corazón y la mantenía despierta. Cada día que pasaba se hacía la misma pregunta: ¿estaba loco su hermano cuando decidió tirarse al mar? ¿Lo estaban también su padre y los cientos de cubanos que se lanzaban al mar todos los días? Según la versión oficial, la locura colectiva no se debía a descontentos políticos, ni falta de libertad, sino al bloqueo imperialista, el derrumbe del campo socialista, las desviaciones ideológicas y la patraña enemiga. Claro que el oficialismo tendía a trocar los términos: a todos los que se iban los tildaban de desertores y eran, además de apátridas, gusanos y delincuentes. Por si esto fuese poco, el caso del remolcador hundido adrede por guardacostas cubanos, donde perdieron la vida treinta y dos seres humanos en su mayoría niños y mujeres, fue calificado en la tele de «lamentable accidente». O sea, que las continuas tragedias que ocurrían en un mar plagado de tiburones no eran más que contratiempos comunes que debían tomarse con normalidad, incluso con indiferencia: ella misma lo tomó de esa manera, llamó locos a los balseros, culpó siempre a los de afuera, hasta el día que le tocó sufrirlo en carne propia. Sentada en la comadrita, frente a ella, estaba la tía Angelita. Talmente parecía que le leyera el pensamiento.

–Por eso yo siempre digo que ésta es la Revolución del callo, no de los cayos que forman este archipiélago, que son para el turismo extranjero y no para los cubanos. No, yo hablo de los callos de los pies, basta que te pisen uno y ¡adiós Revolución! y ¡que vivan los americanos! Tú, Dara, no soñabas en nacer. No sabes la hambruna y la miseria que tuvimos cuando el machadato. De las torturas y crímenes que cometiera la tiranía de Batista, del terror que provocaban las bombas de los revolucionarios. Sí que fueron tiempos malos, pero la gente se lanzaba a la calle, exponía la vida en la calle, pero nunca en el mar… De aquí nadie se iba. Y eso que el mar estaba donde mismo está y que las noventa millas que separan la Florida y la isla eran las mismas de siempre.

La anciana tenía en la mente lo mismo que tenía ella. La tía Angelita había vivido y visto ¡tantas cosas!… ¿Por qué entonces se callaba y evadía hablarle a su tía del tema? En vez de confesarle lo que sentía, no hacía más que reprimirse por dentro las ganas de llorar. No estaba lista todavía. Ninguna de las dos lo estaba. «No puedo enfrentar aún la historia de mamá y de Damián», se dijo, y fingió estar distraída, fuera de la conversación, para evitar que su tía notara las lágrimas que tenía en el borde de los ojos.

Ángela no supo o no quiso interpretar el gesto de su sobrina, contrajo los labios en una línea amarga y se replegó silenciosa en el sillón.

–Todo aquí huele a humedad –dijo Dara, por decir, por oír

su propia voz a falta de otro sonido importante que rompiese la mudez entre las dos.

–¿Para qué vienes a verme, niña? ¿No encuentras otra diversión para los fines de semana?

Dara posó sus ojos en la punta descosida de sus zapatos y pensó en la invitación que tenía esa noche para ir a una discoteca.

–Estoy en crisis con los zapatos y la ropa.

–Al menos eres sincera. ¿Por eso te acercas a esta vieja?

La muchacha se reprendió a sí misma por la abrupta escapada de sus pensamientos.

–No es eso. Es que en casa nadie me espera. Aquí, siempre estoy segura de encontrarte.

–Hasta el día que llegues y te digan que me llevaron de urgencia al cementerio porque me había estado pudriendo viva todos estos años.

–Allí también iría a llevarte flores.

Ángela sonrió con una mueca cáustica que se anidó entre las estrías de sus labios.

–¡Bah!, las flores son costumbres de viejos. Los jóvenes como tú no creen en esas cosas. Hacen bien, las flores tienen el sentido de la vida. ¿De qué sirve ponerlas a los muertos?

–Entonces te traeré a ti las que siempre quise poner en la tumba de mamá –dijo Dara.

–No, olvídalo. No me hagas caso. Mejor llévaselas a ella.

–Todavía no he tenido valor para ir sola al cementerio. A la tía María Esther se le hace difícil acompañarme, está siempre ocupada en el trabajo y luego con el niño...

–Sí, ya sé. De ese asunto ni me hables –dijo Ángela, haciendo un gesto desdeñoso.

–Tía, si quisieras ir conmigo un día de éstos.

–¡Yo! ¡Ir a La Habana! Ni lo pienses, niña.

–No hace falta. Mamá está enterrada aquí en Río Hondo. Tía... ¿no lo sabías?...

De repente se encontró desamparada frente a Ángela, podía palpar de golpe toda la intensidad de su dolor. La miró asustada, creyendo que la anciana iba a llorar; si esto ocurría ella no sabría qué hacer para consolarla. No imaginaba a su tía llorando, derrumbada en su presencia, y el miedo le enfrió la piel y le apretó la garganta. Pero las lágrimas no acudieron. Sólo un silencio prolongado y respirable que parecía rezumar de las paredes y saturar el aire, haciendo los minutos densos e infranqueables. Dara llegó a impacientarse: pensó que el llanto era un desahogo preferible, incluso más humano, que aquella sensación de estar frente a un rostro momificado por un mutismo sepulcral.

La voz de Ángela se dejó escuchar al fin.

–Carmen María está aquí, tan cerca... y yo sin...

–Perdóname, tía, no sabía que tú estabas ajena a todo eso. El día que te di la noticia... bueno, quería que vinieras al entierro. Te lo pedí... como pude.

–No entendí lo que quisiste decir con «yo vine a buscarte». Me lo pregunté tantas veces: «¿Buscarme a mí, para qué?». No se me ocurrió pensar que a las cuatro de la tarde de aquel viernes de impotencia... Carmencita estaba... ¡Dios mío! ¿Por qué la trajeron? Dara, ¿a quién se le ocurrió enterrarla aquí y no en La Habana? Tu madre ni siquiera nació en Río Hondo.

–No sé, pienso que fue porque aquí están todos los otros –explicó Dara.

–¿De veras quieres ir conmigo al cementerio? Eres muy joven para pensar tanto en los muertos.

–Son mis muertos, tía.

Ángela la miró fijamente a los ojos.

–Dame tiempo, Dara, yo también necesito valor para desenterrar recuerdos. Quieres saberlo todo, conocer de un tirón cosas guardadas por años...

–Está bien, tiempo nos sobra, todo el que tú quieras, y no

te hagas más con eso de que vas a morirte mañana, porque no voy a creértelo.

Ángela la vio sonreír y supo que a Dara la sonrisa le partía del corazón y le brillaba en los ojos, semejante a una luz. La vio ponerse de pie para despedirse y la encontró espigada y atractiva, con sus cabellos cortos y su figura menuda, todavía infantil, enfundada en su tejano desteñido.

–Cuídate, tía, ¿me lo prometes?

–Sí, prometo no morirme antes de que llegue el sábado.

Esta vez el beso fue compartido entre ambas sin equívocos.

2

Gabriel regresó de Estados Unidos coronado por el éxito. Tras seis años exponiendo en América y Europa, había logrado imponerse con su estilo. Contaban que allá, en París, donde estaban ya cansados de ver piñas, mameyes y aguacates, negritos bembones y rumberitas culonas al pie de las palmas reales, los paisajes de Gabriel cobraban cada día más fama y se consideraba al artista un poeta de la plástica, por el aire de misterio que reflejaban sus lunas y el lirismo de sus noches antillanas. Su llegada fue todo un acontecimiento en el pueblo y trajo al seno de la familia un soplo de alegría renovada; en especial a Águeda que, rebosante de dicha por tenerlo de vuelta en casa, no cesaba de admirar lo alto y fuerte que estaba y de decirle cuánto lo favorecían los crespos caídos sobre la frente y el bigote a lo Clark Gable, que desde el primer momento encontró arrebatador. Sin embargo, seguía viendo en él a un niño grande y como tal lo trataba y complacía en sus caprichos. Otro tanto le ocurría a Pelagia, que le pasaba por alto muchas cosas, porque más que ser artista era sobre todo hombre y los hombres estaban en este mundo para que todo se les perdonase.

Según fueron pasando los días, Águeda empezó a tomar conciencia de que Gabriel no era ya el niño de antes, sino un hombre hecho y derecho, capaz de llevarle la contraria a Serafín por defender a Vicente y de enfrentarse a la familia sacando a relucir lo de Isolda, a pesar de habérsele advertido que su hermana estaba muerta y enterrada y a nadie se le ocurría nombrarla sin la señal de la cruz. Los asuntos de Vicente motivaron más de una discusión en su casa. Gabriel trajo la noticia: Vicente estaba de vuelta y tenía la intención de abrir un elegante casino y establecer sus negocios definitivamente en La Habana, con el apoyo de Rogelio, quien ahora integraba el gabinete del presidente Batista: el mulato de pelo engominado, salido de las sombras cuartelarias, que había sido ascendido de sargento a general sin librar una batalla y trepado al poder amansando una fortuna impresionante. En cuanto se tocó el tema, Serafín dio por sentado que el dinero de Vicente no vendría de manos limpias, pues de sobra se sabía que los casinos de juegos eran controlados por hampones y gente de la peor calaña, incluida la mafia siciliana en Norteamérica. Pero Gabriel se explayó y de qué manera: dijo que estaba harto de oír hablar de Vicente como si se tratara de un crápula o un villano, porque si bien era cierto que le sobraban espuelas y no entendía de recatos no era justo que los suyos viviesen tirándole con el rayo ni censurándolo tanto, pues a todos les constaba que habían otros de más baja catadura y muchos menos escrúpulos que acostumbraban a hacer de las suyas y, a más de reírseles la gracia, se les tenía en un altar. Ya fuese por encubrirla o por no querer empeorar las cosas echándole más leña al fuego, Gabriel evitó mentar a Isolda durante la conversación, pero sacó a relucir que cuando él y «cierta persona» se vieron con el agua al cuello, fue Vicente el único que se brindó para sacarlos a flote, y demostró ser con ellos amigo de ley y hombre de gran corazón.

Águeda lo escuchaba apenas sin respirar, temiendo que los demás detectaran el goce que la recorría por dentro. «Voy a verlo», se decía cada mañana parada frente al espejo, mientras se retocaba el peinado y estrenaba sonrisas y modales, sin dejar de palparse los senos y medirse las caderas anchadas por los partos. Se afinaba el talle hasta más no poder, para intentar reducirlo a la esbeltez de antaño. De repente se sentía desalentada, pensando cuántas bellezas no habría conocido él en Norteamérica. Las mujeres de allá, según Lala, eran más libres, atractivas y elegantes. Indagó con Gabriel y éste corroboró su inquietud: «Le conocí verdaderas vampiresas». A Águeda esto le supo a veneno y tuvo sueños de asfixia en los que veía a Vicente abrazando una rubia platinada, con apariencia de tísica, envuelta en un vaporoso negligé, que succionaba su cuello hasta hacerlo desangrar.

–¿Qué te importa a ti Vicente? –le comentó Gabriel la tarde que ella se introdujo inesperadamente en el estudio que todavía conservaba intacto en los altos de su casa, y haciéndose la que venía a quitar el polvo y a ayudarlo a poner en orden los cuadros, no cesó de interrogarlo–. ¿Qué más quieres saber? Tú misma lo decidiste así cuando aceptaste a Serafín sin amor por complacer a mamá. ¿A qué vienen ahora tantas preguntas?: que si aún sigue soltero, que si estuvo con tal o más cual, que si todavía te recuerda. ¿Por qué en vez de interesarte en un asunto acabado, no preguntas por Isolda?

–¡Por Dios, Gabriel, no la menciones!

–¿Sabes?, ella tiene una hija, se llama Sabina...

–Cállate, no puedo ni nombrarla, se lo juré a mamá ante Dios. No quiero saber una palabra.

–No irás a decirme, Aguedita, que no ha llegado hasta aquí la fama que tiene Isolda. Mamá decía que cantaba desde que la tenía en el vientre. ¿Lo recuerdas? Pues ha logrado su sueño. Nuestra hermana es una diva. Vive evadiendo a la prensa y se ha puesto un seudónimo. Pero por más que se empeñe, su voz suena en todas partes. Mamá, aunque no lo diga, debe al menos sospecharlo. Te advierto que tiene un contrato en La Habana. Quieran o no, van a tener noticias suyas más pronto de lo que piensan.

–No sigas con esto, Gabriel, te lo suplico. No nos busques más disgustos y sufrimientos, sobre todo a papá.

Águeda no exageraba y así lo reconoció Gabriel a raíz de

su llegada. Su padre había claudicado ante el peso de los años. Andaba con la frente gacha y los hombros desplomados por el pesar y la ausencia de aquella que tanto necesitaba. A las claras podía verse que Monteagudo no era el mismo; había hecho que Pelagia cerrara la peluquería, hastiado hasta el tuétano de escuchar todos los días los santurrones comadreos en torno a la hija muerta. En la barbería acabó por suspender las tertulias que tanto lo entretenían, y sólo se permitía jugar alguna que otra partida de ajedrez o dominó con su yerno Serafín, el General o Majagua, los únicos que consideró capaces de comprender su dolor y compartirlo en silencio. Por último, renunció a las partidas de caza desde el día que hirió a un totí por error y, con un temblor de misericordia, lo envolvió en su pañuelo y se lo llevó a su casa. Pasó todo el mediodía entablillándole el ala, pero no tuvo otro remedio que amputarla a ras de la articulación; luego le cercenó el pico partido con un pelo de segueta, lo limó pacientemente y lo hizo comer de su mano hasta conseguir que el pájaro se valiera por sí mismo. Entonces se le antojó coronarlo con una cresta de fieltro roja recortada de los aisladores usados por Pelagia para los permanentes. La pegó con cola en la cabeza del totí y le escogió como casa las ramas bajas del algarrobo. Solía engañar a los clientes diciendo que era un ave exótica traída de América por Gabriel, y al parecer disfrutaba viendo con la facilidad que la gente se tragaba el cuento y tardaba en descubrir el embuste. Su capricho por el pájaro llegó a constituir su único regocijo, el resto del tiempo lo pasaba cabizbajo, más enlutado por dentro que su propia mujer, que ya empezaba a vestir grises y malvas.

Gabriel optó por desentenderse. Se veía mortificado y comenzó a quejarse de no poder trabajar, porque nadie lo entendía y no hacían más que traerle desazones y problemas. Era cierto que no había vuelto a tocar un pincel desde que ocupó su estudio en casa de Águeda. Sin embargo, en cuanto reconsideró las causas a solas consigo mismo, admitió sinceramente que el desaliento que lo embargaba y la fuga súbita de inspiración sólo podía resolverlos con María en la cama. En todos aquellos años, apenas si pensó en ella, y las veces que se interesó en sus cartas por la niña que recogiera Pelagia, fue más por curiosidad que por remordimiento o afecto. Pero ahora que tenía a María cerca de nuevo, que la veía entrar por las mañanas al estudio con la tacita de café, que podía respirar su aroma de flores frescas, el olor de su ropa almidonada, y percibir siempre próximo el calor que emanaba de su piel, volvía a avivársele en la sangre la llama de una pasión que suponía ya apagada. La miraba andar por la casa con las teticas paradas debajo del delantal y rememoraba los días en que posaba para él, desnuda sobre la hierba. Se hacía difícil pintarla pues nunca se estaba quieta y le entraba aquel pronto de arrodillarse a sus pies y abrirle con el cabo del pincel los botones de la bragueta, diciendo que iban a jugar al tieso-tieso y a chupar el pirulí, y como era imaginativa y se tomaba lo del juego en serio envolvía el pirulí con el borde de los labios, le hacía cosquillas con la punta de la lengua, lo amelcochaba en la boca y a veces se encaprichaba en pintárselo de rojo para que supiera a fresa, de amarillo para que supiera a limón y de verde para que supiera a menta. Él dejaba el cuadro a un lado para seguirle la rima en el retozo; se mojaba cada dedo en un color diferente y los iba deslizando embobado por su silueta de sirena, mientras la sorprendía con besitos por aquí y por allá, sabiéndola muerta de goce y ardiendo a más no poder con el cuerpo franjeado de arco iris. Cuando ya creía tenerla a punto de caramelo, María cambiaba de palo pa' rumba y volvía a tomar el mando; se apoderaba de él a horcajadas, con la espalda toda arqueada y los pezones apuntando al cielo; se levantaba el pelo de la nuca con un gesto retador y empezaba a cabalgarlo, tomándolo a fuego lento, hasta hacerlo sucumbir en el abismo de sus muslos de melaza. María era de esas mujeres que no dejan nada a medias. Le gustaba llevar siempre la iniciativa en el amor y poseía un virtuosismo que él no podía explicarse. Lo soltaba desplumado y no parecía saciada. De no ser porque se preciaba de haberla hecho mujer, y el hombre que se precia bien no pone en duda esas cosas, se hubiera comido el millo de creerla una experta.

Durante varias semanas no dejaron de buscarse con los ojos ni de encontrarse a escondidas, frotándose enardecidos por todos los rincones de la casa. Pero como Gabriel ansiaba tenerla con entera libertad y se imponía el modo de no levantar sospechas, decidió complacer a Lala pintando el retrato de Elisa, pues sólo así podía justificar ante la familia que su furor por pintar a la mulata María y a Caridad, la huerfanita recogida por sus padres, no era para recelar ni verse con desconfianza, sino que partía de una idea que hacía tiempo tenía en mente: recrear rostros femeninos en sus cuadros.

El retrato de Elisa lo pintó en un santiamén y solamente tres días le llevó hacer el de Caridad, asombrando a todo el mundo por el parecido fiel que tenían con las modelos. Con María, se presentaron tropiezos: decía que algo no marchaba bien, que la inspiración fallaba, que no podía trabajar con gente entrando y saliendo, y terminó por encerrarse con su musa a cal y canto porque requería de paz para poder concentrarse. Águeda fue la única en la casa que no llegó a tragarse el cuento. Conocía de la pata que cojeaba el hermano y supuso enseguida que en el estudio de Gabriel, durante aquellas interminables sesiones de trabajo, se hacía cualquier cosa menos arte. Se cuidó de decir nada a la madre. A pesar de los nuevos contratiempos familiares que podían sobrevenirles, se creía en el deber de ser recíproca; si Gabriel había sabido guardarse lo suyo con Vicente, ahora le tocaba a ella callar la sospecha que tenía.

Al cabo de ocho semanas, María sufrió el primero de sus desmayos en la escalera, cuando bajaba del estudio, y volvió a repetir sus audaces negativas en la cara de Águeda, Serafín y Tomasa. Fue imposible ocultarle a Pelagia por mucho tiempo el asunto, pero nadie calibró la cólera que traía, hasta la tarde que la vieron aparecer en casa de Águeda para encararse a su hijo dispuesta a todo. Nada faltó para que le fuera encima, le bajara los pantalones y le cascara las nalgas, olvidando que era adulto y no podía corregirlo igual que antes. Por primera vez en su vida Pelagia olvidó que se encontraba en casa ajena, que había señoras presentes, que sus nietas eran ya dos señoritas, que ella misma era una señora, y descargó delante de todos una sarta de palabrotas, peores a las que decía Majagua cuando había empinado el codo y le daba por hablar en trabalenguas. «Echó flores por la boca hasta decir está bueno», diría Tomasa después, cuando logró reponerse del susto y le describió a María la escena que presenció en la sala. Entre otras cosas la oyeron amenazar a su hijo con cortarle el pirulí, y Gabriel, por precaución, se cubrió la bragueta con un gesto intuitivo, preguntándose de dónde su madre había sacado aquello que sólo él y María solían nombrar de ese modo en sus ratos de mayor intimidad.

Por suerte Pelagia no llegó a consumar ninguna de sus promesas; la propia vehemencia del desbordamiento le fue mermando el encono y finalmente volvió a ser la de siempre; la misma que años atrás no vaciló en hacerle las maletas para emplumarlo de viaje, porque según sus palabras sólo existían dos recursos eficaces que curaban a la larga la calentura en los hombres: el matrimonio o mucha mar de por medio.

No dio chance a despedidas. Se mantuvo firme y en alerta todo el tiempo. Gabriel partió entristecido, y María, a su hora, se declaró con otro mal de vientre y parió una criaturita velluda, flaca como una lagartija. Pelagia cargó a la niña de mala gana, segura de que por ser la segunda había salido tan prieta y pegado el salto atrás. Pero al igual que a la otra la arrebujó en el pañal y se la llevó a su casa, porque por prieta que fuese, llevaba su propia sangre y era una Monteagudo. Como tenía decidido que le pondría Caridad, se dio prisa en disponerlo todo con el padre Aurelio, y el bautizo quedó fijado para el domingo 8 de septiembre, día de la Caridad del Cobre, santa patrona de Cuba.

–Pero, mamá, ¿dos hermanas con el mismo nombre? –preguntó Águeda asombrada.

–¿Y qué? Las dos nacieron en septiembre y son hijas de la Virgen. La santa se ofendería si hiciéramos distinciones. A ésta, por ser la menor, la llamaremos Cachita. ¡Alabado sea el Señor! En el pueblo dirán que a Monteagudo y a mí nos llueven huérfanos.

Sería precisamente aquella tarde en que María se desmayó en el rellano de la escalera, cuando Tomasa, de manera fortuita, descubrió lo que Águeda sentía por su cuñado Vicente.

–Hola, viejo búho, ¿cómo te trata la vida? Aquí me tienes, el hijo pródigo regresa a casa.

Águeda estaba en la cocina con Tomasa cuando oyó venir de la sala la voz que se clavó de punta en el centro de su pecho. Sus manos se crisparon de repente, estrujaron ansiosas los pliegues de la blusa y volcaron todo aquello que encontraron a su paso.

–Señora –dijo Tomasa al verla tan nerviosa–, déjeme a mí, salga de la cocina y vaya a atendé la visita. ¡Pero qué jace, señora, le etá echando sal al café!

–Dame las tazas, Tomasa, yo misma le llevaré el café a mi cuñado.

–¡Ay, señora, cuándo se ja visto eso en eta casa!

Pero Águeda no la oía; tiritando como una hoja, salió con la bandeja entre las manos.

Distinguió su silueta elegante, vestida de gris claro, opacando con su elevada estatura todo el sol de mayo que entraba por la ventana del portal. Las manos en los bolsillos del traje, los cabellos tan negros como antes, el rostro recién rasurado, el hoyuelo oscuro en la barbilla, las pupilas risueñas, sonriéndole a ella que se acercaba sin aliento, respirando tan sólo la fragancia masculina de su lavanda de Guerlain.

Vicente la miró sin prisas, y un gozo dulce le resbaló en la garganta. Los ojos de Aguedita prendidos a los suyos, mirándolo de nuevo con aquel sentimiento único, invariable, que no volvió a encontrar en parte alguna. Los ojos de Aguedita recorrieron su suerte, lo siguieron de cerca en la distancia, lo acompañaron siempre. Tantas mujeres de idas y vueltas, y en cambio, por una mirada como ésta relegaba al olvido todas las camas que recorrió en Norteamérica. Toda la sabiduría se le hizo agua en la boca. Creyó habérsela extirpado de raíz, y ahora que la tenía frente a él con el café en la mano temblorosa, a punto de virárselo encima, la supo multiplicada otra vez entre sus células. Le quitó la taza de café y le besó la mano largamente, comprendiendo de golpe cuánto tiempo le costó perdonarle a Aguedita las heridas del orgullo y la amargura de su afán por poseerla; lo que sí no podía perdonarle era el haberle negado la pasión entrañable de esos ojos que creyó extinguida para siempre.

Tomasa vio a Águeda entrar en la cocina doblada por la cintura como si fuera a morirse. La vio detenerse frente al fregadero aferrándose los senos con las palmas de las manos. La vio golpearse el corazón para que volviera a latirle, y la vio mojándose la frente enrojecida hasta la raíz de los cabellos. Fue suficiente para que la mulata se compadeciera.

–El caballero Vicente es muy buen mozo, señora. Tranquilícese pa' que naide se dé cuenta.

3

Después de aquella visita, tardaron meses en verse. Águeda se decía que era preferible así, pero los días se le iban pensando sólo en Vicente y las noches que dormía, soñaba siempre con él. Le costaba reconocer que no había logrado apartarlo ni un solo día de su vida y que vivía ansiando verlo por sobre todo en el mundo. No sabía qué iba a hacer ni qué pasaría entre ellos; tampoco quería saberlo. De esa negación partía la grieta de su carácter, el lado en sombra que ella misma reprobaba sin llegar a comprender. Lo único que le importaba era que hoy lo vería, que él había ofrecido su automóvil para llevarlos a La Habana, al acto de graduación de Teresa. Lo demás sería mejor dejárselo todo al tiempo.

En La Fernanda se daban las disposiciones de última hora para la fiesta de esa noche. El General agitaba a Antonia, su sirvienta, con la limpieza y hacía que Majagua puliera la platería hasta dejarla como la luna de un espejo, se indignaba si descubría una partícula de polvo, y le armó una bronca a Carmela por la modestia del vestido que escogiera para tan relevante ocasión. Estaba henchido como un gallo de corral, porque fuese su magnífica propiedad la elegida para festejar a la mayor de sus nietas, que culminaba sus estudios de bachiller con diploma de excelencia. Lala y Rogelito insistieron hasta el cansancio en celebrar la graduación de su sobrina en la elegante residencia que poseían en La Habana, pero Águeda no se dejó convencer. Quería para la noche de Teresa el color y la fragancia de un recuerdo irrepetible. Ni siquiera su propia casa, considerada la más hermosa y distinguida del pueblo, encajaba en sus aspiraciones. Únicamente La Fernanda, con el hechizo de sus jardines, inmortalizados por la santa de doña Serafina, era digna de agasajar a su hija. Águeda era una mujer apegada a sus nostalgias, amante de lo épico y lo tradicional. La Fernanda era el epítome místico de todos estos detalles, capaz de ser en esencia patrimonio y epopeya.

El día amaneció lagrimoso. Más allá de la una, el sol se ocultó del todo y cesó de derramarse sobre los blancos tules del vestido de graduación que reposaba en la cama. Teresa, impaciente, se paseaba por el cuarto en ajustador y blúmers, semejante a un pellejo en salmuera. A los dieciocho años todo en ella era óseo y angosto, rugoso y seco como su propio carácter.

–Así son los genios –solía decir Águeda disculpándola–. Ausentes como Gabriel o resabiosos como mi hija.

Llevaba razón. Teresa miraba el mundo por encima del hombro desde su altura de espiga, con los ojillos de lechuza escondidos tras los cristales de los lentes que su madre insistía se quitara, al menos mientras durase la ceremonia.

–Usted sabe, mamá, que sin mis lentes no llegaría ni al auto del tío Vicente.

A Águeda le bajó el color al escuchar el nombre, pero no apartó su atención del busto desalentador que lucía Teresa bajo el encaje de guipur.

–María, trae acá unas hombreras, se las pondremos a Teresa dentro del ajustador.

«Donde no hay, no hay», pensaba Ángela, mientras observaba la escena.

Tomasa entró con una orquídea fresca, acabada de cortar del patio del abuelo, y Águeda, emocionada, la prendió al hombro de su hija con un beso.

Afuera se escuchó la bocina ronca de un automóvil.

–¡Ahí está el tío Vicente, mamá, y usted aún sin arreglar!

Águeda se estrujó las manos y se alisó los cabellos con evidente nerviosismo.

–No te preocupes, Teresa, tú y Ángela vayan a recibirlo, yo me visto de un tirón.

El tío Vicente, el hombre más terriblemente apuesto y seductor que Ángela conociera en toda su vida, de esos que las mujeres no se atreven a retar ni sostener la mirada, y te llega como un martirio, helándote de la cabeza a los pies con sólo saludarte y sonreír, y por si fuera poco, lo suficientemente rico como para regalar a Teresa una pulsera de oro y esmeraldas que debió de costar una barbaridad. Incluso su madre se aturdía en su presencia y sólo consiguió soslayarlo y sentirse dueña de sí mientras duró la ceremonia en que su hija arrasó con todas las medallas. Teresa dedicó un breve discurso a los presentes, y su voz, ligeramente velada por la emoción, se dejó escuchar a través del micrófono, lejana y diferente. Habían terminado para ella las duras madrugadas de vigilia en vísperas de examen, la penitencia cotidiana de viajar a la capital en tren con la salida del sol y regresar molida por el cansancio de la jornada con un humor de mil demonios. «Si viviéramos en La Habana, yo no tendría que pasar por esto», era la diaria cantinela que descargaba al salir, y la misma que soltaba al regresar. Ahora cosechaba el fruto de sus esfuerzos.

De vuelta en La Fernanda se chocaron copas de espumante champán por la primera mujer de la familia que alcanzaba el honor de asistir a la universidad.

Vicente y Lala mostraron sus habilidades con el boggie-boggie, y muchos extasiados con la música sincopada de Glenn Miller se atrevieron a imitarlos, incorporándose al baile. Vicente hizo un alto y se sirvió un doble de ron Bacardí sin dejar de mirar a Águeda en su incesante ir y venir entre los invitados. Vestía un modelo de raso azul turquesa, y sus hombros desnudos bajo el brillo de las luces cobraban una tersura nacarada. El pelo lo llevaba levantado en las sienes y la nuca. La nuca deliciosa de Águeda, con aquellos ricillos escapados, siempre rebeldes y adorables, que incitaban al beso y apremiaban su ansiedad. Pidió a los músicos *Serenata a la luz de la luna* y esperó los primeros compases para invitarla a bailar. La atrapó como antes por el talle, ciñendo del todo su cintura, envolviéndola otra vez en el abrazo íntimo y cálido que les hacía evocar de nuevo los recuerdos. La voz de Vicente avanzando en su oído, erizando su piel, arrastrándola con su dulce resaca en una sola frase...

–¿Es como antes, Aguedita?

–Más, Vicente, todavía más que antes.

Afuera la noche palpitaba serena, entregada al regocijo de sus aromas voluptuosos y sus silencios trémulos. Indiferente a los sonidos insulsos que partían de la casona iluminada, la noche se aburría como ella, pensaba Ángela, cansada de vagar por el jardín y de contar estrellas. Subió dos peldaños manchados de musgo y se sentó en el banco de la glorieta, al lado de la Venus de mármol. Sintió el vaho helado de la humedad desprenderse del follaje de la madreselva que trepaba lúbrica por las columnas de piedra, embelesando la brisa con su densa marea de fragancia. El canto de un grillo la hizo sobresaltarse de repente y le pareció distinguir en la hierba el rumor cercano de unos pasos. El tío Vicente y su madre subieron a la glorieta tomados de la mano al tiempo que ella se ovillaba sigilosa tras la estatua. Se abrazaron sin palabras, entre suspiros y besos. De vuelta al ayer, Águeda florecía entre los brazos de Vicente, parecía otra mujer mientras arrancaba su corbata, le desprendía el cuello almidonado y desabotonaba su camisa para besarlo en el pecho. Él besaba sus cabellos, deshaciéndole el peinado; le recorría la nuca con los labios y luego los hombros, la entrada pronunciada del escote, y se inclinaba para morderle los senos.

Ella lo detuvo de pronto.

–Vicente, estamos locos. ¿Y si nos vieran aquí? ¡Yo me muero!

–No me importa, Aguedita, quiero morirme así, con tus labios en los míos –dijo él sin voz, y su mano comenzó a escalar los blancos muslos subiéndole el vestido–. Di que no puedes más, di que no has sido de otro sino mía.

–Sólo a ti te pertenezco, tú lo sabes. No ha habido ni habrá en mí más hombre que tú. Pero suéltame, te lo suplico, si alguien viene. Siento ruidos, pasos. Dios mío, perdóname, debo de estar loca, pero me estaba muriendo, Vicente, muriéndome por esto.

Él la soltó y le tomó el rostro entre las manos, demorándose en los ojos, besándola despacio en las mejillas y en la boca.

–Te quiero, Aguedita. Yo mismo no sabía cuánto. Tranquilízate, amor mío, no hay nadie. Tú y yo solos. Tienes que escucharme, no cabía por dentro de esperar para verte y hablarte. Como antes, ¿te acuerdas?, cuando me juraste que te irías conmigo, que nunca llegarías a casarte con...

–No lo nombres, Vicente. Ya no tenemos esperanzas. Yo tronché nuestros sueños. Me dejé llevar por mamá, por todo lo malo que se decía de ti. Ahora es tarde.

–No. Nuestro amor es más fuerte que antes, resistió la prueba del tiempo y la distancia.

–Te equivocas, yo ya no soy la misma.

–Eres mejor. La nenita de entonces se convirtió en mujer. Una mujer que sabe amarme tanto como yo lo soñé allá, cuando te tuve lejos y te creí perdida. Yo tampoco soy el de antes, aquel que no sabía adónde mirar, ni adónde ir. Han pasado los años. Ahora tengo lo que quiero, dinero, posición, poder. Sólo me faltas tú.

–¿De dónde salió ese dinero, Vicente? Dicen que tuviste negocios sucios, de esos... con mujeres de mala vida.

–El dinero, Aguedita, es dinero, venga de donde venga. Podemos vivir como tú quieras, donde tú lo desees. Quiero vivir por ti y por mí solamente. Los dos juntos hasta el fin.

–¿Qué dices? No sueñes.

–Esta vez no son sueños. Vas a divorciarte del viejo búho. Nos casaremos y nos iremos lejos por un tiempo, hasta que las aguas tomen su nivel.

–Hablas como si él fuese un extraño para ti. ¡Dios mío, es tu hermano, y yo soy su mujer, la madre de sus hijas!

–Él no te merece.

–¿Y mis hijas? Ángela es como su padre, floja de carácter, de ella nada sacaré, pero Teresa es mi vida. Tiene talento y necesita de mí.

–¿Has pensado que su talento va a podrirse sepultado en este pueblo? ¿Crees que podrá hacer carrera en La Habana viviendo aquí? Tendrá que relacionarse, tener otras perspectivas. Afuera está el mundo, un mundo increíble. Yo haré lo que tú me pidas, pero tendrás que sacarla de este hueco, y tú con ella, Aguedita, con ella y conmigo –le dijo, dejando resbalar las palabras sobre sus labios, y volviéndola a besar, venciéndola con caricias supremas, interminables.

–¡Águedaaaa! –se oyó llamar a alguien desde la casa.

–Me están buscando, Vicente, tengo que irme.

Él la retuvo todavía enlazada por el talle.

–No me has dado una respuesta.

–Mañana nos veremos en este mismo lugar. Déjame pensarlo.

–Bésame, Águeda.

Y ella como loca se colgó de su cuello y lo besó con el alma en los labios.

Ángela nunca supo cuándo consiguió sobreponerse, caminar hasta la casa y superar los escalones de la terraza que percibía danzando bajo sus pies. Llegó perpleja y sin aliento, y Tomasa, asustada, creyó que el frío y la humedad del relente le provocarían otro ataque. Pero Ángela sabía que esta vez algo peor que su asma se le apretaba en el pecho. Ya de adulta lograría definirlo como un sentimiento pendenciero que le subió a la cabeza esa noche con una rabia obsesiva. Resultó extraño que borrara de su mente a su madre y a Vicente, y fuese sólo en Teresa en quien pensara con todo el peso del daño con que tramaba destruirla. La buscó por todas partes al concluir la fiesta, y la encontró en el antiguo cuarto de la abuela Serafina, recostada en la cama, entre los viejos almohadones de pluma bordados en hilos de seda. Leía una novela de Zola, el escritor del pecado; estaba tan absorta en la lectura que no la oyó ni llegar, a pesar de la cólera con que dejó caer la puerta. Se sentía como una tromba de odio y ansiaba echársele encima. Todas las culpas de sus miserias se resumían en aquel ser que le robaba el cariño de los suyos. Un deseo morboso le remendó en los pulmones la crisis respiratoria.

–¿Qué te parece Zola, hermanita? –le dijo mientras se desnudaba también para acostarse.

–Demasiada crudeza para mi gusto. Pero... ¿lo leíste tú, Ángela? ¡Si mamá se entera...!

–Lo leí, y me pareció que decía mucha verdad.

–¡Qué sabrás tú de verdades!

–Puedo contarte una que presencié esta noche acerca de nuestra madre.

Teresa continuó ensimismada en la lectura, pero Ángela insistió.

–¿Quieres que te lo cuente?

–Ángela, ¿por qué no te duermes y me dejas leer tranquila?

–Lo que tengo que decirte te va a hacer perder el sueño por el resto de tu vida.

Teresa hizo un mohín de resignación.

–Bueno, habla.

–Vi a mamá besándose con el tío Vicente en la glorieta del jardín.

Teresa cerró el libro con toda parsimonia. A Ángela le pació una eternidad, las palabras le cosquilleaban en el cielo de la boca mientras veía a su hermana quitarse los lentes para mirarla a los ojos.

–Mejor me lo explicas y dejas de hacerte la importante.

Ángela le contó todo, apasionándose a medida que el relato ganaba en calor. Fue espléndida en describir cada detalle íntimo y puso un énfasis especial en frases como: divorcio, abandono e irse lejos con el tío para siempre. La impasibilidad de Teresa le fue aplacando la rabia que se trocó en decepción. Al verla con los párpados cerrados llegó a temer que estuviese dormida. Teresa era capaz de cualquier cosa.

–Teresa, ¿me escuchas? ¿Cómo puedes quedarte así como si nada? Dime algo.

–Ahora entiendo a mamá. Siempre me pregunté qué ocultaba en su interior. Había en ella algo que yo no podía alcanzar porque ya lo traía de antes, mucho antes de que nosotras naciéramos.

–Pero ¿es que no te das cuenta, Teresa? Mamá engaña a papá. Se besa con otro.

–Vicente llegó antes que papá. En todo caso, fue papá quien se interpuso entre ellos. Si lo miras así, te sentirás mejor.

–Va a dejarnos para irse con él –insistía Ángela alarmada.

–Ella nunca hará eso, no lo hizo la vez anterior, tampoco lo hará ahora. La conozco bien.

–Es que también hablaron de ti, Teresa... De nosotras, quise decir, y de La Habana...

Teresa se incorporó enseguida sobre los almohadones abriendo inmensamente los ojos.

Ángela volvió a entusiasmarse al verla interesada y comenzó a soltar todo aquello que pensaba guardarse.

–Hablaron de tu carrera en la Universidad, de sacarte de este... ¿cómo dijeron?, hueco, sí, eso dijeron.

–¿Dices que hablaron de irnos a La Habana? Ángela, ¿estás segura?

–Bueno, no con papá, supongo, pero sí con nosotras, contigo y conmigo. Ella aseguró que nosotras, las dos, éramos todo en su vida.

–Ya eso es otra cosa, Angelita, ¿ves? El tío Vicente es un hombre de mundo, ése sí sabe bien lo que quiere y conoce cómo obtenerlo.

–Pero... ¿y papá?...

–Olvídate de eso. Verás cómo resuelvo este asunto. Voy a hablarle a mamá.

–¡Te has vuelto loca! Si le dices que yo estuve allí, que los vi, ¡mamá me matará!

–Cálmate... No le diré que fuiste tú quien los vio, sino yo.

–¡Teresa!, ¿qué te traes? ¡Estás tramando una de las tuyas, serás capaz de...!

–Capaz de todo, Angelita. Esto es un golpe de suerte.

–¿Cómo puedes sentirte así? Deberías estar igual que yo, sufriendo por el pobre papá.

–No sabes lo que es La Habana, Angelita. Todo allí es mágico. No tienes ni idea de lo que sería vivir allá. Tener una casa y amistades como tía Lala y tío Rogelio, gente de roce.

–Yo no quiero irme de aquí y papá tampoco querrá –dijo Ángela molesta.

–Tú y papá harán lo que mamá disponga, como siempre.

–Hablas por hablar, Teresa. Todavía ni sabes la respuesta que le dará a... ése.

–Cuánto tienes que aprender. La respuesta me la dará a mí primero que a él, y puedo decírtela ahora mismo. La tengo aquí, Angelita, ¿ves?, encerrada en el puño. Mamá no tendrá otro remedio que ceder.

–Lo dudo. Tú no la viste como yo, muriéndose de amor por él.

–Hagamos una apuesta, Ángela. Mañana te escondes de nuevo en la glorieta y escuchas nuestra conversación. Si gano, me complaces en lo que te pida. Si pierdo, pides tú.

–No tendré valor para eso –respondió Ángela, rotunda.

–Vamos, con tanto que te gusta fisgonear a los mayores, ¿vas a perderte ahora lo mejor? Bueno, ni me contestes, me las arreglaré para llevar a mamá a la glorieta y buscaré la oportunidad de avisarte. Por ti queda, Angelita.

A la mañana siguiente, Teresa se levantó temprano y bajó al comedor. Allí encontró a su madre desayunando con la tía Lala. Los caballeros ni se habían levantado aún. Lala le contaba a su cuñada sobre su sueño de viajar a París y Águeda la escuchaba en silencio jugando con algunas migajas de pan desperdigadas sobre el mantel. Elisa interrumpió la conversación acercándose con un ramo de violetas. Teresa observó con un aguijonazo de celos cómo su madre cargaba a la niña y la sentaba en sus piernas.

–¿Sabes, Lala?, tu hija me recuerda tanto a nuestra Cándida. ¡Es un ángel!

–Mamá, necesito hablarle.

–¿Ahora, Teresa?

Teresa asintió y se las compuso para alertar a Ángela, quien a pesar de los juramentos que se hacía para no claudicar a la impaciencia de la curiosidad, corrió a esconderse tras las tupidas madreselvas y la Venus inmutable.

–Me hiciste dejar a Lala con la palabra en la boca. Debe de ser muy urgente lo que te traes.

–Sí, mamá, no voy a irle con rodeos. Entre usted y yo no valen esas cosas, ¿verdad?

–¿Acabarás de decirme lo que pasa?

–Mamá, yo anoche la vi a usted aquí conversando con otra persona.

Águeda palideció intensamente.

–Fue algo casual, mamá. Andaba por el jardín y de pronto… No pude evitar escuchar algunas cosas…

–Tú, mi propia hija, espiándome, te atreviste a... No puedo creerlo.

–Disculpe, no fue mi intención, pero ¿qué podía hacer, mamá? Usted no estaba en condiciones de ser interrumpida ni por mí ni por nadie.

–¡Qué dices, niña!

–Mire, mamá, yo no le traje aquí para reprocharle nada. Tengo la inteligencia suficiente para saber que usted atravesaba un mal momento, por un asunto del pasado.

–Yo... hija, créeme... Hay cosas en la vida... No sé cómo explicarte.

–No se esfuerce. Yo no la juzgo mal. Sólo quería preguntarle qué piensa usted hacer.

–Teresa, ¡por Dios bendito!, te puedo asegurar que ésa no era yo.

–Ya sé que a quien vi no era a mi madre, pero necesito que usted, la verdadera, me jure que seguirá siendo la de siempre.

–Esto quedará olvidado por completo, ¿lo oyes?, te lo juro, hija.

–Me quita usted un peso de encima, mamá, ni se imagina la noche terrible que he pasado.

–Perdóname, Teresita, ¿cómo podía yo saber el daño que sin querer...?

Águeda, con los ojos húmedos, abrió sus brazos para recibirla, pero Teresa no dio un paso.

–Mamá, le ruego que no se deje llevar por la emoción. Nunca la he visto llorar y admiro su entereza. Yo quería pedirle algo más. Se trata de algo que sugirió esa persona anoche y con la cual usted pareció estar de acuerdo. Es algo relacionado con mi futuro, con lo importante que sería para mí el viaje definitivo de nuestra familia a la capital.

–Eso es imposible.

–¿Por qué, mamá? Esa persona tuvo razón en lo que dijo y usted lo sabe. ¿Cuánto no me costó el bachillerato en sacrificios? Usted se niega a que yo permanezca en casa de la tía Lala y el tío Rogelio como hizo tío Gabriel cuando estudiaba en la academia de pintura. No quiere separarse de mí, pero tampoco quiere ceder. Es a mí a quien toca lo peor. Usted me exige cada vez mayores esfuerzos. Tendré que renunciar a mis aspiraciones.

–¡Eso no, Teresa!

–Entonces, mamá, piense, razone conmigo. La mayoría de las personas influyentes de este pueblo se trasladan a La Habana, se establecen allá. Dígame, ¿cuánto no luchó usted misma por que los abuelos permitieran al tío Gabriel salir de aquí? Yo le pregunto: ¿hubiera sido él quien es de haberse amarrado a este pueblo? Si usted lo hizo en su momento por el tío, ¿por qué no por mí, que soy su hija? Yo no puedo pensar más que es egoísmo, falta de amor por mí.

–No, hijita, ¿cómo puedes ver las cosas así? Gabriel es hombre, y con los hombres las cosas son distintas. Mucho me costó convencer a tus abuelos, imagina si la única hija que les queda, también los deja por detrás. Y tu padre, ¡ni hablar!, sabes que prefirió no ir a tu graduación con tal de no pisar la ciudad.

–Si se trata de convencer a papá, usted sabe que al final él hará lo que usted diga. En cuanto a los abuelos, si no quieren venir con nosotros, podrán pasarse temporadas en nuestra casa en La Habana. Piense qué distinta sería la vida. Con las relaciones del tío Rogelio y las del tío Vicente. Él prometió ayudarla.

–¡Pero, Teresa!

–Sí, mamá, y por qué no, ¿vamos a ver? Ya quedamos en que usted tendrá que verlo como al hermano de papá y nada más, ¿no es así? Entonces, ¿por qué no tomarle la palabra?

–No sé, la cabeza me da vueltas. Pero todo sea por ti, mi niña querida. Te prometo que hablaré con... tu tío. No diremos nada de momento. Tenemos las vacaciones para pensar.

Durante el resto del día fue Águeda la encargada de cubrir las apariencias. La impaciencia de Vicente por hablarle era tanta que apenas podía controlar el impulso de llevársela al jardín a la vista de todos. No fue hasta la hora de la siesta que encontraron el momento propicio para poder verse a solas.

–Vicente, no voy a engañarte esta vez. Tú no mereces eso. He estado a punto de dejarme llevar por esto que tengo aquí –dijo Águeda, estrujándose el pecho–. Anoche estuve loca, expuse todos mis años de dolor y renuncia por ti. Hice daño a quien más quiero en esta vida, a mi hija Teresita. La herí en lo más hondo porque ella lo vio todo, nos vio abrazados, planeando abandonar a su padre, tu hermano. ¡No me toques, por favor! Si me tocas no tendré fuerzas para seguir. Escúchame, no me hagas preguntas. Todo fue una coincidencia, un castigo a mi locura. Teresa oyó también nuestros planes de llevarla a La Habana, de que tú me ayudarías a sacarla adelante, de que... –Se detuvo sin resuello, con las lágrimas apuntadas en los ojos.

–Águeda, amor mío. No te hagas tanto daño. Nunca pensé que tu hija... Yo soy el único culpable: te expuse a ti, que eres mi todo. Cálmate, dime, ¿qué quieres de mí? Haré lo que tú me pidas. Te doy mi palabra.

–Yo... yo, Vicente, no sé cómo podré ir a La Habana, con este peso tuyo adentro y vivir allá, con mi familia, y verte como un cuñado, porque así me lo ha pedido mi hija y me lo exige el sentido de mi deber con mis padres que tanto han sufrido, y a los que anoche olvidé por ti. ¡Lo olvidé todo!

Vicente sintió una punzada de rencor y de celos. Cuántos afectos había para Águeda primero que el suyo. Todos antes que su propio sentir de mujer. ¡Tanta mujer en ella y tantas veces relegada al olvido de sí misma!

–¿Qué quieres, Aguedita?, pide por esa boca que te olvide, que te deje en paz para siempre, que te ayude a trasplantar al viejo búho. Ese tronco se caerá a pedazos en La Habana, igual que mamá, que prefirió morir antes que dejar lo suyo. Es estaca del mismo palo. No estaba en mis planes cargar con él cuando te propuse llevarte conmigo.

–Cuando hablas así, Vicente, me parece que eres malo, que no quieres a nadie.

Él sonrió.

–No soy muy dado a los cariños filiales, es verdad. Tampoco cuento con mucha simpatía entre los míos –respondió él con sarcasmo.

–No pienses eso, Vicente...

–No te preocupes por mí, te apremian otras razones en esa cabecita. Águeda, abreviemos, esto se extiende demasiado. Cuando decidas salir de aquí, yo estaré en la puerta para la mudanza. Mi sobrina puede quedar tranquila y contar conmigo, sabré ser el tío dadivoso y el afable cuñado. ¿No es eso lo que quieres? Sea, te complazco.

Él le dio la espalda con un gesto brusco.

–Vicente –dijo ella de pronto.

Él se volvió a mirarla.

–No sabes, nunca sabrás cuánto me cuestas –dijo ella sorbiéndose las lágrimas.

4

Águeda, nuevamente, naufragaba en un mar de tempestades interiores; se había dado de plazo hasta septiembre pero algo le decía que, llegado el momento, le faltarían las fuerzas para enfrentar la partida. Teresa la apremiaba a diario, pero ella se aferraba a cualquier excusa como a un madero de salvación. Por último, escogió la disculpa que le pareció menos vulnerable. «Esperemos que vuelva Gabriel. Presiento que con él aquí todo nos saldrá a pedir de boca.» Se engañaba a sabiendas. El regreso de Gabriel, previsto para los próximos días, tenía a la familia en ascuas. En la última de sus cartas, sin llegar a ser explícito, Gabriel le pedía a la hermana que decorara el cuartico de los altos y adecentara el desorden que había dejado en su estudio, porque traería consigo a Mariko, su mujer, una joven japonesa con la que se había casado en Nueva York, poco antes de que el ataque a Pearl Harbor los hiciera abandonar el país y buscar refugio en México.

A Pelagia la noticia le causó un efecto desastroso. Se pasó una tarde entera en casa de Águeda, rezongando del casorio que su hijo les anunciaba por carta, como lo más natural, sin tener en cuenta a nadie. Cosas así no se le hacían a una madre, y menos a una como ella, que siempre lo consintió en todo y poco le faltó para montar un orfanato tapando sus puterías. Así agradecían los hijos tantos desvelos y ya ven, a la hora de la verdad, ¡adiós consejos! Nada de mamá qué cree usted de esto o aquello. Nada de nada, le entraba la calentura y allá va eso.

Pensándolo bien, si le daban a escoger, hasta prefería lo otro, lo de María, sí, porque a la postre, más vale malo conocido que bueno por conocer, y María al fin y al cabo se sabía lo que daba, mientras que esa china... sabría Dios qué pata la puso. Debía ser una pelandruja, sacada de cualquier pocilga.

De nada le valió a Águeda intentar hacerle ver que la esposa de Gabriel no había nacido en la China sino en Japón, que tampoco era ninguna pelandruja, pues según decía la carta, era hija de un diplomático japonés y tenía un pasado de abolengo, y que su hermano no la había conocido en una pocilga sino en una exposición de sus cuadros. Pelagia no entraba en razones, para ella todos los chinos eran iguales, estaban cortados por la misma tijera y venían de un país situado en el culo del planeta. El único que logró calmarle el genio fue su yerno Serafín, que llegó a conmoverla hasta las lágrimas, al narrarle la tragedia vivida por el pueblo japonés durante la reciente guerra con los americanos, y le puso los pelos de punta cuando le recordó el horror de aquellas bombas insólitas en forma de hongos gigantescos, que pusieron fin al conflicto, pero dejaron al mundo escalofriado.

No le volvió el alma al cuerpo hasta que vio descender a su hijo del avión con su sonrisa feliz de niño grande, cargado de regalos para todos y como siempre de lienzos que olían a pintura fresca. Todas las miradas estaban pendientes de la mujercita que Gabriel traía colgada del brazo, vestida con un traje sastre gris. Era menudita y frágil, como una figurita de biscuit, y tenía un cutis asombroso, que parecía porcelana. Saludó a la familia cortésmente, con una genuflexión, pero no despegó los labios ni en el trayecto a Río Hondo ni a su llegada a la casa; permanecía embelesada oyendo hablar a Gabriel, que no paró de hacer cuentos en el resto de la tarde, hasta que finalmente se le agotó el repertorio y se recogió con su mujer en la habitación que su hermana les tenía ya dispuesta en los altos.

El silencio de Mariko dio pie a muchos comentarios. Unos

la creyeron tímida, otros la juzgaron altanera, y la mayoría supuso que si no abría la boca era porque no sabía ni papa de español. Pelagia, por no ser menos ni dar su brazo a torcer, dijo que para ser china no tenía mala presencia y hasta le pasó por alto que no supiera el idioma. Eso sí, se encargó de pregonar que la encontraba flacucha, descaderada y endeble de constitución y que una mujer así no podría parirle a Gabriel más que renacuajos.

Águeda, de por sí tan apegada a las solemnidades íntimas, quiso reunir a la familia para celebrar con una cena el matrimonio de Gabriel. El General se presentó por primera vez en casa de su hijo acompañado de Carmela y tampoco faltó Majagua, quien hizo chistes habilidosos con frases de doble sentido y los divirtió a todos improvisando trabalenguas. Las cosas se complicaron cuando Tomasa sirvió la fuente con la carne mechada y Mariko echó a un lado los cubiertos. Todos quedaron en suspenso observando cómo Gabriel sacaba de su bolsillo una delicada cajita de marfil de donde extrajo unos palillos alargados. Su joven esposa los tomó en silencio y comenzó a manejarlos con destreza, llevándose a la boca montoncitos de arroz y hojitas encrespadas de lechuga.

–¡Hay que ver qué cosas, carajo! Si algo nos sobran aquí son tetas y buenos culos, y Gabriel se nos apea con una planchada como una tabla, que come menos que un tomeguín –exclamó el General, incapaz de contenerse.

Luego se quedó perplejo al oírle decir a Serafín que las asiáticas tenían fama de ser amantes exquisitas y se contaba que las geishas poseían un talento secreto para provocar en los hombres pasiones abismales. Terminó felicitando a Gabriel por su boda, y por si no bastara aún, envolvió a Mariko en su mirada de viejo camaján y le sugirió al artista que, para la próxima, no olvidara traerle de regalo una geisha como la suya.

Mariko se puso roja, clavó sus ojos en el General y exclamó con acento crudo:

–¡Señor, yo no soy puta!

Los que estaban en la mesa conversando distraídos y no alcanzaron a oír más que el final de la frase, se miraron unos a otros, hasta que alguien se atrevió al fin a preguntar:

–¿Dijo puta?

El General se disculpó como pudo y arrastrando por un brazo a Serafín se alejó murmurando.

–Sí que la chinita se manda.

Lo más atractivo para Mariko resultó ser el totí de Monteagudo, aquel pájaro de cresta postiza que lo seguía a todas partes como si en vez de ave fuese un perro. Acostumbraba a comer en la mano de Pelagia, quien a diario lo hacía bajar del algarrobo para llenar con algo los vacíos y sus horas de nostalgia por la peluquería cerrada. Esa noche, el totí hacía estragos sobre el mantel de estreno que Gabriel regalara a Águeda, picoteando los restos de la cena y dejando caer en el bordado flemosas manchas de excremento. Mariko, con sus dedos marfileños, arrancaba arpegios al laúd que había traído consigo, entonando en su idioma una canción muy triste que, según Gabriel, hablaba de un pájaro herido imposibilitado de volar. Caridad y Cachita, las dos niñas que se criaban en casa del barbero, corrieron a la cocina en busca de un cascarón de huevo para darle agua al totí. «Las Caridades de Pelagia», llamaban con sorna en el pueblo a las supuestas huérfanas, y María, sin despegarse del fregadero con el corazón hecho trizas, escuchaba la dulce voz de Mariko mezclada con las risas de las niñas. Sus hijas eran la renuncia del amor consumido en cada nueva espera. Más que nadie esperó ansiosa a Gabriel, pues siempre alentaba una tenue llamita de esperanza con cada nuevo regreso. Las lágrimas le resbalaban mudas y ardientes sobre el seno y mientras más lloraba y se afligía, con más furia restregaba el estropajo y frotaba las cazuelas. Lloraba su injusticia sin alcanzar a comprender el pecado de sus pigmentos oscuros, la culpa de su raza desgraciada, la deshonra de no ser reconocida como mujer ni como madre, y a la vez se aborrecía por ingrata y desleal, por sentirse incapaz de agradecer como debía a los que la sacaron del monte salvándola del hambre y la miseria.

Pero no era María la única que esa noche se compadecía y recriminaba. Águeda, por más que disimulara, también se censuraba a sí misma y se sentía inmensamente desdichada. Vicente había declinado su invitación a la cena, poniendo como excusa los negocios. Últimamente declinaba todas sus invitaciones. Desde el día que hablaron en la glorieta y definieron el rumbo que tomarían sus vidas, no volvió a pisar su casa. A pesar del juramento que le arrancara Teresa, de todo lo prometido y de su firme propósito de verlo como cuñado, cada día que pasaba se sentía más atada a él, más pendiente de su vida: de lo que hacía o dejaba de hacer. Más que el deseo de Teresa de mudarse a la ciudad, la alentaba la ansiedad de saberlo allá más cerca. Se decía que, en La Habana, se acortaría la distancia entre los dos y Vicente no podría poner peros ni negarse a visitarlos. Sin embargo, era ella la primera en aplazar la partida y la primera en poner los peros. Estaba visto que Teresa no aguantaría uno más; se había pasado la cena haciéndole los cumplidos a Lala y al tío Rogelio, no se desprendía de ellos y de seguro cometió la indiscreción de adelantarles sus planes, porque Lala no perdía oportunidad de intercambiar con su sobrina miraditas de entendimiento y apenas Tomasa recogió el servicio y salieron al portal le soltó a Águeda el zimbombazo.

–¡Qué calladito te lo tenías, eh! Ustedes en La Habana. ¡Pero darling, qué success!

–Lala, por Dios, no sé a qué llamas tú *success* o cosa por el estilo. Esta noticia resérvatela, eres la primera en conocer lo del viaje; sólo Teresa y yo estamos en el secreto. Me siento desconcertada, no sé cómo voy a actuar. Quisiera que Vicente... nos ayudara...

–¿Vicente? Ay, Aguedita, ni cuentes con él. ¿No estás enterada? –dijo, aproximándose para que no pudieran oírla ni las paredes–. Ahora anda enredado con una de ésas... que tú sabes. Se llama Rita como la Hayworth, pero le dicen la devoradora.

Águeda sintió de nuevo aquel trago negro y fortísimo en la garganta. Casi sin voz preguntó:

–¿La devoradora? ¿Y se puede saber por qué le dicen así?

Lala hizo un ademán de picardía escondiendo la nariz tras el abanico con una risita cómplice.

–¡Vaya pregunta! Porque devora a los hombres de la cintura para abajo. ¿Sabes?, se comenta que caballeros riquísimos han despilfarrado fortunas a sus pies. Es dueña de una famosa casa de citas en La Habana, vive con gran lujo y dicen que es bellísima. Con Vicente se han trocado los papeles. Parece que la fulana ha perdido la chaveta por el buen mozo de nuestro cuñado y lo sigue a todas partes jurando defender su amor como una leona. Se les ve con frecuencia en el hipódromo y los lugares de moda, y se dice que Vicente le pondrá su nombre al casino que va a abrir. ¿Qué pasa contigo, Aguedita?, tienes una cara... No serás de las que se escandalizan todavía con cosas como éstas. ¿Quieres un cigarrillo? Lo primero que tendrás que aprender será a fumar: es lo chic. ¡Dios me asista, cuánto tendré que enseñarte para que estés a lo up to date, darlincita...!

Águeda aceptó el cigarrillo pretendiendo expulsar con el humo la desazón que sentía.

5

Isolda había arribado al país dos días antes que su hermano, pero con excepción de Gabriel, más ninguno en la familia conoció de su regreso. En su afán de resguardarse ahuyentando periodistas y curiosos, resolvió instalarse de inmediato en una residencia apartada del centro de la ciudad, un retiro íntimo y discreto, rodeado de un amparador jardín y una prudente arboleda que se ajustaba a su necesidad de quietud y favorecía su deseo de aislamiento.

Serían pasadas las doce, cuando la criada recogió el periódico enrollado frente al umbral de la casa y lo puso en la mesita portátil del desayuno. A la señora se le estropeaba el humor si la despertaban temprano en la mañana. Por lo regular desayunaba más allá del mediodía y no almorzaba nunca antes de las seis. Al entrar en la habitación encontró a Isolda todavía en la cama, alisando sus cabellos con un cepillo de plata. Hizo un gesto leve y desganado para indicar a la criada que dejara el desayuno sobre el velador y, sin decir palabra, comenzó a repasar el diario de la mañana.

«La soprano Isolda del Río, la diva misteriosa que evade a los periodistas y rechaza a los fotógrafos, se encuentra ya en La Habana para debutar en la temporada lírica del Teatro Nacional.»

–Si mamá se entera de que he vuelto... Nunca me va a perdonar.

Dobló la hoja, molesta, y siguió pasando páginas hasta

quedar impactada por el cintillo de la crónica roja donde aparecía en grandes titulares el suicidio del joven abogado Marcial Guerra, hijo y heredero de don Andrónico Guerra, ex dueño de Las Veguitas y la tabaquería Aromas de Río Hondo. Según decía el informe policial, Marcial había puesto fin a su vida de un pistoletazo en la sien, en un rapto de locura por la inminente ruina de la tabaquería, la hipoteca de su finca y las incontables deudas contraídas en el juego y los negocios que lo hicieron presa del chantaje. Isolda obvió los sangrientos detalles del suceso al leer algo todavía más sorprendente que acaparó su atención.

«De acuerdo con las pesquisas policiales, en casa del occiso se encontraron pruebas que evidenciaban la posibilidad de que Marcial Guerra hubiese asesinado a su padre en Las Veguitas: en la gaveta de su escritorio fueron hallados el reloj de oro y la billetera de piel de becerro con las iniciales de don Andrónico, cuyo robo denunciara su viuda en el momento del crimen.» Isolda soltó el periódico y se llevó las manos a la cabeza: «Así que fuiste tú, maldito hijo de puta. Debí suponerlo. Desde el día que lo vi llegar, tuve una horrible corazonada, algo que no quise ver porque entonces no tenía ojos más que para Terencio». Por su amor lo arrastró todo, lo perdió todo, y ahora finalmente sólo se tenía a sí misma, a su hija y una bruma de pesar en la memoria. Marcial fue una pieza más en su destino. Lo que ocurrió después no fue a causa de Marcial, ni de su amor por Terencio. Fue la mano de Dios. En aquel tiempo no creía en otra cosa que no fuese ella misma, su belleza y la fuerza del amor. Sólo veinte días llevaba en Estados Unidos, cuando ocurrió la tragedia. Vicente los esperaba en Miami, les dio algún dinero para cubrir las necesidades de primer orden y prometió conseguirles trabajo. Entonces, despreocupados, no pensaron sino en amarse en aquel pisito cercano al cielo donde Gabriel tenía su estudio. Nunca fue tan feliz y jamás volvería a serlo como entonces. Una noche, paseando con Terencio por la ciudad, se adentraron en una callejuela oscura y dos hombres salidos de las sombras se les echaron encima. Terencio golpeó a uno de ellos y fue golpeado a su vez en el vientre por el otro, pero él era más fuerte y los hombres huyeron, envueltos por las penumbras. Llegaron al estudio de Gabriel, y ella, aturdida aún, le contó a su hermano el incidente. De repente se fijó en que Terencio tenía manchada la camisa, se había tornado muy pálido y sudaba copiosamente.

–Te manchaste con la pintura roja de Gabriel –le decía en el momento en que su hermano le arrancaba la ropa y descubría la incisión oscura junto a la ingle en el costado izquierdo–. ¡Es una mancha roja de pintura! –repetía todavía cuando llegó el médico y lo encontró sin vida. La mancha creció tanto en su cerebro que tuvieron que internarla en una clínica psiquiátrica, donde dio a luz y permaneció tres meses.

Al salir pudo soltar amarras y llorar hasta deshidratarse en el hombro de Vicente. Al fin reconocía a Terencio como muerto. Dios también había dejado de existir. Vicente tomaba su lugar, convertido en su todopoderoso, en aquel que pagó las cuentas de los médicos y se ocupó de Sabina, el que sacó a Gabriel de todos los apuros y la llevó a conocer gente importante, el que la puso finalmente frente a mister Warner, el dueño omnipotente de los estudios fílmicos, quien la contrataría para el cine. A los seis meses estaba casada con el director de su primera película. Fue una película mala, sin argumento, pero le valió para estrenar sus cuerdas vocales e iniciarse en su carrera de cantante. Su belleza había cobrado admiradores, podía alcanzar la cima sin empinarse demasiado, pero a ella sólo le interesaba cantar; aquel golpe sonoro que subía del diafragma a la garganta le endulzaba la amargura, le paliaba el dolor, la devolvía a la vida. Su nuevo marido nadaba en el dinero igual que en su inmensa alberca clorificada, atestada de ídolos hollywoodenses. Isolda se sentía impalpable en aquel mundo. Muchas veces se encontró perdida en los corredores infinitos de su enorme residencia, sin hallar la puerta de su propia habitación.

–Estoy cansada, Vicente –le dijo cuando volvió a verlo de paso por Las Vegas–. No sirvo para esto. Quiero encontrarme y ser yo, volver a ser la de antes.

–Uno nunca vuelve a ser lo que fue –le contestó él–. El tiempo no te muerde por gusto.

–Al menos quiero cantar.

–Entonces canta, mujer. No le niegues a la naturaleza sus favores.

Admiraba a Vicente por saberlo todo, por tener éxito en todo y ser capaz de transmitir encanto y seguridad a la vez. Nunca hasta entonces se detuvo en él como hombre, pero a raíz de su divorcio pensó en Vicente como una solución a su aridez. Él era como ella, audaz, resuelto, temerario. Pero él la paró en seco sin permitirle ir más lejos, y le confesó la historia inconclusa de su amor por Águeda.

–Mi hermana no te quiso. De haberte querido, estaría aquí contigo. Habría hecho lo mismo que hice yo por Terencio.

Lo vio sonreír adolorido.

–Aguedita es distinta, no es como tú o como yo. Cuando regrese encontraré a la misma, la que siempre me amó.

Porgy and Bess fue su primera opereta de éxito. Luego, contratos y giras: Broadway, Nueva York, Chicago, Los Ángeles. Un hacer y deshacer atropellado de maletas: México, Argentina, Venezuela... surcando cielos de plácidos azules que echarían al olvido los amargos tonos de un destino en rojo y negro.

Esa noche, en el estreno del Teatro Nacional, la soprano Isolda del Río arrancó aplausos de leyenda. Las flores tapizaron el escenario y llovieron sobre ella mientras el telón se descorría por cinco veces seguidas ante el reclamo delirante de su público.

Tres días después, acabada de llegar de los ensayos, su

criada le avisó que en la puerta la esperaba una negra que decía conocerla pero se negaba a dar su nombre.

–¿Desde cuándo recibo yo a nadie sin tarjeta de presentación? –dijo Isolda, saliendo del cuarto con los cabellos recién lavados envueltos en una toalla.

–Ella se empeña, señora, dice cosas que parecen brujerías. Me dijo que usted tenía una niña que se llamaba Sabina, igual que una hierba que ella le dio a beber.

–¡Eusebia! –exclamó Isolda y bajó las escaleras corriendo, con la bata sin abotonar. Abrió la puerta de un tirón y se echó en brazos de una negra reseca que olía a tabaco y aguardiente de caña–. ¿Cómo diste conmigo?, ¿tendré que creer en los milagros?

–Supe de uté, po' lo periódico.

–Pero si tú no sabes leer, Eusebia...

–Ni falta que me jizo, con la bulla que se armó en Río Jondo con lo del señorito Marciá. La jente habló de una cantante que no se dejaba retratá y eta negra se dijo: ésa no pue' ser má que mi señora. Pacá me vine y aquí me tiene pa' servirla como antes.

Desde el día que en Río Hondo se conoció la noticia de que Marcial Guerra había sido el asesino de su padre, Pelagia se vio imposibilitada de leer la prensa normalmente. Su yerno Serafín le explicó el caso con un sinfín de pruebas y detalles. En la barbería, se retomaron las circunstancias del crimen y se analizaron exhaustivamente las posibles coartadas del mismo modo que en las películas y en los episodios radiales. A nadie, por supuesto, se le ocurrió nombrar a la hija que yacía bajo una lápida gris en el cementerio del pueblo, como si nunca hubiese existido, ni la atase el más leve vínculo a la tragedia. Con el esclarecimiento de los hechos, Monteagudo quedaba limpio de sospechas y todas las conciencias recelosas descansaron aliviadas, especialmente la de Pelagia, que pasó más de una noche sin conciliar el sueño, avergonzada por haber puesto en duda la palabra del hombre que la había amado desde siempre sin engaños.

Según pasaron los días, Pelagia comenzó a tener en cuenta ciertos detalles. Mientras más insistía en buscar el diario que traía el caso de Marcial Guerra, más eran los apuros de Águeda y Serafín por impedir que lo encontrara. Dejó de insistir en el tema y pospuso la lectura para cuando estuviese sola en casa, creyendo que todo se debía a esa manía que les entraba a los hijos por envejecer a los padres prematuramente y tratarlos como si fuesen desvalidos mentales. Pero lo que realmente terminó por inquietarla fue encontrar restos de periódicos quemados entre los desperdicios de la barbería. Únicamente Monteagudo pudo haberlos reducido a cenizas, y lo relacionó todo de inmediato con aquella ocasión en que ella, para evitarle disgustos, había hecho lo mismo con la sábana manchada por Isolda en su primera noche de casada. Pelagia no tenía un pelo de tonta: detrás del asunto de los diarios había algo más gordo que el crimen de Marcial. Disimulando la angustia que sentía, llegó a casa de Águeda esa mañana con su habitual apariencia de tranquilidad. Entró sigilosa en la cocina y registró la despensa, donde sabía que Tomasa guardaba los periódicos viejos para envolver las mondaduras de las viandas.

«Isolda del Río. La diva misteriosa que se niega a retratarse se encuentra ya en La Habana», decía el titular.

Se dejó caer en una silla, sintiendo toda la sangre de su cuerpo subírsele de golpe al corazón.

La encontraron de bruces en el suelo de la cocina con el periódico estrujado entre las manos. Tomasa salió a la carrera, dando gritos al doctor, pero cuando volvió con Serafín, ya Águeda había conseguido reanimarla, rociándole agua en la frente. Pelagia se quejaba de un dolor muy fuerte en el corazón y exigía que la llevaran a su casa, porque si venía la muerte, quería que la encontrara en su cama. No volvería a levantarse, pero aun desde la cama imponía su voluntad. Le había ordenado a Tomasa que fuera en busca del cura; a Águeda, la manera de disponer el velorio sin omitir ni un detalle; a Serafín, que dejara de pasearse por el cuarto; a Teresa y a Ángela que empezaran a rezar, y a Gabriel, que no quería ni una lágrima, pues si Dios había señalado su hora, no era cosa de enojarlo llevándole la contraria. Monteagudo fue el único que no atendió sus mandatos. Le acariciaba los cabellos entre arrebatos de ternura y desesperación. Sin ella, no viviría. Se sentaría en su taburete a morirse cada día de pesar.

Águeda empezaba a impacientarse, temiendo que Tomasa no llegara a tiempo con el padre Aurelio, cuando vio entrar a Gabriel en la habitación con el semblante demudado.

–¿Llegó por fin el padre?

–No, la que está ahí es Isolda, insiste en ver a mamá.

–¡Isolda, aquí! –se horrorizó Águeda.

–Habla bajo. Yo le avisé a Vicente para que la trajera. Los dos están en la sala.

Águeda salió del cuarto, en puntillas, mientras sus hijas se miraban espantadas.

–¿Has oído, Teresa?, ¡están locos! Han traído el cadáver de la tía para mostrárselo a la abuela.

Pero Teresa, que no se tragaba el cuento, entreabrió la puerta de la habitación.

–Ven, Ángela, asómate, esa que está ahí no es ninguna muerta, es la tía en persona, tan viva como tú y como yo.

Ángela, aterrorizada, cerraba los ojos para no ver el fantasma, pero el imperio de su curiosidad logró vencerla de nuevo. Allí, efectivamente, estaba la diosa resucitada. ¿Qué hacía el padre Aurelio que no llegaba para ver el milagro?

En medio de lo intenso de su pena, Águeda salió a la sala; observó a Vicente de pie delante de la ventana, haciéndole sombra al sol. Pero esta vez sólo tuvo ojos para fijarse en Isolda, que la miraba erguida y retadora, con los ojos clavados en los suyos.

–¿Qué haces aquí?

–Tengo el derecho de ver a mamá por última vez.

–¿Cómo te atreves, sabiendo lo que hiciste?

–Tú y tu moral, Aguedita. Sé por qué me tratas así. Vicente me lo contó todo.

Águeda volvió los ojos a Vicente, con una mirada inflamada de rencor.

–No le reproches. Se portó como todo un caballero. Respetó tu nombre, tu moral y sobre todo tu amor...

–¿Cómo puedes ser tan indigna? Venirme a hablar de eso, con mamá a punto de...

En aquel instante apareció el padre Aurelio en el umbral de la casa. Vaciló un momento al toparse con Isolda en carne y hueso.

–Hola, hija, ¿has regresado para purgar tus pecados?

–No, padre, he venido para estar junto a mi madre.

–Isolda –dijo tajante Águeda–. Le hablaremos a mamá y se hará su voluntad.

Águeda entró al cuarto acompañada del padre Aurelio.

–Doña Pelagia –dijo el sacerdote tras hacer la señal de la cruz y ofrecerle el crucifijo que ella apretó contra su pecho–, estoy en el deber de decirle que allá afuera está su hija Isolda. Ella suplica ser recibida por usted. Pecadora es ante Dios, lo sabemos, pero en un momento como éste, el último quizá, usted debería...

–Sólo conozco una Isolda, padre: la que velé y enterré.

–Sí, hija, ya sé todo eso, pero usted debe perdonar para poder irse en paz con el Señor.

–Está bien, si es necesario la perdono. Haré lo que usted entienda para que Dios me acoja, pero no me pida que reciba a mi hija, padre. ¡Eso no, eso nunca!

Tras recibir los santos óleos, Pelagia entró de lleno en la inconsciencia. Águeda, aguijoneada por los celos, vio a Isolda llorosa retirarse a La Fernanda con Vicente, pero demasiado atribulada para detenerse en escabrosos pensamientos, vigilaba inquieta a Monteagudo, que había salido del cuarto nuevamente y, con la mirada estática, paseaba por la sala dando vueltas a ciegas como quien persigue el rostro de un aparecido que acaba de esfumarse.

–Juraría que tu hermana estuvo aquí, me pareció oír su voz hace un momento.

–Tranquilícese, papá, ¿no ve que no hay nadie? Son imaginaciones suyas. Vayamos junto a mamá.

Pelagia tenía el semblante plácido. Una serenidad luminosa comenzaba a abrirse paso en su interior:

–Cándida, ¿eres tú, hijita? –le oyeron decir mientras una sonrisa le corría por los labios–. Regino, ven. Cándida ha venido a buscarnos...

La voz se fue apagando, los labios se distendieron. Serafín dejó de tomarle el pulso y le cerró los párpados. Monteagudo se abrazó a su mujer con un gemido roto y Gabriel cayó sobre el pecho de su hermana, sollozando como una criatura. Águeda, una vez más, se bebió a sorbos sus lágrimas y volcó su dolor en consolar al padre y al hermano. Mientras Ángela y Teresa rezaban junto a María y Tomasa, Serafín se ocupó de disponer el funeral.

Isolda vio desfilar el cortejo fúnebre de su madre hundida en el asiento trasero del auto que Vicente había aparcado a una distancia prudencial. Tenía los ojos ocultos tras unos lentes oscuros, el rostro sombreado por el velo de la pamela y, aun así, se avergonzaba de que la viesen llorar. Esperó a que se dispersara del todo la muchedumbre que acompañaba al entierro y sólo entonces decidió bajar del auto para acercarse a la tumba donde acababan de sepultar a Pelagia. Vicente se ofreció a acompañarla, pero ella no aceptó. Necesitaba estar sola y librar al fin su desconsuelo sin la presencia de nadie. Sin embargo, no estaría a solas totalmente. Sobre las flores ajadas de las coronas se posó un totí de cresta roja que le arrancó de los labios una expresión de sorpresa. Contuvo el aliento para evitar espantarlo, pero el pájaro, lejos de huirle, se posó sobre su mano picoteando sus anillos mientras ella, enternecida, le acariciaba las plumas y reconocía intrigada la cresta de fieltro postiza que coronaba su cabeza. «Esto es cosa de papá», se dijo, sollozando doblada sobre la tumba con el pájaro apretado contra el seno.

–¿Cómo llegaste hasta aquí, pajarito sin ala?

–Yo lo traje –oyó decir a alguien a su espalda.

Se volvió sobresaltada y se encontró con los ojos condolidos de Majagua.

–Comía de la mano de tu señora madre. Pensé que él también quería despedirla.

Isolda, sin poder más, se abandonó en los brazos de Majagua y él la consoló con humildad, uniéndose a su duelo solitario.

La tarde se apagaba tristona y silenciosa cuando Águeda salió al patio en busca de su padre. En cuanto volvieron del entierro, insistió en quedarse a solas y aún permanecía sentado, con el taburete reclinado al algarrobo y la vista perdida en el horizonte, donde un parpadeo incesante de relámpagos anunciaba una noche de lluvia. Su hija, creyéndolo dormido, se agachó para recoger del suelo algo que al barbero se le había deslizado de las manos. Era una foto de Pelagia rodeada de sus hijos. Allí estaban los tres: ella, Isolda y Gabriel. Con un nudo en la garganta, se decidió a despertarlo.

–Papá, venga conmigo. Tomasa le ha preparado un caldito de gallina.

El grito desgarrador de Águeda arrancó a Serafín de su letargo en el sillón de la sala, y lo hizo correr al patio con un escalofrío en los riñones. Puso el oído sobre el pecho de su suegro y dejó caer los brazos mirando descorazonado a su mujer. Águeda sintió que sus rodillas se doblaban bajo un peso aniquilante y Serafín la sostuvo fuertemente por el talle.

–Aguedita, él no podía seguir viviendo sin ella, igual que yo tampoco, amor mío, podría ya vivir sin ti.

6

Dara escuchó a la tía Ángela sin hacer más preguntas, y la imitó con la señal de la cruz cuando se detuvieron frente a la tumba familiar. La quietud era perfecta y la brisa corría suave, apenas sin un murmullo, entre las hojas de los árboles.

–La abuela Pelagia tenía su carácter –dijo Ángela mientras acomodaba las flores en la jardinera de mármol jaspeado–. Quizá consumió todo su valor en sepultar a la hija en vida y ya no le quedaba más cuando leyó su nombre en los periódicos y se enteró de su regreso. Si se trataba de la honra, no era cuestión de razonar. Prefería la muerte a la vergüenza.

–Si al abuelo Monteagudo no le hubiesen negado ver a la tía Isolda aquel día, se habría salvado de la muerte –dijo Dara con cierto tono reprobatorio.

–Te equivocas, el abuelo y la abuela eran seres indisolubles. A fuerza de tanto quererse con los años, sus corazones se fundieron en uno mismo. El abuelo comenzó a apagarse en cuanto se apagó ella. De haber podido ver a Isolda, la llama sólo hubiera resplandecido por un instante más. No te apresures en juzgar a los muertos, eres muy joven aún para entender el vendaval del pasado. Los conflictos humanos pesan tanto como el tiempo. Marcan épocas, hacen historia y viven siglos. A veces terminas queriéndote abrir la frente a bastonazos para sacártelos de adentro todos juntos.

Habían ido a sentarse en un banco de piedra bajo la sombra de un álamo cercano a la tumba familiar. Las abejas zumbaban frenéticas en las corolas de las margaritas deshojadas sobre la falda de mezclilla de Dara, y a sus pies una pareja de gorriones se entretenía en disputarse una lagartija verde limón. Ángela se había recogido en su mudez como tenía por costumbre cuando creía haber hablado más de la cuenta. Dara buscó de nuevo algo que decir, temiendo romper a llorar y preguntándose por qué los seres humanos sentían tanto pudor en desnudar sus mejores sentimientos.

–Tía, ¿qué fue de aquel pájaro de la cresta postiza que comía en la mano de la abuela?

–Es una historia larga que no vas a creerme.

–¿Y por qué no, si, como dices, eres sincera conmigo?

–Pues porque se sale de todo lo normal. De lo terreno, pudiéramos decir.

–No importa, cuéntamela.

–Al morir los abuelos, Majagua llevó el totí a la enorme pajarera que tenía la abuela Serafina en La Fernanda. Pero el totí se resistió al cautiverio. Se negaba a comer de su mano y comenzó a entristecerse. Entonces él lo trajo de nuevo aquí para dejarlo en libertad. Vivió mucho tiempo sin que nadie supiese qué mano le daba de comer. Siempre que veníamos al cementerio lo encontrábamos entre las ramas de este mismo árbol, o caminando indiferente a nosotras sobre la tumba de los abuelos. La última vez que mi madre vino a traerles flores, poco antes de partir para La Habana, el totí pareció reconocerla porque bajó del árbol a picotearle los dedos. Pensamos que estaba hambriento y buscaba el alimento de manos conocidas, pero de un picotazo hizo saltar el brillante engarzado en su alianza de bodas y lo tragó antes de que ninguna de nosotras atinara a arrebatárselo del pico. Mi madre se opuso a que Majagua lo sacrificara para sacarle del buche la joya. Solía decir, para justificar tal vez su propia resistencia a marcharse de Río Hondo, que el totí estaba molesto por nuestro viaje y se vengó tragándose el brillante. Majagua siguió viéndolo después del incidente, hasta el día que decidió partir también a la ciudad, para ponerse al servicio del tío Vicente, que necesitaba un hombre fornido y leal a la familia que le guardase la espalda en aquella jungla de intereses y rufianes que se abriría con su casino de juego. Acabábamos de mudarnos a La Habana, cuando un día Tomasa descubrió en el rellano de la puerta una cajita de terciopelo carmesí, que traía impresa el cuño de una prestigiosa joyería habanera. Tras muchas interrogantes, mi madre decidió abrirla; adentro, además del brillante que ya daba por perdido, estaba la cresta de fieltro roja que el abuelo Monteagudo le había encolado al pájaro. Se hicieron todo tipo de averiguaciones. En la joyería reconocieron la caja como de su propiedad, pero aseguraron no haber poseído nunca el brillante en calidad de venta ni de empeño. Tampoco habían recibido orden alguna de hacer ningún envío a nuestra casa. En el cementerio de Río Hondo, el sepulturero no había vuelto a ver el pájaro entre las ramas del álamo y hubiera sido demasiado inocente pensar que de haber sido atrapado por manos extrañas para extraerle la joya, la devolvieran luego a su propietaria. Era un brillante del tamaño de un garbanzo. ¿Qué persona ajena no la retendría para sí sin cargos de conciencia? Pensamos que sólo Majagua sería capaz de un acto así de honradez, pero era imposible relacionarlo con los hechos, porque de sobra sabíamos que no había vuelto al pueblo. Él mismo se sorprendió cuando mi madre le contó lo del brillante y hasta hizo discretas averiguaciones mediante un judío amigo suyo que traficaba con piedras preciosas, sin obtener resultado alguno. Pero además estaba lo de la cresta que, según Tomasa, no podía ser otra cosa que una señal del más allá enviada por los muertos. Por eso se dedicó a encenderles velas a todos los santos milagreros y llenó una copa con agua bendita que colocó en el armario más alto de la casa durante nueve días para elevar el alma de los difuntos. La verdadera revelación llegó después, a través de un sueño que tuvo mi madre con su hermanita Cándida, a la que decía haber visto claramente saliendo de un haz de luz para colocar en su anillo de casada el diamante que faltaba. El sueño fue tan real que la vimos correr descalza en busca de la cajita de la joyería donde guardaba aún el brillante; al encontrarla vacía, tanteó en la gaveta del velador donde desde el accidente con el pájaro permanecía su alianza de casada, y allí estaba con la dichosa piedra engarzada en la sortija. Mi madre sufrió un desmayo. Tomasa se encomendó a las siete potencias africanas, y la emprendió con el lío de la cresta postiza del totí. No paraba de repetir que se le entregara a la señora Isolda, que mi abuelo se había ido ansiando verla y le enviaba algo suyo para protegerla y poder descansar en paz.

»Mi madre se puso como una furia y estuvo varios días sin dirigirle la palabra a su criada. Una mañana tomó la cajita de terciopelo carmesí, metió en ella la cresta y se le la entregó a Tomasa, diciéndole que averiguara con Gabriel o con Vicente la dirección de su hermana y que una vez cumplido el encargo no quería volverla a oír mentar más del asunto.

»Dicen que la diosa no se separaba de aquella cresta roja ni para cantar en el teatro. La llevaba siempre consigo metida en el seno como un amuleto de la suerte.

–¿Y qué más, tía, qué más?

–¿Más, quieres más niña?, ¡qué impertinente te pones! Me haces hablar como una cotorra. Mira por dónde va ya el sol, debe de ser más de mediodía y todavía tienes que viajar hasta tu casa. Vamos, si te lo cuento todo hoy, no volverás el sábado que viene.

–Yo vendré a verte cada sábado, me cuentes o no. A mí me complace estar contigo.

7

La primera impresión que la capital produjo en Ángela fue de aplastamiento. No podía mirar al cielo sin ser presa de los vértigos y se sentía intimidada por el peso de una estatura cósmica que amenazaba comprimirla. Apenas llegaron a la casa, se apresuró a liberarse del susto, recostada contra el muro del portal, mientras esperaba que adentro acabaran de descargar los baúles, deshacer las maletas y abrir ventanas de par en par. Con excepción de lo que trajeron empaquetado de Río Hondo, todo olía y lucía diferente. Teresa tenía razón al decir que La Habana era otro mundo y estaba llena de magia.

Se pensaría que flotaba sobre el corazón del mar, ceñida de edificios majestuosos, sólidas moles de concreto con sus fachadas de mármol y granito, compactadas en amplias avenidas, repletas de un público ávido e inagotable que fluía de todas partes en medio del bullicio de los pregones callejeros y las bocinas de los autos. No era fácil adaptarse a andar entre aquel gentío. Más de una vez se perdió en el entra y sale de las grandes tiendas capitalinas, atiborradas de artículos que despedían una fragancia ficticia. Hasta el aire había extraviado su condición natural dentro de aquellos almacenes que lograron apresarlo para ajustar su temperatura y volverlo refinado. Otro tanto le ocurría con el sol de la ciudad, que había llegado a creer que duraba menos horas que en el campo, apremiado por la arrogante hermosura de las noches habaneras, vestidas con luz de luna y de estrellas de neón. Casinos, hoteles, cabarés, bares y clubes nocturnos se llenaban de mujeres voluptuosas de cuerpos esculturales y caballeros trajeados y galantes que se exhibían con sus hembras caminando a pie de conga por las calles o rodando flamantes maquinones descapotables. La Habana, en sí, era eso: una hembra sandunguera y noctámbula que cada noche se vestía de fiesta, se calzaba los tacones y se entregaba a la rumba hasta el mismo amanecer. Ángela se propuso aprenderse de memoria las calles y las esquinas más populares de la ciudad: Prado y Neptuno, Galiano y San Rafael, la Esquina de Tejas, la Manzana de Gómez, incluso llegó a descubrir ciertos lugares prohibidos a las mujeres decentes, como el famoso Barrio de Colón. De allí debieron surgir aquellos apelativos florales y selváticos barajados en las tertulias masculinas: Azucena, Clavelito, la Pimentosa, la Meneíto, Chucha Culo de Fuego y por último aquel de la Devoradora que escuchó varias veces en boca de la tía Lala mezclado al nombre del tío Vicente. Fue precisamente él quien se ocupó de todos los pormenores de la mudanza, tal como le prometiera a Águeda la tarde de la glorieta en La Fernanda. En su auto, trasladó a la familia a la ciudad y permaneció en la casa nueva hasta que el último mueble fue puesto en su lugar. Fue él quien se encargó de colgar en la pared del espacioso comedor el antiguo reloj de péndulo que conservara Pelagia en su peluquería, cuando percibió que Águeda no daba más y le faltaban las fuerzas para seguir instalando recuerdos en la casa que a partir de entonces se convertiría en su hogar. No fue hasta que Águeda entró a la cocina para ordenar el café y se encontró a Tomasa lagrimeando, que vino a caer en cuenta de que Vicente se había esfumado sin despedirse de nadie y se encontraba ya en su auto, aguardando a María, que con sus bultos a cuestas decía adiós a la familia para emprender nueva vida y servir en otra casa.

Después de muchos giros y vueltas, María había aceptado casarse con Jacobo, el chófer de Vicente; un mulato joven, venido de Jamaica, bastante bien parecido y tan alto como una vara de cazar murciélagos, que calzaba zapatos a dos tonos y andaba siempre impecable. El jamaiquino se prendó de la mulata cuando la conoció en Río Hondo, durante aquellos días que permaneció en el pueblo al servicio del señor Vicente. La acompañaba a hacer las compras a la placita de las Verduras, sabía escoger como nadie los aguacates que tuvieran suelta la semilla, seleccionar los mameyes sin primavera y las yucas de señora ponga la mesa que se deshacían en las cazuelas. María, complacida por tantas atenciones, le ofrecía al regreso una limonada fría y lo dejaba sentarse junto al fogón para hacerle compañía. Cuando murieron los padres de Águeda, le confesó a Jacobo que las Caridades de doña Pelagia Sánchez eran realmente sus hijas. El jamaiquino le propuso matrimonio y se ofreció a reconocerlas.

A Gabriel, que no había vuelto a dedicar ni una mirada a María desde que se casara con Mariko, le bastó saber que su musa pensaba casarse con Jacobo para volver de nuevo a las andadas. La asaltaba en cualquier sitio de la casa, exponiéndose a ser sorprendido por su mujer, y le sobaba las nalgas con promesas alocadas, no concebidas siquiera ni en los momentos más estrechos de su pasada intimidad.

–Cómo vas a casarte tú con ninguno, negra santa, si eres mía solamente. Mira, te juro que haré lo que tú me pidas. Anda, di, pide por esa boquita divina.

María lo escuchaba a punto de rendirse. Cuántas noches malgastó en lágrimas inútiles, necesitada de oírle decir una sola de aquellas palabras...

–No te creo. Me casaré con Jacobo. Así que tendrás que respetarme como la mujer del hombre que será dentro de poco el padre de tus hijas.

A partir de ese momento, dejó claro que apenas llegaran a la ciudad, se iría a vivir con Jacobo y las niñas a casa del caballero Vicente. Por más lágrimas que derramara Tomasa lamentando la separación, nada la haría echarse atrás. Las Caridades de doña Pelagia dejarían de ser huérfanas y serían hijas suyas, y ella organizaría su vida como mujer, madre y esposa. El jamaiquino, que tenía a Vicente como un hombre generoso y espléndido con aquellos que le servían con lealtad, se empeñaba en que fuese el padrino de su boda. En esto tuvieron los novios sus primeras discrepancias, porque María insistía en que fuese el doctor, a quien tenía como un padre. Pero la disputa quedó resuelta bien pronto: Serafín rechazó la propuesta con ese gesto desganado que se fue apoderando de toda su persona y que nadie tomó en cuenta hasta algún tiempo después. Sin embargo, María no parecía estar conforme. Tenía por dentro un anhelo que deseaba satisfacer a toda costa. Era obvio que Águeda debía ser la madrina, y a nadie pudo ocurrírsele que la novia tuviese otra opinión. Pero María tenía en mente a la amiga con la que compartiera los mejores ratos de su infancia. La que supo defenderla en los peores momentos y a la que nunca se resignó a dar por muerta. Ésa y no otra sería la madrina de su boda si conseguía que aceptase.

–Yo pensé que usted se había olvidado de mí, niña –dijo María con el rostro bañado por las lágrimas cuando Vicente en persona la llevó a casa de la diosa.

–Olvidarme de mi amiga del alma. Qué mal deben juzgarme todos, si tú piensas así de mí.

–No, niña, no es eso, es que el tiempo borra tanto…

–Lo malo sí, pero lo bueno no se borra, María. Todo lo bueno está aquí –respondió Isolda señalando el corazón mientras ambas se fundían en un abrazo–. Claro que acepto, pero piénsalo bien, porque mi hermana pondrá el grito en el cielo y te hará la cruz para toda la vida.

No hubo un grito, pero sí un mutismo de rabia y hiel que hizo llorar a Tomasa sin consuelo y a Serafín encogerse de hombros.

–No te pongas así, Aguedita. Estoy seguro que María no lo

hace para ofenderte. Vamos, mujer, qué más da que sea tu hermana. Mírame a mí, preferí que fuese Vicente en mi lugar. ¿Qué te cuesta a ti hacer lo mismo?

María se casó a las diez de la mañana en el Sagrado Corazón de Jesús. Águeda rehusó asistir a la iglesia, incapaz de soportar a Vicente y a Isolda juntos frente al altar mayor. Era preferible hacerse la ofendida, quedarse en casa rumiando su mal genio y vigilando a Mariko, que arrastraba los achaques del embarazo con su escasa fortaleza.

Los nervios de Águeda hicieron crisis el día que Serafín cometió la torpeza de contarle que había encontrado dos focos en el vientre de Mariko mientras la estaba auscultando y que, en el caso de confirmarse su sospecha, lo más recomendable sería ponerla en manos de un especialista. Fue incapaz de suponer las contrariedades que habrían de ocasionarle sus palabras. Con Aguedita siempre le ocurría lo mismo: cuando no se quedaba corto se pasaba. Talmente parecía que su mujer se complacía atormentándolo, pues amanecía quejándose de haberse casado con él y se acostaba acusándolo de ser tan poquita cosa que ni aun en lo que valía de veras, trataba de sobresalir y sacar ventajas. Venirle a recomendar especialistas, teniendo al mejor en casa; dígame usted qué salida y a qué hora, sólo eso le faltaba; además de tocarle una cuñada que no movía ni una paja, tenía al lado un marido que era una nulidad. Sí, ya estaba dicho, un mortalón, al que no le bastó rechazar la plaza que Rogelito le gestionó nada menos que con el ministro de Salud Pública, y seguía como si tal cosa, dejando correr los meses sin decidirse a probar suerte poniendo su consultorio en la ciudad. De nada servía que ella gastara tanta saliva en convencerlo y se cansara de repetirle que pronto no tendrían de qué vivir si él se empeñaba en no disparar ni un chícharo, y continuaba esperando cruzado de brazos que le llovieran milagros o le cayera del cielo la herencia del General.

–Sabes que es inútil, mujer. En Río Hondo yo era yo. Pero aquí todo está establecido. ¿Para qué sentarse a esperar por pacientes que nunca acudirán a consultarse con un desconocido?

–Si no te lo propones nunca te conocerán. Con esas ganas, buenas las tenemos. ¡Ay virgen santa, cuánta inutilidad puede caber en un hombre! Óyeme bien, Serafín, si de verdad son gemelos como dices, tienen que nacer vivos. No quiero ni pensar en más desgracias. Tú tendrás que encargarte, para eso eres mi marido y médico además. De sobra te has cansado de recibir chiquillos.

Águeda se opuso con firmeza a que Gabriel y Mariko pusieran casa aparte, diciendo que debían esperar hasta tanto la joven saliera del trance. Trató de hacerle entender a su hermano la perentoria necesidad de que su mujer dejara de hacer ascos a los platos que Tomasa se esmeraba en prepararle. Pero todo fue en balde. Por aquellos días Gabriel apenas paraba en la casa. Llevaba meses pintando el gigantesco mural que Vicente le había encargado para el bar mirador de su casino, y si alguna vez alcanzó a oír de pasada las preocupaciones de su hermana, se hizo el desentendido. No tuvo otra alternativa que entendérselas sola con su cuñada, y buscar la manera milagrosa de persuadirla a ingerir otra cosa que no fuese frutas, arroz y vegetales. Se prometió a sí misma ser tolerante con ella, y llegó en su heroico empeño hasta admitir la entrada de dos gatos siameses de ojos azul glacial que hacían de las suyas en la casa, destripando cojines, arañando la laca de los muebles y emprendiéndola con el valioso gobelino del siglo XVIII, cuyos rostros de leprosos, carcomidos por el moho, amedrentaron a Ángela tantas veces en el rincón de los castigos.

Mariko mostraba sus dientecillos de perla complacida por la pareja de felinos. Con ellos se encerraba en su habitación, donde permanecía días enteros sin que nadie se atreviese a molestarla.

–Va pa' tres días que no sale de ese cuarto, señora. La bandeja con la comía etá en la puerta, sin tocá. Si eto sigue así yo no repondo de na' –decía Tomasa furiosa.

Las preocupaciones por el encierro de Mariko pasaron a segundo plano cuando comenzó la intriga por las cajas y envoltorios misteriosos que recibía su cuñada. Tomasa se encargaba de subirlos a su cuarto, pero tenía que dejarlos en la puerta, porque por más que llamara no recibía respuesta y por mucho que insistiera en vigilar a hurtadillas tampoco conseguía averiguar nada. Águeda, en el paroxismo de la impaciencia, se enfrentó a su hermano y le exigió que tomara cartas en el asunto. Gabriel se puso molesto, la acusó de aspavientosa diciendo que siempre se las arreglaba para armar una tormenta en un vaso de agua, le echó en cara lo entrometida que era y lo poco que sabía de la idiosincrasia asiática, pero la acompañó a la habitación de su mujer, metió la llave en la cerradura y abrió la puerta de golpe. Águeda casi se marea con el fuerte aroma a sándalo y aserrín, que la arrasó por sorpresa y la hizo estornudar varias veces. Gabriel la llevó hasta la vitrina que tenían en el cuarto, y le mostró los diversos cofrecitos tallados en madera y las muchas filigranas de jade, nácar y coral que confeccionaba su mujer en su misterioso encierro. Los gatos los observaban con sus pupilas ariscas, desperezándose entre los almohadones de seda. Pero Mariko permaneció enfrascada en su labor, rebanando con un pequeño objeto metálico la raíz de ombú transformada entre sus dedos. Cuando Águeda salió con su hermano de la habitación, no sabía cómo disculparse.

–Te prometo no volver a entrometerme. Lo único que quiero es que tu mujer se alimente y se cuide para que no le falten las fuerzas.

Cuatro semanas después Tomasa dio dos golpecitos en la puerta del cuarto de Mariko y escuchó unos extraños gemidos.

–Serán esos malditos gatos, señora, pero no me parece. Yo uté iba a averiguá.

Águeda se decidió a empujar la puerta, y encontró a Mariko de cuclillas sobre una estera de paja salpicada de sangre. Iba ya a gritar por Tomasa y Serafín cuando fue sorprendida por el vaguido de los recién nacidos.

–¡Los pariste sola! ¿Son dos, verdad?

Mariko la miró con una sonrisa húmeda, poniendo en brazos de Águeda a los niños.

–¡Son varones y están vivos! –dijo Águeda, y después de mucho tiempo a punto estuvo de romper a llorar.

8

La primera vez que Águeda asistió a una función de cine en La Habana, fue para ver *Casablanca*. Estuvo toda la película con el pañuelo en la mano llorando a más no poder, conmovida por la historia de aquel amor imposible que avivaba el recuerdo de sus propias añoranzas. Quedó atrapada de inmediato por la personalidad de Bogart, su masculina apariencia y la gangosa e inquietante voz con que le ordenaba a Sam que tocara *As time goes by*. Pero realmente sería la Bergman la encargada de robarle el corazón y convertirse desde entonces en su heroína. No había una actriz en el mundo que supiera sonreír del modo que ella lo hacía, ni una mirada de amor más sincera, expresiva y convincente que la que ella dedicaba a su amante cuando el pianista cantaba: «*You must remember this. A kiss is just a kiss. A sigh is just a sigh*».

Todavía acariciada por el placer nostálgico que la película le inspirara, salió del cine acompañada de sus hijas y Mariko en espera de que Gabriel buscara el automóvil. Tuvo la visión fugaz de un buick a toda carrera que abrió la ventanilla lanzando una ráfaga de fuego. Antes de quedar paralizada por la conmoción, alcanzó a ver a Teresa con la falda salpicada de sangre y un hombre fulminado a sus pies. Sintió flaquear sus piernas en el momento que Mariko la arrastraba y la metía en el auto. Gabriel pisó el acelerador y salió despedido por las calles. Águeda reaccionó enseguida y se lanzó sobre su hija palpándola hueso por hueso.

–¿Estás herida, Teresita?

–No, mamá, tranquilícese, pero vi caer a ese hombre muerto delante de mí.

Los diarios del país calificaron el suceso como un ajuste de cuentas entre mafiosos, y en Palacio se convocó al gabinete de ministros para debatir el caso con el señor presidente. El doctor Ramón Grau San Martín, más conocido por el pueblo como «el hombre del pollito», no sabía ya qué hacer para restituir la calma en la ciudad. Le habían colgado el apodo por el gesto amanerado que solía hacer con los dedos cuando estaba hablando en público, que la gente asociaba con una nana que cantaban las abuelas: «El pollito asadito con su sal y su mojito». Pero, aparte del pollito y los gatillos alegres, que no podía controlar, llegaron a murmurarse otras cosas. Se contaba que el brillante de veinticuatro quilates, sustraído del Capitolio Nacional, había aparecido en su despacho de manera sospechosa; que Paulina, su cuñada, se atribuía potestades de primera dama, porque aparecía en su alcoba privada, también sospechosamente, y bastó que dijera en un discurso «las mujeres mandan» para que se empezara a llamar con suspicacia «el bidet de Paulina» a la céntrica fuente luminosa que se inauguró en La Habana.

–¡Este país se hunde en el caos, la corrupción y la violencia! –decía Serafín a Vicente, que se había presentado en casa del hermano, al enterarse del dramático episodio presenciado por la familia a la salida del cine.

Águeda intentó desviar el desagradable comentario y atraer la atención de Vicente al tema central de *Casablanca:* un amor inalcanzable que calificó como el más apasionado y bello que había conocido en su vida.

–Esas historias sólo se dan en el cine. La vida real es otra cosa, cuñada.

Luego de la respuesta tajante Vicente, sin volver a detenerse en ella, retomó la charla con el hermano explicándole que los sucesos de la noche anterior no eran más que el fruto de la beligerancia desatada entre dos grupos gansteriles que prevalecían en la ciudad: el MSR y la UIR. Una semana atrás un líder del MSR había sido baleado impunemente, y ahora sus pistoleros lo vengaban ametrallando a miembros de la pandilla rival.

Águeda, que no entendía nada de política, y menos de inquinas entre mafiosos, sólo tenía un pensamiento: el cambio experimentado por Vicente desde su llegada a La Habana. A las claras percibía el trato huraño de su cuñado y el rencor que reflejaba su mirada. Podía con todo menos con su indiferencia. Si la evadía y guardaba rencor era porque todavía la amaba.

Sin embargo, ella misma lo esquivaba muchas veces. Sobre todo cuando ocurrió aquel extraño incidente con el brillante. A pesar de las buenas intenciones que Tomasa puso en descifrar el caso, Águeda lo asumió finalmente como la penitencia escogida por sus difuntos padres para condenarla. «Lo que Dios unió en la tierra, sólo la muerte lo separa. El marido malo o bueno es para toda la vida, y ni decir del tuyo que por demás es un santo.» Se martilló la conciencia empeñada en aprender de corrido aquellas frases repetidas tantas veces por Pelagia, pero las lecciones fueron apartadas junto con los velos del luto recién finalizado y Águeda volvió a vestir en tonos claros, a escoger modelos favorecedores y a presumir de su figura esbelta, su busto firme y su talle estatuario. Teresa aprovechó el momento para hacer renovaciones. Insistía en cambiar los muebles pasados de moda y sustituir los pesados cortinajes por otros más sutiles y modernos. Lo primero que desapareció de la casa fue el juego de sala estilo medallón que dio paso a un sofá art déco rojo cereza que combinaron con un par de butacones, simétricos y confortables. Ángela las veía hacer y deshacer sin emitir opiniones, pero experimentó una secreta complacencia cuando las vio enrollar el desvaído gobelino del siglo XVIII en el armario destinado a los trastos inservibles, según llamaba su hermana a las antigüedades de valor. En su impaciencia por desecharlo todo, Teresa llegó al extremo de atreverse con el viejo reloj de la abuela Pelagia, pero esta vez Águeda se opuso tenazmente. Aquel reloj tenía el don oculto de repetirle cada tarde con la cuarta campanada la hora feliz de sus antiguas citas con Vicente. Su péndulo metálico retenía el eco de sus mejores días.

–No, Teresa, no. Ese reloj guarda las horas más lindas de mi vida.

La fiebre de los cambios las impulsó a vender la hermosa casona de Río Hondo frente al parque de las esquinas cerradas. Por primera vez en su triste travesía de casado, Serafín se rebeló.

–Esa casa era mi orgullo, la hice para ti, Aguedita, para halagarte y ganarme tu cariño. Ni siquiera me consultaron antes de venderla.

Él mismo tenía la sensación de ser algo desechable, un viejo armatoste desangrado por el comején que a todos estorbaba y corrían de un lugar para otro sin saber a cuál rincón destinarlo. Lo invadió un sentimiento de desamparo, una urgencia de escapar y regresar a lo suyo. Pensó en irse por un tiempo a vivir con su padre en La Fernanda, ahora que el General estaba solo sin Carmela, que había muerto de una pulmonía. Programó su partida para el sábado, pero al anochecer del viernes, con todo listo ya para salir, desistió de sus planes. No hizo el más leve comentario cuando Águeda lo encontró en su habitación deshaciendo la maleta, y a partir de ese día jamás volvió a oírsele alentar ningún propósito ni trazar proyecto alguno.

Abrumado de apatía y pesadumbre lo halló Lala al regresar de París, donde pasó varios meses en compañía de su hija. Sin embargo, no se percató de nada. Las únicas alteraciones que advirtió y tuvo en cuenta fueron los cambios novedosos introducidos en el hogar de Águeda, que celebró deslumbrada.

–*Ma chérie, c'est très élégant, c'est très joli!* Hay que felicitar a Teresa por su buen gusto. ¿Qué dice de todo esto mi querido cuñado Serafín?

La pregunta quedó suspendida en una atmósfera polar y Lala enmendó su imprudencia pasando rápidamente a comentar la radiante fiesta que preparaban para celebrar los quince años de su hija. Se explayó en los detalles sobre la puesta de largo y el modelo exclusivo de París que luciría esa noche la muchacha. De su hija sí que tenía motivos para alardear y sentirse satisfecha. Elisa había vuelto de su viaje refinada como una señorita de su clase, poseía la belleza incomparable de las vírgenes renacentistas y parecía dotada de una sustancia ligera y celical. Era una criatura sublime de enormes ojos azules, cabellos color oro y gracilidad de sílfide.

Gabriel se prendó de la muchacha en cuanto la vio llegar, y no dejó de celebrarla en el resto de la tarde. Decía que seguramente en el Louvre andarían locos buscándola por haberse escapado de algún cuadro de Rafael o Murillo. Elisa se ruborizaba, pero no hacía más que reír sus ocurrencias. Le causaba mucha gracia saber que Gabriel deseaba poner a su primer hijo el nombre de un artista célebre, y que se vio en un aprieto cuando le nacieron dos, y tuvo que dividir el nombre de Miguel Ángel, lo que tampoco resolvió el problema, porque los niños salieron tan parecidos que como único se sabía a cuál llamaban Miguel y a cuál le llamaban Ángel era en el momento de cambiarles los pañales, por el lunar que uno de ellos ocultaba en las vergüenzas.

Águeda veía a Elisa paseándose por la sala con los gemelos en brazos y se sentía impresionada. La joven tenía la sonrisa idéntica a la de la Bergman, transmitía su mismo encanto y reflejaba en la mirada la misma expresión que ella consideró irrepetible. Años después, en el pasillo frío de una clínica privada, Águeda volvería a recrear en su mente la escena de aquella tarde en su casa. Rememoraría a la Elisa risueña y afortunada que cargaba tiernamente a los gemelos, y no sabría qué hacer con la sensación de pérdida que tenía entre las manos.

Los quince años de Elisa se celebraron en el aristocrático Miramar Yatch Club de las playas habaneras. La joven flotaba feliz, envuelta en la gasa vaporosa de su vestido de París, mientras bailaba con su padre el primer vals. Ángela y Teresa la seguían con la vista, recomidas por la envidia y los celos, cuando la entrada al salón de Isolda Monteagudo, del brazo de su amante y empresario, cortó a todos el aliento y eclipsó el hechizo de la propia festejada. Pasadas varias semanas, aún se hablaba de la diosa en los diarios y los círculos de la alta sociedad. Se decía que esa noche gozaba de una altivez particular y tenía un porte de reina. Lo que no se comentó fue la impresión que el encuentro produjo entre ambas hermanas, que se mantuvieron a distancia, sin intercambiar saludo y evitando tropezarse. Isolda, desentendida y majestuosa, rodeada de su claque masculina y Águeda, hecha un manojo de nervios en espera de ver llegar a Vicente. No escapaba a su interés la inquietud de Rogelio, que le hablaba a Lala por lo bajo y miraba su reloj discretamente.

–¿Qué pasa con el tío que no llega? –le oyó decir a Elisa, que se acercaba radiante levantándose los vuelos de la falda.

–Ya vendrá y te complacerá bailando contigo cuanto se te antoje –le respondió Lala, y dirigiéndose a Águeda en un tono más confidencial, dijo–: Mejor que la demora se deba a los enredos de ese casino que se inaugura mañana y no a que vaya a aparecerse con esa devoradora de hombres. Con Vicente nunca se sabe. Es capaz de lucirse con una de las suyas y hacernos una trastada en cualquier parte.

Mientras bailaba con Gabriel, Águeda divisó la corpulenta figura de Majagua sobresalir entre los invitados y quedó convencida de que Vicente acababa de llegar. Alcanzó a verlo de lejos, entre un grupo de desconocidos que parecían extranjeros con quienes Rogelio intercambiaba saludos y apretones de mano. Entonces descubrió que Vicente no había venido solo, lo acompañaba una mujer de belleza aterciopelada a la que Rogelito dio la bienvenida besándole la mano y presentándosela a Lala de inmediato.

«Ésa no puede ser ninguna mujerzuela», pensó Águeda, sintiendo un sudor helado descender por su espalda descotada.

A partir de ese momento se dedicó a observarlos. No cabía la menor duda: la joven languidecía por Vicente, podía leerlo en sus ojos de ratona enamorada. Tenía toda su atención cifrada en la pareja cuando Ángela vino a sacarla de su ensimismamiento.

–Mamá, ¿por qué no nos vamos? Son ya pasadas las tres de la madrugada y usted sabe que, desde lo del cine, papá no se acuesta hasta vernos llegar.

–Sí, sí, Ángela... tienes razón; busca a Teresa, yo voy a irme despidiendo.

Cuando ya todos la aguardaban en el automóvil de Gabriel, Águeda no pudo más y soltó a Lala la pregunta que abrasaba su garganta.

–Lala, ¿quién es por fin la que trajo Vicente?

–¡Ah, la trigueñita!, qué encanto, ¿verdad? Es una muchacha americana, descendiente de italianos. Rogelio me contó que el padre está podrido en dinero en Estados Unidos y que le está agradecido a Vicente por no sé qué. Sería bueno que nuestro cuñado asentara cabeza y se casara con ella. Vinieron para asistir mañana a la inauguración... Por cierto, Aguedita, ¿qué te parece Casablanca? ¿Cómo, no lo sabes? Es el nombre que Vicente escogió para el casino. El mismo de la película que tanto te gustó.

Gabriel hizo sonar el claxon dos veces y Águeda se dio prisa depositando un beso en la mejilla de Lala. Entró al auto, se reclinó en el asiento trasero y apretó fuerte los párpados.

Sólo la brisa fresca de la madrugada escuchó la voz del pensamiento: «¡Todavía me ama!».

9

Como buen apreciador de las fuertes ironías y los retos del destino, Vicente escogió el lema de «Alea jacta est» para inscribirlo en el arco lumínico que daba acceso al casino, convencido de que la suerte estaba echada no solamente en el juego sino en el riesgo mismo de la vida. A pesar de su mala fama y los rumores que corrían sobre él, aquellos que lo conocían bien afirmaban que estaba lejos de ser tan duro como aparentaba. Más de una vez, cuando vivía en Norteamérica, lo vieron ahogar en whisky el gorrión de la nostalgia que, según la gente del campo, se apoderaba de uno si se estaba separado de la tierra, y aunque nunca confesó a nadie ninguna de sus flaquezas, admitía en su interior que había sido la nostalgia la que hizo acrecentar su pasión por Aguedita, porque amándola conseguía recobrar su identidad y preservar en el recuerdo el goce de lo legítimo.

«Lo que más se extraña en el norte es esa extensión azul que no te abarca la vista», dijo el día que Casablanca se acabó de levantar frente al mar y sus jardines quedaron tapizados de violetas. A Majagua, que tanto aprendió de flores cuando vivía en La Fernanda, le tocaría protegerlas de los estragos del sol y la agresión del salitre que arreciaba según batieran los vientos o ganaran en altura las olas que rompían en el Malecón. El pincel de Gabriel Monteagudo contribuyó a decorar los interiores con un mural asombroso que cubría totalmente la pared del bar mirador, cuya barra llegó a estar entre las más frecuentadas por las estrellas de cine, las grandes celebridades y los más ricos del mundo.

Bien avanzada la madrugada, cuando las puertas del casino se cerraban tras el último cliente, Vicente se reunía con sus dos hombres de confianza a intercambiar impresiones, despachaba los asuntos más urgentes, sumaba cifras y compartía algunos tragos. Jacobo era el primero en retirarse, luego de beber por contentar al señor su único *highball* de la noche. Majagua se reservaba la ansiedad por ver marchar al jamaiquino. Una vez a solas seguía al señor con las pupilas traviesas, en espera de que trajera los vasos y descorchara la botella de añejo Bacardí que siempre guardaba en su despacho y bebían en strike, como se hace entre hombres. Pero esa noche Vicente, por razones superiores a su voluntad, se sentía más locuaz que de costumbre. Tenía el ánimo dispuesto a las confidencias y conocía que su guardaespaldas era un hombre de discreción sepulcral: animado por el ron y la necesidad de sincerarse, acabó por darle rienda a la lengua. Primero le contó anécdotas de los años vividos en Norteamérica y aseguró que la única manera que había de triunfar allá era teniendo sabiduría de la vida y ganándose favores. Con las mujeres la sabiduría era simple y los favores se ganaban en la cama. A todas se les pedía el mismo favor, pues la que no lo aceptaba, te quedaba agradecida. Las casadas eran siempre las primeras en ceder, y las pocas que se resistían, demostraban sentirse tan halagadas que te concedían a cambio su amistad, y eso sí, tener a una mujer de amiga, valía por tres amantes. Con los hombres las cosas se complicaban, porque al no mediar las camas, se requería combinar sabiduría con agallas. Los amigos se probaban en las malas, para saber si eran de calidad, y como esa condición casi siempre escaseaba, había que jugarles limpio y tener las cuentas claras. Los que no entraban en esa categoría era mejor que estuvieran en deuda contigo que estar tú en deuda con ellos, porque a la postre las deudas nunca retribuían gratitudes, ni caminaban parejas con la amistad. El quid de la cosa estaba en llevar la delantera en las acciones, lo cual era también válido para anular enemigos, porque éstos, al revés de los amigos, se preciaban de ser buenos y a veces hasta se ganaban gratis. No había enemigo pequeño: eso era una gran verdad; así que ya fuesen chicos, medianos o poderosos había que medirlos a todos con la misma vara, hacerles ver tus agallas y saberles algo a todos: que si aquél metió la mano, que si el otro metió la pata, que si éste metió el rabo. El que más y el que menos se había cagado alguna vez fuera del tibor o había metido algo donde no debía, y uno se las componía para afinar el oído y enterarse. Luego con cierto tacto le dejabas entrever aquello de: «No te mandes conmigo que yo te sé» y remedio santo. Era la técnica más vieja del mundo, pero no había perdido nada en eficacia y seguía siendo un arma infalible contra cualquier adversario.

–Oiga, don Vicente, usted le sabrá un mundo a la vida, pero sí que se gasta unos cojones...

–Cuando se está lejos Majagua, hay que aprender a ser macho y dejarse de blandenguerías.

–Venga acá, entrando ya en confianza, ¿qué favor le debe a usted el padre de la trigueñita esa que lo mira con ojos de carnero degollao?

Vicente se echó a reír y dijo:

–Se llama Paola Ramolino, la conocí cuando estudiaba Derecho en la universidad, y sí que me gustaba bastante. Con ella el favor estuvo precisamente en no llevarla a la cama. El padre estaba empeñado en casarla con un ahijado suyo y yo lo complací apartándome de la muchacha. Ahora Paola quedó viuda y creo que de nuevo anda fabricándose ilusiones.

–¡Caray!, ¿y por qué no aprovecha y se casa con ella, si dice que antes le gustaba tanto?

–Estoy bien así, Majagua –respondió Vicente con una media sonrisa–. No quiero compromisos serios... Hubo una vez que pensé de veras en casarme. Sólo existe una capaz de...

–¿Y qué pasó con ella?, ¿por qué no se casaron?

–Porque... lo hizo con otro.

Majagua se inclinó sobre la mesa y con su mano firme apretó los dedos de Vicente cerrados sobre el vaso.

–Desahóguese si quiere, tengo labios de muerto.

Vicente vació el resto del contenido que quedaba en la botella y le contó a Majagua cómo su hermano Serafín, sin adivinarlo siquiera, le escamoteó la felicidad.

–Siempre supe que la señora Aguedita no sentía amor por el doctor. Es una pena, porque su hermano vale mucho. Se lo digo de verdad, aunque le duela.

–¿Y a mí, me crees un miserable?

–No, señor. Yo le aprecio de corazón. Por eso estoy aquí. No puedo culparle de algo que no va con uno. Yo también quise una vez un imposible.

Eran alrededor de las diez de la mañana cuando Vicente regresó a su casa y se metió en la cama. Repasó en su mente la conmovedora historia que le contara Majagua como un secreto en confesión. Majagua había amado a la santa de su madre, más allá del tiempo y la muerte, del temprano cansancio del esposo y la pálida memoria de sus hijos. Luego sonrió al recordar su rostro acalorado, cuando le confesó:

–Soy virgen, sí, señor. Nunca he tenido a una mujer entre mis brazos.

Vicente se dijo entre bostezos: «Ya conseguiré alguna que lo estrene».

Esa tarde, Teresa anunció con bombos y platillos que traería a casa un cortejante.

–¿Se te ha declarado ya? –le preguntó Águeda, entusiasmada con la idea.

–Pues no, mamá, si he de serle sincera... Pero lo hará. Sólo es cuestión de animarle.

Se trataba de Jorge Ulloa, un compañero suyo de la universidad que finalizaba su último curso en la Facultad de Medicina. Jaime, el hermano mayor, era abogado, y estaba casado con la hija de un senador de la República. Ambos jóvenes provenían de una familia acomodada. La madre, doña Beatriz, había heredado un título de nobleza, y su padre era nada menos que el doctor Anselmo Ulloa, el renombrado estomatólogo, que hacía extracciones dentales sin el más leve dolor, hipnotizando a los pacientes reacios a la anestesia. Era el dentista de las mujeres más famosas del país. Les había arreglado la boca a Celia Cruz y a Olga Guillot, a Paulina la del bidet, y hasta Libertad Lamarque que, aunque nadie se enteró, dicen que pasó en La Habana un perro dolor de muelas.

Teresa impartió órdenes estrictas de tenerlo todo listo a su regreso de las clases. Pretendía provocar en el joven la mejor impresión en su primera visita.

Tomasa se desquitaba en la cocina descargando puñetazos en la masa del pastel de limón que le tiznaba de blanco la cara y el delantal de muselina.

–Total, tanta roncha por el hijo de un brujo sacamuelas que entoavía ni le ha dicho ¡ay.

Pero cuando vio a Jorge en la puerta, trajeado de azul oscuro, estrechándole la mano con tanta espontaneidad, corrió a buscar a Ángela diciendo:

–¡Alabao, niña, venga a vé qué hombre má bonito nos ja trajío su hermana!

Ángela estaba en la biblioteca con su padre, hablando de los filósofos griegos, cuando Tomasa los interrumpió.

–Perdón, doctó, pero si uté y Angelita no salen a saludá a ese joven, de ná les valdrá conocé a to' esos señores sabijondos. La niña Teresita se va a poné como una diabla.

–Está bien, ya vamos –respondió Serafín, poniendo fin al coloquio y recogiendo los libros.

Tomasa no había exagerado: Jorge Ulloa, además de ser

bonito, tenía el alma retratada en la mirada y desde el primer momento fue capaz de embelesar con su conversación a todas las mujeres de la casa. Por él conoció Águeda lo que ocurría en la colina universitaria. Se enteró que bandas gansteriles estaban integradas por los propios estudiantes, de las veces que la policía allanaba el Alma Máter, violando su autonomía, y se puso al corriente de las actividades de un joven que por entonces comenzaba a aparecer con bastante frecuencia en los diarios. Según explicaba Jorge, el joven increpaba públicamente al presidente Grau, no sólo por tolerar que sus ministros robaran los fondos públicos, sino por admitir que las bandas de pistoleros invadieran los círculos internos del gobierno.

–Las clases han quedado suspendidas por setenta y dos horas –explicó Teresa a su madre.

–Pero no pudieron impedir la concentración de anoche en la colina –dijo Jorge, exaltado.

Águeda, temblando de pies a cabeza, preguntó escandalizada:

–Pero terminarán por decirme ¿quién es ese líder?

–Es Fidel Castro, mamá, un joven estudiante de Derecho.

–¿Y tú le has puesto oído, Teresita? ¡Dios mío! Mi hija prestándole atención a esos enredos groseros de política. ¡Quién quita que no sea un pistolero, o peor, un comunista!

–¡Qué va a ser, mamá! Es el hijo de un terrateniente y estudió con los jesuitas.

Pero Águeda no las tuvo todas consigo. Dejó de fantasear con la Bergman y las escenas de *Casablanca*, y a partir de esa tarde perdió el sueño y el sosiego.

Vicente salió de la casa de citas de Rita, la devoradora, con una tarjetita color rosa que decía: «Margot la francesa le hace su guayabera». Apenas se subió al auto, se la entregó a

Jacobo, diciendo que quería que solicitara por teléfono los servicios de la persona que se anunciaba en la tarjeta. Jacobo lo miró intrigado; le extrañaba que el señor, que siempre andaba trajeado, se interesara en modistas de guayaberas, y para colmo francesas, pero incapaz de contradecir sus órdenes, se dispuso a cumplir con el encargo.

Vicente sabía lo que se traía entre manos. Margot no tenía un pelo de francesa, y menos de costurera, pero se decía que era una artista del placer. Se había ganado el apodo porque gustaba dárselas de fina despidiendo a sus clientes con un *«c'est fini la contradance»* que solía poner freno a las danzas en la cama. En cuanto Jacobo logró contactar con ella y se la puso al teléfono, Vicente le explicó lo que quería en pocas palabras.

–Te voy a enviar un cliente que no ha probado todavía lo que es el mantecao. Es más grande que un escaparate pero ingenuo como un niño, ¿entendido? No quiero escaches con mi amigo. Si todo sale bien te pago doble la tarifa de la noche.

Jacobo condujo a la pareja al hotel Plaza, pensando en el extravagante regalo que el señor le hacía a su guardaespaldas. Don Vicente gustaba de ser dadivoso. Con él y María también se había extralimitado corriendo con todos los gastos de la luna de miel. Cuando llegaron al Plaza, Jacobo abrió la puerta del auto a la dama, y palmeándole con disimulo las nalgas a Majagua le deslizó al oído:

–Vamos, nene, pórtateme bien. No vayas a cagarte esta noche en los calzones.

En la habitación del hotel, Majagua transpiraba copiosamente, sentía que las tripas le cantaban y se torcían a la vez. Sufría la sensación de estar en medio de su peor borrachera, y de no ser porque temía resbalarse de tanto que le sudaban los pies, hubiera echado a correr, a todo lo que le dieran las piernas.

Margot le sirvió una copa y le secó sonriendo el sudor que

le corría por la frente con su inocente pañuelito, impregnado de Chanel. Con una astucia felina, paciente y retadora, se fue despojando de la ropa, la dejó caer sobre la alfombra y se sentó desnuda encima de él. Un aroma de algas y mariscos frescos invadió la habitación y lo sumió en un abismo. Todo en él comenzó a estremecerse con un fragor de batalla, cuando ella le zafó la corbata y desabotonó la camisa empapada de sudor. La idea perturbadora de huir se le extravió por completo, y se dejó guiar sin resistencia, sintiendo su corazón redoblar como el tambor mayor de la retreta. A Margot le encantó que él la alzara como un pétalo para depositarla en la cama. Aún creía ser la dueña absoluta de la situación, cuando algo descomunal la penetró y se disparó dentro de ella, seguido por un relincho salvaje que hundió la cama, desprendió las cortinas y rajó en dos el espejo oval de la habitación.

Abajo, en el vestíbulo del hotel, el carpetero confesó haber sentido el suelo temblar bajo sus pies, estremecer las paredes y desgajarse algunos de los canelones ambarinos que adornaban la lámpara del salón.

Tres días después, Majagua seguía sin reportar en el casino, y Vicente no tuvo otro remedio que presentarse en el Plaza y subir a la habitación donde el gerente le informó que aún permanecía encerrada la pareja. Los periódicos se apilaban frente a la puerta y Vicente, preocupado, se decidió a llamar con los nudillos.

El rostro de Margot asomó a medias.

–Hace tres días que... –dijo Vicente, sintiéndose ridículo.

–¡Tres días ya!... Yo pensé que no había ni amanecido. No te preocupes, querido, tu amigo es un amor –dijo la francesa con las pupilas brillantes–. La tarifa de estos días corre por mi cuenta. Ahora *s'il vous plaît* voy a seguir la *contradance.*

10

Isolda Monteagudo atravesaba de nuevo por los sinsabores de una pasión que culminaba en tragedia. Todo comenzó la noche que conoció a Jeremías Varela, un muchacho de ojos soñadores que le lanzaba cada noche tres orquídeas desde el gallinero del Teatro Nacional. Jeremías contaba sólo veinte años y era a secas un estudiante del primer año de Derecho. Sería una locura complicarse metiéndolo en su cama, pero fue precisamente la insensatez del asunto lo que acabó de tentarla. Aprovechando la ausencia de Magallanes, su actual amante y empresario, que andaba todavía de viaje tramitándole un contrato para actuar en varias capitales europeas, lo recibió en su casa. Jeremías le recordaba a Terencio. Tenía sus mismos ímpetus y era, como él, vehemente y espontáneo, con una entrega tan absoluta y conmovedora que al marcharse solía dejarla al borde de las lágrimas. A pocos meses de iniciarse el enredo, Jeremías cayó abatido en la calle por un disparo de la policía durante una manifestación estudiantil contra el gobierno. Desconcertada aún por este nuevo infortunio, la encontró Magallanes a su regreso de Europa. De no ser por la intervención de Eusebia, el arrebato de celos del amante le habría costado la vida a la señora.

–Jágale caso a eta negra, uté tiene encarnao el espíritu oscuro del difunto don Andrónico, que no quie' verla con ningún jombre al lao. Mañana mismitico le jago un despojo con esencia y escoba amarga y me va a dejá bañarla con azucenas, miel y cascarilla. Eso namá que pa' empezá, poque a uté jay que pasarle una gallina prieta pol e' cuerpo y tie' que pone' tras la puerta una cruz de cedro pá alejá lo malo.

–Yo no creo en nada de eso, Eusebia, tú lo sabes. Aunque quizá no debí quitarme anoche el amuleto rojo del pecho.

–Si la señora viste de negro no pué llevá la cresta colorá. El negro y el colorao no caminan junto con uté.

Al volver a tirar los caracoles, el rostro de Eusebia se puso ceniciento y su cuerpo se estremeció sacudido por latigazos eléctricos.

–¿Qué pasa, Eusebia?, ¿qué viste ahora ahí? No me niegues la verdad.

–Ná señora, ná, déjeme jacer a mí. Yo sé lo que me traijo.

Sabina las observaba con el rabillo del ojo desde lo alto de la vitrina del comedor, donde acostumbraba a subirse para leer las tiras cómicas de los periódicos. Era una niña de alto riesgo que gustaba de treparse en todas partes. Apenas contaba un año cuando casi mata del susto a la niñera, que la sorprendió escalando las rejas de las ventanas. A partir de ese día las cosas fueron de mal en peor. Por mucho que se les duplicase el sueldo a las niñeras, todas se daban por vencidas ante la intrépida niña que gustaba de dormir la siesta encima de los armarios y columpiarse en los árboles del parque con habilidad de simio. A nadie se le ocurría buscarla en otro sitio que no fuesen las alturas. «Sabina, ¿dónde estás?», clamaban impacientes, persiguiéndola entre los árboles del jardín o recorriendo las azoteas por todo el vecindario. Isolda, que veía calcada en su hija la estampa montuna de Terencio, apreciaba estas hazañas.

–Esta nena mía cualquier día nos sorprende piloteando un avión o escalando el Everest.

Fuera de este capricho, Sabina no ocasionaba mayores molestias. Era despierta, robusta y saludable, y para colmo dueña de una hermosura en ciernes que amenazaba con igualar la de la madre. Consentida más allá de cualquier límite, y casi siempre a solas con Eusebia durante las funciones de teatro de su madre o sus giras al extranjero, Sabina crecía sin gobierno, como una hiedra trepadora que disfrutaba a sus anchas de su anarquía primitiva en la selva generosa del hogar.

–¡Padrino! –exclamó Sabina saltando a los brazos de Vicente, que acababa de llegar.

–¿Qué dice mi reina? Toma, esto es para ti –dijo sacando de su bolsillo una tableta de chocolate envuelta en papel cromado, y volviéndose a Eusebia que recogía deprisa los caracoles, le preguntó–: ¿Así que ésas tenemos, negra? Vamos, no los escondas, tíramelos también a mí.

Eusebia lo miró con el ceño contraído.

–Si de vera el caballero quie' verse, yo le voy a mostrá lo que tengo pa' uté.

–A ver, qué tienes pá mí, negra. A ver si tú sabes de verdad.

Eusebia trajo una copa con agua y la puso sobre el tapete blanco. Dio una chupada al mocho de tabaco y soltó una densa voluta de humo que mantuvo flotando sobre los bordes del cristal.

–Aquí jay dos mujeres en su camino.

–¿Dos nada más? –dijo él sonriendo entre incrédulo y burlón.

–Una, lo quié tené amarrao pa' siempre y le dará dolores de cabeza quitársela de encima. La otra... la tié muuy cerquita, ahí mismito etá. Uté la ja esperao muuucho, y por fin la va a tené poque ésa sí lo quié a uté de verda'.

A Vicente se le esfumó la sonrisa. Se puso en pie con tal violencia que la copa se derramó sobre el mantel.

–¿Qué le has dicho tú, Isolda?

–¿Yo?, nada, Vicente. ¿Qué tengo yo que ver?

Visiblemente enojado, les dio la espalda a las dos y se marchó sin despedirse.

Eusebia miró a Isolda y sonrió mostrando sus dientes renegridos.

–Tiempo al tiempo, señora. Tiempo al tiempo.

El General había venido a la ciudad para pasar una breve temporada en compañía de sus hijos. Todavía conseguía sobrellevar la vejez con impecable dignidad. A pesar de sus achaques hacía esfuerzos por mantenerse erguido, esgrimiendo el bastón airosamente. Águeda, sobre todo, insistió en que viniese y aconsejara a Serafín. Rogelio y Vicente no sacaban nada de provecho, y a ella, las cifras no le alcanzaban para cubrir los gastos de rigor. El General observó a su hijo y sintió por él una profunda compasión. Serafín era una ruina humana que se caía a pedazos. Todo lo contrario de Águeda, que poseía una madurez de fruto apetitoso, cada día más hermosa y carnal. Una comezón bochornosa lo atenazó por dentro. ¿Sería posible que Serafín se hubiese ya jubilado como hombre?

–Veamos, hijo. ¿A qué se debe que no levantes cabeza? No irás a decirme que entre tú y tu mujer no ocurre nada por las noches. A tu edad, yo todavía me tiraba a Carmela sin sentirlo.

De repente, sin esperar respuesta comenzó a lamentarse de sí mismo, contándole a su hijo la experiencia aniquilante que atravesara esa mañana, cuando Vicente lo llevó a visitar a Isolda. La diosa lo había recibido en su casa con los brazos abiertos, recordando agradecida aquellos tiempos en que él la sacara de apuros.

–Se echó encima de mí para comerme a besos. Sentí sobre mi pecho sus pezones y el calor de sus muslos en mi cuerpo. Y ¿sabes, hijo? Nada, no hubo estímulo. Tu padre se ha convertido en un viejo de mierda. En un país como éste, donde la hombría y el coraje se miden por la potencia de lo que a uno le cuelga, nada les queda por hacer a aquellos que no podemos ya izar firme la bandera.

–Nada es nada, papá, bien lo dijo Sócrates.

El General salió de su marasmo mirándolo extrañado.

–¿Sócrates dijo eso? ¿Tampoco él podía?

–No sé, papá. Si ni los sabios lo supieron, si nadie se conoce a sí mismo...

–Serafín, ¿de qué hablas, qué te pasa? No te entiendo.

–Nadie entiende, tampoco los entendieron a ellos...

–¡Aguedita! –tronó el General–. ¿Qué le pasa a mi hijo? Dice cosas incoherentes.

Ángela apareció en la sala pisándole los talones a su madre. Se acercó a Serafín y lo levantó despacio del asiento.

–Sí, papá, ya sabemos todo eso, tiene toda la razón; venga conmigo, salgamos al jardín.

Serafín se mantuvo divagando durante varias horas hasta que Ángela consiguió que se acostara. No se levantó para cenar, diciendo que le dolía mucho la cabeza. Su hija estaba preocupada.

–Le noto la lengua enredada, mamá.

–Será de hablar tanto, hija, si no paró en toda la tarde.

A la mañana siguiente Serafín amaneció con la boca torcida y el lado izquierdo muerto.

–¡Un médico! –gritaba Águeda desde el cuarto–. ¡Hagan algo, llamen un médico pronto!

Junto con el médico llegaron el padre y los hermanos, y también Lala y Elisa.

Águeda interrogaba al doctor, consternada.

–¿Está muy grave?

–Sufrió un derrame cerebral. Habrá que esperar a ver qué pasa...

Se turnarían para velar al enfermo. El General propuso que los hombres lo cuidaran por las noches para que las mujeres lo hicieran por el día. Pero Águeda se negó rotundamente.

–Es mi marido y estaré junto a él hasta el final. Teresa, tú quedas excluida de esto. Tienes que atender tus estudios. Tu padre lo entendería igual. Ángela me ayudará.

Vicente dejó el casino en manos de Majagua y durante dos noches seguidas permaneció en vela con el General en casa del hermano, insistiendo en que Águeda se acostara.

–Estás deshecha, ¿por qué no duermes un rato? No pegaré ni pestañazo, te lo prometo.

–No, Vicente, éste es mi puesto. Cada vez lo veo peor, se apaga como una velita.

Él la miró a los ojos, conmovido. Águeda le culebreaba por dentro con una mezcla rara de admiración y dolor. No soportaba verla así, pálida, ojerosa, sufrida, y a la vez sabía que la quería más por eso. Por aquella manera suya de cargar el mundo sobre sus hombros.

Ella le leyó el pensamiento y desvió la mirada en el instante que Serafín emitía desde la cama un sonido gutural.

–Mamá, parece que papá quiere decirle algo –dijo Ángela, que seguía sin moverse a la cabecera del padre.

Águeda se acercó a su marido y Serafín intentó sonreír con una penosa contracción que le crispó el lado petrificado del rostro.

–No te apures, Serafín –dijo Águeda condolida–, estoy aquí a tu lado. No me voy.

Con la mano sana atrapó ansioso los dedos de su mujer y la obligó a inclinarse para hablarle al oído.

–Perdóname por no hacerte feliz –dijo con un esfuerzo supremo, y sus pupilas se apagaron en una última mirada a la esposa.

Ángela se arrodilló a su lado y le cerró los párpados. Luego miró a su madre, que todavía retenía la mano yerta entre las suyas, diciéndole con la voz rota:

–Se nos ha ido, mamá.

II

Esa noche, poco antes de salir para el velorio, Águeda entregó a Ángela el grueso sortijón de oro que llevaba siempre Serafín, diciéndole que a su padre le hubiese gustado que ella lo conservara por ser lo más cercano que tuvo en los últimos tiempos. Fue en el ocaso del padre cuando Ángela terminó por escalar un puesto en la familia. Durante más de un año libró por él una lucha denodada. Sólo ella entendía sus seniles desvaríos, le calzaba las pantuflas extraviadas debajo de los muebles, soportaba con clemencia sus largas parrafadas sobre los siete sabios y conseguía animarlo a alimentarse y dormir.

–¡Qué bien te has portado con tu padre, Angelita! –le dijo su abuelo el General con los ojos sombreados de dolor–. ¡Cuánta responsabilidad cupo en esta mujercita!

–Así es –asintió Águeda–. Ni yo misma sabía ya qué hacer con Serafín. En cambio, Ángela siempre encontraba un recurso para sacarme de apuros. De no ser por su ayuda, no sé qué habría sido de mí.

Aquel intercambio entre la madre y el abuelo fue el lenitivo a sus más tristes sinsabores. ¡Era tan amargo que su padre tuviera que morirse para que a ella se le reconociese! Haría lo que fuese por mantenerse en su lugar. Cualquier cosa con tal de no decepcionar a su madre.

Águeda eludía el verdadero significado de lo que estaba ocurriendo. Le parecía estar atravesando una de las tantas pesadillas en las que veía a Serafín amortajado. Su marido siempre fue para ella una condición de infortunio sobrellevada con resignación. No podía concebir que hubiese muerto, sólo transitaba por uno de sus estados neutros, dormitando como siempre entre el silencio y la ausencia. Esa sensación anulaba el remordimiento de estar atenta a los pasos de Vicente. Lo había visto ausentarse un par de horas y regresar trayendo del brazo una mujer de andar provocativo que presentó al General y a Rogelio. Vestía airosamente con las ropas muy ceñidas al busto y las caderas. La vio detenerse junto a él, frente al féretro de Serafín, y se volvió una furia.

«No es posible que Vicente me haga esto», se dijo, y se precipitó sobre la pareja.

–Vicente quiero hablarte a solas –le exigió, retando de arriba abajo a la joven.

La muchacha se apartó discretamente y Águeda, enardecida por los celos, arrojó sobre el cuñado el negro pus de su amargura.

–¡Cómo te atreves a traerme aquí a esa perdida! Con tu hermano de cuerpo presente. A ofendernos así, a él, a mí, a tus sobrinas, a tu anciano padre, a toda nuestra familia, que es la tuya además. Noches atrás pensé que habías cambiado, creí en tu abnegación cuando velabas conmigo a tu hermano moribundo. Pero ahora te apareces con esa mujer y nos humillas, pisoteas mi dolor. Nunca, lo oyes, voy a perdonarte esta ofensa.

–Espera, Águeda, déjame que te explique. Ella no es una de esas que tú piensas. Se trata de Lugardita, la hija de Engracia, la maestra, ¿no la recuerdas?, era apenas una niña cuando vivíamos en Río Hondo. Serafín la recibió al nacer, fue el médico de su familia. Me pidió que la trajera porque quería darte el pésame.

Ella lo miró desconcertada.

Entonces él, sin poderse contener, se apoderó de las manos

heladas de Águeda y su voz tembló, se quebró casi, con una emoción intacta todavía:

–Yo sería incapaz de hacer nada que pudiera ofenderte.

Teresa era la única de las tres que disponía de nervios para encargarse de atenderlo todo. Sin embargo, en su afán de abarcar tanto, dejó escapar pequeñeces que más tarde habría de lamentar. No sólo no se percató del intercambio amoroso entre su madre y el tío, sino que no tuvo en cuenta que el hombre que le interesaba no calentó asiento a su lado y se pasó el velorio pendiente de una mujer que le sorbió de inmediato los sesos y el corazón.

Jorge Ulloa había venido con sus padres para ofrecer sus condolencias a Teresa y su familia, y se hallaba sentado frente a ella cuando vio a una joven de belleza celestial penetrar en la capilla con un ramo de rosas blancas entre los brazos. Se decidió a seguirla, impulsado por un apremio inexplicable. No era dado a creer en lo mirífico. Luego de sus vivencias de estudiante en la casa de socorros y en el asilo de locos, no sólo increpaba constantemente al gobierno por su indolencia, sino que llegó a mirar con suspicacia la divinidad de Dios, pero nadie más que el ser divino pudo haber enviado un ángel para rogar por el alma de Serafín Falcón. Allí estaba, con sus cabellos de oro puro hincada de rodillas en el reclinatorio, con la mirada azul posada en el crucifijo y los dedos repasando las cuentas del rosario.

–Soy Elisa, la sobrina del difunto –le dijo en un susurro, interrumpiendo sus rezos, sonrojada hasta la raíz de los cabellos.

Él no respondió, temía que el sonido de su voz fuese demasiado rudo y les echara a perder la magia de aquel momento. No quería más que mirarla y retenerla a su lado. Se le había acercado tanto que podía respirar la fragancia que emanaba de su piel. Elisa se puso nerviosa: el rosario se le hizo un nudo entre los dedos y se pinchó sin querer con las espinas de las rosas. Jorge, apenas dueño de sí, atrapó la mano de la joven y la envolvió suavemente en su pañuelo.

Ella sonrió, ajena a lo genuino de su hechizo.

–No me has dicho aún quién eres.

–Soy Jorge Ulloa, estudio Medicina y conozco a Teresa de la universidad.

–¡Ah! Teresa es prima mía. Mucho gusto, Jorge –dijo extendiéndole la mano lastimada que él retuvo ansioso de nuevo entre las suyas, mientras su mirada se iba a pique en el azul de sus ojos.

Ella se despidió sin volverse, pero él la vio alejarse enardecido por un pensamiento conminatorio: Elisa o ninguna.

Ese año tuvieron una Nochebuena triste. Águeda recordaba con nostalgia a sus padres y le daba la razón al General. Nada era comparable al encanto de las cenas en La Fernanda, con las controversias a la luz de la luna y el puerco asado al carbón. Hasta la brisa hacía extrañar el aroma familiar de madreselvas y jazmines. Lala pasó la velada lamentando no poder ordenar en su casa una cena a su gusto, con un pavo relleno igual que se estilaba en los *thanksgivings*, para que no se dijese que contrariaba a «dad». El General por su parte se recomía el hígado no sólo por las sandeces del pavo, sino por aquellos absurdos *«dad»* con los que ahora su nuera tenía el capricho de llamarlo, y se cuestionaba, mascullando entre dientes, la alta categoría otorgada en Norteamérica a la tal gallinácea que en esta isla no pasaba de ser más que un guanajo con el moco caído.

Una sirvienta emperifollada con cofia y delantal de muselina y encaje apareció con un recado de Vicente que se disculpaba por no poder venir, debido a que esa noche coincidían en el bar mirador de Casablanca nada menos que Fred Astaire, Hemingway y María Félix.

Gabriel, que tenía siempre en la boca una salida ocurrente, dijo que, por pintar a María Félix como Dios la trajo al mundo, sería capaz de venderle el alma al diablo. Eso contribuyó a levantar el ánimo de la velada y el tono de algunos chistes picantes que corrieron por la mesa, sin tener en cuenta a Mariko, que además de captar la picardía de los chistes, estaba bien empapada en la fama de la Félix y se pasó gran parte de la noche mirando atravesado a los bromistas y trillando a su marido a pellizcos por debajo del mantel.

A la mañana siguiente, mientras desayunaban, Teresa empezó a enumerar los planes que tenía para el nuevo año, diciendo que la próxima Nochebuena estaría ya casada y contarían con un nuevo miembro en la familia.

Águeda la escuchaba, disgustada.

–Teresita, no me gusta que te hagas ilusiones para sufrir desengaños. Jorge no parece interesarse en ti.

–Usted no lo conoce bien, mamá, es demasiado tímido, pero llegaré a conquistarlo, ya verá. El año que viene estará lleno de sorpresas. Usted descansará de sus preocupaciones económicas y yo entraré a formar parte de una familia rica. Jorge está por recibirse de médico, y pronto pensará en casarse. Viviremos por lo alto. En cuanto termine el luto me incorporaré a la vida social con mis tíos.

Ángela apartó con pereza su taza de café con leche y miró a su hermana con ironía.

–¿Sabes, Teresa?, no creo que Jorge te sirva para tus aspiraciones. Parece un muchacho sencillo y espiritual, me recuerda a papá en algunas cosas. Estoy de acuerdo con mamá, pienso que te ilusionas por gusto. No te mira con ojos de enamorado.

–Qué sabrás tú de eso, Ángela. ¿Acaso has tenido algún pretendiente? –respondió Teresa.

–No hace falta ser un genio como tú para saber cuando a un hombre le gusta una mujer.

–Bueno, dejemos ahí el asunto –dijo Águeda–. No voy a esperar a que te cases para vivir a costilla de tu futuro marido. Tengo mis propios planes para el nuevo año: voy a trabajar.

–¿A trabajar? –dijo Teresa alarmada–. Se ha vuelto loca, mamá, usted nunca ha hecho más que dirigir esta casa.

–Por algo se empieza. Aprenderé, ya lo creo, para eso tengo dos brazos y soy joven todavía.

–Yo la apoyaré, mamá –saltó Ángela decidida–. Me haré cargo de la casa y de todo lo suyo. No se preocupe, déjelo de mi cuenta y haga lo que crea conveniente.

Vicente se presentó en casa de Águeda esa misma noche.

–Majagua me avisó que querías verme...

–Sí, quiero tratar contigo cierto asunto que tengo en la cabeza.

La recorrió con los ojos pensando en lo mucho que, a su pesar, le asentaba el luto a su cuñada, resaltando la blancura de su piel y favoreciendo su figura. Tenía los cabellos recogidos en la nuca por una invisible redecilla que ponía al desnudo el cuello y la línea sensual de su garganta. Sintió el borboriteo loco del deseo fluyéndole en las venas como una lava apremiante.

–¿Tienes algo de beber? Necesito un trago con urgencia.

–Sí, ya pensé en eso. Le avisaré a Tomasa para que te prepare algo.

La mulata se dio prisa en servirle una botella de Carta de Oro y desapareció haciéndose cruces hacia el fondo de la casa.

–¿Sabes, Águeda?, cualquier asunto me es difícil contigo.

–Yo, Vicente... no sé cómo disculparme por lo de esa muchachita. Yo no podía suponer...

–Dejemos eso, no tiene importancia.

–En realidad te llamé por otra cosa... Serafín estuvo enfermo. He tenido gastos en la casa, los ahorros se me han ido entre las manos. Sí, ya sé lo que vas a decirme, que el General no va a dejarnos desamparadas. Eso lo sé. También está Gabriel por el medio; desde antes de enfermar tu hermano quería ya mudarse aparte con su familia. Mariko sueña con abrir un comercio donde pueda vender los cofrecitos que hace. Yo no puedo quitarles ahora sus ideas y convertirme en una carga para nadie. Aprendí de mi padre cuando lo del incendio a no aceptar favores que al final terminan pesando demasiado. No creas que es orgullo, no. Nada de eso. Es que tengo ya mis planes.

–Di lo que quieres, Águeda.

–Quiero trabajar.

Él intentó decir algo, pero ella lo detuvo con un gesto y continuó resuelta:

–He pensado en abrir una perfumería. Aprendí algunas cosas con mi madre. No me será fácil al principio, pero con el favor de Dios, saldré adelante. Yo quería saber si puedo contar contigo. Si me puedes facilitar la entrada para instalar el negocio. Te devolveré hasta el último centavo.

Vicente la miró sorprendido, preso de una ansiedad agónica por besarla y abrazarla, por estrecharla tanto que no pudiera nunca desprenderse de sus brazos. Deseaba pedirle que se apoyara en su hombro, que descansara en su pecho, que no pensara en nada, que se olvidase de todo lo que no fuese el amor de los dos. Pero por primera vez el Vicente audaz y resuelto se estrangulaba las palabras, y se mostraba indeciso y precavido en su manera habitual de reaccionar. Se debatía entre la urgencia de expresar lo que sentía y el temor de herir a Águeda en su altivez si se dejaba arrastrar por sus impulsos de antes. Rozando ya los cuarenta, un hombre que se sabe hombre conoce que ha rebasado la edad de sus peores arrebatos. Las mujeres que habían pasado por su vida lo hicieron sin dejar rastro y jamás le consintió a ninguna lo que le había consentido y perdonado a la única mujer que le hizo añicos el orgullo y le robó por entero el corazón, pero si ahora esa mujer volvía a salirle con otro de sus «no puedo, Vicente», se la arrancaría de adentro, la apartaría de su vida para siempre y, por más que le costara, jamás volvería a ceder ni a perdonarla. No, esta vez no podía precipitarse ni flaquear con Aguedita. Un fallo sería irremediable. Tan cerca que la tenía y de nuevo se imponía esperar... Se mordió los labios, ciego de impotencia.

–Está bien, Águeda, cuenta conmigo. Haré lo que tú desees.

Ella lo vio marcharse descorazonada.

«Yo pensé que iba a pedirme lo de antes. Pensé que todavía él me amaba.»

12

Los primeros meses del año fueron una prueba para Águeda, que se lanzó en su empresa sin demasiadas pretensiones, pero con gran voluntad. La perfumería abrió sus puertas en una de las calles más populosas del centro de La Habana, donde la competencia era todo un desafío. Fue finalmente Chez Elle el nombre escogido por Teresa para entrar con fuerza en el mercado y en la mente de un público que exigía sugerencias atrayentes. Se manifestó partidaria de atrapar con un rótulo de lujo, que conjugara lo alusivo y lo auténtico: Chez Elle se vendía por sí mismo, poseía el encanto femenino de la fragancia moderna y el romanticismo inveterado del souvenir parisién. «¿Acaso no vienen de París los mejores perfumes?», dijo, más bien por salir del paso que por querer ayudar; prefería desentenderse de un asunto que, además de ridículo, consideraba poco provechoso.

Águeda no aspiraba a más. Se mostró conforme con aquel local reducido que en poco tiempo supo transformar en un acogedor oasis para el cliente necesitado de una tregua, después de subir y bajar las escaleras rodantes y recorrer las tiendas por departamentos. Fue quizá en esta paradoja de contrastes donde nació su éxito. Al principio se empecinaba en vender artículos que los clientes adquirían en las tiendas de renombre. Las ventas eran modestas y se hacía difícil lograr una clientela estable. Entonces apareció el ángel bueno de Elisa, ofreciéndose para ayudar en el peor de los momentos. Si el tío Vicente representaba para ella su paradigma masculino, Águeda personificaba su ideal de mujer. A pesar de los tules rosas con los que Lala pretendía preservar la candidez de su hija, a Elisa no le faltaba ingenio ni agudeza y había intuido que la tía Aguedita llevaba más de una pena oculta en el corazón. Hubiera querido abordar el tema con su madre, pero sabía que era en vano: Lala vivía ajena a todo, contemplando al mundo sucederse a través de una vidriera. Con su padre le ocurría otro tanto. Se complacía en mimarla y consentirla; la llamaba princesita, muñeca, mi bella durmiente del bosque, y quería tenerla como en los cuentos, rodeada de fantasías. Cualquier cosa que rompiera el encantamiento era tachada de mala, fea o cuando menos triste, y no debía interesar. Pero Elisa tenía otras ideas, y éstas emprendieron vuelo el día que Águeda anunció a la familia Falcón que empezaría a trabajar con la ayuda de Vicente. A Elisa no le importó la frialdad con que sus padres y el abuelo acogieron la noticia, y en cuanto terminaron sus clases de High School, se presentó en casa de su tía dispuesta a respaldarla. Según su criterio, al cliente había que impactarlo por anticipado y atraerlo desde afuera, con una propaganda que lo tentara a visitar la tienda primero que las otras y no de retirada. Si su tía aceptaba su propuesta, ella tenía ya en mente cómo conseguirlo.

–Ni lo sueñes, Elisa, ya bastante bulla armó la familia con esto de mi negocio. ¿Crees de veras que tus padres van a permitir que te quedes conmigo en vez de irte a París de vacaciones con ellos?

–Nunca nadie me ha negado nada, usted lo sabe. Ahora no podrán oponerse tampoco.

Durante varias semanas Elisa se dedicó a documentarse sobre la alquimia de los perfumes. Aprendió las propiedades del almizcle y los secretos de las esencias de flores. Estudió las diferentes clasificaciones de la piel y cómo valorarlas adecuadamente. Luego puso el siguiente anuncio en los diarios: «Un perfume sentido al pasar suele evocar un rostro, y un recuerdo. Es el más poderoso aliado del encanto femenino, pero puede destruir su gracia seductora si no sabe cómo usarlo. Visite Chez Elle, y descubrirá el secreto de perfumarse con arte».

Hizo correr por la ciudad unas tarjeticas apergaminadas con un eslogan contundente: «No malgaste su piel, su fragancia está en Chez Elle».

Por último, aprovechó las partidas de canasta, y las reuniones de damas en el Miramar Yacht Club, para sembrar el desconcierto entre las distinguidas amistades de su madre, a las cuales horrorizó con una detallada explicación sobre los años gastados en perfumarse vulgarmente con una fragancia inadecuada. Un perfume desacertado y abusivo implicaba ignorancia y agredía el olfato de sus admiradores. Lala la oía escandalizada. Una señorita de sociedad, nada menos que la hija de un ministro, empecinada en atender una perfumería. Pero el poder indiscutible de los argumentos de su hija la dejó anulada y terminó pidiéndole que analizara su piel y la enseñara también a perfumarse con juicio y elegancia.

Elisa logró su cometido. Despidió a sus padres deseándoles unas felices vacaciones en París y corrió a instalarse en la tienda de Águeda para medir de cerca los resultados de sus iniciativas. «Descríbame a su novia y le complaceremos con el perfume idóneo para obsequiarla», y recomendaba a las rubias, las lilas y el espliego. A las gorditas, la acacia. Una fragancia suave de lavanda, heliotropo o jazmín si era castaña, y de narciso, si era morena. A las trigueñas, sugería el clavel o el alelí y confiaba a las señoras entraditas en años el aroma mesurado de las rosas y magnolias.

En la céntrica esquina habanera de Galiano y San Rafael, Mariko dispuso también su comercio, de biombos, filigranas y tallas de madera. Lo asiático estaba en moda y su arte prendió enseguida en la gente de caché. Hasta las frases de cortesía que a Mariko se le iban en su idioma, apenas sin darse cuenta, le ganaron clientela y se hicieron populares en los círculos de la alta sociedad habanera. Su «Tasukete kure» (tened la bondad) llegó a ser tan habitual entre Lala y sus amigas, como el «happy birthday to you» y el «hello darling». Gabriel se sentía tan satisfecho que había ido posponiendo la idea de poner casa aparte; ahora que su mujer y su hermana se entendían tan bien y tenían intereses similares, él podía viajar y permanecer más tiempo dedicado a su arte.

Al regresar a casa con los huesos molidos por el cansancio de la jornada, Águeda lo encontraba todo en orden. Ángela organizaba los días con perfecta escrupulosidad. La cena dispuesta, los gemelos dormidos y los visillos corridos transparentando apenas la tibia luz crepuscular. Cada noche antes de acostarse, Águeda se postraba frente al cuadro del Sagrado Corazón y daba gracias por la nueva paz doméstica.

Por aquellos días Mariko despidió por negligente a la niñera de sus hijos, y dejó a los gemelos bajo la custodia de Ángela y Tomasa, quienes aseguraban no haber conocido en su vida diablillos semejantes. Por si esto no bastara, el tío Vicente se tomó la atribución de traerles a Sabina y dejársela en casa, diciendo que la niña estaba sola, creciendo silvestre con Eusebia, y necesitaba el contacto con sus primos. Ángela no se atrevía a decírselo a su madre para evitarse problemas, y si aceptó la encomienda fue porque la tía Isolda siempre le inspiró una extraña simpatía. Sabina le pareció rara, pero pronto sus nervios se adaptaron a la idea de que era peor mantenerla en suelo firme que permitirle trepar a los muebles más altos de la casa, donde solía leer a Julio Verne o dormir como un lirón. En realidad Sabina ni se sentía, a no ser que los gemelos treparan a su refugio y le tiraran del pelo. Tomasa y Ángela corrían a separarlos repartiendo pellizcos y jalones de orejas hasta quedar extenuadas, sobre todo la mulata, que pasaba el resto del mediodía en un rincón de la cocina roncando a borbotones con la boca abierta de par en par. Una tarde los gemelos se antojaron de probar su puntería, haciendo blanco con las aspirinas sustraídas del botiquín del baño en la campanilla expuesta de la criada. Tomasa despertó con varias pastillas atascadas en el gaznate y fue en busca de Ángela con los labios blanquecinos y espumosos. Ángela, asustada, despertó a Sabina de su siesta sobre el armario para que pidiese auxilio a los vecinos, creyendo que Tomasa había sido envenenada. Sólo la ayuda de Dios hizo que la infeliz recuperara el resuello, en medio de un alboroto terrible que removió la barriada.

Cuando regresó Águeda, se había restablecido la calma. Vicente había enviado a Jacobo por Sabina y los gemelos reposaban plácidamente en sus camas. Mariko, con su incauta parsimonia, entró pidiéndole a Tomasa la palangana de agua tibia y el bálsamo de benjuí para relajar las piernas, y le dio gracias al cielo por la paz que se respiraba en casa y esa pareja de ángeles que le concedió por hijos.

Esa noche, cuando se iniciaron las apuestas en el casino, Majagua observó a Vicente, que se paseaba abstraído entre las mesas, fumando un cigarrillo tras otro, sin ponerle cabeza a la ruleta. Al finalizar la madrugada, intercambiaron las copas de costumbre, pero el señor seguía mudo, bebía el ron pensativo y no paraba de fumar. Majagua, que lo conocía, sabía que estaba deseoso de franquearse y trató de propiciar la conversación.

–¿Por qué no me suelta lo que tiene? No tenga pena, yo lo escucho.

Vicente apuró su trago y se animó a hablar finalmente.

–Dime, tú que conoces a cierta persona desde que era niña, qué me aconsejas hacer para tenerla conmigo.

–¿A mí me viene usted a preguntar de mujeres?

–No te hagas. Buen cabrón resultaste tú con la francesa. ¿Cuándo se ha visto que a una ramera de lujo se la singuen gratis?

–No hable así de ella, don Vicente. Margot es una buena muchacha.

–Te he pedido un consejo, ¿vas a negármelo?

–¿Qué quiere usted saber de la señora Aguedita?

–Todo lo ocurrido en esos años que estuve ausente.

–Mire, si ella lo quiere, con eso basta. No vale la pena que se caliente más los sesos.

–No, quiero dárselo todo. Saber qué desea... Voy a volverme loco. No puedo preguntarle esto a nadie: ni siquiera a Isolda, que es su hermana; se echaría a reír en mis narices.

–Si he de serle sincero, yo creo que la señora Aguedita pasó muy malos ratos. Su hermano, que en paz descanse, siempre se desvivió por complacerla, pero ella no parecía tenerlo en cuenta. Cuando tuvo aquel capricho de pintar el cuarto de rosado, el doctor me mandó a buscar para que hiciera el trabajo, pero ella cambió enseguida de opinión, diciendo que estaba mejor así, con el color de antes. Era como si nada que viniese de él le diera gusto. Aquí en La Habana fue peor. Todo el tiempo encerrada por el luto de sus padres, y ahora, por el del propio doctor. Una vez le oí decir que le gustaría tener una casita frente al mar. La señora es muy buena nadadora. Aprendió en el río con su padre. No sé si lo recuerda.

–Entonces tendrá el mar. Por inmenso que sea, será todo de Aguedita.

A la mañana siguiente, cuando María comenzaba a hacer la limpieza, se sorprendió de encontrar al señor en pie, trajeado como si pensara salir, aunque a las claras se veía que se caía de cansancio. Desde que servía en su casa jamás lo había visto así: extraño y malhumorado. Hacía un montón de días que no usaba con ella una jarana, y tampoco con Jacobo, que lo seguía a todas partes y siempre contó con su confianza. Lo que más la intrigaba eran las cosas tan raras que al señor le dio por preguntarle. Cuándo se vio un señoritingo blanco interesado en saber si era cierto lo que decían los caracoles o si Eusebia tenía poderes para ver el porvenir, y menos uno como él, que no creía ni en la madre que lo parió y sólo le daba crédito a lo que veía y tocaba.

–Si la mismísima Virgen de la Caridad se le parase delante, usted se burlaría en su cara.

–¡Coño! No me tires con esa mulatona. Lo que te digo es en serio. Tú le sabes a eso, no lo niegues. Dime, ¿puedo confiar en Eusebia?

–Con los ojos cerrados, señor. Esa negra ve hasta donde el jején puso el huevo.

Vicente no dudó más. Se proponía cortar por lo sano antes de tener una conversación definitiva con Águeda, y según estaban las cosas no quedaba otro remedio que pedir consejo a Eusebia. Sabía que a esa hora de la mañana la encontraría sola en la casa; Isolda tenía ensayos en el teatro y Sabina estaba en clases.

La negra lo recibió maliciosa.

–No me diga que uté vino a consultarse.

–Déjate de hacerte, negra, y ponte para esto en serio.

Eusebia alisó el tapetico de guipur sobre la mesa, colocó encima la copa llena hasta el borde y la cubrió con una bocanada de humo.

–Je, se lo dije. Ésa lo quié a uté pa' ella namá, le echó con to' lo que tiene. Pero no se ocupe, ute' córtele la soga que de quitarle el osobbo yo me encargo. No le crea na' de na': que si le va a clavá un cuchillo, que si le va a mete' candela; cuento namá. Candela va a tene' ute' con la otra si no anda derechito. No se pue eta' en misa y en procesión m' hijo. La felicidá e' una sola, no deje que se la quiten.

Vicente siguió el consejo al pie de la letra. Esa misma tarde puso fin a su relación con Rita la devoradora. Tal como la negra lo predijo, la cosa resultó de anjá; la doña se las traía y trabajaba a los hombres en lo material. De modo que, además de la obra para quitarle el osobbo, hubo que hacerle un sarangenge con muchas hierbas y baños, pero al final Vicente quedó limpio. Eusebia sabía lo que hacía, y el señor había nacido para salir adelante, tenía un ángel de la guarda muy fuerte, era hijo de Changó y todo el que se la hacía, se las pagaba. Eso sí, debía andar con los ojos muy abiertos, porque al igual que la niña Isolda tenía el destino marcado con una letra de muerte.

La playa azul de Varadero, con sus arenas edénicas de blancuras impolutas y su rapsodia infatigable de transparencias celestes, era el séptimo cielo de la flor y nata habanera y el paraíso encantado de los magnates y millonarios extranjeros que invadían la península de Icacos con sus yates de lujo y sus fastuosas residencias. A nadie asombró que Vicente comprara allí un chalet. Lo que sí hubiera sorprendido a muchos de haber podido saberlo era el febril interés que Vicente se tomaba en ataviar los interiores de su nueva propiedad. Había hecho venir al decorador de moda más famoso de La Habana, que se las daba de poseer un exquisito talento para mezclar estilos y tonalidades. Pero a pesar de los empeños del artista, Vicente no se veía complacido ni satisfecho del todo. Las luces le parecían estridentes, las cortinas demasiado llamativas, los muebles rígidos y mal dispuestos. Acabó por despedirlo, creyéndolo incapaz de conseguir el rosado integral que deseaba en las habitaciones, y después que lo trajo de regreso y le pidió mil disculpas, amenazó con ponerlo de nuevo fuera de servicio, si no lograba el color que él deseaba.

–No sé qué espera de mí, señor –le decía el artista con la mirada afligida–. Le he probado todas las gamas: el Soft Camell Pink, el Watermelon, el Sahara Pink.

–No quiero camellos, ni melones, ni colores desérticos. Quiero un rosado incorruptible.

–¡Pero señor, hubiese empezado por ahí! Usted quiere el ¡Pink Eternity! ¡El señor debe de estar muy enamorado! –exclamó el decorador suspirando con un aleteo de pestañas.

Siempre que Vicente pasaba frente a la perfumería de Águeda entraba unos minutos, se interesaba por la marcha del negocio y se despedía con las palabras acalambradas en los labios, pensando que todavía no había llegado el gran momento. Esa tarde, sin embargo, se presentó propicia para ambos. Elisa se había ido temprano al aeropuerto a esperar la llegada de sus padres y Águeda estaba sola, a punto de cerrar. Ella lo vio detenerse tras los cristales de la puerta y le sonrió con la mirada infinita y las pupilas insondables de antaño. Él quedó vuelto hacia dentro con las manos fundidas a los bolsillos y los segundos registrados en la escala extrema de su ansiedad. La contempló apresada en su vestido de luto, con los cabellos recogidos por la invisible redecilla que desnudaba la nuca y la esbeltez pálida del cuello, sin resignarse a creer que el amor pudiese arder al rojo vivo como un hierro puesto al fuego. «Es tan linda que duele», pensó, y se acercó seguro, convertido en el Vicente de siempre. Se miraron en silencio, ávidos y revueltos de nostalgias. Ella intentó decir algo, pero él la contuvo.

–No digas nada –dijo, y la besó con un sabor de sueño relampagueando en los labios.

13

Vicente perseguía a Águeda, que corría descalza por la arena con la falda entre sus muslos y los senos galopantes. Recobraba su risa y el esplendor de los ojos que él retuvo en el recuerdo. Recuerdos destejidos, traídos y llevados por las olas que borraban sus huellas en la orilla. Recuerdos profundos y eternos como el mar, intactos como el rosado del templo que pintara para ella, donde ahora la tenía al fin. Las ropas enlutadas cayeron a sus pies como un aldabonazo. Las carnes incoercibles, palpitantes, desafiaron el cerco de las pupilas ávidas de hallar en aquella desnudez un solo rincón aún inexplorado en sus pletóricas fantasías, en su manera de imaginarla así, abandonada al desenfreno de sí misma. Ella a su vez creía soñar aquel sueño inconcluso del que nunca quiso despertarse. Reconocía la hora suprema que no volvería a vivir por mucho que después intentaran repetirla en otras horas. Deseaba prolongarla, pidiéndole que la estrechara entre sus brazos hasta fundirla en la tangencia de su dicha. Y él la complacía con la caricia demorada y los gemidos locos, eternizados en el beso, olvidado ya de su primitivo afán de poseer en sus ansias de entregarse y recibirla, de quedar totalizados en la perpetua comunión de los sentidos.

–Todo, Vicente, lo quiero todo –suplicó, y él vertió dentro de ella la catarsis de su pasión reprimida y milenaria.

Se miraron largamente, sabiéndose inagotables y exhaustos, lamiéndose en los párpados la fiesta mutua de sus lágrimas, reconociéndose en el latido aparejado de sus corazones. Inmensos y abismales como el mar que estaba afuera, más allá de los cristales, absorto en la hora más azul de sus azules. Y se durmieron abrazados, devueltos a la paz húmeda y tibia de sus cuerpos.

El despertar de Águeda fue el sueño verdadero de encontrarse con los ojos de Vicente recorriendo cada palmo de su piel. Estallaron en una loca carrera hacia la playa, completamente desnudos, dorados por el crepúsculo que reverberaba el horizonte. Se amaron en la arena sin sentir cómo el mar acariciaba sus tobillos y luego sus muslos hasta cubrirles la cintura en el momento que subía la marea. «Bésame más para saber que no es otra de mis fantasías contigo», le dijo él, cuando ya el agua los cubría por encima de los hombros y tuvo que cargarla deprisa para no seguir amándose hasta el fondo y el fin de la conciencia. Todavía, en el camino de regreso, con Águeda colgada de su cuello cosquilleándole el oído con frases insospechadas, Vicente detuvo el auto para hacer el amor a la luz de la luna sobre un lecho de agujas de pinos. Las luces del puerto presagiaron la ciudad y los hicieron volver en sí. Águeda se alisó los cabellos y puso en orden sus vestidos entre risas y besos.

–Déjame aquí en la esquina, no es prudente que nos vean más cerca de la casa.

Él la tomó firme por la cintura.

–Águeda, te esperé todo este tiempo. No quiero más dilaciones entre nosotros. Nos casaremos cuanto antes.

Ella le acarició dulcemente los labios con la yema de los dedos.

–Lo sé, mi amor. Pero tendremos que esperar a que termine el luto. Yo tengo mis deberes...

–Tú lo único que tienes es que quererme. Águeda, espera, no te vayas, dime, ¿eres feliz?

Ella lo miró desfallecida.

–Pero si yo te adoro, Vicente. Yo me muero sin ti.

Ángela recordaría siempre el fulgor inusitado que traía su madre en las pupilas cuando la vieron llegar esa noche a la casa. Venía efervescente y febril, como embriagada de espumas o tocada por un rayo. El rayo no podía tener más que un nombre, y era inútil que Águeda se molestase en fingir haciéndoles creer que estuvo con Elisa hasta las tantas, ocupada en los negocios. Una llamada de Lala puso al descubierto todo. Elisa no podía estar con Águeda porque se había pasado la tarde en casa de los Ulloa.

Teresa trinaba de rabia. A ella que jamás se le iba una, habérsele escapado ésa. Lo de su madre y el tío lo veía ya venir, pero lo de la prima con Jorge estaba fuera de sus cuentas. Sí que las mataba callando el angelito de Dios, tan sosona y mire usted, queriendo levantarle al novio. Seguro que se conocieron cuando el velorio de su padre. Venir a aprovecharse de una en semejante momento. Su madre debía de estar al tanto de todo y claro, se lo calló; por algo eran uña y carne; Elisita para aquí, Elisita para allá: la soga tras el caldero. Pero ya iban a ver. Ella sabría cobrárselas. Atreverse nada menos que con Teresa Falcón.

–Nada podrás hacer ya –le advirtió Ángela, azorada de su furia–. Si Jorge decidió presentar a Elisa en su casa es seguro que las cosas van en serio. Mamá, de saber algo, se lo habrá callado por no herirte.

–¿Quién dice que estoy herida? –dijo Teresa tirando un puntapié contra los muebles–. Eso sería reconocerme vencida. A mí me llevó antes a conocer a su familia, ¿lo recuerdas? Tengo prioridad; voy a utilizarla a mi favor y tú vas a ayudarme, Angelita.

–¿Yo? Ni lo pienses.

–Recuerdo que una vez, cuando presenciaste cierto incidente entre mamá y el tío, te dije que si arreglaba el asunto en beneficio nuestro y de papá quedarías en deuda. Pues bien, ha llegado la hora de que cumplas tu promesa.

El tono solemne y viperino de Teresa le inoculaba un temor de postración. Por suerte, en ese momento sintieron girar la llave en la cerradura.

–¿De dónde viene, mamá? Estábamos tan alarmadas por usted... –inquirió Teresa con una inflexión de ingenuidad aterradora.

–Pero si les advertí que iba a demorarme. He tenido un día terrible. Pregúntenle a Elisa. Mañana les cuento. Ahora sólo aspiro a tomar un baño y meterme en la cama.

A la hora de dormir, Teresa volvió a la carga.

–Te lo dije, Ángela. Tiene a Elisa de aliada. ¿Vas a permitir que nos traicionen así? Tú, que tanto te esfuerzas en esta casa, tendrás que cooperar conmigo. Le haremos tragar veneno a esa santurrona.

Teresa se equivocaba al creer que su madre conocía los pormenores del romance surgido entre su prima y Jorge. Sólo en una ocasión Elisa le había comentado a Águeda que estaba siendo cortejada.

–Tía, ¿usted cree en el amor a primera vista?

Águeda recordó una tarde de verbena en el parque de las esquinas cerradas, y volvió a sentir el aroma del abanico de sándalo que todavía conservaba. Sonriendo, acarició los cabellos de su sobrina y le pidió más detalles del asunto. Pero ella se limitó a hablarle de un joven que la asediaba a la salida del instituto, jurando que la amaba desde que la viera por primera vez.

–Debes tener cuidado, Elisita, los hombres son tremendos.

–Es que yo sentí lo mismo cuando lo conocí.

Se pusieron de acuerdo para que ella lo trajese a la perfumería y Águeda lo conociera antes que Lala y Rogelio estuviesen de vuelta. Pero las cosas se precipitaron para ambas: Elisa tuvo noticias del regreso de sus padres y Águeda, a partir de su encuentro con Vicente en la tienda, no tuvo otro pensamiento que la cita concebida para el sábado. Sólo alcanzó a pedir a la sobrina que le guardase el secreto de su escapada.

Encerrado en la lujosa biblioteca de su finca Kukines, Fulgencio Batista y Zaldívar, el mulato del pelo engominado y la sonrisa ladina, esperaba la visita de Rogelio Falcón, leyendo *Técnica del golpe de Estado* de Curzio Malaparte. Confiaba en la sagacidad de Rogelio, que más de una vez lo había asesorado como abogado en algún que otro asuntillo nada limpio, pero más que todo valoraba la visión que el hijo del general Falcón poseía para medir la temperatura en los asuntos políticos, y apenas supo que Rogelio y su mujer habían regresado de sus vacaciones en París, lo hizo venir a su finca, para intercambiar criterios. Rogelio, enormemente halagado por la deferencia de su amigo, no tuvo el menor reparo en soltar todo lo que opinaba sobre la crispación política que se venía generando en el país. Carlos Prío Socarrás había asumido la presidencia de la nación sin saber qué hacer con el clavo ardiendo que dejó «el hombre del pollito» al terminar su mandato, y no viendo alternativas, optó por pactar con los gánsters», a los que ofrecía nombramientos gubernamentales, sueldos adecuados y posibilidades de extorsión, prometiéndoles hacerse el sordo cuando se les acusara de sus crímenes. Rogelio, que no había integrado el nuevo gabinete del gobierno, describía a Carlos Prío como un hombre de dos caras: había sido discípulo de Grau, pero carecía del histrionismo carismático que tenía su antecesor y de la astucia de viejo zorro que caracterizó al «hombre del pollito» en su mandato. Poseía, eso sí, buen talante, era afable, quizá hasta se pasaba de confiado y bondadoso, y eso de proclamarse ante el pueblo como «el presidente cordial», le hizo ganar de inmediato simpatías, en medio de una sociedad caldeada por el vaho de la decepción y las falsas promesas, necesitada de un soplo de aire fresco que resucitara los ideales cívicos y reverdeciera los sueños de libertad y democracia.

–Su otra cara es la abulia –dijo Rogelio–. Se sabe de buena tinta que cuando sus ministros le exigen más firmeza y mano dura, para tomar decisiones y poner fin al desorden, el presidente se retrae y en vez de obrar con energía, elude sus responsabilidades, sumiéndose en un estado de pasividad total que luego intenta justificar diciendo que no desea que por su culpa se derrame sangre cubana. Esto ha deteriorado la imagen de Prío, ha hecho que la gente olvide los avances que su gobierno ha logrado en la cultura, la educación, y los progresos económicos que han dado al país prestigio internacional. Por otro lado, está la oposición del líder del Partido Ortodoxo que, aprovechando la flojera de Prío, se explaya por la radio tildando a sus ministros de ladrones, o insultando al propio presidente, cuyo régimen dice que está podrido y otras cosas peores. La situación está fea, general –dijo Rogelio, fijando la vista en los ojos oblicuos del mulato de pelo engominado que le escuchaba sin emitir palabra–. El líder ortodoxo se ha metido al pueblo en el bolsillo con sus alocuciones demoledoras y exaltadas. Lo peor es que por más desorbitados que sean sus insultos, llevan algo de razón: Cuba, ha dicho, «un país moralmente enfermo, que se ha acostumbrado a la componenda, el cambalache y el guabineo sólo se puede sanar con una cura implacable de intransigencia». Será sin lugar a dudas Eddy Chibás el que se haga con el mando presidencial en las próximas elecciones.

El mulato del pelo engominado se apoltronó en su butaca giratoria envuelto por las volutas azules de su habano y las sombras taimadas de sus pensamientos.

–No habrá que tomarlo demasiado a la tremenda –aconsejó a Rogelio–, ya llegará mi hora nuevamente. Chibás no ganará las elecciones, le pasará como al pez, que muere siempre por la boca. En cuanto al «presidente cordial» será su propia pasividad quien me prepare el terreno y me sirva la presidencia en bandeja.

La noche del 5 de agosto del año 51, mientras la familia Falcón Benavides se preparaba para recibir en casa al pretendiente de Elisa, ocurrió un acontecimiento insólito que habría de conmocionar al país, y traería de nuevo a la mente de Rogelio Falcón las palabras que pronunció Batista en su encuentro de Kukines. Lala, que estaba en la sala, vestida y emperifollada ya para recibir al visitante, vio a su marido salir de su despacho, agitado y descompuesto.

–Acabo de oír la noticia de que el líder de los ortodoxos se ha pegado un balazo en la ingle, durante su audición de radio. Ha tenido la osadía de anunciar su suicidio por los micrófonos, en su hora dominical, recalcando en su discurso que éste era su «último aldabonazo». Parece ser que al no poder presentar las pruebas que tenía contra el ministro de Educación, al que acusaba de robar los fondos públicos, no encontró otro recurso que inmolarse, para apelar a la conciencia ciudadana.

–La locura de ese hombre tenía que terminar en tragedia. No hacía más que envalentonar al pueblo, llamando ladrones a los ministros y ofendiendo al presidente –decía Lala, en el momento que Jorge Ulloa era introducido por primera vez en la sala de su casa.

–Perdone usted, señora –dijo el joven parando a Lala en seco con un gesto intempestivo, sin esperar siquiera a que Elisa hiciera las presentaciones–. Pero ese loco, como usted le llama al líder de mi partido, era uno de los pocos políticos honestos, valientes y con vergüenza que todavía le hacía honor a este país. Tenía el coraje de llamar a cada cual por su nombre. El que roba es un ladrón, sea ministro o presidente. Y ése ha sido siempre el mayor mal de los gobiernos cubanos, hacerse del poder, tirar los ideales de la nación por la borda y enriquecerse a costa del sufrimiento de su pueblo. El poder en Cuba ha sido hasta hoy la tumba de la revolución.

Lala lo midió de los pies a la cabeza mientras se secaba ligeramente la frente y la barbilla con el fino pañuelito enrollado a sus dedos.

–Y usted... el hijo del afamado doctor Anselmo Ulloa, se

atreve a presentarse aquí hablándome de revoluciones. No me lo puedo creer. Explícame esto, Elisita...

–Lamento contrariarla, señora. Tiene razón, no he venido aquí a hablarle de la nueva esperanza que acaba de frustrarse en nuestra patria, sino a pedirle a usted y a su señor esposo la mano de su hija en matrimonio.

Rogelio tuvo la cordura suficiente para socorrer a Lala sentándola en la butaca más próxima, mientras la criada corría en busca de su frasquito de sales.

Más tarde se hicieron comentarios de bastante mal agüero sobre la manera abrupta y nada protocolar en que a los Falcón Benavides les tocó conocer al prometido de su hija, asociando aquella fecha infortunada con el comienzo de la futura adversidad que habría de cerrarse en torno a la familia y al viraje fatal que cambiaría definitivamente el rumbo del país.

Ese sábado el doctor Anselmo Ulloa regresó a su casa, molido de cansancio. Esa tarde le había tocado hipnotizar a tres mujeres que decían hacer alergia a la anestesia, entre ellas una señora madura y bastante salpicona a la que costó Dios y ayuda extraerle dos cordales, porque además de resistirse a la hipnosis, parecía tener las raíces soldadas al maxilar. Buena tenía él la tarde para recibir visitas de noviazgo. Si Jorge se arrepintiera de traer a la muchacha... pero qué iba a arrepentirse si estaba como los mulos, metido hasta los cascos. No bastó que Jaime se casara con la hija del ex senador Contreras, para que ahora Jorge escogiera a la hija de un ministro, o ex ministro, pues según Beatriz, Rogelio Falcón no había integrado el gabinete de Prío. Daba igual, era un político y los políticos a él le producían urticaria; prometían mucho y, a la hora de la verdad, no cumplían nada. Este país estaba pidiendo a gritos una revolución que barriera de una vez esa morralla.

Beatriz le trajo la tacita de café y se le sentó en las piernas. Era una mujer hermosa todavía, sensible y espiritual. Jaime y Jorge, sus dos únicos hijos, heredaron de ella los ojos transmigrantes y su capacidad de amar a los demás. Los educó sin remilgos, con rigor y mano dura, como creía su deber tratándose de varones. Sus premisas eran la fe y la familia. La familia lo era todo y la fe era algo que se llevaba con uno como la tierra, la madre y la identidad. Como esposa, tenía el cetro del hogar. Anselmo la veneraba: «Beatriz es toda una dama», decía, y en esto tenía un concepto tan definido que no admitía discrepancias. Una dama no se imponía por el porte o la condición social, sino que sabía ganarse el respeto por sí misma, sin alardes de altivez ni de soberbia. Los Ulloa eran ejemplo en todas partes; formaban el cuadro perfecto de la sagrada familia. Jaime, el hijo mayor, había ganado prestigio como abogado en el bufete privado donde ejercía. Se había casado hacía dos años con la hija del ex senador Contreras, a quien había conocido cuando ambos estudiaban en la universidad la carrera de Derecho. Silvia resultó una muchacha diáfana y espontánea que se adaptó al lienzo familiar sin discordias. Ahora, con la llegada del primer nieto, la dicha colmaba el hogar de los Ulloa sin pretender más de Dios ni de la vida.

Beatriz estaba ansiosa por conocer a la hija de los Falcón Benavides y lo había dispuesto todo con esmero minucioso: las servilletas de hilo, las copas de bacará, los cubiertos de plata y la vajilla de porcelana de Limoges que sólo se ponía en la mesa cuando repicaban gordo. La ocasión lo merecía. Nunca aceptó que sus hijos le trajeran a la casa novias de pasar el rato. Cuando Jaime decidió que conocieran a Silvia tenían ya planes de boda y con Jorge sería igual. Tan pronto se recibiera, instalaría su consulta y estaría en condiciones de casarse y establecer un hogar. Quería hacerse endocrino, y a ella no le parecía mal. Las glándulas estaban de moda, sobre todo en las mujeres, que eran tan aficionadas a las dolencias de tiroides, y a veces hasta inventaban una diabetes de la noche a la mañana no más que por estar en la última, porque padecer de azúcar se estilaba en sociedad y hacía a las señoras mucho más interesantes. Jorge llenaría la consulta con gente de ringo rango, que podrían ser ridículas pero soltaban buena plata. Elisa era una niña mimada, acostumbrada a lo bueno, y su hijo sabría estar a la altura que de él se esperaba.

Elisa superó todas las expectativas. No hizo más que llegar y se los ganó a todos en la casa, incluyendo al propio Anselmo, que siempre se mostró reacio a las opiniones tempranas y a dejarse influenciar por los demás. Tan prendado quedó con la muchacha, que convenció a su mujer para que se hiciera de la vista gorda y les diese un chancecito a los jóvenes, quienes al primer descuido se apretujaron en los sillones del portal y se besaron hasta el último suspiro durante el resto de la tarde.

El lunes, al entrar en la perfumería, Elisa encontró a Águeda rejuvenecida de repente, y supuso que el cambio se debía al secreto asunto del sábado.

–Vaya, tía, qué joven se ve usted esta mañana. Parece como si fuera de mi edad.

–Fue precisamente a tu edad cuando me enamoré como tú; a primera vista.

–Usted no se está refiriendo al tío Serafín, ¿verdad?

–No, te estoy hablando de una persona a la que quise toda mi vida. Pero no vas a adivinar.

Elisa comprendió que a su tía Águeda le abrasaba la sed por desahogarse.

–Pero no pensará dejarme sin saber más. Esa persona es…

Empezó a decir nombres al azar y Águeda le seguía el juego, mientras atendían las ventas. Entre un cliente y otro, se miraban maliciosas por el espejo y soltaban risitas de complicidad. Al finalizar la tarde, cuando cerraban la tienda Elisa suspiró.

–Me rindo, dígame quién es –suplicó–. Yo también le tengo buenas noticias.

Águeda soltó al fin el nombre prohibido y Elisa hizo un gesto de sorpresa.

–Ay, tía, pero si me parece mentira. El tío Vicente y usted se han amado tantos años...

–De esto ni una palabra a tus padres. ¡Imagínate qué pensarían de mí! Tampoco sé cómo lo tomarán mis hijas. Si te lo he dicho a ti, es porque no podía más...

–Ya lo creo. Cuando una está enamorada tiene necesidad de gritarlo a los cuatro vientos. La entiendo por estar igual que usted, queriendo mucho a alguien.

–¡Aaah! Hoy sí que no te me escapas. No te dejaré ir sin decirme cómo van tus cosas.

–¿Sabe?, ya él conoció a mis padres y yo conocí a los suyos.

–Entonces, ¿son novios?

–Claro, y hablamos de casarnos y todo eso. ¿Usted no va a molestarse si le cuento que todo empezó cuando el velorio del tío Serafín?

–¿En el velorio de Serafín? Pues tengo que conocerlo.

–Teresa sí que le conoce de la universidad. Aunque él ha estado varias veces en su casa.

A Águeda le dio un vuelco el corazón.

–Es Jorge Ulloa, tía. Mire cómo me tiemblan las manos de sólo mencionar su nombre.

Águeda también temblaba de los pies a la cabeza.

14

Fue durante sus intrépidas aventuras de alpinista por las azoteas del barrio cuando Sabina se topó con Liena, la niña de los ojos garzos que a través de los años habría de llegar a ser una amiga irreemplazable. Se decía que su padre era un líder obrero que había muerto en la cárcel dejando a su familia con una mano delante y la otra atrás. La madre, después de vagar por los barrios marginales, prefirió encaramarse con sus dos hijos en aquel cuartucho asfixiante improvisado en la azotea de un edificio vecino. La habitación, recalentada por un sol de penitencia hasta la caída de la tarde, retenía bajo sus tablas y remiendos de metal el tufo emperrado que despedía la hornilla de kerosén. La figura de Juliana, la madre de Liena, le recordaba a Sabina los personajes lorquianos estudiados en sus clases de teatro con Magallanes, el empresario de Isolda. Estrecha y huesuda hasta la angustia, con su rostro de esfinge y su vestido negro de martirio, le producía siempre escalofríos cuando sentía sus pasos tristes, seguidos de su tos cavernosa, entre las interminables tendederas de manteles y sábanas blancas que flotaban expuestas al sol.

No fue hasta aquel mediodía en que Liena se desmayó en la puerta de su casa y dejó desparramada por el suelo la cesta de ropa recién lavada que traía siempre a cuestas, que Sabina se dio cuenta de que había niñas como ella que a pesar de serlo no eran exactamente iguales. Eusebia la enderezó por los hombros y la forzó a que bebiera un vaso de leche, pero la niña arrancó a llorar encendida de vergüenza. Isolda la levantó del suelo y la sentó sobre sus piernas alisando sus cabellos.

–Liena te llamas, ¿no?

–Sí, señora.

–Bueno, Liena, no tienes por qué avergonzarte de lo que no tienes culpa.

–Es que mamá siempre me dice que no ande por ahí de pedigüeña.

–Déjame a mí. Hablaré con tu madre; eres amiga de mi hija y desde mañana quiero que la acompañes a la mesa.

A partir de entonces las niñas se volvieron inseparables. Sabina se convirtió en su maestra. Primero la emprendió con los ejercicios de piano y luego con las sesiones de baile español que ocuparon para Liena las horas preferidas de la tarde. Ambas se disfrazaban con los vestidos de Isolda, se llenaban los brazos de escandalosas pulseras, y se pintorreteaban las mejillas y los labios, dejando tras de sí tal desorden que Eusebia no paraba de pelear mientras ellas taconeaban sonando castañuelas, envueltas en mantones de Manila. Una vez aprovecharon la ausencia de Juliana para hacer en la azotea una fiesta flamenca a la que fue arrastrado Joaquín, el hermano de Liena, un muchacho de ojos tristes con quien Sabina gustaba de coquetear. Joaquín, animado por el jolgorio, se dejó llevar, enardecido por la chiquilla que exhibía desafiante sus lindas pantorrillas y le acariciaba el rostro con los flecos del mantón. De un tirón la atrajo bruscamente, pegándola contra los muros de ladrillos, y le aplastó los labios con un beso sofocado. Sabina, rabiosa, le encendió la mejilla de una bofetada.

–¡Puuuerco, eres un puerco! –le gritó hasta desgargantarse, emprendiendo por los muros una fuga temeraria.

Durante varias semanas se pavoneó ofendida frente a él sin dirigirle la palabra, hasta que una tarde, mientras caminaba con Eusebia por los portales de las tiendas, lo descubrió detrás de un tablero vendiendo los ajustadores de satín, confeccionados por Juliana.

Joaquín se sonrojó de vergüenza al encontrarse con los ojos de Sabina, a quien siempre había ocultado la mercancía que vendía por las calles. Sabina, petrificada entre los transeúntes, lo miraba sin decidirse a acercarse.

Eusebia resolvió la situación tomándola del brazo.

–Ajila, niña, ¿tú no ve' que etá muerto de pena?

A los pocos días Sabina apareció en la azotea buscando a Joaquín y le propuso hacer las paces sin mencionar el encuentro en los portales. El muchacho, agradecido, le ofreció su amistad y le juró fidelidad para siempre.

Para Ángela fue un alivio saber que Sabina se sentía más a gusto con los hijos de Juliana la lavandera que con sus primos los gemelos, y lejos de dolerse o verlo como un desaire, entendía perfectamente el motivo. Sabina era seria y mayorcita, y los gemelos eran el aceite y el vinagre, ni siquiera entre ellos congeniaban: cuando no estaban fajándose, estaban haciendo de las suyas por el barrio. Todos los días aparecía un vecino con una queja diferente: que si Miguelito le rompió de un pelotazo el cristal de la ventana a la vecina de enfrente, que si Angelito le sonó un mamoncillo por la calva al bodeguero de la esquina. No sabían ya qué hacer. Tomasa agotó todos los recursos para intimidarlos: cocos, brujas, policías, y hasta el güije de la laguna, el duende negro y maldito que salía por las noches y se llevaba a los niños; pero nada resultó. Tenían ají guaguao en el cuerpo, ¡y todavía el tío Gabriel aspiraba a que fuesen artistas! Menos mal que en esos días andaban entretenidos con el campeonato de pelota, porque Teresa estaba en su punto y la tenía vuelta loca con sus planes de venganza. Se traía entre manos dos asuntos primordiales: que Elisa no lograra casarse con Jorge y que su madre tampoco llegara a hacerlo con el tío Vicente. Se había pasado gran parte de la noche desvelada, ultimando los detalles. Esa misma tarde, en cuanto viera aparecer a Elisa por la puerta, sacaría a relucir el tema, y por supuesto, pretendía que Ángela la ayudara.

Lo primero sería introducir a Jorge en la conversación, para darle el pie a Teresa. Debía preguntar cuántas veces la llamaba por teléfono, cuándo volverían a verse y por qué se tardaban tanto en regresar juntos de la universidad. «Volverían» y «juntos» eran dos palabras claves, pero había que recalcarlas con toda naturalidad, para que nada pareciera intencional ni traído por los pelos. Según Teresa, el asunto era una simpleza. Bastaba hacerle creer a la bobalicona de Elisa que Jorge la había estado cortejando, para que al angelito se le rompieran las alitas del corazón y sanseacabó: adiós compromiso. Por mucho que él intentara convencerla y se esforzara en desmentirlo, ya el mal estaría hecho. Elisa no volvería a tenerle confianza. Los hombres gozaban de tan mala reputación entre las mujeres que, las pocas ocasiones en que decían la verdad, tampoco se les daba crédito.

Con lo único que no contó Teresa fue con que Ángela le fallara en el momento preciso. En cuanto tuvo a Elisa delante, olvidó todo lo acordado y en vez de hablarle de Jorge no hizo más que soltar la primera bobería que le vino a la boca. Sabía que si ofendía a Elisa, las perdía con su madre, tan apegada y agradecida de la prima. Esta vez Teresa no se saldría con la suya, ni la usaría a su antojo como siempre.

El tiempo transcurría y a Teresa se la llevaban los demonios, pero se amarró la rabia y apeló a su faceta engañosa para iniciar la batalla.

–¿Sabes, Elisa?, por la confianza que nos une, mereces escuchar cierta confidencia. ¿Qué cree usted, mamá, le damos la sorpresa?

Águeda perdió el habla y se le heló la sangre en las venas. Pero aún confiaba en Dios, y conservaba la esperanza de que su hija no se atreviera a ir tan lejos.

–Jorge Ulloa, ¿lo conoces? Seguro que recuerdas haberlo

visto conmigo cuando los funerales de papá. Pues bien, ¿a qué ocultarlo? Él me pretende. Sus padres están encantados y muy pronto anunciaremos nuestro compromiso en la familia.

Un silencio lapidario se desplomó sobre ellas. Elisa volvió los ojos a su tía pidiendo a gritos la verdad, pero Águeda, incapaz de resistir su mirada y presa de aquella condición suya de claudicar en los momentos extremos, no acertó a decir palabra.

Esa noche Águeda apenas logró reposo, se revolvía en la cama agitada por aquel sueño que la hacía despertar siempre con la garganta apretada. Se incorporó sobresaltada, a causa de la incipiente claridad que veía filtrarse a través de las cortinas haciéndose cada vez más definida en torno a la imagen que empezaba a perfilarse.

–¿Eres tú, Cándida?

Los contornos de la niña aparecida se transformaron ante los ojos despavoridos de Águeda, que creyó ver a Elisa frente a sí, naciendo de la otra, pero tan corpórea y real que se tiró de la cama segura de poder tocarla.

A la mañana siguiente Tomasa notó muy rara a la señora y le preguntó si se sentía indispuesta.

–No, es que... ¿Te acuerdas de mi sueño con la hermanita muerta?

–¿Volvió a verla la señora? –preguntó la mulata haciéndose cruces.

–Sí, Tomasa, siempre me pareció que, de niña, Elisa era su retrato. Y ahora pienso que de Cándida haber vivido, serían como dos gotas de agua. Tengo un miedo inmenso apretujado en el corazón.

–Le voy a poné una asistencia al espíritu protectó de su sobrina. Pero, yo uté, señora, me quitaba eso que le apretuja pol dentro contándole toa la verdá a la niña Elisita. No e' justo lo que jace su hija Teresita, uté lo sabe. Lo de su hermanita Cándida e' jun aviso: sus muertos no están en paz.

Águeda siguió el consejo de Tomasa, y se fue a hablar con Elisa. Apenas entró a la casa de los Falcón, se topó a Jorge en la sala, montándole la tremenda a Lala, que se veía entre la espada y la pared, con el novio de su hija enfurecido, negado a salir de allí sin que Elisa lo escuchara, y Elisa, encerrada arriba, renuente a darle la cara, sin que nadie entendiera su actitud. Águeda intervino, diciendo que lo dejaran todo en sus manos, que hablaría con su sobrina y la haría entrar en razón, consiguiendo tranquilizar a Jorge, que se sentó frente a Lala en el sofá, reprimiéndose los nervios y aceptando el café que les trajo la criada.

Cuando Águeda entró al cuarto de su sobrina, Elisa se le abrazó en un mar de lágrimas.

–¿Por qué no me lo dijo, tía, y me dejó hacerme tantas ilusiones?

–Si no te lo dije aquella tarde en la perfumería fue porque entre Teresa y Jorge nunca ha existido más que un sentimiento de amistad. Te aseguro que mi hija interpretó mal las cosas... Soy yo quien te pide disculpas en nombre suyo por el mal rato que te hemos hecho pasar. Jorge está como un loco esperándote en la sala. Corre y ve con él.

Un año después, sentada en la primera fila de la iglesia con el semblante torcido bajo el ala de la amplísima pamela, Teresa Falcón tragaba a sorbos su derrota culpando a su madre de que Jorge y Elisa intercambiaran los anillos y las arras.

La fiesta de bodas se celebró a orillas del mar en el chalet que los Falcón Benavides construyeron en la playa. Las mesas fueron dispuestas alrededor de la piscina, cubiertas por manteles lilas, decoradas con moñas de cintas blancas, ramilletes de azahares, cesticas con bombones de licor y rosas en miniatura. Se bailó hasta el amanecer y hubo profusión de joyas y modelos exclusivos. Se contaron una a una las perlas incrustadas en el traje de la novia, los brillantes del anillo, los metros de raso y encaje usados en la cola del vestido, los besos anticipados y bastante ardorosos que no paraban de darse Elisa y Jorge en la boca delante de todo el mundo y que hubo que pasar por alto porque los novios estaban ebrios de dicha, la fiesta les importaba un pito y se veían desesperados por marcharse. Sirvieron un bufet excelente, acompañado de cócteles y champán en abundancia, y la clásica tarta nupcial de varios pisos de altura, confeccionada con licor de piña, almendras y crema de chantillí. La sensación de la noche resultó ser la exquisita ensalada de langosta con mayonesa hecha por Ángela, cuyo éxito le valió tantos elogios que fue incluso ponderada en el diario por el cronista social.

Durante la boda ocurrieron dos hechos trascendentales: Isolda y Águeda volvieron a saludarse después de mucho tiempo y Ángela conoció a su primer y único pretendiente.

Esa noche Isolda vestía de rojo sangre con un broche de diamantes como único adorno. No necesitaba más para tener todas las miradas posadas sobre ella. Las mujeres la seguían palideciendo de envidia, y los hombres, apenas sin respirar. Cuando Isolda y Águeda se cruzaron, a la diosa le saltó de alegría el corazón. Creyó ver en la mirada de su hermana un reflejo de lágrimas, y adivinó en su semblante el mismo sentimiento que solía conmoverla de niña, cuando le rogaba que no se durmiera porque temía que Dios se aprovechara del sueño y se la llevara al cielo igual que se llevó a Cándida.

Intercambiaron un saludo breve.

–Hola, Aguedita, ¿cómo te va?

–Bien, Isolda, ¿y tú?

La pregunta se extravió entre los compases de la orquesta y Vicente se acercó en auxilio de Águeda, que se quedó indecisa, siguiendo a Isolda con los ojos llenos de nostalgia. Ángela los vio mezclarse entre los bailadores, mientras se atiborraba probando todos los platos que había sobre la mesa y aburriéndose además como una ostra. Nadie la enseñó nunca a bailar ni a divertirse, o quizá era algo que no iba con su temperamento. No podía más que hartarse para disimular su fastidio.

–Me gustaría casarme con la que hizo esa exquisita ensalada de langosta –dijo un joven de modales desenvueltos que la miraba risueño a través de sus gruesos cristales de miope.

–Fui yo misma –respondió Ángela apresurándose en limpiar sus labios con una servilleta.

–Eso me dijeron, pero no podía creerlo.

–¿Por qué, si puede saberse? –contestó ella dándose tono.

–Porque es difícil encontrar una muchacha que, además de bonita, sea buena cocinera.

–Lo de bonita puede ahorrárselo. Soy un cocomacaco, y no acepto cumplidos de extraños.

–Entonces ya nos estamos conociendo. Alberto Santiesteban para servirte, Angelita.

–¿Cómo sabes mi nombre?

–Me lo dijo un pajarito. ¿Bailamos una pieza?

–Te caería a pisotones. No sé dar un solo paso en la pista.

–Entonces te invito a una copa de champán.

Ángela aceptó y se dejó llevar sin ofrecer resistencia. A los pocos minutos había bebido más de tres copas seguidas y conocía lo suficiente para saber que Alberto era el único heredero del hacendado ganadero más rico del país. A esa altura de la conversación, el champán comenzó a hacerle efecto enredando sus ideas y provocándole escozor en la nariz.

–Yo padezco de alergia –exclamó estornudando, presa de un vértigo terrible.

Él se apuró en socorrerla brindándole el pañuelo.

–¿Sabes, Angelita? Tienes una naricita que es una monada.

Ella lo observó incrédula. Era la primera vez que alguien le hacía un cumplido personal y eso la hizo sentir extrañamente halagada, a pesar de los mareos que revolvían su estómago y le sacudían la cabeza como una coctelera.

–Creo que estoy borracha –dijo y soltó una carcajada, sintiendo la voz de Alberto muy próxima a su nuca, produciéndole inquietantes cosquilleos.

Teresa, que bailaba observándola de lejos, la notó tan descompuesta que pidió excusas a su pareja y fue en busca de Águeda, quien ida del mundo conversaba con Vicente sentada frente al mar.

–Mi hermana está haciendo un papelazo con ese joven que acaba de conocer. Creo que la ha hecho beber demasiado, y es incapaz de controlarse. Mírela usted misma, mamá.

–La enviaremos a casa con Jacobo y que Tomasa se encargue –dijo Águeda, poniéndose en pie para ir en busca de Ángela.

Pero Ángela, por primera vez, se encaró a la madre y a la hermana, resistida a acatar sus órdenes. Llegó incluso a levantarles la voz, diciendo que la estaba pasando en grande y que no pensaba irse a no ser que Alberto la acompañara.

Alberto intervino presentándose a las damas, pidió disculpas por pasarse con el champán y se ofreció gentilmente para llevar a Ángela en su auto y dejarla en su casa. Agueda se negó rotundamente y arrastrando a su hija hasta una esquina apartada del salón, le siguió reprochando por estar dando la nota en presencia de tantas amistades. Fue Vicente quien, tirándolo todo a risa, puso fin al incidente, poniéndose de parte de Ángela, a quien se llevó con él a tomar aire de mar, diciéndole a Teresa y a Águeda que dejaran de comer tanta catibía y felicitaran a Angelita, que esa noche acababa de estrenarse en sociedad.

15

–Tuvieron que pasar muchos años para que yo reconociera el porqué de mi absurda borrachera en la boda de Elisa. Teresa no sólo lo captó de inmediato sino que supo utilizarlo a su favor. Alberto Santiesteban se apareció en mi casa al día siguiente. Cuando sentí su voz en la sala, saludando a mi madre, quise desaparecer. Me moría de vergüenza por la lata que le di. Pero tu bisabuela Águeda Monteagudo no reparaba en melindres; a empellones, me llevó escaleras abajo y me plantó frente a él. Pocas semanas después mamá partía de viaje a Estados Unidos en compañía del tío Vicente. El verdadero motivo del viaje no era otro que su sueño de abrir el salón de belleza para el cual debía equiparse en Norteamérica. Así que quedé en casa a solas con Tomasa y Teresa, encargada de vigilar mi relación con Alberto, quien empezaba a dar muestras de impaciencia ante el asedio implacable de mi hermana. Al mes de visitarme rompió el cerco. Me llamó por teléfono y me citó para vernos fuera de casa. Entonces eso era algo que no se proponía a ninguna señorita decente y me sentí alarmada sin saber qué decisión tomar, pero resolví afrontarlo. Alberto me gustaba por sus arrestos y sobre todo por las impertinencias que me dijo la noche que le conocí. Habíamos quedado en vernos en una cafetería cercana, aprovechando una salida mía con el pretexto de hacer algunas compras. Por la noche mis fuerzas estaban hechas trizas, había descuidado bastante mis quehaceres y hasta olvidé pagar una factura que fue a parar a manos de mi hermana. A la hora de acostarnos Teresa cayó sobre mí:

»–Sé bien lo que te traes, Angelita, a mí no me engañas. Sé que tú y Alberto se han puesto de acuerdo para verse a escondidas.

»–Sí –le dije–, voy a verme con él en la calle como una cualquiera, a eso diste tú lugar. Te mueres de rabia y de envidia, igual que cuando Elisa y Jorge. No te importaba tanto Jorge, sólo te parecía imperdonable que no te eligiese a ti por sobre todas las demás. Tú siempre la primera en todo. Pero conmigo no podrás. Yo te conozco.

»Teresa me miró con su sonrisa de siempre.

»–¿Y tú, Angelita?, ¿sabes cómo eres? ¿Tienes alguna respuesta a tu risible borrachera con Alberto? Yo sí la tengo: inseguridad. Dices que yo me muero de rabia cuando no puedo saberme por la primera, pero tú te mueres de incertidumbre.

»Teresa esgrimía el escalpelo y se adentraba en mi interior con pulso firme.

»–Yo lamento haberme entrometido en tus asuntos con Alberto. Conociéndote como te conozco, traté de protegerte. Si mal no recuerdo, te negabas a recibirlo, y mamá casi tuvo que obligarte para no ser descortés. Ahora, haz lo que entiendas. Espero que sepas conducirte con decencia y que respondas de tus actos a mamá, cuando regrese.

»Teresa no dijo más. A los pocos minutos dormía profundamente. En cambio, yo esperé el amanecer sin conciliar el sueño y a la hora del desayuno no era más que un manojo de nervios. Mi hermana se mostró solícita y dispuesta a concederme su atención.

»–A ver, ¿por qué no te sinceras conmigo? ¿A que no has pegado un ojo en toda la noche?

»–No sé qué hacer. Se dicen tantas cosas malas de los hombres.

»–Ya ves, razón tenía cuando quise protegerte. No quiero parecer dura con lo que voy a decirte. Siempre me culpas y me celas con mamá. No me mires así. Yo lo sé, lo haces desde niña. Piensas que ella me prefiere, que vive sólo para mí. ¿Ves? De ahí parte tu inseguridad. No confías ni en el cariño que mamá te debe. No, si no te lo reprocho, ni me quejo de lo mucho que nos hieres a las dos.

»–¿Adónde quieres llevarme, Teresa, con todo esto?

»–A ninguna parte. ¡Por Dios, qué salida la tuya! Si pongo el dedo en la llaga es por tu bien, para sacarte de este lío que tienes en la cabeza. Yo me pregunto: si dudas del amor de mamá, ¿puedes acaso confiar en lo que un hombre extraño pueda sentir por ti? La primera vez que se vieron te hizo beber hasta embriagarte. Te propone citas a espaldas de los tuyos, aprovechando que papá ya no existe y que mamá está ausente. Ninguna intención seria puede traer un hombre que te expone al qué dirán. ¡Si te vieran los vecinos o alguien de la familia! ¡Imagínate cómo se sentiría mamá! Lo que mal empieza, mal termina. Bastante tuvimos con una Isolda en la familia. Tú sabrás lo que haces.

»Teresa, una vez más, me adivinaba los pensamientos, los revolvía y los estrujaba. Afuera me esperaba Alberto, convertido en un monstruo. Así comencé a verlo a partir de aquella mañana en que desistí de acudir a su cita. Yo no ignoraba, desde luego, lo que ocurría entre un hombre y una mujer. Eran cuestiones prohibidas en casa, pero las conocí en los libros de papá y me parecieron dolorosas e insufribles. Ni siquiera entendía cómo la Iglesia las aprobaba bajo el santo sacramento del matrimonio ni tampoco cómo algunas mujeres podían disfrutarlas o darle el título de amor. Me preguntaba qué poder diabólico poseían los hombres para seducir a las mujeres. A Isolda, a María, a Elisa. Incluso a mamá, a quien vi aquella noche en la glorieta completamente hechizada y desconocida para mí. Mamá, que cada día cambiaba más por su causa... Yo misma padecía ya aquel encantamiento. Alberto debió poner un filtro extraño en el champán que bebí la noche en que nos conocimos.

Dara, toda oídos, concentraba su atención sin siquiera pestañear, olvidada del motivo real de su visita y de la panetela escondida en la bolsa de nailon, resignada a chorrear pacientemente su almíbar por los bordes de la mesa hasta formar un charco espeso sobre el suelo. Contenía su respiración, temiendo interrumpir a su tía. ¿Quién era aquel desconocido que hizo mudar de parecer a la bisabuela Aguedita? ¿Aquel hombre de la glorieta del cual nunca oyó hablar antes? Sabía la historia de Isolda, la de María y hasta el triste final de la de Elisa, pero que la bisabuela tuviese amores ocultos era tan increíble que llegó a pensar que había escuchado mal. Supo guardarse enseguida los porqués y la dejó continuar, sintiendo cómo su tía tensaba las palabras en el clímax del relato.

–Muchas veces más volví a sentirme así. Huyendo de todos y de mí –concluyó Ángela.

Dara no pudo contenerse, necesitando compartir el sentimiento.

–Yo también tengo la misma sensación desde lo de Damián y mamá.

–Haces mal, Dara. El miedo, te lo digo yo, no sirve más que para arrinconarte en lo más negro de ti. Deberás aprender a superarlo porque un miedo nunca viene solo sino seguido de otros muchos miedos más.

–No sé si es miedo, tía, o será esa incertidumbre de la que habló mi abuela Teresa.

–Eso también es una manera de temer. Tu abuela se aprovechó de mi incertidumbre y me venció.

–¿Y era verdad que mi bisabuela Aguedita no te quería tanto como a mi abuela Teresa?

–¿Por qué preguntas tanto, niña? ¿De qué valen a estas alturas los sentimentalismos? Confórmate con lo que has escuchado. Lo demás está ya lejos, en el norte o bajo tierra.

–Pero no has dicho qué pasó con tu enamorado. ¿Por qué no te casaste con él?

–Yo no nací para casarme. Los hombres son todos iguales. Alberto se cansó enseguida de insistir. Yo no era Isolda ni Elisa, a quienes todos les rendían por ser bellas. A mí me cedieron, hija, lo peor de la familia: los ojillos de lechuza y esta nariz de desastre. No pasaron ni dos años cuando me tocó leer en la crónica social que se casaba con otra. No me defraudó ni un tanto así. Él no era para mí. Ninguno lo fue. Fin de la historia. ¿Qué es esto que me sube por las piernas? ¡Hormigas! ¿De dónde salen tantas bibijaguas?

Dara se llevó las manos a la cabeza.

–¡La panetela! –exclamó poniéndose de pie y sacudiendo la bolsa a manotazos.

–¡Pero qué es esto, niña, todo este pegote de almíbar en mi mesa! Nos comerán las hormigas bravas. ¡Y yo que soy alérgica!

–Perdona, tía. Me senté a oírte y me olvidé. Te traje un dulce hecho por mí. No sabes cuánto me costó reunir los cuatro huevos y las dos tazas de harina.

Ángela detuvo la furia con que frotaba en círculos los bordes de la mesa y la miró estrujando entre sus manos el paño pegajoso.

–Quería darte la sorpresa. Traerte algo mío por ser hoy tu cumpleaños –dijo Dara, extendiéndole una fuente de cristal con una panetela nevada de merengue.

Ángela alcanzó a tomar el dulce con dedos temblorosos; algunas hormigas rezagadas escaparon presurosas resbalando por su vestido.

–Ni yo misma me acordaba de que cumplía años hoy –dijo tímidamente.

Dara sonreía jubilosa en el momento que llamaron a la puerta.

–Ahí están los invitados, voy a abrirles.

Varias ancianas seguidas por las monjitas irrumpieron en la habitación felicitándola y depositando sobre la mesa algunas chucherías. Una viejecita de voz chillona comenzó a palmotear y las demás le hicieron coro cantando: «Felicidades, Angelita, en tu día».

Ángela, azorada por los aplausos, se dejaba abrazar. Sentía el roce de las mejillas rugosas, de las clavículas prominentes, de las manos huesudas pero cálidas, felices de arrebatarle un nuevo año a la vida y de pactar otra tregua con la muerte. Cómo Dara podía saber lo que significa en la vejez ganar un cumpleaños. Los jóvenes no entendían a los viejos y ahora a su sobrina se le ocurría tener este detalle, demostrando que todavía podía esperarse algo de los que venían detrás.

La fiesta terminó al anochecer cuando una lluvia desflecada caía sobre el cristal de la ventana de Ángela, y sor Carmelina dio la orden de retirarse a comer.

–Te ha cogido tarde, niña.

–No te preocupes, aún me queda una hora para alcanzar la guagüita que me recoge.

–Parece como si te gustara estar aquí con este olor a humedad y vejestorio.

–Contigo, tía, aprendo cosas nuevas de la vida.

Ángela aferró el bastón dentro del puño con aquel gesto característico que daba entender a Dara el deseo de la anciana de guardarse la emoción y poner fin a la visita.

–Cosas nuevas de la vida he aprendido yo hoy contigo –dijo, empujándola hacia la puerta para evitar que la muchacha descubriera la turbación de su voz y las ganas de llorar que le inundaban el alma.

16

Teresa se graduó en Filosofía y Letras y fue recomendada especialmente por su tío Rogelio a su amigo, el doctor Dorta Duque, para que trabajara como profesora en la prestigiosa academia privada Saint George School que éste dirigía. Águeda regresó de su viaje con tiempo suficiente para celebrar la graduación de su hija en La Fernanda, donde nuevamente el anciano general cobró bríos para garantizar que su propiedad exhibiera la magnificencia de antaño y hacer que aquella fiesta quedara grabada en la memoria de muchos como la más sonada y deslumbrante celebrada en Río Hondo durante varias décadas.

Águeda descendió del avión convertida en una mujer desconocida que se protegía del sol con lentes calobares, vestía modernos slacks de gabardina y calzaba sandalias tejidas con plataformas de goma. Durante su estancia en Norteamérica y México, no sólo había alterado su forma de vestir, sino que ganó también mayor confianza en sí misma, se volvió más positiva y acumuló incontables amistades. Fue un viaje intenso, una luna de miel de incógnito, disfrutada a plenitud. Visitaron teatros, casinos y elegantes cabarés. Vivieron en hoteles de lujo donde hacían el amor plácidamente, sin sustos ni contrariedades. Presenciaron las regatas en la Florida, un torneo de pesca en West Palm Beach, las competencias hípicas y las clásicas carreras de las quinientas millas en Indianápolis.

–Ni una sombra de dudas puede existir ya entre nosotros, Aguedita. En cuanto estemos de vuelta, nos casaremos...

Pero al regreso los aguardaban compromisos ineludibles: Águeda se enfrascaba en los preparativos de la graduación de Teresa, y Vicente se aseguró de ponerlo todo en orden para recibir en el bar mirador de Casablanca a la actriz Gloria Marín y al compositor Agustín Lara, con quienes él y Aguedita trabaron relaciones en México. Finalmente esperaban el ansiado momento de cumplir una invitación hecha por Hemingway para dar un paseo en su yate *Pilar* y visitar su finca en las afueras de La Habana. Águeda quedó seducida por la plática afable y el trato sencillo del escritor. Ella había corrido a ver en el cine *Por quién doblan las campanas*. En honor a la verdad, no fue por Hemingway, sino por ver a la Bergman. No le gustó la película porque al protagonista Gary Cooper lo mataban al final. El escritor le había autografiado su última novela. Águeda le dio una hojeada y la cerró sin terminar. No hablaba de otra cosa que de un viejo testarudo, a solas con el mar, empeñado en perseguir un pez increíble. Nada de amores imposibles, ni pasiones contrariadas. Dos años después, quedaba boquiabierta al enterarse de que había ganado el Nobel.

Gabriel estaba de nuevo en casa y esto le inflamaba el ánimo a su hermana pensando que podían contar con su apoyo para tomar futuras decisiones. Vicente la apremiaba, el luto había terminado y también los compromisos urgentes. A Águeda se le agotaban los pretextos, pero de nuevo tardaba en decidirse. Observaba a Teresa, fría como un témpano, y sospechaba lo que inevitablemente tendría que ocurrir. Su hija se le había ido alejando y ya no era la de antes. Desde el asunto de Elisa, la llevó a medir distancia. Águeda temía perder más terreno del que ya sabía perdido. A pesar de la tirantez existente, Teresa no escatimaba oportunidad para sacarle partido a las relaciones del tío Vicente. Utilizaba sus contactos con el gran mundo para codearse en sociedad. Se aliaba a la idea de mudarse a un moderno y lujoso rascacielos del Vedado, donde finalmente su madre pudiera instalar su salón de belleza, y hasta llegó a abogar por firmar un tratado de paz con la tía Isolda, alegando que la familia debía preservar la unión y dejar atrás viejos rencores. Águeda, que desde lo de Elisa se había quitado con Teresa la venda de los ojos, sabía que el interés de su hija no estaba motivado por intereses familiares sino por la encumbrada posición escalada por su tía. Gabriel, enfrascado en su trabajo, permanecía ajeno a todo lo que giraba en torno suyo. Sólo cierto aspecto de la vida cotidiana atrajo de momento su atención: el encuentro forzoso con María y sus hijas.

María no despertaba ya sus inquietudes de artista. La placidez del matrimonio le había desbravecido la figura y engrosado las carnes, volviéndola ampulosa y corpulenta, incapaz de alebrestarle ya el pincel ni el pirulí. En cambio, encontró a las Caridades muy crecidas. Sobre todo a la mayor, que había cursado estudios superiores graduándose de maestra y se veía muy seria y educada, tratándolo siempre con respeto y llamándolo señor. Cachita, en cambio, sabía ganarle el corazón con mil zalamerías, lo llamaba por su nombre y se atrevía a tutearlo.

–¿Será que Cachita sabe algo? –le preguntaba a su hermana.

–¿Qué va a saber, Gabriel? Jamás han sospechado nada. Tú hazte de la vista gorda –le advirtió Águeda–. Jacobo les dio su apellido, las quiere como si fueran sus hijas y con María, ni decirte de lo celoso que es.

Pero Gabriel no hizo caso. Cada vez que veía a Cachita empinarse sobre su hombro para verlo pintar, le asaltaba la comezón de contarle la verdad. ¿Qué derecho tenía ese mulato para apropiarse de sus hijas? Si no fuese por los celos de Mariko... Pero, pensándolo bien, Mariko tendría que aguantarse: ¿qué hombre no la corrió antes de casarse? A María muy bien podía quedársela Jacobo, pero las Caridades eran suyas, hermanas de sus gemelos Ángel y Miguel. Formaban su familia y eran como sus cuadros, el fruto pródigo de su creación y de su orgullo de hombre. María tendría que aceptarlo.

Cachita, a los diez años, era una chiquilla lista y desenvuelta. Durante mucho tiempo se mantuvo alerta, indagando en torno a su sombrío nacimiento, y sus sospechas crecieron cuando curioseando en el estudio de Gabriel descubrió varios desnudos de su madre. Por eso aquella tarde en que Gabriel echó a un lado los pinceles, apartó el caballete y la sentó en sus rodillas, preguntándole: «Cachita, ¿te gustaría saber quién es tu padre?», sintió tantos golpetazos en el pecho que temió que él pudiera oírle claramente el corazón.

–¿Qué te ha dicho María sobre eso?

–Primero pensábamos que éramos huérfanas hasta que Jacobo y mamá se casaron. Entonces nos dijeron que mamá era... mamá y que nuestro padre era el que había muerto...

–Y tú, ¿te lo creíste?

–Pues no. Pensé que si mamá no estaba muerta, a lo mejor nuestro papá tampoco.

–¿Y a ti te daría mucha alegría saber que tu papá... pudiera ser yo?

–A mí el corazón siempre me dijo que eras tú y ahora me lo dicen tus ojos –respondió la niña comiéndoselo a besos.

Por aquellos días Pelagia y Monteagudo cumplían años de muertos y Águeda pidió a Vicente que la llevase a Río Hondo. Teresa no podía acompañarlos por estar impartiendo clases en el colegio y Ángela se brindó como siempre para quedarse a cargo de la casa. Lo que nadie suponía era que Vicente les tenía una sorpresa preparada a las hermanas. Se había puesto de acuerdo con Majagua para que llevara a Isolda a la tumba de sus padres y allí aguardasen su llegada al cementerio. Por el camino estuvo preparando a Águeda para el encuentro, hablándole de Isolda sin despertar sospechas. Águeda descendió del auto en un estado intenso de fragilidad emocional. Llevaba un ramo de rosas amarillas, apretadas contra el pecho, y tenía el rostro pálido, escondido entre las flores. Todo el tiempo caminó cabizbaja, conducida por Vicente, hasta que ambos se detuvieron frente al sepulcro familiar. Cuando al fin alzó la vista, sus ojos encontraron los de Isolda que la contemplaba llorosa y emocionada. La diosa alzó la frente y caminó hacia ella con los brazos abiertos. Águeda no esperó más, se desprendió de las rosas y se abrazó a la hermana sollozando. Durante un tiempo incalculable permanecieron atadas, intercambiando besos y ternuras con infantiles palabras, hasta que Águeda de repente se zafó de los brazos de la hermana.

–No puedo aceptar que me perdones, Isolda. No sabes lo peor…

Isolda intentó retenerla, pero Águeda se negó resuelta.

–No, tengo que decírtelo todo, tienes que saberlo.

Vicente y Majagua se miraron indecisos sin saber a qué atenerse.

–Águeda, tranquilízate –dijo Vicente, intentando una caricia que ella esquivó.

–Isolda, no tengo perdón. Tú, a quien papá más quería… y se murió sin poder verte porque yo se lo oculté –exclamó, hundiendo el rostro entre las manos.

Isolda se estremeció y sacudió la cabeza. De un tirón se apoderó de la hermana tomándola por los puños y la obligó a mirarla.

–Basta, ¿me oyes, Aguedita? Basta ya de hacernos daño. ¡Tanto tiempo! ¿No te parece suficiente? Dame un beso y olvidemos esto de una vez.

Águeda la besó con arrebato y luego sus besos se fueron sosegando y se hicieron besos dulces, tiernos, besos de niña, como los besos de antaño.

Todo el camino de regreso se lo pasaron las hermanas hablando sin parar, contándose miles de historias de un tirón, como queriendo recuperar en pocas horas las muchas que dejaron de compartir durante años. Vicente habló de celebrar el reencuentro llevándolas a un restaurante, pero Águeda insistió en que lo mejor sería celebrarlo reunidos en su casa. Estaba deseosa de llegar, y darle la sorpresa a Gabriel. «¿Se imaginan, cómo se va a poner cuando nos vea a Isolda y a mí entrando juntas?»

Pero el momento resultó ser el menos apropiado. Gabriel había tenido esa misma mañana una grave confrontación con María, que lo había llenado de reproches por haberle revelado a Cachita el secreto de su paternidad. Resentida y decidida a vengarse, María esperó a que Tomasa saliera a tender al patio y dejara a Gabriel a solas en la cocina, bebiéndose su café. Sigilosa como una sombra, se deslizó a sus espaldas y echó mano al cuchillo que estaba sobre la mesa. No se sabe de lo que habría sido capaz, si Cachita no la hubiera sorprendido en el acto y pegado aquel grito para alertar a Gabriel. Los chillidos se escuchaban ya en la calle, y empezaban a alarmar a los vecinos cuando Águeda llegó a su casa. Isolda fue la primera en correr a la cocina donde sorprendió a María, cuchillo en mano, forcejeando con Gabriel, mientras Cachita y Tomasa seguían dando alaridos.

–¡María, te has vuelto loca! –exclamó Isolda–. Vicente, Majagua, vengan, ayúdenme.

Entre los tres le arrebataron el cuchillo y la mulata cayó desplomada al fin sobre una silla. Miró a Isolda con las pupilas extraviadas y rompió a llorar como era de esperarse.

Después de un breve intercambio de miradas, Ángela, que había presenciado la escena como venida de otro mundo, logró recuperar el habla.

–¿Es usted de verdad, tía Isolda? ¿Usted, en esta casa?

Todos quedaron en suspenso, pero enseguida parecieron reaccionar. Tomasa se abrazó a Majagua, y Gabriel a sus hermanas. María se alisó los pelos y las rabias y Ángela, sin saber ya qué decir, por hacer algo, se puso a recoger del suelo los restos de la batalla.

El incidente de María quedó a un lado y la contentura se

apoderó de todos en la casa. Isolda mandó por Sabina, y Águeda, impresionada, no paraba de abrazarla y besarla. Enseguida se armó el jolgorio alrededor del piano de Teresa, igual que en los buenos tiempos en Río Hondo. Isolda volvió a hacer gala de sus registros de voz, y dedicó a su hermana la *Perfidia* de Farrés, que Aguedita y Vicente tararearon mirándose a los ojos: «Mujer, si puedes tú con Dios hablar, pregúntale si yo alguna vez te he dejado de adorar». La cumbancha se prolongó hasta el filo de la madrugada. Ángela recordaba que a Tomasa, por primera vez, se le pegaron las sábanas, y le agarró tarde con el desayuno. Pero nadie se lo tuvo en cuenta porque aún reinaba la alegría, cuando sonó el teléfono y se enteraron de que Fulgencio Batista había dado un golpe de Estado durante la madrugada, y había tomado el campamento militar de Columbia sin que sonara un disparo. Fue un golpe incruento, preciso, sórdidamente tramado. Decían las malas lenguas, y entre ellas la de Ángela, que el presidente legítimo, Carlos Prío Socarrás, transitaba por uno de sus estados de pasividad absoluta cuando fue desalojado del poder sin oponer resistencia. Lo último que Ángela recordaba de él era aquella fotografía que se publicó en la prensa, donde Prío aparecía subiendo la escalerilla del avión que lo trasladaría a Miami sonriendo a las cámaras con su pequeña hija en brazos. ¡Le zumba el merequetén! ¡Sonreír, en un momento como ése!

17

Quo Vadis, el salón de belleza soñado por Águeda, abrió sus puertas una calurosa tarde de septiembre, tras un chaparrón fugaz que apenas refrescó el aire ni restó lucimiento a la ocasión. Bajo una salva de aplausos, Águeda cortó la cinta con un temblor apretado entre los labios. Vestía un traje sastre color ciruela con un corsage de orquídeas malvas prendido a la solapa. Todo el tiempo que duró la recepción no cesó de pensar en Pelagia, sintiéndola físicamente a su lado como en aquellos años en que juntas trabajaban en la modesta peluquería de su pueblo. Todo ahora era diferente. «Mucho más chic», decía Lala a cada instante, chocando copas y brindando por el éxito una y otra vez. Pero Águeda tenía la nostalgia a flor de piel y un nudo atado a la garganta que le impedía decir siquiera unas palabras. Al fin logró concentrar sus pensamientos en una frase:

–Todo lo que sé del oficio se lo debo a mi madre, doña Pelagia Sánchez de Monteagudo. Nadie mejor que ella habría compartido hoy este momento.

Resaltó con creces el profesionalismo estético de Longino, el decorador con voz de falsete con quien Vicente tuvo tantas altas y bajas para alcanzar el tono deseado en su chalet, y que para sorpresa suya hizo muy buenas migas con Águeda y consiguió complacerla en todas sus exigencias. No sólo decoró el salón con el color de sus sueños, sino que dispuso la iluminación con tanto gusto y acierto que a primera vista se tenía la impresión de que los muebles y cortinas se licuaban en una fluorescencia rosa. Incluso los uniformes de las manicuras y peluqueros, diseñados con cierta influencia cosaca, fueron también en rosado. Longino parecía obsesionado en preservarlo como si se tratase de un color en extinción, y hasta Vicente, quien nunca se sentía conforme del todo si se trataba de complacer a Aguedita, tuvo que reconocer esta vez el buen gusto del decorador.

Los comienzos nunca fueron fáciles. Primero tuvieron todo un caos con la mudada al moderno edificio de quince plantas en cuyos bajos se instalaría el salón de belleza. Se desató de repente una fiebre de mudanzas: Isolda determinó que alquilaría el penthouse para vivir cerca de su hermana, de quien no deseaba volver a distanciarse. Águeda no pasó del quinto piso, por la proximidad que favorecía su trabajo y porque en el fondo no le hacían demasiada gracia las alturas, y Gabriel, después de darle muchas vueltas al asunto, se inclinó por vivir independiente pero en el mismo edificio, porque seguía teniendo la casa de Aguedita como su único hogar. Hasta Jorge y Elisa se contagiaron de pronto y escogieron su apartamento, deseosos de crear su nido propio, lejos de las intervenciones de Lala y las comprometidas relaciones de Rogelio, convertido de la noche a la mañana en el abogado y asesor del presidente Batista. Por último, Vicente se mudó a la sexta planta para acceder a los deseos de Águeda, que sugirió delante de todos la necesidad de tenerlo cerca para asesorarla en el negocio. Esto, desde luego, no pasó inadvertido para nadie. Era el pretexto sutil para verse a diario y equivaldría a permanecer igual que si estuviesen ya casados. Águeda se evitaba las excusas de los fines de semana para encontrarse en la apartada residencia que Vicente poseía en las afueras de La Habana, aunque quedaron de acuerdo en que jamás renunciarían a sus frecuentes encuentros en el acogedor chalet de sus amores en la playa.

–He tomado este apartamento por complacerte una vez más –le decía él, recorriéndola de besos luego de haberse amado hasta quedar exhaustos–; espero que tengas razón y cuando nos casemos podamos vivir aquí, cerca de tus hijas, pero nunca revueltos. No sé qué esperas para decidirte.

–Sólo un poquito más, Vicente –le susurraba ella al oído revolviéndole los cabellos y atizándole el bigote con aquel gesto leve que tenía el mágico poder de galvanizarlo, poniéndole los testículos como dos bolas de acero–. Dame tiempo a adaptarme a todo esto. ¡Imagínate lo que va a decir la gente! Es mejor que se acostumbren creyendo que lo nuestro partió de aquí, de nuestra alianza en los negocios.

–Mira, Águeda –dijo él pegándola más contra su cuerpo como buscando fundirla a sus ideas–. ¡Al carajo lo que piensen! De todas formas, por más que trates de evitarlo, dirán que fuimos amantes desde siempre y se los pegaste de lo lindo al bueno de Serafín.

–Pero eso no fue así –saltó ella indignada–. Yo tengo limpia mi conciencia.

–Entonces, dime, ¿qué otra cosa puede interesarte? ¿Tu conciencia es tuya o la compartes con los otros? Yo me paso el qué dirán por los huevos, Aguedita, ¿lo oyes? Tengo lo que quiero y no le debo nada a nadie. La vida nos jugó una mala pasada, pero eso terminó y nos pertenecemos. No puedes seguir escondiendo nuestro amor.

Sólo Ángela y Sabina se mostraron inconformes al mudarse. A Ángela el nuevo apartamento le parecía una heladera. Todo frío, pulido, niquelado. En la terraza, cuando se abrían las corredizas puertas de cristales, batía un viento de ciclón. Cierto que la vista era hermosa y abarcaba el Malecón, pero fuera del mar, nada había que captara su interés. Los vecinos vivían a puerta cerrada, celosos de su privacidad. Ni un ruido llegaba del exterior. El silencio helaba los pulmones del edificio y producía escalofríos. Sabina, por su parte, extrañaba su selvático albedrío. Añoraba la casona de su infancia, con sus columnas enormes y monumentales escaleras por cuyos pasamanos podía deslizarse. Lo que más echaba en falta eran sus excursiones a la azotea de Juliana donde quedaron sus amigos. Sin embargo, se veían con frecuencia. Liena venía a menudo con Eusebia y otras era Sabina quien se escapaba a visitarla. Habían renunciado a los retozos infantiles, considerándose demasiado crecidas para jugar a los disfraces. Dedicaban las tardes a charlar en la terraza crujiendo rositas de maíz y tomando cocacola o ironbeer en vez de limonada. Muchas veces bajaban a la cafetería y allí se encontraban con Joaquín dando vueltas en una banqueta giratoria frente al reluciente mostrador. Pocas veces subía a visitarla, pero cuando decidía hacerlo, la noche se cerraba sobre el mar antes de interrumpir aquella plática que mantenía a Sabina aletargada en la butaca de mimbre, con las piernas cruzadas mostrando al descuido más allá de lo conveniente. Joaquín ni parecía notarlo; ensimismado en su tema preferido, aplastaba en el cenicero una colilla tras otra y hablaba de un mundo justo, donde no existiría la explotación del hombre por el hombre y cada cual recibiría según su capacidad y según su trabajo. «No habrá ricos como tú ni pobres como yo. No habrá más hambre ni miseria. Todo será repartido a partes iguales. Todo eso no lo he inventado yo, Sabina. Está en los libros. Para conseguirlo tendremos que luchar, y hasta dar nuestra sangre si fuese necesario.»

Cuando Joaquín se adentraba en el tema, a Sabina le parecía que en vez de estarle hablando a ella, hablaba consigo mismo, y la asaltaba el temor de que él no la considerara aún lo suficientemente madura para entenderlo. Eso la mortificaba, pues mientras más lo escuchaba, más crecía la admiración que sentía por su amigo, y más empeño ponía en que él la tomara en serio y se fijara en ella como hombre. No conseguía desligar el amor de la amistad. Estuvo en esa confusión hasta el día que coincidió con Jorge Ulloa en la cabina del ascensor, y al primer golpe de vista despejó todas sus dudas. Se presentó como el esposo de Elisa, a quien Sabina admiraba desde niña por su belleza. Para ella Elisa era la única mujer que podía equipararse en hermosura con su madre, aunque de otra manera, porque una era embravecida como el mar y la otra serena como el cielo.

–¿Ese doctor Ulloa está enamorado de su mujer, mamá? –preguntó esa noche a Isolda.

–¿A qué viene esa pregunta, Sabina?, ¿te gusta a ti el doctor?

Sabina quedó callada unos segundos, pensando en los ojos transmigrantes que sabían sonreír con la mirada y virarle de cabeza el corazón.

–Él me miró como a una niña, mamá –dijo haciendo un mohín de decepción.

–Así debe ser, no lo olvides –respondió Isolda–. Elisa es un ángel. Tu tía Aguedita la quiere como si fuese su hija.

–¿Y él, mamá? No acabas de decirme: ¿la quiere mucho él también?

–¡Jorge la adora! Bebe del aire que ella respira. A Elisa nadie puede mirarla sin quererla. Aguedita la compara con la Bergman. Su encanto te roba el alma.

Sabina soñó esa noche con Elisa. La veía sentada al piano interpretando el tema de la famosa película. Había oído decir que la tía Águeda asistió al cine siete veces para verla y se sabía de memoria la canción.

–¿Cómo se llama la canción de *Casablanca*, tía?

–*Mientras pasa el tiempo* –dijo con un suspiro Águeda.

Sabina cerró los párpados con fuerza y pensó de nuevo en Jorge Ulloa.

–Esperaré a que pase el tiempo... igual que en la canción.

Nadie entendió entonces su mensaje.

Como cada viernes al mediodía, Vicente recogió a Águeda para ir al Floridita a tomar unos daiquiris y comer una langosta enchilada. Cuando doblaba con su auto por la esquina de San

Lázaro, encontró el tránsito cortado. Un nutrido grupo de estudiantes descendía la colina universitaria, y se lanzaba a la calle gritando contra Batista, colgándolo en efigie y enfrentándose temerariamente a los disparos. La situación se hizo más crítica cuando los jóvenes se encadenaron en marcha hacia el Palacio Presidencial. La policía batistiana los barría a chorros de agua; algunos fueron atacados a porrazos y otros cayeron heridos en medio de la balacera.

A pesar de la represión desatada contra los manifestantes, los disturbios y tensiones se extendieron durante todo el mes del natalicio de José Martí. Algo se esperaba la víspera del 28 de enero y Rogelio esa mañana recibió visiblemente preocupado a su hija y a su yerno. No obstante, la noticia del embarazo de Elisa le desarrugó el ceño y llenó la casa de bienaventuranza mientras duró el almuerzo. Jorge trataba de reprimirse para evitar disgustos a su mujer, pero no podía apartar de su cabeza al joven estudiante que llegó herido a su clínica privada y que a pesar de los esfuerzos del equipo de cirujanos por salvarlo, nada se pudo hacer.

–¿Pasa algo, don Rogelio? –dijo Jorge, con el cadáver del joven aún en el pensamiento.

–Esta noche se celebra en el Capitolio Nacional el Centenario del Apóstol. Los comunistas darán la lata, como siempre.

–¿Ustedes llaman comunistas a muchachos como el que asesinaron ayer, en una manifestación pacífica?

–Eso fue lamentable, Jorge, pero las provocaciones siempre traen enfrentamientos.

–¿Provocaciones? ¿De quién? ¿De estudiantes indefensos contra policías armados?

–No es tan así, hay cosas que no pueden permitirse. ¡Adónde iríamos a parar! Tú eres médico y lo ves todo a través de tu óptica, pero no calculas nuestra responsabilidad...

–¡Sí, cómo no! La calculo. ¡Ya lo creo, la calculo... y me asusta!

Elisa miró a su marido con un gesto conmiserativo y Jorge escabulló sus palabras replegado en un incómodo silencio.

Esa noche la ciudad se iluminó como si fuese de día, encendida por miles de antorchas provistas de clavos en la punta. Miles de brazos flamígeros desfilaron por las calles, rescatando el recuerdo del Apóstol en su centenario. Gritos de «¡Revolución y libertad!» se escucharon batir por todas partes mezclados con el humo. Pero no sonó un disparo. El régimen siniestro se guardó la violencia tras la etiqueta rigurosa de los uniformes de gala y los esmóquines de los visitantes extranjeros que celebraban la fecha junto a Batista en el Capitolio Nacional.

Al día siguiente, en el salón de belleza de Águeda no se hablaba de otra cosa que de la manifestación, y Águeda tuvo que llamarles la atención a sus empleadas, por temor a que las clientas oyeran más de la cuenta y se fueran a ir de la lengua. Alrededor de las seis, cuando salía del salón y se detuvo en la acera esperando ver llegar el auto de Vicente, un papel que revoloteaba por el aire se posó sobre su hombro. Águeda lo atrapó rápidamente y leyó el mensaje impreso en letras rojas: «¡Abajo el tirano Batista! ¡Mueran sus esbirros y secuaces!».

De pronto, el estridente frenazo de un carro patrullero la arrancó de su estupor. Tres policías la rodearon arrebatándole el papel.

–¿De dónde salió esto? –le preguntó uno de ellos agitándolo en la cara de Águeda, mientras miraba en torno suyo, palpando nervioso la cartuchera donde guardaba el arma.

–No sé... Yo estaba aquí parada y de repente cayó sobre mí.

–¡Aaah! Así que va a venirme ahora con que vino de las nubes.

–Espere, teniente, no pierda el tiempo con ésa –exclamó el otro policía–. Los tiran de ese edificio.

Todos los empleados de Quo Vadis salieron a la calle, y enseguida comenzaron a sumarse vecinos y transeúntes que miraban a la parte superior del edificio donde vivían Águeda y su familia.

–¿Quién vive allá en los altos? –preguntó el teniente irrumpiendo iracundo en el vestíbulo del edificio.

–Es una artista, una cantante de operetas –le respondió un vecino.

A patadas y culatazos la emprendieron contra la puerta de Isolda.

–¡Señora, e' la policía! ¡El Señor no' coja confesao! –dijo Eusebia persignándose en un temblor.

Isolda abrió la puerta cerrándoles el paso con su cuerpo.

–¿Puede saberse a qué viene este escándalo?

–Apártese, señora. Vamos a echar abajo esto. Mire lo que ha salido de aquí –le espetó el teniente, agitando descompuesto una de las proclamas.

–Yo no tengo que ver con esas cosas –respondió Isolda, altanera–, ni voy a permitir que allanen mi casa como si fuese un potrero.

Águeda se abrió paso entre los policías, poniéndose al lado de su hermana.

–Si se atreven con nosotras tendrán que responderle de esto al doctor Rogelio Falcón. Soy la viuda de su hermano, cuñada del asesor del presidente.

Ángela, Mariko y Tomasa llegaban en ese momento seguidas de Gabriel, quien sudoroso y agitado intentaba ponerse al frente del grupo familiar. Pero al escuchar el nombre de Rogelio, al teniente se le bajaron los humos, y comenzó a recular deshaciéndose en explicaciones.

–Discúlpennos, señoras, pero uno nunca sabe con estos revoltosos que no respetan ni a las personas decentes. –Y todavía insistiendo–: Tal vez algún ajeno subió hasta aquí, a escondidas, y lanzó estos papelones.

–A mi casa no suben extraños, pase y mire usted mismo –dijo Isolda en un esfuerzo por ser condescendiente–. Estamos mi hija y yo, a solas con la sirvienta, persona de toda mi confianza –decía señalando a Eusebia que se había puesto del color de la ceniza.

Sabina observaba a los policías y hacía un hábil movimiento con el pie que al fin logró esconder bajo la alfombra la proclama que aún remoloneaba por el suelo.

Isolda estuvo hasta la noche dando vueltas al incidente en su cabeza.

–¿Quiénes han estado aquí, Eusebia? –preguntó casi segura de saber la respuesta.

–¿Aquí, señora?, naide. El señor Magallanes que vino ayer con uté. Naide más.

–Piensa, Eusebia, piensa bien.

–Bueno... a la verdá la niña Liena estuvo jace tres o cuatro días...

–¿Y Joaquín... no estuvo aquí Joaquín?

–¡Ah sí!, pero eso jace ma' de una semana. Se traía un cuchicheo muy raro con la niña. Pa' mí etán enamoricaos, pero no será na' pa calentarse la cabeza.

Isolda no hizo más preguntas, pero a partir de ese momento se mantuvo al tanto de las visitas de su hija. Sin embargo, pasaron más de cinco meses sin que supieran nada de Joaquín. Sabina guardaba sobre el caso absoluta reserva, y cuando alguien preguntaba por el amigo ausente, decía que había viajado al interior del país en busca de trabajo.

Corrían los meses más fatigosos del verano y hacía un calor de padre y muy señor mío. Rogelio y Lala pasaron el fin de semana ausentes de la ciudad, recorriendo la playa de Varadero en el lujoso yate del señor presidente. La mañana de la Santa Ana las noticias que corrían convulsionaron al país. El dictador tuvo que abandonar la playa azul y regresar a la capital apresuradamente.

Elisa, con la carga de su avanzada gravidez, corrió consternada a casa de sus padres. Rogelio intentó tranquilizarla ofreciendo a la familia su versión sobre los acontecimientos.

–Un grupo de revoltosos asaltaron un cuartel en Santiago de Cuba. Muchos murieron en combate y los otros ya han sido arrestados. Todo está bajo control, el propio presidente lo informará al pueblo en su discurso por la radio.

–¿Y quién fue el cabecilla? –se atrevió a preguntar Águeda.

–El cabecilla cuenta ya entre los muertos –le respondió con firmeza su cuñado.

Cinco días después, dos osados reporteros de la revista *Bohemia* hacían circular unas fotos desgarradoras donde aparecían los cadáveres de unos cuantos asaltantes torturados salvajemente. El pueblo hervía de indignación y repugnancia por el crimen mientras una ola ferviente de simpatía comenzaba a abrirse paso en torno a los rebeldes.

Isolda soltó la revista y exclamó horrorizada:

–¡Son peores que las bestias! Supón, Águeda, que un hijo tuyo o mío pudiera aparecer también entre esos cadáveres irreconocibles.

–¡Cállate, Isolda, Dios nos asista! Gracias a Dios, tú y yo tuvimos hembras...

–¿Sabes que Juliana, mi antigua lavandera, está vuelta loca buscando a Joaquín? Sabina y Liena saben que Joaquín está metido en esto del cuartel y se lo callan. Pero de sobra sé que andan averiguando nombres entre los vivos y los muertos... Se dicen tantas mentiras. Hasta Rogelio nos engañó cuando nos dio por muerto al líder.

–¿El líder?

–Sí, Fidel Castro. Dicen que está vivo y lo buscan por todo Oriente...

18

Elisa dio a luz en las primeras horas de una mañana de octubre, pero Jorge no conoció a su hija hasta tres horas después del nacimiento. Cuando a Elisa la acometieron los dolores, se encontraba fuera de casa, asistiendo el parto de una paciente diabética. Llegó a la clínica acalorado. Recorrió los pasillos impaciente, esquivando a los médicos y enfermeras, que querían felicitarlo, y cuando al fin entró en la habitación y encontró a su mujer incorporada en la cama, sonriéndole amorosa con su pequeña hija en brazos, no se atrevía ni a abrazarla, por temor a hacerle daño si le transmitía de golpe el ímpetu de la emoción que retuvo tantas horas dentro de él.

–Cuéntame cómo salió lo de Marina.

Fue la primera pregunta que le hizo Elisa cuando lo tuvo a su lado.

–Marina también es ya mamá de una niña.

–Pero seguro que no es tan linda como la nuestra.

–No –dijo él, enternecido–. No es tan linda. Como la nuestra ninguna.

Elisa Isabel Ulloa Falcón fue llevada a la pila bautismal a las siete semanas de nacida. Cuando el sacerdote pronunció su nombre rociando su mollera con el agua bendita, Lala volvió a sentirse contrariada por no haber conseguido que le pusieran Elizabeth, y que la llamaran, Liz, como a la Taylor. Pero su yerno se atravesó como de costumbre, por el gusto que sentía en contradecirla, y no sólo la contradijo en lo del nombre, sino que tanto él como la propia Elisita se empeñaron en que Águeda y Vicente bautizaran a la niña, desairando al presidente y a su esposa, que se habían ofrecido antes.

Por suerte, el desaire no llegó al extremo de hacerlos declinar su asistencia al bautizo, y a Lala le retornó el alma al cuerpo cuando vio entrar en la iglesia al general Batista, acompañado como siempre de Marta, su tiposa mujer.

Jorge siempre se negó de plano a presentarse con Elisa en los banquetes y recepciones ofrecidos en Palacio o en la propia residencia de sus suegros, evitando encuentros con el tirano. Pero ahora lo tenía en persona frente a él, mirándolo con su sonrisa ladina y extendiéndole la diestra que no podía rechazar. Respondió al saludo como un autómata y lo vio seguir de largo, entretejiendo palabras convenidas con gestos teatrales. «Ni siquiera sabe simular», pensó Jorge apretando la mandíbula, mientras descubría que alguien entre la fila de invitados compartía su sentir: acababa de adivinar un estremecimiento fugaz en el rostro adolescente de Sabina.

Un año y siete meses después, cuando se firmó la amnistía que puso en libertad a Joaquín y al resto de los rebeldes que asaltaron el cuartel Moncada, ya Sabina había ganado en madurez y conseguía dominar sus nervios. Durante el tiempo que Joaquín estuvo preso, tanto él como sus compañeros se las ingeniaron para enviar desde la cárcel el texto del alegato pronunciado por Fidel Castro durante el juicio en el que fuera condenado a quince años de prisión. El texto era sacado envuelto dentro de cigarrillos o escrito con zumo de limón entre las líneas de las cartas que se enviaban a los amigos más confiables. Entre los encargados de divulgarlo estuvieron Liena y Sabina, quien a medida que leía el alegato de defensa, cobraba conciencia de una realidad nada común a su mundo de cristal. El joven abogado se refería con cifras inauditas a los seiscientos mil compatriotas sin empleo, a los quinientos mil obreros del campo que habitaban en bohíos miserables, trabajando cuatro meses al año y pasando hambre el resto, a los cuatrocientos mil obreros industriales y braceros cuyos retiros estaban desfalcados, a los cien mil agricultores pequeños que vivían y morían trabajando una tierra que no era suya, a los diez mil profesionales jóvenes que salían de las aulas con sus títulos, deseosos de luchar y llenos de esperanzas, para encontrarse en un callejón sin salida, a ese pueblo cuyos caminos de angustias estaban empedrados de engaños y falsas promesas. Un pueblo que debía luchar con todas sus fuerzas si quería ganar su libertad. Sabina estaba sorprendida, sentía su conciencia despertar y en su pecho un batir de alas desconocidas. El final del alegato terminó por sacudirla. «Condenadme, no importa, la historia me absolverá.» La historia era un juez de brazo largo como el tiempo, que podía tardar años en absolver o condenar... ¿Cuántos?, Sabina no sabía, no podía entonces calcular, pero se había levantado ya de la butaca de mimbre donde gustaba de provocar a Joaquín con sus trampas atrevidas y estaba en pie de lucha.

Vicente poseía el don de introducir en la cama el más escabroso de los temas acompañado de la caricia más íntima. Muchas veces acariciándole el pubis consiguió arrancarle una promesa y en más de una ocasión, el cosquilleo de su bigote en la nuca o en el lóbulo de la oreja la hizo mudar de parecer. Esa noche, en medio de las treguas amorosas, Vicente le depositó un beso en el pezón y le deslizó al descuido la sentencia:

–Mañana mismo hablarás a tus hijas de lo nuestro, ¿lo oyes? No acepto más excusas.

–No, Vicente, dame de plazo hasta la próxima semana. Mañana precisamente recibiremos la visita de ese supuesto enamorado de Teresa. Estoy muy preocupada, ¿sabes?

–Ni un día más te doy. Mañana o nunca, Águeda.

–Yo pensé que nunca era una palabra que no volvería a oír entre nosotros –dijo ella tratando de franquear sus partes vulnerables, pero Vicente no cedió.

–Tendrás que escoger entre tus hijas y yo. No voy a seguir en este eterno purgatorio.

–Vicente, me pones entre la espada y la pared...

Él no contestó, le sorbió los labios largamente y comenzó a recorrerla con la lengua lamiéndola de arriba abajo ensimismado. Exploró pacientemente la curva de sus axilas, la pendiente de sus senos, la hondonada de su vientre, el hoyito del ombligo y el botón oculto de su sexo que registró sin compasión poniendo a prueba su cordura hasta sentirla estallar en un gemido de gozo clamando misericordia.

De sobra sabía Teresa la expectación creada en la familia en torno a su enamorado. Se comentaba sin tapujos que, muy próxima a los treinta, la nieta mayor del General estaba por quedarse a vestir santos. En cambio, de Ángela ni eso se decía, lo cual resultaba aún peor, porque significaba que había sido excluida de todo interés. En la familia la daban por un caso perdido. Si al menos se hubiera metido a monja, hasta podría entenderse, pero ese capricho suyo de llevar la vida en blanco y negro, carecía de incentivo incluso para ser tema de conversación. Cuando el anciano general llegó a La Habana, para pasar las Navidades en compañía de sus hijos, Ángela se lo echó también encima, diciendo que lo encontraba delicado de salud. Lo atendía en cuerpo y alma, haciéndole personalmente la natilla y trayéndole a escondidas el tabaco y el buchito de café prohibidos por el médico. Todas las tardes, al bajar el sol, lo llevaba de paseo, guiando su bastón y tomándole del brazo para recorrer el vecindario. Muchas veces el anciano ponía a un lado el egoísmo posesivo con que se aprovechaba de los favores de la nieta y le decía:

–Deberías pensar en buscar novio, Angelita, y no en andar detrás de un viejo inútil como yo. A ver, ¿de qué te valen tantos sacrificios? ¿Acaso alguien se acuerda ya de lo mucho que hiciste en vida de tu padre?

–Usted se acuerda, abuelo, ya lo ve.

–¡Ay, hijita!, los esfuerzos que se hacen por los demás florecen pocas veces. La memoria de nuestros deudores es frágil y se quiebra antes de ser agradecida. La gratitud, Angelita, es un sentimiento tan breve que no alcanza en la mente el tiempo suficiente para llegar a ser recíproco. Si lo sabré yo. Ya no hay quien hable de mis pasadas glorias. Tu padre desvariaba, pero tenía razón cuando decía que nada era nada. No tienes más que ver este país, gobernado por un ex sargentico de mierda que alcanzó los grados de general sin librar una batalla y, tras usurpar el mando por la fuerza, pretende ahora hacerse el noble y nos regala una farsa electoral sin precedentes. Esto da asco, hija. De los años de sincero patriotismo, allá, cuando la guerra, ¿quién se acuerda? Somos un pueblo de amnésicos.

–No lo crea, abuelo, la gente se rebela. Mire usted lo que pasó en Oriente.

–Bah, ésos no son más que comunistas y revoltosos con ganas de hacer bulla. Un cuartel no es la República. Si de verdad hay cojones, que asalten Palacio y le pongan al tirano una bomba bajo el culo.

Unas semanas después, mientras el General, Majagua y los gemelos presenciaban en casa un partido de pelota entre los Tigres de Marianao y los Alacranes del Almendares, vieron claramente en la pantalla del televisor un grupo de jóvenes que se lanzaban al terreno, portando una tela desplegada donde se leía: «¡Abajo la dictadura!». La policía de inmediato cayó encima de ellos y la pantalla quedó en blanco.

–¿Qué pasó?, ¿qué pasó? –gritaban los gemelos, saltando alebrestados.

–Quitaron las cámaras, ¿no lo ven? –respondió el General con tono descompuesto.

–No vemos nada. ¿Qué quería decir ese cartel?

–Nada –intervino Ángela apremiada por calmarlos–. Ustedes a jugar.

–La verdad que esos estudiantes, como diría el doctor Serafín, tienen bien puestos los escrotos –aseguró Majagua, dirigiéndose al General.

–Con eso no tumbarán al gobierno –rezongó el anciano.

–No hablen delante de los muchachos, después lo comentan en el colegio. Hay que andar con pie de plomo –intervino Águeda, asomándose a la terraza donde Teresa aguardaba al visitante por llegar.

Cuando éste llegó al fin, ya los ánimos se habían aplacado y la familia se hallaba reunida en la sala. Teresa lo presentó a todos con un gesto de orgullo autoritario.

–Aquí tienen a Orestes Cañizares... él es mi prometido.

Los pretendientes de Teresa fueron tan imaginarios que la propia Águeda apenas si podía dar crédito a sus ojos la mañana que la vio con el atavío nupcial y los postizos metidos dentro del ajustador tratando de armarle el busto y rogándole de nuevo que se quitara los lentes. En Quo Vadis, la maquillaron y peinaron especialmente. Pero Teresa no lució ni con mucho mejorada. La ausencia de los lentes evidenció la mirada inexpresiva en los ojos de lechuza, y su perfil de rapiña se acentuó de tal forma que las mañas del rouge y los cosméticos no valieran para nada. Águeda no tuvo conciencia de lo que estaba ocurriendo hasta que los novios la enlazaron por el talle para tomarse la foto frente a la tarta nupcial. Fue justo al dispararse el flash que se hizo la pregunta: «¿Dios mío, dónde tenía yo la cabeza cuando acepté que Teresa se casara y me metiera por los ojos al pelagatos de Orestes?».

Teresa lo había conocido en el Teatro Nacional, durante las funciones de operetas y zarzuelas en las que actuaba Isolda. Una noche el acomodador de lunetas iluminó las alfeñicadas pantorrillas de ella con el haz amarillo de su linterna, para ayudarla a buscar sobre la alfombra el prendedor de brillantes desprendido de su estola. Eso fue suficiente; Teresa recuperó el prendedor, pero perdió la cabeza por Orestes. Ponía tanto énfasis en seguir el redondel de luz por los pasillos, que al fin lograba que Orestes la presintiera en medio de la oscuridad. Él la miraba con un desenfado que la ponía a temblar. Orestes era todo músculo, alto y ancho como una muralla, y de modales rudos pero explícitos. No lo amilanó saber que hacía la corte a la sobrina del asesor de Batista, y fue la desventaja de su posición lo primero que puso por delante. «Si yo fuese alguien, te diría cuánto me gustas, pero como no lo soy, mejor me lo callo.» Eso le valió para colgar su uniforme de acomodador. De la noche a la mañana apareció ocupando un puesto de secretario en la alcaldía, privilegio que debía agradecer a los empeños de Teresa con su tío Rogelio Falcón. El General tenía razón al decir que la gente se volvía olvidadiza. Pronto nadie recordaba el antiguo empleo del señor Cañizares, quien muy acicalado participaba de las tertulias del club, de los paseos en yate, de las partidas de tenis y los bailes de la alta sociedad en la cual su novia era admitida por su cercano parentesco con el hombre más allegado al presidente.

«Pero no se puede engañar el corazón de una madre», se decía Águeda, a quien Orestes no logró conquistar con la misma habilidad que conquistó a la hija. Dos días después de la boda, mientras Isolda tomaba un baño de sol en la terraza de su penthouse, completamente desnuda y frotándose la piel con miel y aceite de coco, Águeda le comentaba del yerno.

–Tiene ojos lujuriosos, modales libertinos y hasta nombre de esbirro...

–Vaya, Águeda, me recuerdas a mamá con su eterna manía de los nombres. Deja ya eso. ¿Están casados, no? A lo hecho, pecho.

–¿Qué tal si me dices de una vez ese secretico que se guardan tú y Vicente?

Águeda la miró sorprendida.

–¿Cómo fue que te enteraste? Ya sé, María se lo contó a su madre y a Tomasa no hay quien le sujete la lengua.

–Vamos Aguedita, qué no se diga, soy tu hermana. ¿No merezco tu confianza?

A Águeda el rostro se le encendió recordando aquel beso en el pezón con el que Vicente le pidió que decidiera entre él y sus hijas. Le contó a Isolda el digusto que tuvieron, los días que pasaron distanciados. Él sin mencionarle el tema esperando su respuesta, y ella, incapaz de responderle lamentando su penosa cobardía. ¿Cómo iba a hacerle entender la abatida súbita que sufría cada vez que le tocaba decidir? Pero Vicente demostró conocerla como nadie. «Yo te quiero tal como eres, con todas esas piedras que te atan a ti misma y no consigues mover de su lugar.»

–¡Ay, Águeda! –dijo Isolda–, ¿te acuerdas cuando me dijiste que el amor no era más que pajaritos volando? ¿Qué le hiciste a Vicente, di? Confiésale a tu hermana. Alguna brujería le echaste tú para amarrarlo.

Todo aquello provocó tal hilaridad entre ambas que sólo cuando Águeda recuperó el resuello pudo continuar.

–En cuanto Teresa y Orestes partieron de luna de miel me dijo: «Ponte bien linda, que te tengo una sorpresa». Mandó a Jacobo por mí y me llevó a una parroquia preciosa, en las afueras de La Habana. Allí nos esperaban Majagua y María. «Vamos a casarnos, Aguedita. Pon a dormir tus piedras para que ni se den por enteradas.» Tú, Isolda, eres la otra que lo sabes. Nadie más. Para el resto del mundo seguiré siendo la viuda del doctor Serafín.

El día de San Valentín Vicente le trajo a Águeda un cachorro de cocker spaniel de regalo.

–Vicente, qué ocurrencia, si tú sabes que a mí no me gustan los animales...

Él la detuvo tapándole los labios con una tierna caricia.

–Es para que me perdones aquello de *Satanás*.

Águeda llegó a casa con el animalito atado por el collar de cuero, y buscó a Ángela que leía amodorrada en su cuarto.

–Aquí tienes, Ángela, me lo regaló Vicente para ti. Ya sé cuánto te gustan.

Ángela miró al perro con los ojos como platos.

–¡No, mamá, no! ¡Llévenselo enseguida! No lo quiero, acabará con los muebles, se meará en las alfombras, me buscará problemas con los vecinos...

–Pero es un perro de mucho pedigrí. Tiene más raza que aquel que tu padre...

–¡Calle, por Dios! ¡Ni lo mencione! Llévese a ese animal, devuélvaselo al tío. Yo detesto los perros.

Águeda llevó el cachorro de regreso al apartamento de Vicente, pero quedó preocupada por la actitud asumida por su hija. La sintió desde su cuarto llorar toda la noche y eso la mantuvo inquieta y desvelada. ¡Sería posible que Ángela le guardara rencor todavía por aquel incidente ocurrido en su niñez! Ángela era tan extraña. Siempre dispuesta para todo, brindándose para atender niños, ancianos y enfermos. Pero metida en sí misma, sin emitir sus criterios. Punto en boca si se hablaba de política y peor si se trataba de paritorios o casamientos. Hasta había desistido de sus guerras con Teresa, resignada a vivir en un eterno ostracismo. Todo podría justificarse de haber sufrido un desengaño, pero ¿no le contó Teresa que fue la propia Ángela quien despidió a Alberto? Aquel episodio romántico pasó igual que todo lo demás. ¿Cómo entender que malgastara así su juventud?

«Mañana tendré con ella una conversación definitiva.»

Pero la idea quedó trunca con la llegada de Teresa, que regresaba de su luna de miel en Acapulco, triunfante y cargada de fotos y regalos para todos.

Ángela la recibió con los ojos enrojecidos todavía. Ni siquiera se preocupó de desatar sus regalos.

–¿Qué tiene Ángela, mamá?

–Se puso brava conmigo porque le traje un perro a casa.

Ángela no quiso escuchar más. Se fue a la cocina y cayó de rodillas en el suelo. No escatimó ni gota de dolor: se clavó las uñas en las palmas de sus manos hasta verlas sangrar.

Cuando Águeda y Teresa entraron a la cocina, enlazadas por el talle, ya había superado el vendaval. Su rostro estaba pálido, sin pizca de emoción.

–¿Qué pasa con esa merienda, que se demora tanto? –preguntó Teresa sonriente y feliz.

Ángela distribuyó en silencio las servilletas, los cubiertos y los platos, con un brillo húmedo en las pupilas y un temblor apenas perceptible tras los párpados.

19

De nuevo Liena y Sabina tuvieron noticias de Joaquín, que ahora se firmaba con el seudónimo de Roque, vestía uniforme color olivo y estaba con los rebeldes alzado en las lomas. Había regresado del exilio en México a bordo de un yate que desembarcó en las costas de Oriente. Los expedicionarios fueron perseguidos por más de mil efectivos del ejército, la marina y la aviación de la dictadura, y según versiones de las agencias noticiosas, entre ellos se encontraba el cabecilla, Fidel Castro, del cual llegó a especularse que había muerto en el intento, junto a la mayoría de sus compañeros.

Juliana, la madre de Joaquín, se hallaba ingresada en el sanatorio de tuberculosos cuando recibió la noticia de que el líder de los rebeldes no había muerto y que también su hijo estaba vivo, aunque con la vida expuesta en cada uno de los enfrentamientos que los alzados libraban contra el ejército, en la intrincada zona de la Sierra Maestra.

La Habana amanecía diariamente conmocionada con nuevos asesinatos, detenciones y torturas. Las noches se estremecían con estallidos de petardos y el jefe de la policía ofrecía una recompensa de cinco mil pesos a aquellos que delataran a quienes ponían o fabricaban las bombas.

Águeda comentaba con Teresa, que reposaba entre almohadones su tercer mes de embarazo, el hallazgo del cadáver de un desconocido que habían encontrado los vecinos a unas cuadras de la casa con un niple a un costado de su cuerpo.

–¡Dios nos guarde! ¡Cuánto horror nos ha tocado sufrir! En Río Hondo sí que vivíamos tranquilos.

–Aquí en este país nunca ha habido tranquilidad, mamá. Recuerde cuando cayó Machado, la contienda que tuvimos en el pueblo.

–Cojones es lo que hace falta, no petarditos de mierda –gruñó el General desde su butacón de la sala.

Águeda lo midió con la vista. Su suegro cada día se volvía más lengua suelta, hablando grueso del gobierno y escupiendo palabrotas en presencia de las damas. Había determinado no regresar a La Fernanda después de Navidad como todos suponían, encantado de prolongar su estancia en el hogar de la nuera un tiempo más, ahora que contaba con los cuidados de Ángela.

–Usted no debería hablar así –dijo Águeda molesta–. Su hijo Rogelio es la mano derecha de Batista, y Vicente también tiene en el gobierno muy buenas relaciones.

–Vicente es buen cabrón. En cuanto a Rogelio, cualquier día le sacan la huevera por la boca o terminan colgándolo de los pendejos, pero bien merecido se lo tiene, hace años le advertí la mala leche de su amigo el sargentico. A mí nunca me engañó. En mi época luché por la República, defendí mi partido, luego todo se fue a bolina y me quemaron el pellejo. A mí no hay quien me haga cuentos. El único que no se equivocó fue mi hijo Serafín, cuando decía que la política no era sino basura.

Tomasa irrumpió en la sala dando voces.

–¡Mataron al presidente, lo jan matao, lo etán diciendo po' e' radio!

Todos los ojos se volvieron hacia ella.

–De verdá, señora, ñampiti gorrión, lo dijeron por Radio Reloj, ahora mismito.

–¡Pero cálmate, mujer! –dijo Águeda excitada–. ¡Bendito sea Dios!, deja de gritar y explica bien lo que oíste.

–Yo etaba oyendo la' noticias del mediodía y de pronto gritaron que jabían matao al tirano. El tirano señora, ¿pue' se' otro que Batista?

–¿Estás segura, Tomasa? –preguntó Teresa, incorporándose sobre los almohadones–. ¿No lo habrás soñado tú, que siempre te duermes escuchando la radio?

–Que no, niña, que no. Batista guindó el piojo. Yo lo oí to' claritico, por eta se lo juro –dijo besándose en cruz la punta de los dedos.

–Hay que llamar a casa del tío Rogelio, mamá, esto puede ser muy grave.

En el preciso momento que Águeda corría hacia el teléfono, éste la sorprendió con dos timbrazos estridentes. La voz de Isolda sonó confusa a través del hilo telefónico.

–Águeda, ¿eres tú?, ¿me escuchas?, estoy en el teatro, aquí hay un revuelo enorme, se escuchan muchos tiros y sirenas, dicen que están atacando Palacio. ¿Sabes si Sabina regresó de la universidad? No puedo seguir hablando, hay mucha confusión...

Se cortó la comunicación y Águeda quedó con el rostro de cera, oyendo el insolente tono de discar. El General le arrebató el auricular sin miramientos haciéndole reaccionar.

–¿Quién era?, ¿qué ha pasado, Aguedita?

–Era Isolda, estaba muy nerviosa; dice que atacaron Palacio, que no oye más que tiros... ¿Dónde está Sabina? Tomasa, sube a ver si ya llegó, si no corre con Eusebia, búsquenla. ¡Esa niña en la calle con ese tiroteo! ¡Santo Dios!, ¿dónde está Ángela?, andaba con los gemelos, ¿irían a la tienda de Mariko? ¿Y Elisa?, ¿no estaba con Isabelita en el parque? Llamemos a Vicente.

–¡No, mamá, espere! –dijo Teresa–. Lo primero es llamar a casa del tío Rogelio.

El General las miró dar vueltas, aturdidas, marcando números en el disco giratorio.

–Palacio, ¡carajo! Con esto sí que no contaba ni yo.

–¡Eran sólo muchachos! –comentaba horas después Vicente, que parecía empapado en el asunto–. Estudiantes universitarios, dirigentes de la FEU. Sabían que hoy, 13 de marzo, el presidente estaría en su despacho y decidieron atacarlo. Lograron llegar al segundo piso a pesar de la ametralladora que barría los pasillos. Entraron al despacho y no encontraron a nadie. Dicen que Batista tenía una salida secreta y que por allí huyó.

Águeda era incapaz de poner la cabeza en la conversación. Ya los tenía a todos juntos, reunidos en la sala. Ángela había vuelto con Mariko y los gemelos y Elisa con la pequeña Isabel, pero Sabina seguía sin aparecer y ya estaba anocheciendo. Isolda había llamado más de tres veces, sin acabar de saber el paradero de su hija. Cerca de las ocho el timbre de la puerta cascabeleó con insistencia. A Águeda le temblequeaban las piernas cuando se dispuso a abrir.

–¡Sabina, por Dios! ¿Dónde estabas? Tu madre está como loca preguntando por ti...

Sabina no contestó. Tenía los labios lívidos y los abrió sólo para decir:

–¿Dónde anda Jorge? Necesitaremos un médico de confianza.

–¿Qué ha pasado, Sabina? –preguntó Elisa, asustada, dirigiéndose a la muchacha.

–Se trata del novio de Liena, un compañero nuestro, muy querido en la universidad. Esos perros lo cazaron en la calle. A culatazo limpio lo cargaron en la perseguidora. Liena y yo lo vimos todo. A esta hora lo estarán torturando esos salvajes. Van a matarlo si no hacemos algo pronto.

–¡Dios mío! –exclamó Elisa aterrada–. Llamaré a Jorge a la consulta.

–Primero tendremos que saber dónde tienen al muchacho. Déjame eso a mí, Sabina, yo me encargo del asunto –dijo Vicente saliendo a toda prisa.

En casa de Águeda el teléfono parecía haber cobrado vida de repente en medio del desasosiego familiar.

–¿Saben algo del muchacho?

–No. Nada todavía... –era la respuesta a cada nueva llamada.

En un rincón del sofá, Sabina intentaba dar ánimo a su amiga Liena, que se apretaba las manos llorando a intervalos. Águeda se asomaba a la terraza esperando ver aparecer el auto de Vicente, y Jorge caminaba de un lado a otro sin cesar mientras Elisa dormía en el sillón a su pequeña hija Isabel y Ángela secreteaba con Tomasa. Era ya de madrugada cuando Vicente apareció en la puerta. Liena se abalanzó sobre él, prendiéndolo por la solapa con una mirada suplicante. Pero Vicente guardó silencio, haciendo un gesto de entendimiento a Jorge para lograr que se acercara y poder hablarle aparte. Sabina y Tomasa consiguieron a duras penas llevarse adentro a la muchacha, con el pretexto de que tomase algo caliente porque ya era muy tarde y hacía frialdad. A solas con Jorge, Vicente bajó la cabeza y dijo:

–Hice cuanto pude. Pero parece que el muchacho está en malas condiciones. Me temo lo peor. No quisieron darme más detalles. Está en la quinta estación, ya sabes en manos de quién. Sólo Rogelio puede sacarlo de allí vivo...

Pero Rogelio no sólo no hizo nada por salvarlo sino que ni siquiera se inmutó cuando le informó a su yerno de su muerte.

Jorge descargó un puñetazo sobre el buró de su suegro.

–Quiero el cadáver. Exijo que lo entreguen a su familia.

–No está en mis manos, Jorge. Comprende la gravedad del asunto. Se trata nada menos que de un intento de asesinar al presidente.

–Lo que no quieren es mostrarnos las huellas de las torturas en su cuerpo. Pero éste no irá a parar a la fosa común, ni aparecerá como los otros, con un niple sobre el pecho. Usted se encargará de que el cuerpo de ese joven sea llevado a mi clínica y le practiquen la autopsia. –Dio la espalda y salió dando un portazo sin esperar por Elisa.

El cadáver del joven estudiante llegó a la clínica bajo absoluto secreto poco antes del amanecer. Tenía el rostro macerado por los golpes y el cuerpo acribillado a balazos. En el tórax y los brazos se apreciaban quemaduras de tabaco y en el abdomen los agujeros hechos por la lezna.

–El muchacho era muy fuerte –dijo el forense–, debió resistir mucho la violencia de sus verdugos. Será mejor que esa señorita que está allá afuera no vea esto –agregó el médico, cubriendo glacialmente el cadáver con la sábana.

Jorge sentía un sabor de hiel en la garganta y por primera vez un pavor intenso le acalambraba las rodillas amenazando con reducirlo a la nada. Empujó la puerta de cristales y salió en busca de Sabina y Liena, que se le abrazaron llorando.

–Quiero verlo –suplicó la novia.

–No, Liena, es mejor que no lo hagas –dijo Jorge–. Recuerda al hombre que supo ser para no doblegarse a pesar de la crueldad. Ése fue el hombre que tú amaste.

A mediados de septiembre Teresa dio a luz una niña a la que pusieron por nombre Carmen María, en recuerdo a la difunta madre de Orestes, quien luego de traer al mundo once varones murió irreconciliada con Dios por no haber tenido hembras. Águeda estaba oronda con la nieta. No permitía que nadie se la quitara de los brazos. «¿Verdad que es linda?», decía, convencida de que le sobraba razón, pero se requería disponer de mucha imaginación para no contradecirla. La recién nacida era una ranita pelona, toda cabeza y orejas, difícil de celebrar ni siquiera por cumplido. Al primer descuido de la abuela, Ángela se hizo cargo de la sobrina y se la llevó a su cuarto a donde trasladó la cuna, poniendo como pretexto que la niña daba malas noches, que Orestes no podría pegar ojo oyéndola berrear de madrugada, que Teresa en cuanto se recuperara del parto empezaría a trabajar y lo mismo pasaría con su madre, que no podía descuidar el salón, ni dejar su clientela. Teresa no puso reparos. Le cedió gustosa a la hija, complacida de no tener que mover un dedo en casa. Pero Águeda se lo tomó a la tremenda, arremetió como siempre contra Ángela y se pasó varios días irritable, hasta que un nuevo disgusto la hizo cambiar de actitud y desviar su atención hacia otra parte.

Desde el último enfrentamiento entre Jorge y Rogelio, notaba a Elisa tristona y desmejorada, pero el día del cumpleaños de Isabel, la vio tan alicaída que comenzó a preocuparse. La fiesta quedó muy bien, los niños se divirtieron de lo lindo; Isabelita parecía una princesita, vestida en azul celeste, y hasta los pepillos del grupo se la pasaron en grande bailando desmelenados al compás del rock and roll. Sólo Elisa se veía ida del todo, y hasta hubo un momento en que Águeda pensó que iba a verla desmayarse.

–¿Qué te pasa, Elisita? A mí no irás a negarme que las cosas no andan bien. Hace rato que te veo marchita, fatigada. ¿Son las peleas de tu marido y tu padre? Si Jorge y tú pudieran irse de viaje, tomarse unas vacaciones... Así las discusiones dejarían de afectarte por un tiempo.

–Sería tan bueno, tía, pero Jorge no puede dejar ahora la clínica. No se preocupe, yo estoy bien y Jorge va poniendo de su parte con papá. Él hace cualquier cosa por verme feliz.

Pero a la mañana siguiente Elisa amaneció con un poco de fiebre y le sangraron las encías al cepillarse los dientes.

–Apuesto a que son mis cordales. ¿Sabes, Jorge, que aún no acaban a partirme? Tienes a una mujer sin juicio, completamente loca por ti –exclamó metiéndose en la cama apretada contra él.

Jugaron a tirarse las almohadas y terminaron haciéndose el amor, felices de preservar el placer del primer día, de mantener intacta la chispa de la primera vez.

–Hoy mismo irás a verte con papá. Para algo tienes un suegro dentista. Vamos, arriba, remolona, levántate –dijo él pegándole con la almohada en las nalgas desnudas–, voy a dejarte en su consulta.

Eran pasadas las seis cuando Anselmo llegó a su casa esa tarde. Traía una expresión sombría en el semblante; pasó de largo por el lado de Beatriz sin darle el beso de siempre y se encerró en su gabinete. Su mujer, que estaba en ese momento ocupada en disponer la cena con la sirvienta, hizo un alto en la cocina para seguir al marido, vislumbrando un contratiempo embozado en su actitud.

Lo encontró a oscuras, de codos sobre el buró con la frente entre las manos.

–¿Pasa algo? –preguntó ella preocupada.

–¡Mal año este!

–¿Por qué dices eso, Anselmo? No me asustes.

–No me hagas caso, mujer. Son cosas mías... cosas que se oyen por ahí.

–¿Te refieres a la situación?

–Sí, eso mismo: la situación. Déjame solo un rato. Avísame para comer.

Sin embargo, apenas comió ni concilió el sueño esa noche. Se mantuvo largo tiempo desvelado, absorto en sus pensamientos. No le habían gustado nada las lesiones que notó en las encías de Elisa, pero no quería anticiparse ni inquietar a Jorge por gusto. Aún tenía la esperanza de haberse equivocado, de que todo no pasara de ser una falsa alarma. «Ojalá sea que voy para viejo y me falla el ojo clínico –se dijo, pensando cómo justificar los análisis que había ordenado a su nuera sin despertar las sospechas de su hijo–. Le diré que no quiero trabajarle la boca sin chequear su hemoglobina, le consta que soy quisquilloso. ¡Mal año este, coño! Malo por los cuatro costados.»

Águeda había tenido un día de intenso trabajo. Esa noche se celebraba la boda de una damita mimada en la alta sociedad y el salón estuvo lleno hasta el anochecer. El personal empezaba a retirarse, y ella a solas en su oficina se daba prisa en recoger porque estaba retrasada y había pasado la hora que tenía fijada para verse con Vicente. Estaba ya por salir, cuando encontró a Jorge en la puerta, rígido como un cadáver. Al ofrecerle un asiento, observó que le faltaba el aliento y vacilaba al andar como si estuviera ebrio, a punto de desplomarse.

–¿Qué ocurre, Jorge? Traes una cara... ¿Tuviste otro altercado con Rogelio? –De pronto todo le vino a la mente de golpe–. ¡Es Elisa! ¿Tiene... algo malo?

–Leucemia aguda –murmuró él sin mirarla.

–No... No puede ser. Debe haber un error en los análisis.

Jorge negó con los ojos. Traqueó nervioso los nudillos y su voz tembló al decir:

–No lo hay desgraciadamente, Águeda. Yo... vine a pedirle que se encargue de Lala y Rogelio. Yo... no puedo. –Dejó caer el mentón, frunció los labios y se cubrió los ojos con la mano.

Águeda, sin salir todavía de su estupor, lo vio hundir los hombros estremecidos y contraer el pecho de pesar con el gemir de un animal herido, tocado en el corazón.

Nunca supo explicarse de dónde sacó valor para ponerse de pie y socorrerlo sin palabras, apretando la cabeza de Jorge contra su seno mientras lo oía quebrarse en un sollozo bronco, interminable, que crispaba las entrañas.

Anselmo no se equivocó: fue un mal año. Todo ocurrió con la prisa devastadora que traen siempre aparejadas las catástrofes y las desgracias. La enfermedad se apoderó de Elisa por asalto. La fue minando y consumiendo en pocos días, desvaneciendo por segundos su esencia sutil y delicada. A medida que se posesionaba de su cuerpo la iba volviendo opalina y linfática, semejante a las estrellas y los lirios, impalpable como el alma que se transparentaba en sus ojos, en el fulgor azul de la mirada, apenas alma, que retenía el último destello de vida.

Esa tarde, cuando Jorge entró midiendo los pasos en la habitación de la clínica, encontró a Elisa dormida. Los rayos del sol poniente que filtraban los cristales de la ventana palidecían más aún su pelo rubio, recogido en dos trenzas de colegiala. Se veía más blanca que las sábanas, frágil como una figura moldeada en cera o biscuit que uno teme se derrita o se deshaga en la nada.

Elisa alzó la cabeza de la almohada en cuanto lo sintió acercarse.

–Hola, amor –dijo él tratando de desviar a duras penas sus ojos de los de ella para huir de la mirada inquisitiva con que Elisa le escudriñaba el rostro.

–No disimules mirando gotear el suero, Jorge. ¡Mírame, por Dios! ¡Mírame de una vez!

Lala contuvo un sollozo y Elisa volvió el rostro a un lado para no verla llorando nuevamente.

–Mamá, por favor, déjame un rato con Jorge. Quisiera hablarle a solas.

–Sí, hijita, sí –respondió Lala saliendo de la habitación con el pañuelo apretado a los labios.

–¿Cuántos días llevo ya en esta clínica, Jorge?

–Quince días.

–¿Y cuántos me quedan?

–Pues… no sé… eso no depende de mí, amor.

–Ven, Jorge, siéntate aquí a mi lado. No me huyas.

–¡Huirte yo! –dijo él intentando sonreír.

Elisa lo atrajo suavemente por las manos.

–Jorge, mírame a los ojos y no me engañes más. ¿Cuánto me queda?… Muy poco, ¿verdad?

Él bajó la vista en silencio, jugueteando con el anillo de bodas que bailaba en el delgado anular de su mujer. Pero ella le alzó dulcemente la barbilla y le clavó los ojos.

–Está bien, si tú no puedes, entonces óyeme a mí. Vamos a

enfrentar esto juntos. No te lo cojas sólo para ti. Pase lo que pase quiero que sepas que yo he sido muy feliz, y quiero que tú te cures de este dolor que voy a darte y me prometas que volverás a ser feliz... algún día, aunque ya yo no esté.

Jorge hundió el rostro en los cabellos de ella y comenzó a hablar temblando entre sollozos.

–Elisa, no me hables así, no me hagas prometer lo que no podré cumplirte. Ni siquiera sé cómo voy a resistir...

–Tienes que ser fuerte. Piensa en que hay quienes pasan por la vida sin alcanzar lo que nosotros tuvimos en estos breves años. Eso te dará el valor y la fuerza necesaria cuando llegue el momento. Lo que tú y yo vivimos nadie va a quitárnoslo. Es tuyo y mío, igual que nuestra hijita. Quiero que... cuando ya yo no esté... hagas las paces con mamá y no la alejes de Isabel aunque vuelvas a casarte.

–No sigas, por favor –pidió él con la voz rota.

Pero Elisa continuó.

–Cuando vuelvas a casarte, escoge una buena mujer que sepa hacerse querer por Isabel. Pero nunca se la quites a mamá, ella va a necesitar mucho de la niña. Quiero también que sea tu madre quien se encargue de guiar a nuestra hija hasta que sea una mujer. Ella sabrá hacerlo mejor que la mía, pero nunca se lo hagas entender, ni le digas que yo te lo pedí. Eso queda entre tú y yo. Ahora voy a pedirte un último favor. El peor de todos, quizá. Yo sé lo que piensas de papá... No, no digas nada, no hace falta. Yo lo sé. Sólo te pido por lo mucho que me amas... que no le guardarás rencor, que no verás en esto el castigo que Dios escogió para él... Prométemelo, Jorge, para poder irme en paz.

–¡Todo, Elisa, todo! Di qué más quieres, amor mío.

–Quiero que no traigas aquí a Isabel. No quiero que me vea así.

–No, eso será imponerte algo superior a ti. Sería demasiado duro...

–No, Jorge. No puede haber nada más duro para mí que abandonarlos a los dos.

Una semana después, en plena madrugada, Elisa dejaba de existir con las manos de Jorge atadas a las suyas y Lala arrodillada a sus pies rezándole un rosario.

Afuera, en el pasillo frío de la clínica, Águeda recordaba aquella tarde en su casa, cuando recién llegada de París y muy próxima a cumplir los quince años, la vio cargando a los gemelos de Gabriel y descubrió por vez primera su sonrisa irreemplazable.

20

Ver a Jorge lastimaba. No podía mencionar a Elisa sin que un espasmo de congoja le desgarrara la voz y reviviese las lágrimas. Nunca hombre alguno lloró con igual fuerza. De tanto verlo sufrir, a Águeda le asaltó el temor de que fuera a cometer un disparate. Estaba tan preocupada que se pasaba horas conversando en la cocina con María, que venía cada tarde con Cachita a visitar a Tomasa. Les contaba que Jorge había despedido a la criada, para poder encerrarse a solas en su apartamento, que iba para tres meses que no atendía la consulta y se negaba a escuchar los ruegos de su hermano y de sus padres. Al principio pensó que Rogelio enloquecería, pero la gravedad del país lo mantenía ocupado. Lala parecía un alma en pena, pero confiaba en Dios y su fe la sostenía. Jorge en cambio nada tenía a que asirse. Ni siquiera Isabelita le servía de consuelo. Había dejado a la niña a cargo de Lala, encerrada en un círculo de luto y tristeza que acabaría enfermándola.

–De no ser porque no puedo dejar al señor Vicente, yo misma me brindaba para atender al doctor –decía María consternada–. Él no querrá gente extraña, pero a mí me tiene aprecio.

–¿Y yo, mamá? –saltó Cachita de pronto–. Yo soy gente de confianza y podría encargarme del doctor.

–¡Jesús, si sólo tienes dieciséis años! Encárgate de terminar tus estudios. Es lo que Jacobo y yo queremos para ti.

–Sólo sería por un tiempo. Ahora tengo vacaciones... y si usted misma dice que el doctor la aprecia tanto.

–A mí no me parece mal –dijo Águeda–. Cachita tiene razón.

María se decidió finalmente, y enlazando a su hija por el talle, la apretó contra sí.

–Mi Cachita es un ángel. ¡Tiene tan buenos sentimientos!

Sólo Tomasa se alejó del grupo, refunfuñando entre dientes, y fue a soltárselo a Ángela.

–Ésa etá enamoriscá del doctó.

–Vaya ocurrencia, Tomasa, tú siempre viendo visiones.

–No, niña, Cachita es muy relambía. El doctó es muy bonito y tiene ma' de una detrá de él. Pero será mejó que me muerda la lengua.

Pasados cuatro meses de la muerte de Elisa, Jorge hizo acopio de todo su valor y decidió visitar con Isabel el cementerio.

–Aquí está sepultada tu mamá.

–Pero mi abuela dice que se fue al cielo.

–Según las personas que creen en Dios, es sólo el cuerpo lo que descansa aquí y el alma es la que va al cielo.

–¿Y tú no crees en Dios, papito?

–Tu mamá creía en Dios y tú debes creer igual que ella y todos los demás.

–¿Y por qué mamita se fue con él? ¿Es que no va a volver más?

Jorge se oprimió la emoción y se escurrió de los ojos dos lágrimas amargas.

–Escúchame, hay cosas que todavía eres muy niña para entender. Mamita no puede volver de donde está. Pero, hagamos un trato. Te irás unos días a casa de la abuelita Beatriz. Por las noches, antes de irte a dormir, le dirás que te asome a la ventana y buscarás a mamá en las estrellas.

–¿En cuál?

–En la más linda de todas. La que más brille. En ésa estará mamá y desde allí te verá aunque tú no puedas verla.

Aquello de asomarse por las noches a mirar las estrellas fue un paliativo para Jorge, quien, al igual que Isabel, llegó a creer que Elisa los miraba desde el cielo y podía escucharlos cuando cantaban a dúo su canción preferida o él volvía a recitarle aquel poema de Miguel Hernández que tanto les gustaba cuando se hicieron novios. Sin embargo, ni aquel coloquio nocturno lograba hacerlo volver a sus pacientes. Su hermano Jaime intentaba convencerlo, pero Jorge, renuente a escuchar consejos, culpaba a Dios y a la ciencia y se censuraba a sí mismo por no haber conseguido salvar a su mujer. Su conciencia atravesaba un túnel en penumbras. Algunos meses después, una llamada telefónica, que lo arrancó de la cama en plena madrugada, lo despabiló del todo, devolviéndolo a la cegadora realidad.

–Jorge, soy yo, Vicente. Estoy con Sabina en tu clínica. Hay que operarla de urgencia. Tuvo un... accidente, ¿entiendes? No puedo explicarte más... Te necesitan aquí. La muchacha es diabética.

La detuvieron en el apartamento de un compañero de lucha preparando un cargamento de armas destinado a los rebeldes en la Sierra. Cuando viajaban en la patrulla hacia el Buró de Investigaciones, ya él sabía que viajaba hacia la muerte. Pero trataba de transmitirle valor a Sabina apretándole la mano con cautela. Ella oyó cómo lo torturaban esos bárbaros. Sabía que era a él porque escuchaba repetir su nombre mezclado a la furia de los golpes. De él nada escapó. Le arrancaron la vida sin conseguir arrancarle una palabra.

El silencio de su amigo fue lo que más la llenó de coraje cuando le llegó a ella el turno de enfrentarse a los verdugos. Los recuerdos se volvían difusos, entre el ardor moral de resistir y los dolores regados por el cuerpo. Nítido sí, quedaba uno: el perchero desdoblado que se estiraba despacio entre las manos velludas, y una sonrisa fiera y sádica en el rostro de aquel que le decía:

–Ahora sí vas a hablar, perra.

Luego un dolor atroz, irresistible en sus entrañas... y nada más. Un derrumbe de tinieblas.

Debió de ser el frenazo que dio el auto lo que la trajo de vuelta al dolor, atormentándola al extremo de no poder creer que estaba en brazos de su padrino Vicente. Reconoció su sangre encharcando el asiento trasero del automóvil, y también la voz de su padrino, que le decía:

–Aguanta un poco más, Sabina, ya casi llegamos a la clínica. Aguanta, no te rindas.

No supo más hasta que oyó que alguien le hablaba suavemente al oído, llamándola por su nombre. Debía haber muerto ya, y la voz vendría seguramente del cielo... pero un negro aguijonazo bajo el vientre le indicó que seguía viva.

–Jorge –murmuró reconociéndolo.

–Tranquila. Ya pasamos lo peor. Estás fuera de peligro. Entre manos amigas.

La imagen del perchero desdoblándose le llegó a la retina como un flashazo fotográfico.

–Quieta, Sabina. No te muevas. Te zafarás los puntos.

–¿Qué me hicieron? ¿Qué pasó conmigo?

–Tuvimos que operarte.

–Me acabaron, ¿verdad? Me vaciaron por dentro... Nunca tendré hijos.

Jorge le acarició los cabellos sin palabras.

Ella volvió con rabia la cabeza hacia la pared, y él notó conmovido cómo los sollozos estremecían el hombro desnudo que escapaba a través del tirante de la camisa.

Pocos minutos después llegaba Isolda, cubriendo a la hija de besos y lágrimas.

–De no haber sido por tu padrino, a esta hora... No quiero ni pensarlo.

–No hablemos de eso, mamá, te lo pido –dijo ella apretando entre las suyas la mano negra de Eusebia y sonriéndole a

Vicente que de pie, al borde de la cama, la contemplaba muy cerca de la tía Aguedita.

–Gracias por todo, padrino.

–Baaah, chiquilla, deja eso. Ahora a reponerte y a sacarte del país.

Al principio pensaron esconderla en la apartada residencia que Vicente tenía en los alrededores del Laguito, pero Sabina requería de la asistencia de un médico para acabar de reponerse, y se decidieron por el apartamento de Jorge. El encierro sería terminante. Ni siquiera Isolda o Águeda podrían entrar a verla. Mientras, Vicente se dedicaría a gestionar con la embajada de México su salida hacia el exilio, apenas mejorase su estado de salud.

En aquel mes que Sabina permaneció con Jorge se estableció entre ellos un intercambio espiritual que sirvió para fortificarlos y aliviar sus respectivos dolores. Todas las noches ella lo veía salir a la terraza y pasar un rato a solas, contemplando las estrellas. Pero no hizo preguntas. Había empezado a entender sus sentimientos y a respetar su soledad. Esperaba siempre que fuese Jorge el primero en mostrarse interesado en conversar. A veces, las conversaciones eran largas y se prolongaban hasta altas horas de la noche. Horas que a Sabina se le iban sin sentir, deseando que el sueño no los venciera y el tiempo se hiciera inacabable. Una mañana él apareció en la biblioteca, donde ella se daba a la tarea de organizarle los libros.

–Hoy amaneciste en azul. ¡Al fin tenemos tu azúcar controlada! Es un buen síntoma. Sabina, nunca me has dicho por qué ocultaste a todos tu diabetes.

–¿Crees que hubiera sido prudente alarmar a mamá, estando yo metida en todo esto?

–Pero corriste un riesgo enorme. Cuando lo de tu operación hubo un momento que te creí perdida. Debiste haber venido a verme. Yo te habría guardado el secreto.

–Me dijeron que tú no querías ni saber de tus pacientes.

Jorge se mordió los labios.

–Dime, ¿te hubiera dolido mucho perderme cuando lo de mi operación?

–Mucho, Sabina. Te confieso más, de no haberme dicho Vicente que eras tú la que estabas en peligro, no creo que nadie me hubiera convencido de presentarme en la clínica.

–Yo digo igual, Jorge. De tú no haber estado allí conmigo, yo tampoco me habría salvado, ni estaría ahora aquí, mirándote a los ojos. Eso lo sé. Siempre te tuve confianza. Desde el día que nos encontramos en el elevador. Cuando tú me creías todavía una niña –dijo aproximándose a él para ofrecerle sus labios.

–No, Sabina. Yo estoy seco. Nada retoñará más en mí. No sabes cuánto bien me haría tenerte, aceptar que me quisieras.

–Entonces, Jorge... ¿la amas mucho todavía?

–Mucho –dijo él y hundió en las manos de ella su frente castigada.

La tarde que Vicente vino por Sabina, Jorge la despidió besándola levemente en los labios.

–Cuídate mucho, muchachita. Pronto volveremos a encontrarnos.

Ninguno de los dos se percató de la mirada de Cachita, que asomada en la cocina los observaba recomiéndose de celos y de rabia.

Durante los últimos meses del año el inviolable apartamento de Jorge se transformó en un hospital de campaña, donde se curaban y escondían compañeros del Movimiento 26 de Julio, que luchaban en la clandestinidad. Cachita hacía las veces de enfermera; inyectaba, suturaba y hasta aprendió con rapidez a extraer plomos del cuerpo. Liena, la amiga de Sabina, era visita constante. Servía de enlace a algunos de los refugiados en el apartamento, aquellos que, ya «quemados» en la ciudad, debían subir a las lomas. Por las noches se reunían a escuchar Radio Rebelde. Con palmadas de euforia acalladas entre sí, recibían las noticias llegadas de la Sierra Maestra. «Las tropas rebeldes han tomado Santa Clara», y luego otra bien triste: «Aviones B-26 de la tiranía bombardean las poblaciones civiles... Siguen los muertos».

Las Navidades llegaron ese año silenciosas como nunca. Las calles permanecieron frías y solitarias, y la gente recogida en sus casas renunció a las celebraciones, porque la situación del país no estaba para fiestas. El día 31 de diciembre, bien temprano en la mañana, Vicente llamó a Águeda desde el casino.

–Será mejor que no salgan esta noche. Dice Rogelio que la cosa sigue mala...

Pero Teresa hizo caso omiso de la advertencia de su tío, empeñada en estrenar su vestido y en complacer a Orestes, que insistía en ir al cabaret Tropicana, el famoso paraíso bajo las estrellas, cuyas mulatas de fuego rubricaban el show más famoso del mundo. Isolda, en cambio, declinó salir y se apareció de improviso en casa de su hermana, acompañada de Magallanes, quien bastante achispado, sin esperar que dieran las doce, descorchó dos botellas de champán, ensopando paredes y muebles, despertando a Carmen María y poniendo a Ángela frenética.

En la residencia de los Falcón Benavides, Lala se fue temprano a la cama, no sin antes rezar un rosario frente a la imagen de su Sagrado Corazón. Cercana la medianoche, Rogelio daba vueltas inquieto por la casa, esperando una llamada. Cuando al fin sonó el teléfono, corrió a despertar a su mujer.

–Vamos, Lala, vístete deprisa. No hay tiempo que perder.

–Pero Rogelio, ¿adónde vamos?, si estamos de luto.

–El presidente abandona el país. Nosotros vamos con él.

Al dar la primera campanada del Año Nuevo, se empezó a correr la voz de la huida de Batista. Al amanecer del día primero, las calles empezaron a poblarse de gente que gritaba y puños que se alzaban de júbilo sin creerlo del todo todavía. Horas más tarde el pueblo se desbordaba desde el cabo de San Antonio a la punta de Maisí. Sonaban las sirenas de los barcos, doblaban las campanas y Carlos Puebla improvisaba un premonitorio estribillo: «Se acabó la diversión, llegó el Comandante y mandó a parar».

Tercera parte

El alma

Y fui vendida al fin,
porque llegué a valer tanto en sus cuentas,
que no valía nada en su ternura...
Y si no valgo en ella, nada valgo...
Y es hora de morir.

Dulce María Loynaz,
Últimos días de una casa

I

–Supongo que Carlos Puebla no tenía ni puñetera idea de todo lo que habría de mandar a parar el Comandante –dijo Ángela–. No sólo paralizaría al país y petrificaría a su pueblo sino que él mismo terminaría momificado en el poder, por los siglos de los siglos, sin que nadie sepa aún cuándo podremos poner punto final a la pesadilla más larga de nuestra historia. Cuando tú naciste, Dara, ya el pobre trovador era un viejo chocho que andaba fuera de circulación. Tu bisabuela Aguedita, que conocía mucho de perfumes, decía que los aduladores de la Revolución eran como las esencias baratas: desmesurados, chocantes y con poco fijador. Del que seguro te acuerdas es de ese otro adulón que fue Nicolás Guillén, nuestro poeta nacional, que acabó también chocheando de tanto cacarear a su Comandante su «Tengo lo que tenía que tener», en los tiempos victoriosos en que su líder predicaba que ésta era la Revolución de los humildes, donde todo era del pueblo trabajador y revolucionario. Recuerdo que empezaba así: «Yo Juan sin Nada no más ayer, hoy Juan con Todo. Tengo, vamos a ver, el gusto de andar por mi país, dueño de cuanto hay en él. Zafra puedo decir, ciudad, puedo decir, ejército puedo decir. Tengo, vamos a ver, que siendo negro nadie me puede detener en la carpeta de un hotel. Que no hay guardia rural que me agarre y me encierre en un cuartel ni me arranque y me arroje de mi tierra. Que ya aprendí a leer, a contar, a escribir, a pensar. Que ya tengo donde trabajar y ganar lo que me tengo que comer...». Cada uno lo recita ahora a su manera. ¿Qué les queda de su tierra a todos los que se fueron y no los dejan volver? ¿Qué queda de una ciudad que se derrumba a pedazos? y ¿los hoteles? No sólo no entran los negros sino tampoco los blancos. Los cubanitos de a pie no llegan a la carpeta, ya en la misma puerta te para la policía, y te dice: ¿usted es turista extranjero? ¿No? Entonces circule, ciudadano. Cierto que ya no hay guardia rural que te agarre y te meta en el cuartel. Para eso está la seguridad del Estado y las celdas de Villa Marista porque la Revolución que te enseñó a leer, a escribir y a pensar, te negó el derecho a expresar lo que se piensa. Trabajar para ganar lo que me tengo que comer. Parece cosa de burla, ¿no? ¿Te acuerdas de la última estrofa? «Como tengo la tierra, tengo el mar. No Country, no Jailaif, no Tennis, no Yatch, sino de playa en playa, y ola en ola, gigante azul abierto, democrático, en fin el mar»... Para remar y remar debió haber dicho...

Dara no daba más.

–Por favor, tía, no sigas. No puedo oírte... Damián vivía con esa poesía en la boca; cada vez que íbamos al Malecón, se sentaba de cara al mar y... decía lo mismo que me estás diciendo tú... –dijo, y la voz se le rajó en un sollozo.

Ángela se mordió los labios.

–Perdona, no lo pensé... no sé cómo se me ocurrió algo así... Soy una vieja odiosa... carcomida de resentimiento... ¿Ves cómo meto la pata? Ahora entenderás por qué me cuesta hablar del pasado; en cuanto me dejo llevar por los recuerdos, se me suben los demonios y digo lo que no debo.

Dara se recompuso y la miró entre lágrimas.

–No, todo lo contrario. Es que mi hermano se parecía a ti, en todo lo que pensaba... Siempre te ponía de ejemplo. Le reprochaba a mamá que tú... te fueras de casa...

–No sé cuándo vas a decidirte a hablarme de la tragedia de Damián y de tu madre –dijo Ángela.

–Necesito todavía tomar fuerzas y conocer ciertas cosas que no sé. Quiero pedirte que me saques de una duda que me está quemando por dentro. ¿Tú crees en Dios o en el destino, tía? ¿Fue el destino o fue Dios el que torció nuestro rumbo? El de Cuba, quiero decir.

–¿Y qué sabes tú de Dios? Las nuevas generaciones no conocen otro Dios que no sea Yo Castro.

–Pero es que yo sigo sin entender. Nunca me han dejado entrar en un hotel y jamás me han permitido pisar la playa de Varadero. Cómo fue que Guillén escribió algo que hoy todos tiramos a choteo. Explícame cómo la generación que luchó contra la dictadura de Batista se dejó imponer el comunismo. ¿No dices que aquí le tenían terror a esa palabra?

–¿Y tú piensas que Yo Castro lo cambió todo en un día? Se me olvidaba que a ustedes les borraron la memoria histórica, incluso la de los primeros años de la Revolución. No conviene que los jóvenes de hoy lean lo que su líder prometía en sus primeros discursos.

–Entonces cuéntamelo todo, sé que te guardas algo de mi bisabuela Aguedita que no me quieres decir... –insistió Dara.

–Mi madre fue la que más sufrió con todo los que nos tocó vivir. Desde el 1 de enero del 59 su vida se vio por primera vez mezclada con la política. Afectada por el triunfo de la Revolución. Te voy a proponer un trato. Igual que hacía tu abuela Teresa, que era muy bicha y sabía sacarme siempre lo que quería de la boca. Yo te cuento lo que no viviste, a cambio de que cuando termine la historia, me cuentes tú esa parte que te guardas para ti donde yo estuve ausente.

–De acuerdo, tía. Acepto el trato y te prometo ser fuerte.

2

El cielo clareó sin sol, con el tinte mustio y gris de las tristes despedidas. Fundidos en cuerpo y alma se amaron toda la noche en el chalet de la playa. Se amaron con desespero: impacientes como la primera vez y acaso tan intensamente como si fuese la última. Vicente la poseía a embestidas, con un goce arrebatado que tenía mucho más de dolor que de placer. La penetraba hasta el centro de ella misma, como si quisiera poseerla de raíz, exprimiendo el zumo de la dicha desde el fondo de la entrega para llevarlo con él siempre, impreso en la memoria. Todavía flotaban gemidos en la habitación cuando la claridad lacrimosa del amanecer comenzó a entrar por los cristales iluminando el rincón abultado de maletas. Águeda, resistida a zafarse del abrazo, mantenía a Vicente anclado al sexo, ciñéndolo entre los muslos, mientras se besaban rabiosamente en la boca.

La voz de Jacobo se dejó escuchar tras la puerta.

–Señor, ya es la hora.

Él la besó una vez más y rompió el cerco de brazos y muslos.

–Vamos, Águeda, no hagamos de esto una despedida. No puedo verte llorar.

Ella hizo un esfuerzo terminante, se levantó junto con él y se vistieron deprisa. Afuera, forrados por los impermeables oscuros, aguardaban Majagua y una pareja de hombres que paseaban por la arena calados por una llovizna fría y pertinaz.

En la costa, la silueta blanca de un yate se perfilaba sobre el mar, bajo los grises jirones de nubes.

Ella le subió la cremallera del abrigo hasta el cuello con un silbido liso que le erizó la piel.

–Hasta pronto, vida mía –dijo él estrechándola de nuevo con otro beso en los labios.

No quedaba qué decir. No hicieron más que hablar de lo mismo desde el día que los barbudos cerraron todos los casinos, luego de haber sido saqueados por el ímpetu del pueblo. Todo fue como vivir despiertos la pesadilla del desastre. Águeda vio volcar en plena calle la casa de Lala y Rogelio. Cuadros incendiados, muebles destripados, despachados hacia fuera a puntapiés.

–Nada podemos hacer –aconsejaba Vicente al anciano general cuando ocurrieron los sucesos.

Después, a solas con Águeda en el apartamento, afirmaba:

–Hay mucho odio reprimido. Papá no puede entender. Yo temo represalias. De cierta manera, estoy muy comprometido. Soy hermano del hombre que se fugó con Batista. Nunca me metí en política. Lo mío son mis negocios. Pero óyelos hablar: cero al vicio y al juego. Cero corrupción, cero prostíbulos. Yo defiendo lo que tengo, pondré mar por medio hasta que el río tome su cauce.

Pocos días antes de partir trataba aún de animarla.

–Este viaje a Estados Unidos será por poco tiempo, Águeda. Lo de siempre, esperar que se calmen las euforias y todo vuelva a su lugar. Mientras, poner a salvo lo nuestro del lado de allá, donde tengo amigos y respaldo. ¿Entiendes?

–Llévate también lo mío, Vicente. Aquí no se sabe lo que puede ocurrirnos. ¿Y si son como dicen comunistas?

–Ay, Águeda, suponiendo que lo fuesen, ¿crees que los americanos van a permitirlo? Tú te cuidas. Mantente al margen, sin buscarte problemas. Cuando regrese todo estará de nuevo en orden y seremos felices para siempre.

Ya en la puerta del chalet le dio un abrazo a Jacobo.

–Cuídame a Aguedita. Te dejo a cargo de ella. Tú ya sabes lo que quiero decir...

Rumbo a la orilla, escoltado por Majagua y los dos hombres de oscuro, se volvió una vez más a mirarla, agitando la mano y sonriéndole bajo la fina lluvia gris. El yate se deslizó mar adentro abriendo un surco de espumas destejidas hasta hacerse un punto mínimo y borroso, cercano al horizonte. Jacobo la hizo reaccionar, tomándola del brazo.

–Entre, señora, la llovizna le hará mal. Mientras usted recoge arriba, le preparo un café.

Negro y amargo le supo aquel café entre las paredes silenciosas del templo rosa eterno que Vicente pintara para ella. Cuando al fin se decidió a salir, lo recorrió todo con las pupilas húmedas de sueños y recuerdos, sin atreverse a medir el tiempo más allá de aquel adiós, sin preguntarse siquiera cuánto faltaría para volver a tenerlo.

Vicente no exageraba. Eran tiempos de euforia y multitudes. Pocos eran los que no estaban jubilosos, insertados al triunfo y la apoteosis, hirviendo entre banderas y consignas, vistiendo los colores rojo y negro del movimiento libertador. Hasta a Isabelita la llevaron vestida de rojinegro la tarde que regresó Sabina del exilio, y al hijo de Silvia y Jaime Ulloa lo disfrazaron de rebelde con una barba postiza pegada a su carita, sin olvidar ponerle el brazalete a dos tonos. Sabina, la heroína, estaba de nuevo en casa, rodeada de los suyos. Colmada de besos, flores y lágrimas. Sin embargo, Sabina, la mujer, sólo tenía ojos para Jorge, a quien encontró cambiado, escurridizo, sospechoso. Por más que quiso saber, nadie pudo darle cuentas. Ni él mismo pudo prever lo que le estaba ocurriendo hasta la mañana en que Cachita entró a su cuarto completamente desnuda y lo apabulló de súbito, segura de la respuesta impostergable de su virilidad. Al principio no hizo más que reprocharse su infamia. Pero cuando ella volvió a tomarlo a la tremenda con sus ardores mañaneros, se le amenguaron las culpas, depuso los remordimientos y comenzó a sentirse compadecido de sí mismo. Él no era más que un hombre abandonado, solo, sin mujer, que como hombre respondía a sus instintos. Su pensamiento decantaba situaciones. A un lado estaba su vida y Cachita sólo ocupaba en ella un paréntesis. De eso estaba seguro. Fuera de lo llanamente físico nada tenían en común. Su espíritu se mantenía inmune y le pertenecía a Elisa por entero. En el fondo no quería que la pena se le escapara del todo: temía que con ella se le fuese lo que quedaba de su mujer en los recuerdos, el bálsamo de revivirla en las estrellas con el gusto dulzón de lo que fue y lo mucho que la amó. Cachita, en cambio, muy lejos de inocentes y culpables y de tantos jeroglíficos internos, parecía disfrutar su audacia con aires de conquista y hablaba del futuro con planes de posesión. Dándolo como suyo, aseguraba que ninguna otra ocuparía su lugar, ni siquiera en la consulta, donde también estaría cuando se hiciese enfermera. Tenía decidido que era ésa su verdadera vocación.

–Estudiaré para estar siempre contigo –le decía estirando mimosa el hociquito malicioso–. La Revolución dice que todos podremos estudiar con los mismos derechos. Tanto blancos como negros seremos la misma cosa. Si dejo de ser tu criada y me hago enfermera, ¿crees que tu familia podrá tenerme a menos cuando se entere de lo nuestro?

Jorge quedaba en suspenso sin saber qué decir. Sobre aquellos asuntos raciales y de clases tenía sus propias convicciones. Por boca de Cachita hablaban siglos de dolor y de injusticia. Habría que terminar con aquel sufrimiento secular y la Revolución era grande, y para eso había triunfado. Pero oírselo a Cachita era una cosa y otra sentirlo en carne propia. Solamente de pensar la cara que pondría su madre si llegara a conocer que su hijo andaba en enredos de viudo solitario con la criadita de color, le producía escalofríos de conciencia. Mejor era dejar que hablase el tiempo. Ya no era posible echarse atrás.

Por su parte, a Sabina le sobraban razones para requerir la cercanía de Jorge, todos los días tenía algo nuevo para él. Que si los niños campesinos recién llegados a la ciudad tenían desnutrición y parásitos. Que si debía hacerse algo para dar asilo a los menesterosos. Que si había que revisar las condiciones de tal o más cual hospital para recibir a aquellos que venían del campo desatendidos por un montón de tiempo. Jorge le seguía los pasos prendido a su entusiasmo en flor. Unas veces transportado por su pasión de combate y otras embebido por el vigor de su belleza. Pero si ella se atrevía con algún gesto cercano, él se replegaba en el acto, huidizo y glacial. Sabina, desarmada, no entendía los motivos de aquel cambio de actitud. Algo extraño creyó descubrir la tarde que se presentó en su apartamento con un encargo de última hora. Cachita la recibió de pésimo talante y de muy mala gana aceptó la sugerencia de Jorge de servirles un café. A Sabina no le cayó nunca en gracia la chiquilla, a quien consideraba bretera y maliciosa con sus teticas en proa y los nalgudos meneos de su popa prominente. Malamente le sabía que fueran primas hermanas, por ser ella la hija del tío Gabriel, según le confesara Isolda cierta vez, todo lo cual le pareció un asunto bien feo y sobre todo ultrajante para la buena de María, tantos años unida a la familia al igual que Tomasa. Si bien nunca se detuvo en considerar su parentesco, mucho menos podría ocurrírsele tomarla como una rival, y debió de ser por ello que luego de verla compartir con Jorge un cigarrillo en franco gesto íntimo, desechó la idea perturbadora de su mente, atribuyéndolo todo a los celos de Cachita, que buscaba provocarla, porque sabía que entre Jorge y ella existía un entendimiento que acabaría por cuajar en su oportunidad. Todo lo demás no eran más que suposiciones suyas. Jorge jamás pondría sus ojos en una bicha semejante.

Pero poco le restaba a Sabina para entretenerse en cavilaciones. Nuevos dramas familiares reclamarían su atención y pondrían a prueba su entereza de carácter. Más de una vez al tirar sus caracoles, Eusebia lo predijo, y más de una vez también se lo advirtió a su señora. De sobra sabía que de nada valdrían los baños ni despojos, los pases de gallinas prietas ni las misas para alejar el espíritu oscuro del difunto don Andrónico si la niña Isolda incumplía la sentencia escrita en su destino. Hasta entonces la tragedia se había vuelto hacia aquellos que poseyeron a la diosa. Primero su marido, luego Terencio Palomino y por último aquel muchacho desdichado, muerto a tiros por la fuerza pública. Incluso su segundo esposo, ese gringo opulento y millonario que Eusebia nunca llegó a conocer sino en fotos, murió en un accidente espeluznante a poco del divorcio. Sólo Magallanes había sobrevivido al fatalismo. Le constaba a la fiel negra que su señora no lo amaba. No podía amar a un señor que le doblaba la edad y parecía salido de otra época. Cuando vestía de frac, Eusebia lo relacionaba más con Mandrake, el mago, que con algo alegórico al teatro. Pero era indiscutible lo mucho que su señora le debía: no sólo le sacó brillo a fuerza de pulirla en su carrera y ejercitarle la voz, sino que no se detuvo hasta llevarla de gira por Europa y especialmente a España, la patria de Magallanes, donde era muy aplaudida y admirada. Luego estaba lo extremoso que era con Sabina, a quien jamás Magallanes cayó ni regular, por más que se desviviera en halagarla. Eso de que los gallegos caminaran con los codos cabría con el difunto don Andrónico, que se entendía en ñáñigo con el diablo, pero el señor Magallanes era el hombre más noble y generoso en el mundo: un caballero a carta cabal. ¡Ay!, pero su señora tenía la testa de roca y una hoguera entre las piernas.

Todo empezó el día que los barbudos entraron en la capital y la gente se desbordó a chorros por las calles para celebrar juntos la victoria. En uno de estos héroes, Isolda encontró la reproducción viva de Terencio. Era un hombre fornido y melenudo, cuyos músculos recios apenas si cabían dentro del ajado uniforme de campaña. Traía encima el polvo de la guerra y el camino y olía a monte y a pólvora, a sol y a libertad. Colgado al cuello llevaba un collar de peonías y una delgada cadena con la medallita de la Virgen de la Caridad del Cobre. Sabía sonreír con todo el rostro. Un rostro hermoso de muchacho rústico y sincero, poblado de una barba pelirroja. Cuando la llegada de Sabina, Joaquín lo trajo a casa de Isolda presentándolo con el nombre de Artemio, y a partir de ahí se desató la locura entre la diosa y el héroe. De nuevo se repetía la historia de las estratagemas tramadas en Las Veguitas: Isolda se las arreglaba para hacer salir a Magallanes por una puerta y entrar a Artemio por la otra, y Eusebia volvía a enfurruñarse y a gruñir con el mocho de tabaco apretado entre los dientes. Pero esta vez no iba a apañarla. El señor Magallanes no se merecía lo mismo que el difunto. La señora Aguedita se encargaría de intervenir y detener la tragedia.

–Too etá ají, claritico. Lo dicen lo' caracoles. Mi señora no pue' vé el colorao con el prieto. De na' vale que se meta en el seno la cresta del totí si ese barbuo trae lo' do colores juntos.

Isolda se echó a reír en la cara de la hermana.

–Son supersticiones de Eusebia, Águeda. ¿Vas a hacerle caso tú? Para tu tranquilidad, le quitaré el brazalete rojo y negro a Artemio y lo guardaré en mi cómoda.

Águeda apeló a otros recursos, sin atreverse esta vez con preceptos de moral: trató de ser moderada pero directa en su intento.

–¿Has pensado en Sabina? ¿Qué puedes encontrar en ese muchacho? Tiene la misma edad que Joaquín, hace más pareja con tu hija que contigo.

–El amor, Aguedita. Dios me ha devuelto a Terencio vestido de verde olivo para sentirlo otra vez dentro de mí.

Cuando esa tarde Águeda volvió de ver a Isolda, se encontró la sala de su casa en plena ebullición. El General acababa de recibir un telegrama en el cual se le urgía a presentarse en La Fernanda, que había sido intervenida según la nueva ley.

–Se trata de ese lío de la reforma agraria –decía el anciano, agitando sin resuello el telegrama con ojos iracundos–. Quieren expropiar mis tierras, quitarme lo que es mío, patrimonio de ustedes. Esa ley es una cabronada que no voy a consentir. A patadas sacaré de mi finca a esos comunistas de mierda.

Ángela se abalanzó sobre él.

–Yo iré con usted, abuelo. No se ponga así, ya sabe lo malo que tiene el corazón.

–Tendré malo el corazón pero cojones me sobran todavía para defender lo que es mío y de mis hijos.

–Llamaré a Sabina –dijo Águeda–. Ella sabrá qué hacer...

–No me hacen falta mujeres. Esto es cosa de hombres. Jacobo irá conmigo.

–Pero Sabina es... una de ellos, es revolucionaria, tendrá influencias.

–Con las influencias de esa chiquilla me limpio yo el culo. Con Jacobo me basta. ¡Que yo soy viejo, carajo, pero de hombre me sobro!

Esa noche, con excepción de Orestes y la pequeña Carmen María, nadie durmió en casa de Águeda. El marido de Teresa dejó a las tres mujeres sentadas alrededor de la mesa del comedor, debatiéndose entre conjeturas. Poco antes de irse a la cama, Orestes les dejó entrever la necesidad de mantenerse calladitas porque el apellido Falcón traía ahora malos recuerdos, no sólo por la fuga de Rogelio en el avión del tirano y la partida precipitada de Vicente, antiguo propietario de un casino, sino de aún más atrás, cuando el General estuvo en el gobierno del «asno con garras».

Casi al amanecer el timbre del teléfono las hizo saltar de las sillas y despabiló a Tomasa que, ¡gracias a Dios!, se había callado un rato dando cabezadas en un rincón del comedor.

Trabajo le costó a Águeda descifrar las balbucientes palabras de Antonia, la sirvienta, entrecortadas de sollozos.

–A don Rogelio le dio una cosa, señora –fue lo único que pudieron entender hasta que Jacobo se puso al habla.

–Esto ha sido el acabose, señora Aguedita, usted ni se imagina. Ellos que sí, que tenía que aceptar la ley, y el General que no. Don Rogelio está muy malo, el médico está con él, parece que le falló el corazón.

Orestes no se equivocó, el apellido Falcón estaba silenciado para siempre. Fue un entierro sin glorias y sin salvas, no hubo honores militares y casi nadie asistió. Cuando la tapa de mármol se cerró sobre la bóveda familiar con un sonido imponente, un relámpago rajó en dos las negras nubes y el bramido de un trueno atenazó a los escasos dolientes. A lo lejos, bajo la escasa luz crepuscular, se alzaba todavía arrogante la techumbre rojiza de La Fernanda, con los jardines babilónicos amados por doña Serafina, sus inmensas pajareras, sus frutos de troncos seculares y el romanticismo agreste de lo tradicional. Águeda se volvió con una última mirada y se llevó la mano a la garganta.

–La Fernanda ya no es nuestra –dijo, tragando un buche rudo de nostalgias.

3

En el antiguo reloj de la abuela Pelagia expiró la última campanada de la tarde y Ángela clavó las pupilas en el péndulo oscilante con un sentir de piedra y de vacío. El tiempo parecía ahora sonar con mayor fuerza, correr con mayor prisa en pos de la metamorfosis y la gesta de lo trascendental. Algo nuevo y diferente se iniciaba, conmocionando la sociedad desde sus mismos cimientos, y Ángela reconocía a su pesar que su padre, de haber vivido para verlo, se sentiría del todo satisfecho con la Revolución, las leyes y los cambios. Solía decir que regalando zapatos y vestidos en desuso no se capeaban miserias. Hacía falta mucho más que las limosnas de aguinaldo concedidas por la primera dama, las pregonadas caridades anuales y los juguetes repartidos la víspera de Reyes entre los niños sin infancia. De haber estado en La Fernanda en lugar del General, habría cedido la finca con una sonrisa evangélica muy similar a la de su santa abuela, Serafina. Su abuelo, don Regino Monteagudo, el barbero de Río Hondo que ni cuando el incendio aceptó jamás un acto de misericordia, alzaba la voz en rebeldía, clamando por una «carga para matar bribones» y librar al país de la garra del gringo omnipotente. Él, al igual que su padre, habría subido al tren de la liberación. También el doctor Anselmo Ulloa que, acompañado de su mujer doña Beatriz, había venido a darles el pésame, y haciendo caso omiso del duelo familiar, defendía a voz en cuello la nueva ley revolucionaria.

–Yo comprendo que en esto haya unos cuantos inconformes y perjudicados, pero ¿qué son unos cuantos dentro de todo un pueblo? Soy hijo del proletariado y puedo hablar con propiedad. Piensen en el campesino, en el obrero, en el negro...

Llegado a este punto su mujer saltó como un resorte:

–¡Por Dios, Anselmo, no te excedas! Vinimos para ofrecer condolencias.

La conversación cambió de rumbo, y cayó en el tema de Isabel. La hija de Jorge los tiranizaba a todos reclamando atenciones que amenazaban con echar a perder su educación. Nadie podía entender qué pasaba con la huérfana, unas veces colérica y huraña y otras ausente y melancólica. Recién había empezado en el colegio, cosa que entusiasmó a Beatriz, quien creía que su nieta, rodeada siempre de adultos, necesitaba relacionarse con niños. Pero todo resultó al revés de lo esperado. Isabel causaba dificultades, no se avenía con sus compañeros y contrariaba a sus maestros que se quejaban de no haber visto un comportamiento más extravagante. Unas veces la notaban afligida, otras entretenida en cualquier cosa menos en la clase y cuando no predispuesta, aguardando siempre el ataque, como si tuviese el mundo entero en contra. No es que le faltara inteligencia para el aprendizaje, todo lo contrario: cuando se le antojaba sobresalía por su clarividencia precoz y su ingenio, y más de una vez consiguió dejarlos asombrados haciendo gala de una poderosa fantasía muy fuera de lo común. Pero lo del colegio no era con todo el tope del conflicto, lo peor eran las crisis de angustia que sufría si algún ser querido se le ausentaba más tiempo del que ella tenía ya cronometrado. Por mucho que Beatriz o la criada le explicaran que el abuelito o papá no se irían para siempre, Isabel caía en una especie de trance durante el cual volvía a hacerse pipí en la cama, perdía el apetito y vagaba por la casa recogida en su desconcertante tristeza. Su abuela se lamentaba de que Jorge la culpara de tanto consentirla; él no estaba en su lugar y lo dejaba todo en sus manos. Metido de lleno en la Revolución, restaba tiempo a la niña, que cada vez reclamaba más la presencia del padre, como si temiera perderlo a él también.

Ángela escuchaba a doña Beatriz con una frase pronta en la lengua.

–La huérfana lo que tiene es mucha lástima por dentro, mucha lástima de sí.

–¿Y qué sabrás tú de huérfanos, Ángela? –respondió Águeda tajante clavándole los ojos.

–Nada, mamá, tiene razón. Fue tan sólo un decir.

Beatriz quedó como nadando entre dos aguas turbias, captando al vuelo un inexplicable malestar. En ese instante entró Cachita a la sala preguntando por su abuela Tomasa. Al descubrir a la madre de Jorge, se dirigió hacia ella contoneando las caderas con tanto desenfado que dejó a Beatriz de una pieza.

–¿Habrase visto, Aguedita, con cuanta desfachatez me trata esta chiquilla? Tal parece como si... Nada, hija, que esta Revolución le está dando mucha ala a la gente de color.

Esa mañana Magallanes subió a visitar a Isolda, cohibido y apesadumbrado. La diosa regaba en la terraza los tiestos de sus cactus predilectos, vocalizando el vals de *La Viuda Alegre*, que ensayaba para la gala del Teatro Nacional. «Así es ella», se dijo Magallanes, contemplándola con un mal pensamiento. Mucho más bella que la heroína wagneriana pero no menos enamorada que la otra de ese Tristán barbudo que sabía que la visitaba a escondidas cuando él volvía la espalda. Magallanes, amante de la escena, tenía la mente conformada a los finales trágicos. Más de una vez, sintiéndose traicionado, pensó en un cierre a lo Wagner. Pero nunca, desde la loca ocasión que intentó estrangularla, volvió a tener la decisión tan firme como en aquel momento. Isolda al verlo debió de adivinar la imperiosa urgencia de sus celos, porque soltó la regadera, se colgó de su cuello y con un beso prolongado lo arrastró hasta su cuarto. Magallanes se dejó avasallar. Horas después, merendaban en la cama entre miradas febriles. Completamente relajado ya, se paró frente al espejo para componer su atuendo y hundió su mano en la gaveta en busca del pañuelo. Sin proponérselo encontró una burda tela, oculta en lo profundo de la cómoda. Acostumbrado al tacto sedoso de la ropa interior de Isolda, se apoderó extrañado del retazo advenedizo y lo alisó en silencio. Toda la sangre que le corría por el cuerpo se le agolpó en las sienes: acababa de reconocer los colores rojinegros del brazalete rebelde. Nada dijo. Sólo buscó en el tercer entrepaño del closet el revólver que guardaba y le introdujo dos balas.

Isolda durmió a su lado. Ni una nube de sospecha le nubló el sueño esa noche. Él la contemplaba dormir plácidamente. Sus párpados serenos, sus labios entreabiertos, sus senos en calma. La diosa era toda suya. Aguardó a que clareara y la despertó con un beso sólido en la frente. Isolda se desperezó y se sentó en la cama volviéndole la espalda. Entonces él, sin un temblor en el pulso, apretó el gatillo junto a su nuca. El disparo retumbó en la habitación y el cuerpo inerte de la diosa se desplomó hacia delante con los cabellos revueltos. Un charco rojo comenzó a crecer bajo los negros mechones que cubrían el perfil del rostro pálido. Él la llamó dos veces, pero no hubo respuesta. No esperó ya; con pulso firme apretó el gatillo sobre su sien derecha.

Isolda Monteagudo estaba muerta de veras, su figura estatuaria yacía ensangrentada y desnuda junto al cadáver de su empresario y amante. Esta vez hubo un velorio verídico unido a un escándalo mayúsculo que no terminaría ni aun después de sepultarla en Río Hondo bajo una lápida auténtica. La familia intentó la versión del pacto suicida con el fin de acallar lenguas, pero nadie lo creyó. ¿Quién podía concebir a esa beldad de leyenda, a esa diva exitosa, más viva que la propia llama eterna, aceptando un pacto de muerte precisamente con aquel hombre pasado de época al que ponía los cuernos? No existía ya una Pelagia capaz de enterrar deshonras con medieval entereza. De su estirpe, quedaba sólo Águeda, quien nuevamente posponía su dolor para acudir en apoyo de Sabina, vencida en su heroica fortaleza por la magnitud brutal de la tragedia, y en auxilio de Gabriel, que había depuesto el pincel reducido a un estado de postración dolorosa. Lo de Gabriel logró solucionarlo a la manera que antaño solía hacerlo la madre, liando bártulos y poniendo mar por medio, y de Sabina se ocupó personalmente, insistiendo en que ocupara su cabeza de nuevo con los estudios, que su partida al exilio había dejado truncados. Águeda no tuvo en cuenta siquiera lo sola que se quedaba. Lo mucho que echaba en falta a todos los que no estaban. Más que nunca necesitaba a Gabriel, y como nunca también precisaba de su sobrina Elisita, añoraba a Rogelito y a Lala, extrañaba los resabios de su suegro el General. No se hallaba sin Isolda, la hermana queridísima, mil veces perdonada y vuelta a perdonar. Pero la lejanía de Vicente la consumía y la mataba... De él llegaban nuevas cartas: «No soy bueno para pésames. Entiendo que eso sobra entre nosotros, Águeda. Sabes lo mucho que quería a tu hermana y el afecto que siento por Sabina. A ella no me atrevo a escribirle. Me dicen por acá que los revolucionarios se ven comprometidos recibiendo misivas de gente como yo... En cuanto a lo ocurrido en La Fernanda y el final desgraciado de papá, mejor ni comentarlo. Mi Aguedita es fuerte y no se dejará vencer por la desdicha. Aquí las cosas marchan y se comenta que a los de allá poco les queda en el poder. Pronto estaremos de nuevo juntos y felices a pesar de tanta desventura».

De Lala también se recibieron noticias finalmente. Ella y Rogelio, luego de un tiempo en Santo Domingo, viajaron a Estados Unidos y se instalaron en Nueva York; desde allí, su cuñada le escribía una carta desoladora: «Este país, de visita es una cosa, pero a los que estamos obligados a residir aquí, ¡Dios sabe hasta cuándo!, se nos hiela el corazón. Todo tan distinto a lo nuestro, la gente ni te mira, indiferente y altanera como sus rascacielos. Viven a puerta cerrada, al contrario de allá, en el Río Hondo nuestro. ¡Qué felices éramos entonces! Me comen las nostalgias. Nuestro río, nuestro parque, nuestras verbenas, los bailes en el Círculo, las casas abiertas siempre al vecino. Todo verde y dorado como en los cuadros de Gabriel; nadie como tu hermano captó los colores de nuestro pueblo. Aquí en cambio todo es blanco y frío. Me siento como una mosca dentro de una nevera... Yo quiero irme a Miami, allí sí hay muchos de nosotros, y seguirán llegando porque, según se dice, entre ustedes la cosa se pone de mal en peor. Ruego a Dios y confío en los americanos. Ellos no tolerarán que les intervengan sus tierras, ni que nos quiten lo nuestro. Mi casa allanada, nuestra finca perdida y lo peor, seguir viviendo sin los míos, lejos de mi nieta Isabel, lo único que me quedaba ya de mi adorada Elisita. ¡Ese hombre, Dios mío! Ha sido peor que una peste».

–Eso quisieran ellos, volverlo todo atrás, regresar para implantarnos lo de antes –exclamó Jorge devolviendo la carta de Lala a Águeda como si le quemase los dedos–. Ahora extrañan lo suyo... ¡Mentira!, lo que extrañan es la vida que se daban a costilla de tanta injusticia y falsedad. Pero ésos no volverán. Que se queden en las entrañas del monstruo imperialista. Los yanquis, desde el principio, nos hicieron la guerra. Primero criticaron a los tribunales revolucionarios que condenaban a los esbirros por sus crímenes. Se declararon en contra de los fusilamientos pero dieron asilo a cuanto asesino les cayó por allá y nos amenazan con un posible desembarco. Que se enteren: ahora hay un ejército del pueblo dispuesto a defender esto con los dientes.

Reunidos en la sala de Sabina, Jorge se explayaba en presencia de Águeda, que lo escuchaba con la mirada torcida de rencor.

–Tú olvidas que Lala es la abuela de tu hija, y si volviera...

Isabel levantó la vista del tablero que sostenía sobre las piernas, interrumpiendo el partido de parchís iniciado con Sabina.

–La abuelita Lala se fue para no volver igual que mi mamá.

–¿Qué le has dicho a la niña de su abuela, Jorge? ¿Por qué le haces creer que está muerta?

Por primera vez se entabló entre ambos una enojosa querella. Águeda lo tildó de inclemente; le dijo que la familia era sagrada y estaba por sobre todas las cosas. Jorge, por su parte, la acusaba de burguesa y reaccionaria, y daba ya por difuntos a todos los de la orilla opuesta.

–Para mí el que se va es mi enemigo. Así fuese mi propio padre o hermano, lo sepulto.

La sentencia tronó en la habitación como un pistoletazo y fue Teresa quien con su soberbio aplomo intervino para calmar los ánimos.

–¿Será posible, Jorge? Sé razonable, mamá está afectada y pasa por momentos muy duros. No puede ver la Revolución como nosotros, los que simpatizamos con esto desde los años de la universidad. Sabina, ¿por qué no pides a Eusebia que nos prepare un café?

Sabina guardaba silencio, pero le bastó mirar a Jorge con sus ojos afligidos para que él dejara el tema y se aplacara de repente. Cuando el suceso de Isolda, Jorge se desvivió en consolarla: como médico, hizo todo lo que pudo para evitar que la conmoción de la tragedia le provocara a la joven una subida de azúcar, y como amigo, estuvo siempre a su lado pendiente de cada una de sus lágrimas. Luego, buscando distraerla, se ocupó de hacerla compartir con él algunas de aquellas tareas que el comandante en jefe dictaba al pueblo en sus discursos. Llegaron a identificarse tanto, que apenas faltaba un paso para que Jorge se decidiera a declararle su amor. Pero el paso no llegaba. En el momento preciso, Jorge volvía a echarse atrás. Por otro lado tampoco le faltó a Sabina el apoyo de Joaquín, su amigo de la adolescencia, su compañero de lucha, el guerrillero de las lomas que le hablaba de lo que habría de venir y parecía saberlo todo...

Durante una de sus visitas, Joaquín se decidió a dar el paso que Jorge no acertaba.

–Cásate conmigo, Sabina –le lanzó de sopetón una tarde en la terraza–. Te he querido siempre en silencio y te admiro no ya por lo que eres sino por lo que puedes ser. Allá en las lomas más de una vez tuve cerca la pelona y pensé en tres mujeres: en mi madre, en mi hermana y en ti. ¿No te parece suficiente? ¿Qué me contestas?

–No sé, Joaquín. Primero quiero terminar la carrera que dejé cuando partí al exilio.

–¿Qué quieres ser?

–Estoy por concluir Derecho Diplomático.

–No, yo me refiero a algo que sueñes con todas tus fuerzas.

–Hacerme cineasta. Ése sería mi gran sueño.

–Lo serás. Aquí habrá cabida para todos los sueños. Pero eso no responde mi pregunta.

–Dame tiempo, Joaquín, todavía no me he repuesto de todo lo que he pasado, y para serte sincera siempre he visto en ti al amigo, al compañero. Déjame pensarlo.

Un mes más tarde Sabina tropezaba con Cachita en el ascensor y descubría su embarazo. Isabel rabiaba de celos con la noticia del hermanito en camino, Beatriz sufría un desmayo que la dejó inconsciente, Jacobo le reclamaba a Jorge por daños y perjuicios, Tomasa se hacía cruces y María, como otras tantas veces, se tragaba la lengua avergonzada.

Doce días después, Sabina y Joaquín se casaban en una modesta notaría de La Habana, rodeados de barbudos con uniformes verde olivo y un reducido grupo familiar.

4

La pareja marchó mal desde el comienzo, aunque Sabina tardara en reconocerlo así. Ambos estaban comprometidos con la misma causa y tenían ideales en común: eso los había unido, pero a Sabina le faltaba amor por su marido y el marido anteponía el deber con la Revolución al amor por su mujer. Al principio Sabina se entregó de lleno a concluir sus estudios. Aparejado a este afán, cumplía con sus tareas revolucionarias y aprendía a llevar la casa, oficio para el cual, al parecer, había nacido sin ninguna vocación. Cierto que Eusebia se esforzaba por sacarla del atolladero, poniendo todo su empeño y su mejor voluntad, pero el batacazo sufrido con la pérdida de su querida señora y el conteo impostergable de los años menguaban sus energías, y bien visible era que la buena de la negra no alcanzaba para más. La fiel Liena, con su cordura de muchacha cujeada en los albores de la vida, le serviría a Sabina de pilote en sus primeros tiempos de casada. Corría en su auxilio a cualquier hora, llegaba sin una queja, lo ponía todo en orden tratando de calmar los ánimos y se iba siempre triste, consciente de la tirantez que existía entre la amiga y el hermano. Pero a Liena la reclamaban también sus propios deberes. Ahora ella y su madre poseían un hogar verdadero, una casa espaciosa junto al mar donde Juliana reponía sus pulmones y algunos oficiales del ejército rebelde solían pernoctar luego de interminables jornadas de trabajo. Transcurridos ocho meses de casados, Sabina tuvo conciencia de lo que estaba ocurriendo entre ella y su marido. Los celos la devoraban cuando lo veía llegar a altas horas de la noche; él hacía acopio de paciencia para atenuarle el mal genio y explicarle la verdadera causa de sus regresos tardíos. Joaquín se había convertido por entonces en un hombre nuevo y totalmente formado que le sacaba ventaja en mesura y experiencia. Había llegado a ocupar la jefatura de un recién fundado ministerio y viajaba siempre en jeep o en helicóptero, tenía su oficina propia con aire acondicionado y una joven secretaria que respondía al teléfono cuando Sabina llamaba y la informaba escuetamente que su jefe estaba reunido o en gestiones de trabajo.

–Ahora que has llegado arriba me tienes a mí a distancia –le decía recelosa–. Tres veces te llamé ayer y tu encanto de secretaria se negó a decirme dónde estabas. No me vengas con el cuento de que fuiste a ver a Liena o a tu madre porque averigüé que por allá no andabas, y no me digas que estabas en otra reunión fantasma porque no voy a creerte. Si tienes otra mujer, será mejor que lo digas y terminemos con esto.

Pero Sabina era injusta. Joaquín no andaba enredado en amoríos y a pesar de su alto puesto aparentaba ser el mismo en su manera de comportarse y conducir su vida privada. El único lujo que se permitió fue el de afeitarse la barba y cortarse la melena que trajera de las lomas, pero tenía por norma presentarse en todas partes desaliñado, vistiendo su uniforme de campaña y dando siempre la imagen de modestia y sencillez que el propio comandante en jefe les había orientado.

Su ceguera llegó al colmo cuando se atrevió a acusarlo de buscar en otra mujer el hijo que ella se veía imposibilitada de darle. A Joaquín se le acabó el aguante y soltó barbaridades. Sacó a relucir a Jorge, le dijo que lo tenía en la mirilla, que veía cómo los dos se miraban y se comían con los ojos, y le echó en cara haberse casado con él por darle en la cabeza al hombre que de verdad le importaba. Sabina estalló también:

lo acusó de tenerla abandonada y de preferir pasar doce horas hablando mierda con su secretaria antes que estar con ella en la cama. Estuvieron toda la noche enfrascados en una agotadora polémica, donde se hirieron mutuamente y salieron resentidos cada uno por su lado a la mañana siguiente. Así y todo, desde lo más profundo de su ser Joaquín compadecía a Sabina, apreciaba su incalculable coraje y entendía sus carencias. Por muy absorto que estuviera en sus asuntos, nunca le pasó por alto el golpe de rubor que encendía las mejillas de su mujer si tenía a un niño cerca. La primera vez que lo advirtió fue la mañana que convirtieron en escuela el cuartel tomado por Batista la madrugada del 10 de marzo. Joaquín, por su condición de combatiente, tenía a los niños en su plan de trabajo. Le habían asignado la tarea de preparar a los que, según el comandante en jefe, serían los hombres del siglo XXI. Dedicaba buena parte de su tiempo a charlar con ellos, les hablaba del futuro, de todo lo que tendrían gracias a la Revolución. Sabina se sentía tan conmovida, que apenas podía soportarlo. Estaba como extraviada, unas veces se encrespaba sin razón y otras con esa misma razón se hacía todavía más daño. Finalmente la camaradería y los años de entrañable amistad se impusieron a los malos entendidos que existían en la pareja. Una noche Joaquín le concedió un voto de confianza a su mujer y le expuso sin tapujos lo que hacía. Esa noche la polémica duró también hasta el amanecer, pero se ventilaron entre ambos más juicios que intimidades. Él le confesó los planes que tenían desde que estaban en las lomas. Sabina lo oía alelada. De sobra le constaban los ideales marxistas de Joaquín, pero no suponía que muchos los compartieran ni tuvieran sus mismas convicciones en los inicios de la lucha. Tan sorprendida quedó, que dejó de sentir celos y sus dudas se disiparon de repente al conocer que su marido no andaba en pos de otra falda sino inmerso en un proceso que ella misma no alcanzaba todavía a abarcar con la visión necesaria.

–No será cosa de un día ni de dos lograr que el pueblo madure y transforme sus esquemas –dijo Sabina–. La gente le tiene tirria al comunismo. Vivimos en un país de católicos.

Joaquín no opinaba así: decía que el clero no era bien visto por las clases oprimidas puesto que siempre estuvo del lado del poderoso. En cambio, la Revolución estaba con los humildes y los discriminados, del lado del proletariado y los desposeídos.

Sabina asentía, se entusiasmaba, se contradecía, hasta que de nuevo prevalecían las razones de Joaquín.

–Pero se irá mucha gente, nos quedaremos sin médicos, sin maestros, sin profesionales. ¿Con quiénes construiremos ese porvenir, Joaquín?

–Contaremos con los pocos que se queden. Pocos, pero de los nuestros. Los que no estén con nosotros, que se larguen al carajo. Formaremos muchos médicos y maestros, y sobre todo crearemos en las escuelas muchos cuadros del Partido Comunista. Sí, no pongas esa cara. Todo se hará en su momento. No hace falta ir a las urnas. ¿Para qué necesitamos elecciones? El comandante en jefe sabrá conducir al pueblo por el camino que ya tenemos trazado.

Sabina no se equivocó del todo. En los primeros meses del año la llegada del viceprimer ministro soviético provocó alarma en algunos y suspicacias en otros. A renglón seguido, se suscitaron nuevos incidentes en dos iglesias habaneras cuando, al concluir el sermón, un grupo de feligreses lanzaron gritos contra el comunismo y la Revolución, ocasionando un enfrentamiento con los revolucionarios, que irrumpieron en el templo repartiendo estacazos y trompadas.

Ni siquiera el aparatoso parto de Cachita, quien trajo al mundo a su hijo dentro del ascensor llenando el edificio con sus chillidos de auxilio, fue causa de mayores comentarios entre los vecinos, obsesionados en cerrar maletas y batirse en desbandada, huyendo de un país del que los rusos terminarían por adueñarse, implantando la peste roja y quitándoles la patria potestad de sus hijos para llevarlos al reino de los sóviets, donde se decía que a los niños los vendían enlatados.

–Son los curas los responsables de toda esta bulla. Se valen de sus sermones para meterle a la gente el miedo en el cuerpo y les llenan la cabeza de humo con su terror al comunismo –comentaba Jorge durante el almuerzo del domingo en casa de sus padres.

Anselmo lo respaldaba.

–Jorge tiene razón. Esos curas son falangistas y reaccionarios. Los colegios católicos son verdaderos focos de conspiración. Los niñitos bitongos, hijos de burgueses y siquitrillados, son alentados por sus propios profesores a combatir la Revolución. A ver, ¿por qué no se preocupan por echarles con el rayo a los yanquis? Todos los días nos amenazan con invadirnos y no pasan ni veinticuatro horas sin que aparezca una avioneta lanzando proclamas o quemándonos algún cañaveral. ¡Ah no, todo lo contrario! El clero está vinculado con la embajada americana y la de España. Son falangistas y agentes de la CIA.

–¡Alabado sea Dios, a lo que hemos llegado! –dijo Beatriz apartando sus cubiertos con una mueca de disgusto–. Este país en relaciones con los rusos, mi marido y mi hijo hablando horrores del santo sacerdocio, y para colmos yo teniendo que admitir como nieto a una criatura de color.

–Obligada no estás, mamá –exclamó Jorge dando un tirón a la silla y poniéndose de pie–. Si tanto te avergüenzas, le digo a la Cacha que ni aparezca con el niño por aquí.

–No, hijo, si no es eso. Es que la gente comenta: que si vas a reconocerlo... A casarte...

–Desde luego que voy a hacerlo, ¿qué te figuras? Jorge Alejandro llevará mi apellido. En cuanto a casarme... Pero casado o no, ¿deja de ser mío por eso? ¿Crees que voy a repetir lo que le hizo Gabriel a la madre de la Cacha? Por suerte, eso es historia pasada. En esta sociedad las cosas se miran ya de otra manera. Los tiempos cambian.

–Los tiempos cambian tanto, Jorge, que nunca imaginé que este país llegase a esto –saltó Jaime desde la esquina de la mesa donde había permanecido callado, removiendo pensativo su café.

–¿Llegase a qué, Jaime? No te entiendo.

–A meterse en lo que nos estamos metiendo. Sí que me entiendes.

–¿Y qué querías? Si los americanos nos quitaron la cuota azucarera que los soviéticos se ofrecieron a comprarnos enseguida con muchas más ventajas, y también nos envían el petróleo que los yanquis no querían mandar más.

–¡Vaya, qué nobles, qué generosos son esos bolcheviques! Pero ¿no te das cuenta, Jorge, del juego que se traen? ¿Cuánto no le hemos quitado nosotros a los americanos?, y seguimos amenazándolos con confiscarles más.

–¿Quitarles, Jaime?, ¿confiscarles qué?, ¿lo que debió ser siempre nuestro? Bienes que pertenecen a este pueblo. ¿Quién le ha quitado a quién?

–Espera, Jorge. Eran sus propiedades. En ellas invirtieron su dinero, su capital.

–¿Qué pasa contigo, estás tú defendiendo al enemigo? ¿De qué lado estás?

–Yo nunca estuve con los imperialistas, Jorge, tú lo sabes. Pero antes que estar con los soviéticos... ¡Coño!, no era eso lo que prometía Fidel Castro. Siempre dijo que no había comunistas en las filas de los rebeldes, que esta Revolución era humanista y cubana como nuestras palmas...

En ese momento cuando ya Beatriz tragaba en seco, al doctor Anselmo se le saltaban los ojos y Silvia le tapaba presurosa los oídos a los niños de la casa, apareció Cachita en el comedor exhibiendo satisfecha al pequeño Jorgito, dormido entre sus brazos.

Beatriz se persignó creyendo ver los cielos abiertos.

–A ver, a ver, atiendan todos acá; ven, Isabel, vengan todos, fíjense en esta monada.

El mes de octubre nunca le cayó en gracia a Ángela, era el mes de los ciclones en el que ella vino al mundo. El mes en que murió su padre y nació su tía Isolda marcada por la tragedia. El tiempo de la mala mar y los malos presentimientos, como el que le sobrevino esa mañana cuando supo que a su madre la habían llamado por teléfono pidiéndole que se presentara en la perfumería Chez Elle para un asunto de urgencia.

–Le están interviniendo la tienda, señora –le dijo una de las empleadas.

Águeda miró alarmada a dos hombres uniformados que revisaban sus cuentas y contaban su mercancía. Sin pensarlo, se plantó frente a la caja contadora.

–No ande ahí, compañera.

–Pero yo soy la dueña de esto, ahí está mi dinero, todo lo mío.

–Ahora ya no lo es. Todo esto pertenece al pueblo.

En Quo Vadis ocurrió una escena similar, pero más cruel y dolorosa. Todo el personal compartía alegremente con los interventores y miraba a la dueña con un distanciamiento inusitado. Sólo Longino, el artista de los rosados eternos, la esperó a la salida.

–Aquí nos despedimos, doña Águeda –le dijo acongojado–. Yo me marcho del país. Todo se derrumba, ya lo ve; nuestro mundo está perdido. Si quiere un consejo de amigo, váyase usted también y emprenda una nueva vida junto al señor Vicente.

–¿Irme yo de mi país? Ni pensarlo. Todo esto pasará. Vicente va a volver. –Y se dijeron adiós abrazándose entre lágrimas.

Subió al apartamento deshecha, sin suponer que todavía le aguardaba lo peor. Teresa se paseaba de un lado a otro de la sala.

–¿Dónde está el dinero, mamá, lo que teníamos en casa?

Águeda la miró presa del aturdimiento.

–Yo... tengo mi cuenta en el banco.

–Mamá, vuelva en sí. Los bancos fueron intervenidos, las cuentas han sido congeladas.

–¿Congeladas?, ¿quieres volverme loca? ¡Dios, con todo lo que ya traigo encima y tú me hablas de billetes congelados como si fuesen popsicles!

–Mamá, esto es grave, por el momento sólo contamos con lo guardado aquí.

–Pero algo me darán por mis negocios. A Mariko le han ofrecido una indemnización...

–Olvide eso, Mariko es diferente. Usted sabe lo que el CDR piensa de sus relaciones con el tío, todo lo que se dice en este edificio de usted y él. Declararán que él le prestó el dinero para el negocio, que era dinero mal habido, salido de un casino de juego. Nada le van a pagar ni a devolver, ¿entiende?

Águeda se desplomó en el sofá, sintiendo que toda la sangre se le escapaba del cuerpo.

–Respóndame, mamá, ¿de cuánto disponemos en esta casa? Sólo contamos con eso.

–Con nada, Teresa. Todo lo que quedaba aquí se lo llevó Vicente, yo se lo di.

–¿Usted me está diciendo que estamos sin un centavo?

–Me siento mal, me va a dar algo.

Ángela intervino, acudiendo en su auxilio.

–Por Dios, Teresa, déjala, ¿no ves cómo se ha puesto? ¡Tomasa, trae un vaso de agua!

–Vicente tiene que volver –murmuró Águeda con la voz apagada antes de que su cabeza cayera desvanecida sobre el hombro.

5

Cuando Águeda comenzaba a reponerse de los sustos y las pérdidas, María se apareció de repente en su casa loca de contento, diciéndole a Tomasa que le traía un notición.

–¡Aguántate, mamá! A Jacobo y a mí nos van a dar una casita amueblada de cabo a rabo.

–¿Y la casa de Vicente, quién va a cuidar de ella si ustedes se van de allí? –preguntó Águeda.

–Ésa la necesita la Revolución para una escuela de corte y costura donde van a estudiar las guajiritas que van llegando de Oriente. Por eso a nosotros nos dan otra y nos ofrecen trabajo: Jacobo como chófer de una empresa y a mí en un banco –exclamó María entusiasmada mirando a Águeda con aires de suficiencia.

–Pero entonces –volvió a inquirir Águeda–, cuando Vicente vuelva... ¿qué va a encontrar de lo suyo? De la casa del Laguito, de su chalet en Varadero, de su apartamento en este edificio. Tendrán que responderle por esto. Dejó a Jacobo y a ti a cargo de sus propiedades.

–Usted dispense, señora, pero será mejor hablarle claro. Nada se les va a guardar aquí a los que no van a volver más. Si volvieran, sería para quitarnos esto que ahora tenemos los que antes nunca tuvimos nada.

–¿Nada? ¡Nada dices, María! ¡Será posible, Virgen santa! Me maravillo de oírte. Gracias a nosotros, si mal no recuerdo, tuviste un hogar. ¿Fue o no mi marido quien las sacó del monte a ustedes? ¿Fue o no mi madre quien te crió a las Caridades? Porque tú bien que las negaste hasta el final. ¿Y Vicente? ¿Se te olvida todo lo que tú y Jacobo le deben?

–No, no se me olvida. El doctor Serafín y el señor Vicente fueron muy buenos y generosos, sí, pero tampoco olvido lo demás, todo lo que tuve que sufrir ocultando a mis hijas, y todo por ser yo de color y ser una criada, porque eso y no otra cosa fui yo siempre para usted y los suyos, sobre todo para el señorito Gabriel, que nunca le habría hecho a una blanca la gracia que a mí me hizo. Mucho tuve que aguantarme y que tragar.

–¡Pero hay que oírla, Dios! ¡No, si yo la desconozco! Mira qué envalentonada está la muy mosquita muerta. No, si me han quitado a una para ponerme a otra. ¿Ahora resulta que ser criada es algo bochornoso, María?

–Bochornoso fue lo que su hermano hizo conmigo –le soltó María tajante.

–¡Ah, sí! Del agua mansa líbrenos Dios. ¿Y tú estabas obligada a seguirle la rima? Bien que te metías en su estudio a dejar que te pintara en pelota.

Tomasa rompió a llorar a gritos y María le replicó incomodada:

–No llores, mamá, poco te queda aquí, hoy mismo recoges los bultos.

Teresa, que entraba de la calle, llegó con tiempo suficiente para escuchar a María.

–¿Qué pasa aquí, mamá?, ¿puede saberse?

–Pues cáete de espaldas, ahora todo se vuelve de cabeza; las criadas nos salen respondonas con ínfulas de dueñas y señoras y nos declaran la guerra.

Tomasa se sopló la nariz con un sonido trompeteril.

–María, yo no me voy. El difunto doctó saldría de la tumba pa' pedirme cuenta.

–Eso mismo digo yo –estalló Águeda–. ¡Vaya agradecimiento al santo de Serafín que hizo tanto por las dos! ¿Y a Vicente? Yo voy a ver con qué cara vas a mirar tú a Vicente, María, cuando esto se caiga de una vez y lo vuelvas a tener delante.

–¿Caerse esto? Si los yanquis se atreven a venir tendrán primero que matarnos –replicó María.

–¡Pues a matarlos con tal que vengan pronto!

–¡Mamá! –exclamó Teresa colérica–. ¡Cállese usted, por el amor de Dios! Discúlpala, María, está ofuscada, ha tenido tantos problemas últimamente. Si quieres llevarte a Tomasa, estás en todo tu derecho. Si hasta yo misma pensaba sugerírtelo.

Águeda miró a su hija, boquiabierta; intentó hablar, pero un espasmo de perplejidad le alacraneó la lengua, mientras Tomasa aferrada a la cintura de Ángela seguía repitiendo:

–Que no me iré, ni hablar. No dejaré a la señora ni a mi niña Angelita.

María pareció tomar un respiro.

–La verdad, señora Teresa, yo no pensaba que las cosas se pusieran así.

–Pero claro, mujer, si tienes toda la razón.

–Es que una ve hoy la vida de manera diferente. Ahora que mi hija mayor se fue a las lomas con los alfabetizadores y Cachita está estudiando para hacerse enfermera y se debe a su hijito y al doctor, Jacobo y yo nos vamos a sentir muy solos en la nueva casa. Queremos aliviar a mamá trayéndola con nosotros.

–Es muy justo, María, muy justo. Déjalo en mis manos, yo me encargo de convencerlas.

María se retiró ladeando apenada la cabeza, Tomasa se fue directo a la cocina recogiendo en el pañuelo sus lágrimas y Teresa se frotó la frente con un gesto de impaciencia.

–Cuántas veces le voy a decir, mamá, que se guarde ese rencor y se sujete la lengua. Aquí el que habla, peca.

–Eso cabe con los de afuera, pero María, Teresita, se crió en nuestra casa.

–María ya no es la misma, mamá, ni piensa como antes.

Usted no debió enfrentarla. Ya por ser Falcón, tenemos nuestro arrastre. El CDR nos tiene en la mirilla. Si ahora para colmos nos cuelgan el letrero de gusanos, peor la vamos a pasar. Yo soy el único sostén de la familia. Orestes anda por ahí buscando empleo, y para todo se exige una carta del comité, ¿cree que con una suegra hablantina darán de él buenas referencias? Métase eso en la cabeza, este país está amenazado por los americanos. De un momento a otro se espera una invasión. Los que se fueron se entienden por traidores, vende patrias, lacayos del enemigo. El tío Vicente es uno de ellos, bien haría usted en ni nombrarlo, ya bastante mal visto es que recibamos correspondencia del norte. El CDR y el G2 todo lo vigilan, todo lo ven y lo saben. De ahora en adelante, póngase un cierre en la boca. Estas paredes tienen oídos, no se sabe quién es quién. Mire a María; si a ella se le antoja repetir por ahí lo que usted dijo, ¡no quiero ni pensarlo! ¡Que se lleve a Tomasa cuanto antes!

–¡Pero hija!, ¿qué vamos a hacer ahora sin criada, además?

–Yo me haré cargo, mamá –dijo Ángela–; me ocuparé de Carmen María, los mandados, la cocina, de todo. Usted tranquila, ni se preocupe.

En casa de los Ulloa, durante el almuerzo familiar de los domingos se desataban también nuevas discordias políticas. Jorge los encontró a todos con un humor de velorio y creyó descubrir huellas de llanto en el rostro compungido de Silvia, su cuñada. Poca o ninguna importancia dio al asunto. «Habrá discutido con Jaime», pensó, y se abstuvo de hacer preguntas. Ideas de mayor peso traía esa mañana y se complacía en anunciarlas.

–Ayer cerré mi consulta y pedí ser ubicado donde sea más necesario.

–¡Qué dices, Jorge! –exclamó Beatriz llena de asombro–. Le entregaste tu consulta al gobierno... pero si dicen que con los médicos particulares no se iban a meter...

–Nadie se ha metido conmigo, mamá. La entregué voluntariamente para ponerme al servicio de la Revolución.

–¿Qué va a ser de ti ahora, hijo?

–Soy médico, mamá, y lo seré en cualquier parte del campo o la ciudad. Ahora más que nunca hacemos falta, nuestros mejores especialistas abandonan su patria, seducidos por las ofertas del enemigo del norte. Los que quedamos debemos dar el paso al frente.

Anselmo encendió su tabaco y sonrió satisfecho.

–Me alegro que Jorge se me haya adelantado porque yo también pienso imitarlo.

–¡Misericordia divina! ¡No puede ser, Anselmo!, ¿tú dejar el consultorio?, ¿de qué vamos a vivir? Esto es superior a mis fuerzas –exclamó Beatriz persignándose.

–Vamos, mujer, no dramatices. Trabajaré en un hospital. Jorge tiene razón. Los buenos profesionales escasean en el país y hay que servir a la Revolución donde se sea más útil.

–¡Tú trabajando en un hospital, Anselmo! ¡Tú, el dentista de las hipnosis, el mejor pagado del país!

–Sí, yo, y qué, del pueblo salí y al pueblo pertenezco –le respondió su marido.

Jaime los escuchaba sin hacer comentarios, sumido en un mutismo oscuro.

Anselmo lo miró con desagrado.

–Y tú, Jaime, ¿no tenías también una noticia para hoy?

–Sí, ya sé, ni me lo digan –se anticipó Jorge contrayendo el ceño–. Me he dado cuenta de lo cambiado que está. Al final, quieras o no, tendrás que entregar tu bufete. Ahora la salud, la educación y los abogados como tú estarán al alcance de todos y no sólo de aquellos que puedan darse el lujo de pagarlos.

Jaime alzó los ojos con una mueca huraña.

–De eso que tú llamas lujo vivimos todos en esta familia sin quejarnos hasta hoy.

–¡Ah!, pero las cosas han cambiado. La Revolución nos enseñó a ser más justos.

–Mira, Jorge, papá tiene razón: yo también les tengo algo que no te va a gustar nada... a mí tampoco me agrada, pero las circunstancias me obligan. He decidido marcharme a Estados Unidos con Silvia y con el niño.

–Quieres decir que abandonas tu patria. Tú, mi propio hermano, se vende al imperialismo.

–No me vendo a nadie, Jorge, pero me niego a que a mi hijo lo eduquen los comunistas.

–Te advierto algo –dijo Jorge avanzando hacia él con el índice en alto y las venas a punto de estallar–: a partir de este momento dejas de ser mi hermano para ser mi enemigo.

–¡Jorge, no dejes que la política te ciegue! –suplicó Silvia llorosa.

–Déjalo, Silvia, algún día va a arrepentirse de esto –replicó Jaime con la mirada retadora.

–¡Dios, Dios, ten piedad de nosotros! –clamaba Beatriz desesperada–. Esto me va a matar.

–Cálmate, mamá. Soy yo el que sobra –dijo Jorge, y se marchó dando un portazo.

Beatriz cayó de rodillas frente al cuadro de la Sagrada Cena que presidía el comedor.

–¡Dios mío, dime que no es cierto, despiértame de esta pesadilla!

«Ya falta poco, Águeda –decía una nueva carta de Vicente–. La fruta de lo madura que está sola se cae. Tengamos fe, amor mío. Más pronto de lo que supones, volveremos a abrazarnos nuevamente.» No cabían dudas, de la carta de Vicente se desprendía que los de allá atacarían de un momento a otro, pero esto no era un secreto, en el país no se hablaba de otra cosa. Águeda sintió miedo. Esta vez le taladraba el peor de sus dilemas. Los gemelos, sus sobrinos, eran milicianos y tendrían que combatir «hasta la última gota de sangre», según rezaba la consigna. ¿Y Sabina? Siempre dispuesta a dar el paso al frente, ¿no era también miliciana? Ahora no se hacían distinciones entre mujeres y hombres. Ésa estaría en la primera línea de combate. Sabina era lo único que le quedaba de Isolda, y los gemelos lo único que les dejó Gabriel, de quien ya iba para cuatro meses sin noticias. Si algo malo les pasara, ella sería la culpable, Dios podría castigarla por tanto desear que los de allá vinieran de una vez.

Con la llegada de abril llegaron también los invasores. Pero guerra avisada no mata soldado y de tanto anunciarse a nadie sorprendió. La invasión quedó liquidada en menos de setenta y dos horas. Los asaltantes se rindieron, los canjearon por medicinas y compotas, y en el entierro de las víctimas del ataque aéreo, ante una multitud vibrante de dolor y sentimiento patrio, el comandante en jefe consideró que era el momento propicio para declarar ante al pueblo el carácter socialista de su Revolución.

Águeda había perdido toda esperanza. Por dondequiera que iba no escuchaba más que un mismo estribillo, coreado a paso de conga: «Somos socialistas pa' lante y pa' lante y al que no le guste que pise y arranque». El propio Comandante lo había dejado muy claro: la gusanera de Miami no era más que el vertedero de la historia: ¡Jamás, óiganlo bien!, volverán a pisar el suelo patrio. Se consolaba pensando que Vicente encontraría la manera de volver a reunirse. Quizá sí Dios escogió bien para evitarle más muertes. Pero unos meses después, cuando se puso al borde de la demencia con lo del canje de billetes y decidió quemar el fajo de los últimos cien dólares que le dejara Gabriel, temiendo que el G2 le registrara la casa y la acusaran de «tenencia ilegal de divisas», redobló sus odios con tal ímpetu que el nuevo quebradero de cabeza que ahora le daban los gemelos le pareció preferible si conseguía desviar su atención de sus pesares. Convertidos en dos atletas robustos, los tenía esa tarde Águeda en la pantalla de su televisor, vistiendo con orgullo el uniforme azul del equipo Industriales, que representaba a la capital en la serie nacional de béisbol amateur. Desde niños rechazaron el pincel con que el padre se obstinaba en captarlos para el arte, prefiriendo correr detrás de una pelota con las pandillas desaforadas del barrio que aterrorizaban a los vecinos con sus batazos rompecristales.

Mariko, atenta al juego, cacareaba clueca cada vez que a uno de sus muchachos los enfocaba la cámara.

–Ángel es el pitcher, tía, y Miguel es el catcher, el que recibe detrás del home los lanzamientos de su hermano –le explicaba Sabina entusiasmada.

Águeda no entendía nada de pelota, y sólo se le ocurría pensar que sus sobrinos, los hijos de Gabriel, ¡el genio de la familia!, habían logrado salirse con la suya gracias a la Revolución, a la que ella en particular le echaba las culpas de todas sus desgracias. De repente, el vozarrón de su yerno Orestes, que a punto estuvo de volarle los tímpanos, la sacó de sus cavilaciones.

–¡Jonrón, jonrón! –coreaban todos. Sabina, Teresa y hasta la propia Ángela llenaban la sala con una algarabía estrepitosa.

Miguel había bateado un cuadrangular y eso debía ser algo tremendo cuando el estadio entero se ponía en pie, batía palmas y saltaba delirante.

«¡Si Majagua viera esto!», pensó Águeda, y sin saber lo que hacía, rompió ella también a aplaudir emocionada.

6

A raíz de la partida de Tomasa, que berreó a grito pelado hasta que María resolvió llevársela a la fuerza, a Ángela le cayó encima de golpe toda la implacable negrura de las faenas domésticas, que la traían durante el día sin respiro y por las noches la soltaban desplomada con un pesar nefrítico encajado en las caderas. Hacer mandados era la peor y más aborrecible odisea que vivían las amas de casa, debido al racionamiento y la escasez de los alimentos primordiales. A Ángela se le iban las mañanas haciendo colas kilométricas, donde la mayoría de las veces ni alcanzaba lo que había ido a comprar y tenía que irse por donde vino pensando en qué pondría ese día para almorzar. En la cocina, con el tiempo, aprendería a hacer prodigios, siendo su especialidad un picadillo a la habanera que inventaba de la nada, y que sabía a de todo como por arte de magia. Por aquellos días también se vio obligada a lavar a mano limpia porque la lavadora Westinghouse estaba rota y por ser americana carecía de piezas de repuesto. Se esmeraba en restregar a pulmón las ropas de su cuñado Orestes, el único que tenía en cuenta sus desvelos de esclava y a pesar de ser hombre le tenía más consideración que el resto de las mujeres de la casa. Pero peor que los mandados, las colas y los pinitos milagreros del arte culinario eran las malas noches que durante muchos años le diera Carmen María, su sobrina, que se pasaba el día berreando y la madrugada en vela, berreando más todavía. Teresa solía llegar siempre tarde, diciendo que ni le mentaran los problemas de la niña pues ya tenía suficientes con los suyos en la universidad, donde ocupaba el puesto de decana. Las madrugadas de Carmen María se convirtieron en el tormento de Ángela, desde la noche terrible en que encontró a su sobrina con apenas doce meses enrollándose en el cuello su pañal. A partir de ese momento no tuvo un minuto de respiro. La nena gateaba por toda la casa buscando el primer trapo que estuviera a su alcance. Todo hubo que esconderlo: pañales, sábanas, paños de cocina, sobrecamas y toallas fueron puestas bajo llave. Las camas se quedaron en el colchón pelado y la mesa se servía sin servilletas ni mantel. Fue una época de horror incalculable. Águeda clamaba a gritos por Ángela, porque había sorprendido a su nieta metida en el cesto de la ropa sucia a punto de estrangularse con unos blúmers o con un ajustador. En ese jaque la tuvo hasta cumplir los tres años, cuando sufrió su primera crisis de asma. Ángela la llevaba cada mañana al Malecón, para que el aire de mar le aliviase la dolencia, que ella misma padeciera en su infancia. Un día, estando paradas frente al mar, la niña se quejó de que no la sostenían las piernas y no hubo un solo médico en toda La Habana que pudiera explicarse el motivo de que Carmencita permaneciera baldada durante varias semanas. Sería la propia niña quien se encargó de revelar a su tía las razones de su extraño comportamiento.

–Dime, Carmencita, ¿qué tienes: es ahogo, calambres, debilidad? –le preguntaba Ángela cada noche, embadurnándole el pecho con ungüentos analgésicos y friccionando sus piernas con loción alcanforada.

–Estoy enferma de mí –contestó, y a partir de ese día todos en casa se sintieron más tranquilos. La niña lo único que tenía era malcriadez y ganas de joder a los demás.

Pero Ángela no se conformaba. Cansada de llevársela al niño de Praga y de leerle cada noche la oración de san Luis Beltrán, se fue a ver a Eusebia en busca de consejos.

–Mucho baño de cascarilla y clara e' huevo pa' darle claridá, poque su dolencia e' cosa mala y está marcá po' el mar. ¡Siiiacará! –exclamó, cascando la voz y aleteando los brazos sobre la cabeza como dos látigos eléctricos–. Aquí en el agua jay un ahogao que la reclama. Encomiéndela a Yemayá, póngale una estampita suya en la cabecera de la cama. Pero en el mar, ¡que ni se moje lo' pie! Aquí, Angelita, la gente ya no cree en ná. Se jan olvidao de Ochún y su hermana Yemayá. Las dos son dueñas del mar y el mar nos va a traer muuucha muerte. Va a llegá un tiempo de tragedia que la niña trae ecrito en su destino.

Ángela desistió de seguirla llevando al Malecón. Aun cuando volvió a caminar se lo tuvo prohibido por años, hasta que con el tiempo ganó confianza y lo olvidó. Trató en cambio de distraerla con las frecuentes visitas de Isabelita, a quien tanto Águeda como ella se desvivían por atender con el cariño redoblado en compasión. Pero Isabel duraba poco en casa de Águeda. Se le hacía cosa difícil lidiar con aquella niña tan fea, de orejas puntilargas que parecía un ser de otro planeta. Se escabullía de la prima Carmen María para subir a casa de Sabina, con quien había hecho migas excelentes desde los años en que todos se hacían los sesos agua tratando de interpretar sus rarezas y se empeñaban en distraerla enviándola a la escuela, que terminó por acatar como un deber inevitable. Sabina era como ella, sabía fantasear y volar lejos con alas locas y propias. Estaba metida ahora en eso de hacer cine y juntas inventaban personajes, les daban cuerpo y voz para luego echarlos a rodar en la pantalla. Isabel era imaginativa, derrochaba inspiración y solía hacer gala de una audacia tan precoz que dejaba a Sabina asombrada.

–Debías estar casada con papá. Así tú que me conoces tanto lo ayudarías a conocerme.

De lo único que no podía hablarle a Sabina era precisamente de Jorge, y a su padre, ni mentársela. Cuando se arriesgaba a hacerlo, tanto ella como él se engrifaban por igual o se ponían siempre en guardia.

–¿Por qué me vienes con eso, Isabel? Yo estoy casada con Joaquín y tu padre tiene a esa... mujer. Estábamos hablando de otra cosa, y de pronto lo sacas a relucir.

–A ti te gusta mi papá y tú le gustas a él. Me he fijado bien cómo te mira y he visto cómo se pone cuando le hablo de ti.

Sabina le tomó las manos y la miró ansiosa a los ojos.

–¿Cómo se pone?

–Se pone bravo.

–Entonces... ¿de dónde sacas que le gusto, boba?

–Más boba serás tú –le replicó Isabel con picardía–. Se hace el bravo de mentira. Lo que está es celoso, muy celoso de Joaquín.

Ese año tuvieron unas Navidades diferentes a las de todos los años: a la gente se le antojó sustituir a Santa Claus por el guajiro Liborio, y adornar las palmas reales y los sombreros de yarey con guirnaldas y foquitos de colores. El comandante en jefe, que jamás se equivocaba, había dicho que las palmas eran criollas y los pinos eran árboles foráneos de los países fríos, que los Reyes no tenían nada de magos (el mago y el rey era él) y no eran más que cuentos, fantasías y costumbres importadas que nada tenían en común con la realidad del país y el curso de su Revolución. El 31 de diciembre, Sabina recibió una llamada de Joaquín, que ella interpretó como un adiós definitivo. Él había sido sincero el día que decidió poner fin a sus desavenencias conyugales, recogió todos sus bultos y determinó marcharse, diciendo que no podían continuar así, que serían buenos camaradas y se querrían como hermanos, pero que como hombre y mujer les faltaba un sentimiento que no podían inventarse. «Porque el amor no se inventa, Sabina, nace de la unión común y tú y yo apenas estamos juntos más que para discutir.» No le faltaba razón. Joaquín no paraba nunca en casa, y otras veces, era ella la que se echaba al hombro la mochila y emprendía viaje con el equipo de filmación durante varias semanas para iniciar el rodaje de una nueva película. «¡Qué le vamos a hacer si la Revolución nos reclama por rumbos diferentes! Si no funcionamos como pareja, al menos rescataremos nuestra vieja amistad», se decía con un saborcillo de mea culpa rondándole por dentro. Allá en el fondo había algo más que los enfrentamientos y las separaciones forzosas... Había el sabor de aquel beso con que Jorge la tomó de sorpresa la víspera de Año Nuevo, cuando ambos coincidieron en el ascensor luego de mucho tiempo sin siquiera dirigirse la palabra. Durante muchas horas viajaron a la deriva, y se besaron sin resuello en un errátil sube y baja que amenazaba con despedirlos al cosmos o clavarlos de raíz al centro mismo de la tierra. Los vecinos, llenos de pánico, acabaron por traer a los bomberos. Cuando al fin el aparato se detuvo, Sabina salió con las mejillas encendidas y los labios despintados, mientras Jorge, sofocado, se alisaba el pelo torpemente. Mucho se cuidaron de que el alboroto no despertara la furia temible de Cachita, pero pocos calcularon con suficiente precisión el alcance de sus tímpanos-radares que detectaban la más sutil suspicacia. Una vez puesta al corriente no hubo fuerza capaz de detenerla y la vieron subir echando pestes en busca de su rival.

–Singaaa, hija e' puta. Si te cojo con mi marido te arrastro por los pelos, y te despingo.

Jorge en persona intervino llevándosela a rastras y pataleando hasta el apartamento, y allí tuvieron la gorda...

–Yo te mato, Jorge, te lo juro, te lo corto, te lo muelo y te lo hago picadillo. Te juro que te arranco el pito y luego me doy ¡candelaaa!

Jorge apretó las mandíbulas y se fue directo a la cocina. Regresó con una botella de alcohol y una caja de fósforos que puso sobre la mesa pegando un manotazo.

–Aquí tienes. Empieza.

La Cacha paró de pegar gritos y rompió a llorar de veras, quejándose entre hipos de la vergüenza que él sentía aún por ella, de que por eso no se casaban, de que de nada le había valido hacerse enfermera, si total, para él seguía siendo la misma: su criadita de color.

Jorge, finalmente quebrantado, escondió el alcohol y los fósforos y regresó avergonzado de su acto, sin saber cómo hacerse perdonar.

–Cállate, Cacha, cállate ya. Esto no volverá a suceder, te lo prometo.

7

«Pasó el tiempo y pasó un águila por el mar», se dijo Ángela. El tiempo pasaba sí, pero del águila imperial que miraba el Malecón no dejaron ni las plumas, y la paloma que Picasso iba a mandar para sustituir al símbolo de la rapiña imperialista, nunca llegó a cruzar el mar. Tampoco había ya palomas que se posaran en los hombros del comandante en jefe, ni de aquellas que volaban en la escalinata de la colina universitaria, entremezcladas con el sube y baja de estudiantes. Nada quedaba sino el tiempo; ni palomas, ni águilas, ni siquiera las estatuas de los viejos presidentes. De don Tomás Estrada Palma, el primero que tuvo la República, sólo quedaron sus botas en la base del monumento y muchos de los turistas que llegaban a la isla, ignorantes de la historia borrada a mandarriazos, preguntaban una y otra vez qué simbolizaban aquellas botas de bronce que por sí solas se habían ganado un pedestal. Eran preguntas sin respuestas. A estas alturas sería difícil y largo de explicar, sobre todo de entender, que las botas permanecían allí sólo porque estaban solidificadas, enraizadas, tan puñeteramente fundidas al mármol que no pudieron arrancarlas como al viejo don Tomás. La historia, buena o mala, no podía arrancarse como se arrancan las estatuas, ni se destronan las águilas, ni desaparecen las palomas. El Capitolio Nacional lo construyó el «asno con garras», el tirano que puso al pueblo a pasar hambre y no tenía ni con qué pagarles a los jubilados. Mucho se decía ahora que el Capitolio no era más que una copia del de Washington y que se había construido por imitar a los gringos, pero el Capitolio estaba allí, haciendo historia y patrimonio todavía. La historia y los presidentes estaban en los libros. María Antonieta y Luis XVI seguían siendo registrados como reyes de Francia a pesar de la degollina revolucionaria. A Ángela nunca le gustaron los revolucionarios que intentaban cambiar el curso de la historia anticipándose al tiempo. Sólo el tiempo tenía pupilas y poder. Pero la Revolución cubana desafiaba el poder del tiempo, detuvo los relojes en la hora única del triunfo, creó una nueva era, un antes y un después, igual que Jesucristo. «Dentro de la Revolución todo, contra la Revolución nada. Patria o muerte, venceremos»: ésta era la Revolución del pueblo, la patria del pueblo, el socialismo del pueblo, hasta la muerte pertenecía al pueblo que era quien ponía los muertos. Pero permanecía siempre fiel, y continuaba abarrotando las plazas en los actos multitudinarios, cerrando filas en las victorias y los duelos. El tiempo parecía haberse quedado mudo y paralizado de asombro ante la gesta heroica del pueblo y su Revolución. Y sin embargo, el reloj de la abuela Pelagia seguía dando sus imparciales campanadas. Los años volaban deprisa, haciendo que los muchachos crecieran y se fueran a los trabajos productivos en el campo, que su madre se llenara de canas hablando de reunirse con Vicente, de quien sólo tenía ya un montón incontable de cartas y fotografías. El tiempo traía al tío Gabriel, al menos dos veces cada año. Llegaba como siempre, con su aire trashumante de genio peregrino que ahora se las daba de verlo todo bien y se expresaba como un revolucionario. «Con la vida que te abanicas en Francia, hasta yo me dejaría colgar la hoz y el martillo al cuello, pero si la mordieras aquí, otro gallo cantaría», le respondía Águeda, resentida.

Por más que corrieran los años, la vida no mejoraba. Era el país y no el tiempo lo que parecía estancado, atravesando penurias que exigían restricciones, sacrificios y capacidad de resistencia. En casa de Águeda y Beatriz, además de los conflictos íntimos se vivían otros apremios. Carmen María e Isabel, en plena mutación adolescente, sumaban a sus crisis hormonales los apuros reiterados del ropero. Carmen María había pegado el estirón, pero no podía quejarse, la abuela Aguedita tenía manos milagrosas para transformar aquellos trajes de noche de amplias faldas y vuelos de paradera muy de moda en los cincuenta, en un vestido de estreno que podía lucirse en cualquier fiesta. La moda de la mini, que había llegado a imponerse en el país, simplificó la escasez métrica en telas y algunos quebraderos de cabeza para aquellas que, como Isabel, no contaban con el talento y la imaginación de una abuela hechicera. Isabel andaba próxima a cumplir los quince años, era linda como un sol y se parecía a la madre en la blancura de la piel, los ojazos azul cielo y los «ricitos de oro», como solían llamarla sus compañeros en la escuela. No tenía como Elisa la sonrisa a flor de labios, ni tampoco su dulzura de carácter; unas veces retraída y otras bastante impetuosa, carecía del encanto celestial que tenía la difunta. Por entonces se traía varias inquietudes en punta: leer los clásicos de la literatura, coleccionar los poemas de Darío y Neruda, escribir cuentos policíacos, escuchar la música de los Beatles, perseguir los ciclos de películas americanas viejas que exhibía la Cinemateca y decidir por sí misma cómo celebrar sus quince. Aquella memorable fiesta de Elisa de la que tanto le hablaba su madrina Aguedita no la atraía en lo más mínimo. Eso de la puesta de largo y el primer vals le parecía anacrónico. Prefería algo sencillo: reunirse en casa con la pandilla de la escuela a bailar twist y estrenarse el vestido straple y los zapatos de charol, tacón campana, que sus abuelos Lala y Rogelio le mandaron de regalo.

Cachita, que estaba en casa de Beatriz el día que se recibió el paquete del norte, le fue con el chisme a Jorge y le sembró la cizaña para que el padre y la hija se enfrentaran.

–Ni zapatos ni vestidos, Isabel –exclamó el padre iracundo–, mi hija no se exhibe por ahí con ropas extranjeras.

Isabel, llorosa y resistida a dejarse vencer, se debatía con sus adultos argumentos, y Águeda la apoyaba recordándole que Gabriel, convertido en un ejemplo de abuelo desde que él y María habían hecho al fin las paces, le traía a su nieto Jorgito cuanto se le antojaba en cada viaje sin que Cachita ni Jorge pusieran ningún reparo.

–¿No viene del extranjero también todo lo que trae mi hermano? –protestaba Águeda.

–Es distinto –le replicaba Jorge–. Gabriel es un artista revolucionario que siente como nosotros, y no un gusano que se largó del país traicionando a su patria.

Águeda, compadecida, se pasó dos semanas enfrascada en deshacer un vestido de Elisa.

–Verás, Isabelita, irás a tu fiesta con un vestido de tu madre que yo te dejaré como nuevo.

Pero también para la fiesta puso Jorge condiciones: nada de Beatles ni melenudos con pantalones de tubo y desviaciones ideológicas. Tampoco permitiría que bailaran a media luz como se estilaba para desorientar el ojo vigilante de los padres. Nada de mezclar la guachipupa con alcohol y mucho menos poner bocinas a todo volumen para que el barrio entero oyera la música extranjerizante que solía bailar la juventud. ¡Qué diría el CDR de él, un militante comunista, permitiendo en su casa el diversionismo con que intentaba penetrarnos el enemigo! Finalmente, en vez de fiesta hubo lágrimas y pataletas. Las lágrimas le tocaron a Isabel y la pataleta a Cachita que tuvo que soportar, rabiando a más no poder, que Sabina arremetiera contra Jorge en su presencia, acusándolo de extremista y cruel, y diciéndole a viva voz que no viniera a dárselas con ella de ser más revolucionario que nadie. No podría calcular cuánto la admiró Jorge esa tarde y tampoco conocería hasta después que fue precisamente esa tarde en que entró como una furia, echando a un lado a la Cacha y dispuesta a lo que fuese por defender a Isabel, cuando él tuvo la certeza de que había empezado a amarla. Pero Sabina era limpia como pocas, y aunque pronta de temperamento, al punto de que hasta el propio presidente del ICAIC la señalara con el dedo acusándola de «revolucionaria difícil» porque nunca se medía en sus criterios y dejaba que las palabras le saltaran del corazón a la boca sin llegar a meditarlas, no se había dejado arrastrar esta vez por la pasión ni cuestiones personales. No sentía regocijo alguno en desquitarse con Jorge censurando su proceder como padre. Por sobre todas las cosas había prevalecido en ella la injusticia cometida contra Isabel y el afecto y simpatía que la niña había sabido ganarse.

La noche del frustrado cumpleaños Sabina llevó a Isabel a su casa. La niña, después de mucho llorar, se quedó dormida en sus brazos. En cambio, Sabina se pasó la noche en vela, temblando de emoción por tener a la hija de Jorge como si fuese algo suyo. Algo de ella y de él. Qué dicha hubiera sido tener una hija como aquélla. Elisa debió de haber sido el ser más feliz del mundo por ser amada por Jorge y haberle dado a Isabel. Cuando el beso en el ascensor, se hizo de nuevo ilusiones, pero Jorge volvía a evadirla con torpeza y la mirada retadora de Cachita era aún más elocuente que todo lo demás. Tenía a Jorge enredado a sus faldas, metido en sus braguitas marrulleras. Muchos hablaban de ciertas brujerías, de echar polvos y secreciones menstruales en su café, porque a las claras se veía que las extrañas ataduras del doctor no venían del amor. Del amor o lo que fuera, a ella le correspondía hacerse valer. No volvería a ilusionarse ni daría cabida en su mente a más sueños y esperanzas, aunque sabía que ese sueño no moriría del todo en su corazón. El derecho a soñar era lo único que no podía castrársele a un ser humano.

Por aquel tiempo Águeda, apremiada por las cartas de Vicente, que le pedía que acabara de presentar los papeles para irse al norte con él, decidió tomar una determinación. Pero antes de encarar a Teresa, subió en busca de Sabina para pedirle opinión. Sabía que su sobrina, a pesar del abismo que las separaba en el modo de pensar, la escuchaba atentamente, le hablaba con todo respeto y, le gustara a ella o no, salía siempre de allí llevándose un buen consejo.

–Tía, usted siempre está hablando pestes de la Revolución. Pero acuérdese de lo que decía nuestro José Martí: «El sol nos alumbra con la misma luz con que nos quema, el sol tiene manchas, los desagradecidos hablan de las manchas, los agradecidos de su luz».

–Mira, Sabina, ¡no jorobes! ¿Qué tengo yo que agradecerle a tu Comandante, que nos haya quitado todo? Hasta los clavos que puse en las paredes de Chez Elle y Quo Vadis eran míos; todo lo que logré en mi vida, fue con el sudor de mi frente, a fuerza de trabajo y sacrificio.

–No, si yo no le niego eso. Lo que le digo es que vea las cosas buenas. La medicina gratuita, las escuelas para todos los niños de este país, sin distinciones ni privilegios.

–Ya yo pasé hace años la escuelita y, ¡gracias a Dios!, gozo de buena salud, así que no me vengas con teques. A ver, ¿por qué no me hablas de las familias divididas por culpa de la política? ¿Cuántos años lleva Beatriz sin poder ver a Jaime ni a sus nietos? Ni siquiera puede, la infeliz, conocer a los dos niños que Jaime y Silvia tuvieron allá, tiene que conformarse con verlos crecer por fotografías. ¿Es eso justo, Sabina? ¿A qué le llamas tú, justicia revolucionaria? ¿A que a todos los que se quieran ir y no estén de acuerdo con esto les hagan un inventario en sus propias casas, se lo tengan que entregar todo al gobierno, les corten hasta el teléfono y los lancen a la calle, cuando les llega el permiso de salida, a expensas de que un vecino o un pariente los recoja como si fuesen pordioseros? ¿Es justo que en cuanto presentas los papeles para irte, te echen de tu trabajo y te manden tres años para el campo a trabajar de castigo?

–Aquí, tía, hay todo un pueblo que va al campo a cortar caña y hacer trabajos productivos sin que vean un castigo en eso.

–Tú sabes requetebién que los que nos vamos, no estamos dispuestos a trabajarle al Estado como esclavos.

–Mire, tía, ni usted me va a convencer a mí ni yo le voy a cambiar su manera de pensar. Váyase de una vez si aquí se siente tan mal, pero le advierto una cosa: Teresa no va a seguirla, a ella le va bien en «esto», como usted le llama a la Revolución; será oportunismo, no se lo discuto, pero trabaja y le gusta lo que hace. Yo de usted, no me haría ilusiones.

Águeda sabía que Sabina era sincera. Teresa se sentía importante, segura y reconocida en su puesto de decana. Pero ella no daba más, ni tenía argumentos ya para Vicente, que la increpaba por no mover sus piedras íntimas y decidirse a dedicarle a él y dedicarse a sí misma el tiempo que aún les restaba por vivir. Esa noche esperó que la familia terminara de comer para abordar a Teresa. Ángela, desde la cocina, oía hablar a su madre mientras fregaba la loza.

–Teresa, voy a presentar mi salida del país. Vicente me reclama, espera por mí desde hace diez años, tres meses y cuarenta y tres días. Pudiera decirte además las horas, los minutos y segundos que hace de su ausencia. ¿Qué tengo, qué tuve yo sino ese pedazo de felicidad que él me dio una vez y todavía me brinda?

Teresa preguntó a Ángela si ya había colado el café. Lo aguardó sin prisas, lo bebió lento, paladeándolo hasta el último buchito.

–Yo, mamá, la entiendo. No tiene que esforzarse en explicarme. Allá usted con Ángela, pero ¡conmigo! Vaya y presente sus papeles. Ojalá pueda hacer cuanto antes sus maletas.

Una semana más tarde Teresa le anunciaba a Águeda alegremente que hacía un mes que no veía la regla y todo hacía suponer que estaba embarazada nuevamente.

–Supongo, mamá, que ahora esperará que yo dé a luz para dejarnos...

Águeda se estrujó las manos sobre el pecho reprimiendo su ansiedad.

–Escúchame, Teresa, a mí me retendrás, pero a Orestes ni lo sueñes. En sus ojos puedo leer que se te irá. A los maridos no se amarran con hijos.

Hacía tiempo que Águeda venía sospechando que Orestes se le corría a su hija. Las jornadas maratónicas de los domingos rojos y las muchas metas y tareas que la Revolución exigía al pueblo para ganar la emulación socialista y la batalla al imperialismo, eran en esos tiempos el pretexto perfecto de los maridos resbalosos como Orestes, para llegar a deshora y tapar sus puterías. Una mañana, buscando una receta de cocina entre las cosas de Ángela, descubrió unas fotos de Orestes en la playa abrazado a una mujer, que su hija tenía ocultas en un libro.

–Mire, mamá, hace tiempo que lo sé, las fotos me las dio una que dice ser muy amiga de esa... pelandruja, un día que nos tropezamos en la cola del puesto de viandas. Usted sabe que en las colas una se entera de todo. No sé por qué la toma conmigo y me pide cuentas por habérselo ocultado. Me lo callé por evitar más problemas. ¿Se imagina la que tendríamos si Orestes se va con la otra y nos deja solas a las tres con Carmencita? –replicó Ángela.

Águeda no respondió, se calzó los lentes y volvió a observar las fotos con detenimiento. Orestes estaba en el mar metido hasta la cintura con su viejo pulóver de los trabajos productivos, enroscado a ésa: la pelandruja.

Su yerno, que trabajaba como administrador de un almacén de piezas de repuesto, se iba cada domingo a cumplir con los trabajos productivos en el campo, se ponía su viejo pulóver de rayas desteñidas y desaparecía de casa apenas amanecía para volver ya entrada la noche, colorado como un pimiento y con un aliento tan caldeado que trataba de justificar siempre, diciendo que habían tenido que chapear la hierba bajo un sol de castigo y que para refrescar se habían tomado unas cuantas cervecitas...

–¡Habrase visto descaro!, donde se va es a la playa. Míralo, Ángela, se bañó con el pulóver para evitar delatarse con una insolación. Siempre lo dije. Nunca me gustó ese hombre para mi hija.

–¿Qué piensa hacer, mamá?

–Lo que corresponde, decírselo a Teresa y mostrarle las fotos.

Teresa, con el pretexto de su miopía, exigió una lupa para observar los detalles.

–No es Orestes –sentenció.

Águeda la miró boquiabierta.

–Pero fíjate bien, está clavado, tiene puesto ese horrible pulóver, ¿quieres más pruebas?

–No es eso, mamá –dijo Teresa estirando el cuello y devolviéndole las fotos impasible–, es que sé que no es Orestes. A ver, Ángela –preguntó fríamente–. Tú que andas tanto por ahí, con las narices en todas, ¿cuántos pulóveres iguales no ves todos los días? Ahora con la escasez todo el mundo se viste con lo mismo, les dicen tostenemos. ¿Es así o no? Orestes tiene un tipo bastante común que tiende a confundirse. Son once hermanos y todos se parecen. ¿Quién quita que pudiera ser cualquiera de ellos?

Se pasó el resto de la tarde como si tal cosa, calificando exámenes tranquilamente sin tocar más el asunto.

Por el contrario de Águeda, que nunca pudo ver con buenos ojos a su yerno, Ángela se desvivía por complacerlo y halagarlo. Le había tomado afecto a su cuñado, incluso compasión, considerándolo un buenazo cuyo mayor defecto era precisamente el de haberse casado con su hermana. A la hora que llegara, Ángela le tenía el baño listo y la comida servida. Se levantaba la primera para colarle el café semidulzón como era de su agrado, estaba al tanto de que nadie le cambiara el periódico del lugar donde acostumbraba a leerlo y reprendía a Carmen María por sustraerle al padre la cuchilla sin estrenar para afeitarse las piernas y las axilas, o la dichosa tijerita con que Orestes se cortaba los vellos que salían de su nariz. Orestes era con ella recíproco y adulón, colmándola a menudo de cumplidos y teniéndola en cuenta para todo. Incluso cuando a Águeda le entró el pronto de marcharse del país, su cuñado intervino:

–¿Alguna de ustedes ha contado ya con lo que piensa Angelita?

Fue así que se percataron que no habían consultado su opinión.

Por aquellos días, sin embargo, Águeda buscaba constantemente el parecer de Ángela.

–Si ese sinvergüenza de Orestes deja por fin a tu hermana, ¿crees que ella aceptaría que nos fuéramos?

–Yo no sé, mamá. Yo la desconozco, usted nunca fue partidaria del divorcio.

–Tú, como siempre, te pones de su parte. Sabiendo que tiene esa querindanga.

–Mi hermana no lo atiende, nunca está aquí...

–Y para eso estás tú, para servirle como si fueses su mujer.

–A Teresa le complace no sólo que yo le sirva al marido, sino que le críe a la hija también.

–Ya, Ángela, ya. No cojas el rábano por las hojas. Te pregunto: ¿qué crees tú?

–Yo veo las cosas diferentes. Que Orestes no quiere irse es verdad, le gusta este sistema y está apegado a su familia, pero si deja a Teresa o no, será lo mismo. Teresa no se queda aquí por él, sino por ella, mamá. Le priva su cargo y está feliz con lo que hace.

–Pero si siempre le gustó la buena vida, darse tono y aires –replicó la madre.

–Ahora también se los da con el puesto que ocupa. Se sabe arriba y aspira cada vez más. En el norte tendría que venir de abajo, partir de cero, igual que Jaime, Silvia y todos los que se van. Parece que usted no la conoce tanto como yo.

Un domingo, cuando Ángela se levantó al amanecer para servirle a su cuñado el café del desayuno, lo encontró sentado cabizbajo en la cocina, en pijama y chancletas.

–¿Hoy no tienes trabajo... voluntario? –le preguntó con marcado retintín.

–No, hoy no voy.

–¿Y eso no te afectará la emulación?

Orestes clavó en ella unos ojos indefensos y se encogió de hombros.

–Entonces, ¿me hiciste levantar tan temprano por gusto?

Él la obligó a sentarse a su lado con una mirada suplicante.

–Yo no sé hablar bonito, cuñada, ni tengo mucha instrucción, como se dice. Ahora es que estoy estudiando, porque antes nunca pude. En casa éramos catorce a la mesa. Catorce bocas tenía el viejo que mantener. Mi madre se pasó la vida pariendo. No tengo un solo recuerdo suyo en que no la vea preñada. El último parto la mató. Por suerte, ahora se cuida mucho la salud del pueblo y se atiende muy bien a la mujer embarazada. Teresa, aunque ya no es joven, no va a tener problemas.

–Orestes, tú no me habrás hecho madrugar para darme una charla comunista, ¿verdad?

–No, no, ¿ves como no sé decir bien las cosas? El caso es que yo no voy a dejar a Teresa sola ahora, con mi hijo en la barriga.

–¡Ah!, eso me parece muy correcto.

–Pero eso no es tampoco a lo que iba. Angelita, es... por ti.

Es que veo cómo eres conmigo y con mi hija... y yo, bueno... quería, ¡tenía que decírtelo, coño!

Ángela, sorprendida por esta declaración de gratitud, lo miraba perpleja, descubriendo en las pupilas del cuñado dos cuajarones cristalinos a punto de desprenderse.

–Vamos, Orestes, no te pongas así. ¡Qué flojos son los hombres! Si no es para tanto, la niña ya pasó lo peor, ni asma le da con las vacunas. No tienes que agradecerme nada, esa niña es para mí... bueno, yo tampoco sé cómo decir bien las cosas.

–Es como tu hija, Angelita.

–No, no lo es. Teresa se encarga de recordármelo siempre.

–Pero la quieres como si lo fuese, ¿verdad?

–No soy muy dada a esas cuestiones del cariño...

–¿Nunca le has dicho a nadie... te quiero?

Ángela se puso en pie de un salto.

–Está bien, Angelita, está bien. Yo entiendo por qué eres así. De todas formas quédate tranquila, no voy a irme de aquí.

Pero a medida que Carmen María crecía, aumentaban las inquietudes de Ángela. La chiquilla estaba por cumplir los quince años, todavía mojaba la cama con frecuencia, no había tenido aún su primera menstruación y conservaba la mente virgen a todo lo relacionado con el sexo. Ángela había intentado preservarla de la virosis revolucionaria, y aunque no pudo impedir que la hiciesen pionera, ni que tuviera que repetir todos los días en el matutino: «Pioneros por el comunismo, seremos como el Che», cada año se las agenciaba con los médicos para conseguir un certificado que la eximiera de los cuarenta y cinco días de trabajos productivos en el campo. Lo que le costó a la niña ser valorada como una alumna sobreprotegida y conflictiva, que perjudicaba a sus compañeros y le restaba al colectivo méritos en la emulación. Más de una vez citaron a Orestes y a Teresa a las reuniones de padres en el centro, y les hicieron hincapié en los incumplimientos de la hija. Teresa, harta de tantas quejas, plantó bonito con Ángela, le echó en cara los excesos de su morbosa protección y amenazó con becar a Carmencita. Hablarle a Ángela de becas era como mentarle las calderas del infierno. Sabía que becarse significaba separar a los hijos del seno familiar, entregarlos al Estado para que sirvieran como carne de cañón al Comandante, que había ideado aquel plan de edificar cada día más escuelas en el campo, donde además de servirles a los alumnos comida de presidiarios, les comía también el coco haciéndoles creer que se lo debían todo al dios de su Revolución que los ponía a trabajar en el surco de sol a sol a cambio de permitirles estudiar, mientras le hacía creer al mundo entero que la educación era gratis en su isla. Pues no, mientras a ella le quedaran fuerzas, y existiera en la ciudad una secundaria para niños con problemas, Carmencita no se becaría, así tuviera que inventar que estaba inválida y coger a los doctores por el cuello para que se lo certificaran por escrito. De Dios, el verdadero, no se atrevía a hablarle a su sobrina; mantenía su Biblia bajo llave, porque inculcarle a la niña creencias religiosas equivalía a invalidarle su entrada en la universidad, y contribuir a aumentar la fama de bicho raro que ya tenía entre sus profesores y compañeros. Pero en el tema del sexo, sí que tomaría medidas. No permitiría que Carmen entrara en la moda de la libertad sexual, o del relajo moral que se expandía por la isla. Así que desempolvó los viejos libros de medicina usados por Serafín para que su sobrina extrajera de sus páginas todo lo que desconocía del cuerpo humano sin necesidad de recurrir a las lenguas malintencionadas de sus compañeritas de curso.

Después de hojear los libros del abuelo sin demasiado entusiasmo, Carmen María quedó aún más confusa y totalmente asqueada por las horripilantes láminas. Pero si bien los libros le provocaron repulsión, también activaron su curiosidad. Incapaz de atreverse con sus compañeras de aula, donde se sabía fuera de grupo, la emprendió con la única que le inspiraba confianza: su prima Isabel.

–Mi mamá va a tener un niño y yo no sé bien cómo se logra hacer eso.

La pregunta le cayó a Isabel como una bomba. Pero considerando sus propias dificultades para llegar a descubrir los secretos del sexo, hizo gala de una encomiable paciencia para explicarle a su prima los detalles enrevesados del proceso reproductor.

–Entonces tenían razón los libros del abuelo.

Isabel la miró sorprendida y molesta.

–¿Por qué, si lo sabías, te haces la sonsobélica?

–Porque no podía creerme que esa cosa de los hombres pudiese hacer hijos metiéndose en el mismo hueco por el que hacemos pipí.

–Esa cosa es un pene y ese hueco es la vagina y sirve para parir y hacer lo otro –replicó Isabel con tal tono de voz que a punto estuvo de ser oída por Ángela.

–¿Y se puede hacer lo otro sin que el pipí se te salga?

–¡Pero serás comemierda! –le respondió su prima Isabel, muerta de risa–. ¡Si vas a mear a tu novio en la cama, ni se te ocurra probar!

Carmen María se replegó en sí misma sin hacer más preguntas. Envuelta en las tinieblas de sus dudas volvió a recurrir a los libros, diciéndose que se haría ginecóloga para poder descifrar el enigma. Un par de años más tarde conoció su primera menstruación y cesó de mojar sus sábanas, pero no logró desprenderse de su espantosa inquietud. Siendo estudiante ya de Medicina, se enamoró para casarse, y a pesar de que ya entonces había conseguido independizar la uretra del conducto vaginal, la traumática idea la traicionó definitivamente la noche de su boda, cuando entregó su virginidad junto con una micción efusiva que dejó al esposo atónito y a ella muerta de vergüenza.

8

Había llegado el año del esfuerzo decisivo y el pueblo se preparaba para hacer una zafra azucarera millonaria. El país quedó paralizado y el edificio prácticamente vacío, sólo con los que eran muy viejos o muy niños, porque la mayoría de los jóvenes y las mujeres partieron a los cañaverales deseosos de dar su aporte voluntario y ganarle al imperio otra batalla. Hasta Jorge se deshizo de su impecable bata sanitaria y se vistió de machetero, mochila al hombro y mocha en mano para irse a cortar caña. Todo el mundo renunció a sus vacaciones de verano y también a las fiestas navideñas, que quedaron postergadas para julio del siguiente año. Águeda echaba pestes por doquier, quejándose de que ahora tendrían un año de dieciocho meses y unas Navidades a lo Dior, y evocaba como si aún respirara su fragancia en la memoria aquel perfume famoso que tanto se vendía en Chez Elle con el nombre de «Christmas in July».

–Nada, que hasta Christian Dior ha cogido aquí su ramalazo, tía. Usted está tan mortificada que no sabe ya qué inventar –decía Sabina, tirando a broma sus críticas mientras hacía su mochila y se calzaba las botas cañeras para partir con su equipo a los cortes y filmar las vivencias de la zafra sin que escapara un detalle de la epopeya.

–Qué sabrás tú de perfumes franceses –le replicaba Águeda–, si sólo conoces esas fragancias rusas que huelen a siete potencias.

¡Menos mal!, pensaba Ángela, que ya nadie en el edificio

tomaba a pecho los rencores de su madre. Incluso la presidenta del comité había dejado a Águeda por incorregible y era muy buena vecina, le marcaba a Ángela de las primeras en las colas y hasta se ofreció para quedarse con Teresa en el hospital cuando dio a luz a María Esther. La niña había nacido prematura y estuvo alrededor de un mes en la incubadora. Orestes se fue a la zafra cuando la niña ya estaba fuera de peligro, pero dejó a Teresa ingresada apenas sin reponerse del trance. A Ángela no le pasó inadvertido el buen semblante que llevaba su cuñado al despedirse. Se diría que respiraba aliviado por salir de su mujer, y aunque afirmó hasta el cansancio que se iba únicamente porque el deber lo llamaba a cumplir con la Revolución, era innegable que veía los cielos abiertos en eso de partir a los cañaverales, tumbar de un solo tajo la caña, como decía la consigna, y trabajar de sol a sol con tal de permanecer lejos.

Ángel y Miguel, los gemelos de Mariko, fueron de los pocos en el edificio que faltaron a la zafra. Ambos habían integrado el equipo nacional de béisbol que lucharía en Quisqueya por el título mundial, tan duro como cualquier heroico machetero. Esa tarde todos las radios del país se encendieron al unísono, pendientes del desafío que ganaron finalmente los cubanos. La victoria se celebró en todos los rincones del país, y la euforia llegó también a los cañaverales, donde cada machetero estuvo al tanto del juego y festejó la hazaña de los campeones que le habían arrebatado el título mundial a los yanquis. La foto de los hijos de Mariko apareció no sólo en las primeras planas de la prensa sino en pancartas y vallas y hasta en los postes del alumbrado eléctrico. A su regreso a la patria fueron paseados en hombros por las calles y recibidos por el comandante en jefe.

Entrada la madrugada todavía se brindaba por los héroes en casa de Águeda. La noche estaba radiante y una claridad serena se esparcía sobre el mar como una tela de plata, cuando Ángela salió a la terraza y escuchó decir a alguien que los yanquis acababan de pisar la Luna. Todos se precipitaron de inmediato al balcón atropellándose entre sí y pretendiendo distinguir entre las sombras lunares un indicio de presencia humana. Ángela, embriagada por la alegría beisbolera y su falta de costumbre con el ron, pestañeó un par de veces y sintió que la vista le fallaba. Debía de estar muy mareada porque no veía otra cosa que una bola imperturbable, surcada de costurones, que parecía haber ascendido al cosmos despachada por un jonrón descomunal.

A pesar de los viriles esfuerzos y el derroche de coraje que distinguió a los macheteros en la contienda azucarera, la zafra no alcanzó la meta que se esperaba. La propia Ángela quedó tiesa del asombro cuando escuchó al comandante en jefe dar la noticia por televisión, y no sólo se abstuvo de decir impertinencias sino que creyó ver reflejada la pesadumbre de los macheteros en los tristes nubarrones que ensombrecieron la tarde volviendo rígido el aire y más lentas y lacónicas que nunca las campanadas que el viejo reloj de la abuela emitía desde el comedor. Solamente reaccionó al tener de vuelta a Orestes, que entró lleno de contento abrazando a los vecinos, cargando en hombros a la hija que dejó apenas acabada de nacer, y dejándose curar por ella las manos curtidas y callosas mientras afirmaba convencido que una vez más sacarían del revés otra victoria y seguirían adelante con la obra de la Revolución, que no habría de flaquear ni tambalearse ante esta difícil prueba por mucho que se incrementaran las limitaciones en los años venideros.

–¿Quieres decir que tendremos todavía más miseria y escasez? ¡No, si yo lo digo, aquí hay que irse! –exclamó Águeda ponzoñosa, sin reparar en la mirada llameante del yerno que lucía muy contrariado y en modo alguno dispuesto a tolerar los agravios de su suegra.

Tampoco Sabina, que a su regreso anduvo repartiendo besos sin aún haber soltado su mochila ni sacudido de sus botas las tortas rojas del fango, se veía en condiciones de tolerarle a su tía impertinencias. Se marchó sin replicar porque, encima del encono con la tía, traía por dentro otro más. Ese día, acabada de llegar, se tropezó con Jorge saliendo del ascensor y no tuvo otro remedio que sostener su mirada y mostrarse indiferente con un «hola, aquí me ves, cómo te va», que le hizo trizas el alma.

A Jorge no podía irle peor; sus problemas con Cachita se habían agudizado en los últimos tiempos, agravándose por día. Vivían en un infierno: la Cacha se había vuelto tremendamente obsesiva y se celaba de todas las doctoras que había en el hospital. Primero la tomó con la patóloga, después con una psiquiatra y por último con una joven forense que estaba incluso casada. Jorge no podía con aquello, se mostraba irritable y contrariado y la discusión terminaba por lo regular con la Cacha hecha un demonio que prendía candela a todo lo que fuese del marido o encontrase por delante.

–¡Me quemaste los únicos zapatos de salir que me tocaban en el año!

Terminó por dejarlo en cueros, sin tener con qué salir a la calle, y llegó a pegarle fuego hasta a la libreta de productos industriales para que no pudiese adquirir lo poco que le tocaba por los cupones en las tiendas.

Las dos semanas anteriores a su partida para la zafra, Jorge las pasó con sus padres. Se fue sin ver a Cachita y regresó un domingo de pase, sintiéndose completamente extenuado, solitario, ansioso por ver a su hijo y abrazar a Isabel. La Cacha husmeó de inmediato su debilidad de espíritu y Jorge cedió a los reclamos de su masculinidad.

«Esto no volverá a suceder –se decía meciéndose en su hamaca de lona, antes de caer vencido de fatiga por las jornadas del cañaveral–. No le voy permitir que vuelva a cogerme la baja.» Muchas veces, mirando las estrellas en el cielo abierto del campo, sus pupilas se licuaban de nuevo pensando en aquellas noches que le dedicara a Elisa. Pero al dormirse, el recuerdo se le desvanecía y era Sabina quien se adueñaba de sus sueños. Eran sueños orgánicos y vívidos, donde la sentía piel con piel, labios con labios, sexo con sexo. Cuánto la hizo esperar desde aquella vez que estando a solas con él en el apartamento le ofreció sus labios. Pero entonces Elisa todavía era un dolor vivo y no un rescoldo en las cenizas como hoy. Luego la Cacha le tomó la delantera. Sabina estaba lejos, en el exilio, y la Cacha estaba allí como una brasa escapada de la hoguera. Sabina se cansó de esperarlo y se casó con Joaquín. Lo de Cacha tenía que acabar. Sabina estaba hecha para él, igual que Elisa.

Regresó de la zafra forrado de acero y dispuesto a enfrentar a su mujer.

–Cacha, vamos a hablar.

–¿Ahora, cielito? No...Ven, primero vamos a la cama.

–En la cama no, aquí. Siéntate y escúchame bien... Tú y yo estamos...

–Por tener otro hijo, Jorge.

–¿Otro qué?

–Un niño, papito.

–Imposible, nosotros... En estos dos meses...

–¿No? ¿Y aquel domingo del pase?

–Eso no es más que otra de tus trampas.

–Espera unos meses y verás. Ahora sí tendrás que casarte conmigo.

–¡Casarnos! Lo que quiero es acabar, poner fin a todo esto. ¡Estoy hasta los cojones!

–Si te separas de mí, te quito el apartamento.

–Quédate con todo, préndele fuego si quieres. Yo me voy a casa de mis padres.

Una semana después de la ruptura, Sabina, ajena al dilema, aparecía de repente en la consulta de Jorge. Él la vio entrar demacrada, en un baño de sudor, y rompió a dar voces formando tal aspaviento que agitó en un segundo a más de medio hospital. Lo que Sabina tenía lo resolvió la enfermera haciéndola beber un vaso de agua con azúcar y chupar un caramelo. Pero Jorge lo olvidó todo cuando la tuvo delante, perdió el tino y la razón, y no acertaba a hacer nada. Sabina se disculpaba diciendo que apenas desayunó con la prisa esa mañana, y sobre todo insistía en que no habría recurrido a él de no ser por estar filmando muy próxima al hospital y haberse sentido indispuesta de repente.

–Te he puesto en boca de todos con este alboroto –dijo bajando la vista para que él no descubriera en sus ojos que le mentía a conciencia, porque siempre tomaba la precaución de salir acompañada de su termo con agua azucarada y tampoco le faltaban nunca caramelos en el bolso. Lo cierto era que ese día sentía unas ganas inmensas de verlo y decirle que estaba muerta de amor, y no encontró más recurso que recurrir a su audacia.

–No me hieras más, Sabina. Si no te sintieras mal, te diría que me diste un alegrón que me ha matado de gusto –le decía él, ya calmado, viéndola recuperar el tinte de las mejillas sin dejar de acariciarle las manos y secar con su pañuelo las perlitas de sudor helado que aún le notaba en las sienes. Habían quedado a solas en la consulta y hablaban con entera intimidad, muy cerca el uno del otro y tomados de las manos, casi a punto de besarse.

Entonces entró la enfermera que traía los análisis y se volvió a Jorge diciendo:

–Lo felicito, doctor, acabo de hablar con Cachita por teléfono y me contó que de nuevo lo va a hacer a usted papá.

Sabina se puso rígida y Jorge despidió a la enfermera con un gesto de impaciencia.

–Déjame que te explique todo –dijo él desesperado–. Esto ha sido un imprevisto. No hay nada entre ella y yo.

–Suéltame, Jorge –dijo Sabina nerviosa–, no te creo una palabra. Vuelve a tu hijo y tu mujer. A mí déjame quieta.

–Pero es a ti a quien quiero. Coño, ¿no lo entiendes? Estoy al borde de enloquecer –dijo, y le abrió con la lengua los labios para besarla a la fuerza erizando sus pezones con la yema de los dedos.

Sabina se encendió de golpe hasta la raíz del pelo, pero se repuso de súbito y tomándolo desprevenido le pegó una bofetada. Jorge, con la cara colorada, pasó frente a sus pacientes como una exhalación, corriendo detrás de la joven hasta la salida del hospital, donde le rogó a viva voz que lo escuchara. Pero ella no quiso oír más, pisó el acelerador de su Moscovich y escapó a toda velocidad.

Apenas un mes después, se casó inesperadamente con Fabricio de la Oz, un antiguo compañero de trabajo, inmensamente atractivo, que la asediaba hacía tiempo. La víspera de la boda, Eusebia le tiró los caracoles y quedó muda del susto. Pero Sabina tampoco prestó esta vez atención a los augurios y fue lo suficientemente explícita al decir que jamás creería en nada de eso.

9

Esa mañana, Águeda se miró en el espejo y no se reconoció. Sin embargo, no había dudas: aquella mujer amarga y encanecida que parecía haber perdido el lenguaje de los ojos y el brillo de la mirada vestía su propia ropa, usaba su alianza de bodas y llevaba el pelo gris recogido en la invisible redecilla que todavía Vicente evocaba en sus cartas con nostalgia. No existía tormento mayor que admitir el tiempo encerrado en un espejo. ¿Qué quedaba de la Aguedita epistolar, preservada en la memoria de Vicente y plasmada en el papel con palabras incendiarias? Sólo el alma estaba intacta y plena de amor por él. El alma no envejecía ni se veía retratada en la crueldad del espejo, salía ilesa del deterioro del cuerpo y continuaba retando la premura del reloj en la fragua de los sueños. Se había impuesto una vida de ostracismo y salía cada vez menos. El solo hecho de pasar por los bajos del edificio le producía palpitaciones. Su antiguo salón de belleza había sido indefinidamente cerrado por reformas, y sus cristales desnudos mostraban el deterioro interior en los restos de un rosado mustio y decadente. Para colmar su despecho, hacía apenas unos días se vio forzada a visitar el lugar donde antes estuvo su perfumería. Todo ocurrió por Orestes, que se negó a solicitar un televisor soviético en su centro de trabajo cuando el viejo Admiral que tenían en la casa exhaló su último suspiro soltando un humillo gris que provocó accesos de tos y expresiones de impaciencia. La disputa fue enconada. Águeda que sí, que lo ganas si te empeñas pues por algo te llevaste el galardón y doblaste mucho el lomo con la caña que cortaste. Orestes por el contrario en sus trece, alegando que no iba a entrar en careo con aquellos compañeros que acumulaban más méritos, galardones y más arrobas que él.

Al concluir la asamblea de efectos electrodomésticos, Orestes regresó a su casa apaleado. El refrigerador se lo habían otorgado al director de la fábrica, que a los muchos galardones y arrobas de caña cortadas sumaba el mérito de haber sufrido torturas cuando la tiranía batistiana. En cuanto al televisor, no hubo disputas. Se lo entregaron a un compañero del taller que tenía un hijo con síndrome de Down.

–A mí, como no me torturaron ni me nacieron hijos mongos, no me tocó ni carajo.

Finalmente Águeda decidió poner fin al asunto entregando su desahuciado Admiral a cambio de que le dieran un bono para adquirir un Rubín soviético. Sabina la llevó en su auto, pero el favor le costó tener que aguantarle a su tía otra ráfaga de maldiciones contra la Revolución. No podían suponer que el consolidado de televisores estuviera donde había estado Chez Elle. Pero ni su aflicción por Quo Vadis, que en lo más íntimo prefería ver cerrada para siempre, ni el impacto de encontrar los mostradores laqueados de Chez Elle congestionados de televisores en desuso, podían compararse a la añoranza que sentía cuando se topaba cara a cara con la familia que había ocupado el apartamento del sexto, donde durante años se amaron ella y Vicente. Aunque quizá lo peor, y más duro de enfrentar, seguían siendo sus visitas a Río Hondo. Nunca pasaba por alto los aniversarios de sus padres sin acudir al cementerio, donde siempre coincidía con algún viejo conocido dispuesto a actualizarla en los temas que a ella más le afectaban y prefería no abordar. En una de esas ocasiones se encontró al guajiro Perico Callejas que venía de poner flores en la tumba de Nieves, su mujer. Perico le dio un apretón de manos afectuoso y terminaron sentados cabizbajos en el banquito de piedra bajo la sombra del álamo donde antaño se había refugiado el totí de Monteagudo. Repasando los recuerdos, volvieron a retomar los tiempos en que el doctor Serafín asistía a los muchachos sin cobrarle ni un centavo.

–Ahora tengo dos hijos ingenieros –le comentó Perico con orgullo– y una nieta médica y otra maestra. Todos viven en La Habana. Yo, desde que falta la difunta Nieves, vivo con la mayor de mis hijas en una casita de la cooperativa agropecuaria.

Por él supo Águeda que La Fernanda había pasado al olvido. Ahora existía allí un plan de frutos menores que atendían los estudiantes becados en la escuela secundaria que hicieron por vuelta del río y que vino a inaugurar el propio comandante en jefe.

–¿Qué fue de los jardines de mi suegra?

–De eso no queda na'. Tumbaron hasta las matas de mameyes, pa' sembrar fresas que claro, en este clima no se dan. Una burrada. Cuando las fresas se secaron, sembraron uvas y cerezas, otra burrada, y cuando se jodieron, con perdón, volvieron a sembrar mameyes, que tardan veinte años en darse...

–¿Y la Venus de mármol?

–¡Ah!, usted dice la estatua de la glorieta. Ésa está allí, pero acostá y sin cabeza.

Águeda sentía un pesar enorme en el corazón cuando al fin se decidió a preguntar si aún estaba en pie la casa donde su padre tenía la barbería.

–Tuvieron que demolerla. Se venía abajo de vieja. Pero no se ponga así, los años no pasan en balde. La Revolución también ha hecho cosas buenas. Tenemos escuela, policlínico y hasta un hospital. Embúllese a dar una vuelta por el pueblo, yo la acompaño.

–Deje, Perico. Algún día me llenaré de valor para verlo todo y darle mi último adiós.

Ni siquiera sabía por qué hablaba de despedidas y finales:

era quizá un resquemor o algún mal presentimiento. Ya había tomado la decisión de no irse. Vicente la increpaba carta tras carta. Él no podía suponer cuánto le había costado tomar aquella decisión, era como sobrevivir a un balazo en medio del corazón, pero no podía dejar atrás a su nieta María Esther, una niña tan endeble que vino a caminar a los tres años y para eso con aparatos en las piernas, y luego Carmen María que había dado tanta guerra con sus manías suicidas que, ¡a Dios gracias!, parecían habérsele quitado porque ya no se quejaba de estar enferma de sí, estudiaba Medicina y hasta hablaba de casarse, en cuanto acabara la carrera, con Rafael León, su novio y compañero de curso, a quien Águeda miraba con recelo, por su carácter esquivo, nada acorde con el apellido que llevaba. Como nunca fue capaz de medir su parecer y había pasado la edad de cavilar con mesura, le expresó de corazón a la nieta lo que opinaba del novio. Carmen María, corta de imaginación y poco conocedora de la influencia decisiva que Águeda y la difunta Pelagia le atribuían a los nombres, restó interés al asunto y se salió con la suya, casándose con Rafael, vestida de miliciana, el mismo día de su graduación. Por primera vez lucía cari contenta. No sólo por lo de la boda, sino por haber recibido con su diploma de médico, firmado por el Comandante, su carnet rojo de joven comunista. Aun a costa de su resentimiento personal, Águeda se vio forzada a admitir que la Revolución tenía más simpatizantes que descontentos como ella. «Los que no estaban con esto abandonaron el país», se decía, mirando lo complacida que parecía estar Teresa por haber sido ascendida en su centro de trabajo y poder aspirar ahora a que le dieran un Lada. Pero Teresa no era un ejemplo para tomarse en cuenta. Sabía escalar por instinto y salir airosa con sus mañas. Jamás fue auténtica en nada, y había que dejarla fuera si se trataba de revolucionarios verdaderos. Entre éstos estaba Orestes, quien ostentaba su galardón de vanguardia nacional y militaba en las filas del Partido Comunista. Sus sobrinos, los gemelos: reconocidos y admirados por sus méritos en el deporte que ya rodaban sus Ladas. Su propia ahijada Isabel, feliz de haber concluido sus estudios universitarios y estrenarse como reportera en la prensa nacional. Mariko, su cuñada, dispuesta siempre a cooperar en todo aportando sus ideas creativas a las tareas de la Revolución. Cuando llegaba Gabriel, se tomaba muy en serio su papel de esposa oficial. Jamás salió de sus labios una palabra de queja. En la única ocasión que Águeda le insinuó que debía ponerle a Gabriel las peras al cuarto, exigiéndole que la llevara con él en sus viajes por el mundo, Mariko olvidó su compostura oriental y quebró su parsimonia con una sarta de insultos, que primero dijo en japonés y luego se tomó el trabajo de repetir en castellano por si acaso le quedaban dudas a su cuñada. En medio de estos oprobios, acusó al imperialismo yanqui de la masacre radiactiva cometida en su país, del genocidio en Vietnam y la tirria que sentían por la China comunista, y se refirió por último a París con un «¡al carajo!» tan sonoro que no necesitó traducción, porque Águeda fue capaz de interpretarlo tan sólo por la elocuencia del gesto. Cada persona era un mundo. Mariko se aplatanó en esta tierra y se tomó como suya la familia de un esposo siempre ausente. ¿Acaso Ángela no escogió al marido y los hijos de la hermana para atenderlos como propios?, ¿y Cachita no apagaba los incendios alevosos con lágrimas de cocodrilo en su intento de ablandar a Jorge? Todavía se acordaba del corretaje que se armó en el edificio el día que Cachita escupió de sopetón una niña de seis libras mientras descuartizaba en la cocina el pollo de la novena. La gente decía que Jorge, llevado por el apremio, no atinó sino a subirla a la mesa para acabar de partearla, y que le cortó la tripa a la recién nacida con el primer cuchillo que encontró. Pasado ya el sofocón, los sorprendió a todos diciendo que le pondría a la niña Candelaria. Lo hizo con toda intención, para advertirle a la Cacha que no iba a perdonar jamás sus arranques incendiarios. Vivía satisfecho de sus hijos: Isabel, la preferida, por lo mucho que se parecía a la madre, y Jorge Alejandro, su orgullo, ahora que estudiaba para hacerse piloto de los migs. Le había cedido su apartamento a Cachita, sin tomarse el menor interés en el asunto. Sólo concedía importancia a la misión médica que le había sido asignada para cumplir en Argelia. Cachita no se daba por vencida: fiel a su promesa de seguirlo a todas partes, logró que la incluyeran entre las enfermeras que integraban el mismo equipo que él. Los vecinos de la cuadra prepararon una fiesta para despedirlos, y Jorge asistió esperanzado de encontrarse con Sabina, pero apenas llegó al edificio encontró a la gente con los ánimos por el suelo. Eusebia había muerto de repente, ese mismo mediodía cuando Sabina y su esposo estaban por salir de viaje.

Sabina la había dejado en la cocina preparando el almuerzo, mientras ella y Fabricio se duchaban. Al salir, encontró la mesa servida pero Eusebia se había quedado rendida en su sillón; se le acercó y recogió el mocho de tabaco que había caído al suelo medio humeante todavía.

–Cualquier día vas a quemarte con esto...

No hubo respuesta. Sabina rompió a dar gritos, abrazándose a la negra. Cuando Fabricio logró al fin calmarla y desprenderla de Eusebia, la oyó decir entre lágrimas:

–Tuve dos madres, una blanca y una negra, y ahora no sabría decirte a cuál quería yo más.

Más tarde recordó que la víspera Eusebia, como si presintiera su fin, se había vuelto a empecinar en tirarle los caracoles, y a pesar de sus protestas, los retuvo dentro del puño cerrado bisbisando aquella invocación oscura que Sabina jamás alcanzó a entender.

–Ese doctocito va a volvé. Ochún te va a protegé, pero cuídate de esa morenita que le ja echao un brujazo pa' amarrarlo, te quié hacé daño por celo y po' envidia.

–¿Y Fabricio, qué?

–Mmm... El señó Fabricio va a cambiá mucho, mi niña, y tú vá a tené gran desengaño.

Para Ángela nunca existieron engorros con los hombres. Desde su ambiguo romance con Alberto Santiesteban, los hombres no produjeron en ella ni frío ni calor. Pero esa noche cuando Orestes reunió a la familia para decirles que lo enviaban a Angola a cumplir una misión, se pasó la madrugada llorando como una adolescente, sin atreverse a salir del cuarto al día siguiente temiendo que él notara la hinchazón de sus párpados y descubriera su emoción. Teresa recibió la noticia sin ningún cambio aparente en su actitud. Carmen María se mostró muy orgullosa de que su padre cumpliera su deber internacionalista igual que el Che, en otras tierras del mundo, y ella, tratando de consolarse, optó por acudir al viejo atlas de Serafín para ubicar aquel país tan lejano en un lugar de su mente.

Orestes se despidió de Teresa con un beso frío en la frente, de Águeda con respeto y sequedad, a sus hijas las besuqueó cientos de veces y a ella la dejó para el final, como si le urgiera reconfortarla en el último momento, abrazándola con todas sus fuerzas y diciéndole al oído: «Angelita, no te apenes, bicho malo nunca muere. Yo volveré de la guerra sano y salvo».

Pero pasó año y medio y Orestes no regresó. Sus cartas eran bastante esporádicas y la familia vivía angustiada, esperando que ocurriera lo peor. Ángela aprendió siglas y nombres desconocidos hasta entonces: FNLA, UNITA, MPLA, confundiendo buenos y malos, porque en su fuero interno imaginaba a los negros africanos todavía con lanzas y taparrabos, viviendo como caníbales que podían muy bien, si Orestes se salvaba de las balas, desollarlo y comérselo en trocitos. En aquel año a Teresa le dieron el Lada, y Carmen María y Rafael, su marido, se fueron a cumplir su servicio social en un intrincado poblado en el culo de la isla. La casa quedó desierta, con tres mujeres solas y una niña desvalida, que hubo de ser operada de las piernas con urgencia. Por suerte, Carmen María pudo regresar con tiempo para estar en la intervención de la hermanita, quien ahora, felizmente, además de caminar podría incluso correr, sin valerse de aparatos ortopédicos.

Apenas empezaba María Esther a dar los primeros pasos cuando Carmen María les dio la noticia de que esperaba gemelos. Águeda se pasó casi todo el embarazo de la nieta rogando a Dios por Orestes y los pueblos africanos, por todos los niños del tercer mundo, ya fuesen blancos o negros, y finalmente pidió con todas sus fuerzas que aquel par de criaturas próximas a nacer trajeran el pan bajo el brazo y llegaran a este mundo sin mayores contratiempos.

«¡Ay, virgencita del Cobre, ayúdanos!», clamaba Ángela, paseándose impaciente por los pasillos del hospital materno, mientras a su sobrina le hacían la cesárea. En trances como éste se necesita tener a la familia reunida, y Orestes se pintaba solo para levantar los ánimos. Si lo tuviera ahora delante, pediría perdón a Dios por todos sus años de amargura y volvería a creer en los milagros. De repente pensó que sufría un espejismo. Debía de ser la fatigosa obsesión que tenía con el África lo que la hizo creer que Orestes se acercaba a ella dedicándole una sonrisa campechana. Sintió que le flaqueaban las piernas, pero él la sostuvo con sus brazos fuertotes y le deslizó al oído:

–Aquí me tienes, Angelita. Sano y salvo como te prometí.

Por primera vez en su vida Ángela descubrió lo frágil que podía ser una mujer entre los brazos de un hombre.

–¡Orestes, bendito sea Dios! –exclamó, sin importarle ya que la notara llorosa ni vencida.

Veinte minutos más tarde nacían Dara y Damián.

10

Isabel se hizo mujer luchando consigo misma para conseguir crecer en entereza y superar el síndrome de la orfandad que la invadía por momentos. De las faldas de su abuela Beatriz, saltó a la universidad y allí no tuvo otra meta ni otro sueño que no fuese el de hacerse reportera de un diario nacional. Como era perseverante, logró lo que se propuso: no sólo se ganó una plaza en el periódico de la juventud comunista, sino que venció su timidez, ganó en tacto y sagacidad, y comenzó a acaparar mucha popularidad por el sello de ironía que transmitía en sus entrevistas y la mucha agudeza que ponía en sus reportajes. «Todo depende de ti –le aconsejaba Sabina–, escogiste un oficio peliagudo que precisa de entrenamiento y constancia. Te buscarás muchos líos con la censura y tendrás que afrontar rivalidades. Confío en tu sensibilidad, porque si existen los ángeles, alguno reencarnó en ti como pasó con tu madre, pero cuídate de la testarudez porque en eso de no dar tu brazo a torcer, eres cagada a tu padre.» Precisamente esa noche Isabel necesitaba a Sabina más que nunca. Hubiera dado lo que fuese por escuchar sus consejos. Pero Sabina andaba de viaje, y ella daba vueltas en la cama sin lograr pegar un ojo ni acallar su corazón, que latía desbocado nada más y nada menos que por Rafael León, el joven y apuesto doctor que se casó con su prima.

Rafael, sin proponérselo, ejercía en las mujeres un influjo enigmático. Poseía una personalidad hipnótica que atrapaba a primera vista. Tenía ojos conmovedores, la voz íntima y dramática y un aspecto de hombre herido que tendía a trastornarlas. Se había formado en el seno de una familia en conflicto. Al cumplir los doce años, sus padres se separaron. El padre se casó enseguida con una compañera de trabajo que había conocido en un viaje por la URSS, y la madre se casó también con un compañero suyo que conoció viajando por Checoslovaquia. A partir de entonces el tema familia tomó para él un sentido intrincado y colmenar. Su padre tuvo dos hijos con la nueva esposa y su madre con el nuevo marido, otros dos más. Por si esto fuera poco, los respectivos cónyuges del padre y de la madre aportaron también hijos de parejas anteriores, con quienes, según los psicólogos, debía él entenderse filialmente y confraternizar por igual. Incluso se vio obligado a ceder su propio espacio vital, y los fines de semana, cuando venía de la beca, debía dormir en la sala soportando malas caras y protestas, sobre todo del padrastro, que se enfadaba si Rafael abría su pimpampum cerca del televisor y le interrumpía el juego de pelota o la película del sábado. Prefería permanecer en la beca o deambular por la calle antes que volver a casa, donde se sentía ignorado o peor: todo un estorbo. Se volvió un ser desconfiado y solitario, que no sabía encauzar sus emociones. Bastante más inhibido que sus compañeros de curso, se cohibía de tener relaciones con las noviecitas en la beca hasta que decidió probar suerte con una vecina de la cuadra que le recomendó un amigo. Pero Rafael era escrupuloso en cuanto a la reputación de sábanas dudosas y la fiebre del estreno se le enfrió deprisa en aquella cama donde creyó reconocer los olores masculinos de toda la barriada. Los estudios de Medicina lo volvieron más meticuloso en los manejos del sexo, obsesionado por las enfermedades venéreas y los peligros abortivos que corrían las jóvenes pacientes. Con estas características parecía constituir la pareja ideal para Carmen María, que acabó por confesarle las aprensiones que padecía desde la más temprana edad. Acordaron esperar a la primera noche de casados para no precipitarse. Pero las primeras tentativas conyugales fueron un desastre: mientras más se esforzaba Carmen por alcanzar un orgasmo, con más frecuencia se repetía aquella traicionera micción, y lo peor era que por ser ambos ginecólogos, se culpaban en secreto por no poder detectar de dónde partía el desarreglo que provocaba el fenómeno. A los dos años y medio de casado, Rafael no había sido aún batuqueado por los jaleos del amor, y no sería hasta el día que le presentaron a la prima de su mujer, a las dos horas de nacidos los gemelos, cuando descubrió cuánta gloria cabía en el universo y en los ojazos azules de Isabel.

Ajena a todo lo que ocurría entre Rafael y Carmen, Isabel se dejaba mecer por su enamoramiento. Sospechaba que él también sentía lo mismo por ella, lo había notado en su manera de mirarla, en la torpeza de sus gestos, en el no saber qué hacer ni decir cuando se hallaban frente a frente. Eso era todo lo que sabía de él, pero era suficiente para sentirse inquieta y necesitada de sincerarse con alguien. Tentada estuvo de contárselo a Beatriz. La quería tanto que se hubiera conmovido antes de escandalizarse, pero de sobra sabía que no podía echarle a perder a la abuela lo que llevaba esperando desde hacía tanto tiempo. El reencuentro con Jaime, Silvia y los nietos que estaban próximos a venir.

Faltando apenas una semana para que Jaime y su familia llegara de Miami, regresó Jorge de Argelia. Traía el pelo entrecano y lucía envejecido. Se instaló en el hogar de sus padres trayendo apenas consigo su reducido equipaje, algunos souvenirs de los países árabes y dos torres de libros rescatados del apartamento. Entre él y Cachita todo estaba concluido. Se había apagado la fiebre y consumido la última llama de la hoguera. En ese estado de ánimo Beatriz le dio la noticia de la llegada del hermano.

–Yo no estaré aquí. Me iré a dormir al hospital.

–Jorge, te lo suplico, ponte en mi lugar. Si estos años de separación no me mataron, acabará por matarme este disgusto contigo.

El avión tocó la pista a las cuatro de la tarde y los primeros pasajeros descendieron bajo un cielo apacible y generoso teñido de un azul incomparable. Al pie de la escalerilla una anciana se arrodilló para besar el suelo patrio. Algunos la observaron conmovidos, con las gafas oscuras empañadas por el llanto. Jaime pasó de largo, tratando de esquivar la escena para evitarse emociones anticipadas. Pero no pudo eludir que su carne se erizara y su corazón diera un vuelco cuando divisó la bandera de la estrella solitaria ondear en el aeropuerto. Vestía tejanos y pulóver. De no ser por las patas de gallinas, y la calvicie incipiente, se hubiera visto más joven que el Jorge sombrío y descompuesto que aguardaba tras los cristales del salón de espera, sosteniendo a su madre a duras penas. Silvia no había cambiado en lo más mínimo. Las rigurosas dietas y el régimen de ejercicios mantuvieron intacta la figura de su primera juventud. Al descubrir la presencia de sus suegros, intentó una caricia que resbaló impotente sobre el vidrio divisorio que marcaba la frontera del tiempo y la distancia, empañado por el aliento de las bocas que besaban el cristal. Era una tarde abundante de sol y de emociones, de llanto que después se trocó en risa. De alegrías repentinas que ensayaban suplir y disimular la inexorable huella de dos décadas de ausencia.

Jaime y Beatriz permanecían atados, fundidos todavía, cuando Silvia se unió al grupo consciente de que aún faltaba lo peor, el encuentro de Jaime con el padre y el hermano.

Con Anselmo la tensión se hizo añicos con un brusco zarandeo por los hombros que les quebró la voz.

–¡Papá!

–¡Jaime, cuánto tiempo, hijo!

Pero Jorge estaba a punto de ahogarse cuando Jaime lo buscó ansioso con los ojos.

Entonces Isabel le dio al padre un ligero empujoncito y todos quedaron sobrecogidos por el impacto del abrazo.

Beatriz y Anselmo besaban al nieto que arrancaron de su lado y vieron hacerse hombre por fotos, cuando Silvia se acercó con un muchachote espigado y una niña de ojos claros que los observaban a todos retraídos y callados.

Beatriz los apretó contra sí tratando de transmitirles el amor gestado en el fondo de su pecho. Un amor que les pertenecía enteramente a aquel par de desconocidos que la llamaban abuela por primera vez.

Una semana solamente les había concedido el gobierno cubano para visitar la patria. Apenas siete días para compartir en familia y restaurar viejas heridas. Para que Beatriz conociera los nuevos hábitos del hijo, los gustos que adquirió en el exilio, la dieta vegetariana que seguía, ahora que cuidaba su colesterol y había dejado de fumar. Siete días para escuchar a Silvia, que evadía discretamente la política y los temas sentimentales para limitarse a hablar de lo superfluo: el nuevo look en el vestir, las dietas light y los actores de moda. Días que no bastaban para sorpresas, porque siempre se piensa que los niños son los primeros en olvidar y adaptarse a los cambios, y ahora el mayor de sus nietos venía a quitarles este último consuelo, haciéndolos llorar a todos cuando le oyeron decir que los años más felices de su infancia fueron los que pasó junto a ellos, lamentando haber crecido llevando siempre consigo la añoranza de lo suyo, hasta expresar conmovido lo mucho que le dolía tener que jurar otra bandera y entonar un himno ajeno.

–Entonces yo era muy chico y no entendía por qué teníamos que irnos y dejarlo todo atrás. Eso de que aquí estaban los comunistas no lograba convencerme. Extrañaba y lloraba cada noche. No me avergüenza decirlo porque ésa fue la verdad. No sé lo que mis padres les contaban en sus cartas, pero fueron tiempos difíciles para todos. Lo peor para mí era cuando le pedía a mamá que regresáramos y me decía que Fidel Castro no nos dejaba volver.

Todavía más sorprendidos los dejaron los nietos que les nacieron en el exilio, que se expresaban en un correcto español como si hubieran nacido aquí y no allá. El segundo hijo de Jaime quería ser abogado como su padre y mostraba su entusiasmo por la beca que se había ganado para estudiar en Yale. Por último, estaba la pequeñina, quien con la dulce inocencia de sus seis abriles preguntaba constantemente a la madre por qué en casa de los abuelitos se iba tan a menudo la luz, la tele se veía en blanco y negro y usaban papel de periódico en el baño.

–Explíquenle a mi nieta que si aquí nos falta papel para limpiarnos el culo es por culpa de los yanquis. Esos hijos de puta no perdonan que tengamos una Revolución socialista a noventa millas de ellos –decía Anselmo indignado.

–Yo quiero llevarlos a las diplotiendas, mamá, para comprarles de todo.

–Ay, hijo, pero si trajeron de sobra. Qué mayor regalo que tenerlos aquí a ustedes.

–No basta. No puedo permitir que sigan viviendo así, con tantas necesidades...

–¡A mí no me falta nadaaa! –exclamó Anselmo desde el cuarto.

Beatriz no pudo contenerse.

–Mira, déjate de hacerte, Anselmo, que ni calzoncillos tienes.

–¡Me importa un carajo! Andaré con los fondillos ripiados, pero tengo dignidad y la conciencia bien alta.

Finalmente Jaime se llevó a Beatriz para las tiendas con los demás, y Jorge, Anselmo e Isabel permanecieron en casa a solas, descansando por un rato del jaleo familiar.

Águeda y Teresa también acompañaron a los Ulloa en las compras, llevando con ellas a la pequeña María Esther, ya muy recuperada de sus piernas, mientras Ángela quedaba a cargo de los gemelos. Vicente había enviado dólares y regalos para todos y en especial una carta de ocho pliegos donde explicaba a Águeda los planes que tenía en mente para venir a buscarla. «Tú sabes que Rogelio y Lala no pueden aparecer por ésa. Yo tampoco asomaría el pelo de no ser porque pretendo traerte de una vez. Aquí soltando dinero siempre se consigue a alguien con alguna embarcación dispuesto a correr el riesgo de traer gente para acá. Espero un sí de respuesta.»

«Volando iría si tuviese alas», se decía Águeda, radiante de felicidad. Quería cerrar los ojos y sólo volver a abrirlos cuando estuviese en sus brazos. Pero esta vez supo guardarse sus planes y ni siquiera a Beatriz se atrevió a contarle nada. No era justo interrumpirle la dicha de aquellos días. Todo el mundo comentaba que la madre de Jorge estrenaba nuevos bríos y volvía como antes a ser centro de su hogar. Jaime y Silvia ocuparon en la mesa los mismos puestos de siempre, dormían en el mismo cuarto que tuvieron siempre y actuaban con tal naturalidad que el tiempo parecía haber permanecido estático, como si ellos jamás hubiesen abandonado su lugar y no existiera un abismo de veinte años por medio. Para Jorge este abismo representaba una llaga que nunca llegó a cerrarse ni a cicatrizar del todo. No hacía sino preguntarse adónde iría a parar aquella normalidad aparente cuando finalizara la semana, tuvieran que decirse adiós y dejaran de fingir que todo estaba en su puesto. Tenía claro que si abrazó al hermano en el aeropuerto no fue sólo instado por Isabel ni tampoco influenciado por los ruegos de la madre. Actuó con sinceridad, propulsado por un arranque que le vino desde adentro, salido del corazón. Pero pasado el clímax del reencuentro y aplacadas las primeras impresiones, se recogió en un mutismo inaccesible. Jaime también se privó de ir más allá, y tanto el uno como el otro se mantuvieron a distancia, tratándose con tirantez y evitando revivir viejas ofensas. Nunca mencionó al hermano en todos aquellos años, aunque Beatriz se las compuso para mantenerlos sujetos desde lejos a su cordón umbilical y servir de mediadora. Cuando le escribía a Jaime, siempre le contaba de Jorge, y pasando por alto la indiferencia de Jorge, insistía en hablarle del hermano, mostrándole las fotos que enviaba y la última carta recibida: fotos que Jorge miraba con apatía y cartas que apenas leyó ni se dignó dar respuesta.

–¡Coño, Jorge, ni una letra en tantos años! –murmuró Jaime dolido, la tarde que abrazó a su hermano en el aeropuerto. Fue la única intimidad que tuvieron durante aquella semana que a Jorge pesaba en el alma como una eternidad.

La víspera de la partida les tocó a ambos enfrentarse. Apenas terminaron de almorzar, Beatriz salió muy compuesta junto con Silvia y los nietos a cumplimentar visitas de última hora, Isabel no llegaría hasta tarde del trabajo y Anselmo, que tenía la siesta como una hora sagrada, se recogió de inmediato en su cuarto. Jaime y Jorge quedaron en la sala, a solas, bebiendo silenciosos el café sin levantar la vista de las tazas. Jaime se veía intranquilo. Se levantó varias veces a tomar el fresco de la terraza diciendo que lo asfixiaba el puñetero calor, y acabó por sacarse el pulóver. Por último detuvo el ir y venir, se sentó cabizbajo frente a Jorge y comenzó a sollozar acometido por un sentimiento regresivo que lo trajo de vuelta a la niñez cuando él y Jorge se peleaban sin razón por la menor sencillez y el enojo se desvanecía en un instante.

–¡Coño, no puedo más con esto! –balbuceó torpemente arreciando los sollozos.

Jorge no supo qué hacer: había pasado la semana previniendo encontronazos y situaciones violentas. Cualquier cosa esperaba menos esto. Ver a Jaime desarmado, abatido al extremo de perder su compostura y derramar sin pudor su hemorragia de indigencias afectivas lo dejó estupefacto, incapaz de expresar nada.

–No dices una palabra, Jorge. Sigues viendo en mí al enemigo.

–Mejor dejamos eso, Jaime.

–No. Prefiero lo que sea a tu silencio. Crees llevar siempre razón, aunque el tiempo te demuestre lo contrario. Ni vine a combatirlos a ustedes, ni tuve, óyelo bien, un minuto de sosiego cuando lo de Playa Girón. No hice sino pensar en los míos y temí mucho por ti. Si me fui de mi país fue porque pensaba diferente...

–Te fuiste aterrorizado. Para salvar a tu hijo del infierno comunista. Ya ves, los míos crecieron y se educaron aquí. A ninguno le falta un pedazo. Los rusos no se los comieron vivos y son seres muy normales de los que estoy satisfecho. Isabel logró su sueño: licenciarse en periodismo y trabajar en un periódico nacional y Jorge Alejandro el suyo de llegar a ser piloto. Candelaria es ya pionera, y tiene garantizados también sus sueños y su futuro.

–Me alegro mucho por ti, Jorge. Yo también estoy orgulloso de los míos. Ojalá nunca te arrepientas, ni que el día de mañana tus hijos te pasen la cuenta y reprochen tu manera de pensar. Te lo digo de corazón. ¡Coño!, no hay nada más duro que dejar tu tierra. Renunciar a lo que fue tu vida entera. Saber que aquí están los tuyos y que si algo les pasa, tú no puedes regresar. ¡Cojones, tú no sabes cuánto cuesta!

No pudieron precisar después en qué momento se aligeraron del alma las tensiones, comenzaron a repasar los recuerdos, se permitieron bromear y se animaron a intercambiar confidencias. Jorge le habló de Sabina y se sorprendió a sí mismo. Cuando empezaba a hablar de ella le era imposible parar. Temía hartar a Jaime repitiéndole lo mismo: que era bella, inteligente, generosa, que adoraba a Isabel y, sobre todo, revolucionaria de los pies a la cabeza.

Jaime se echó a reír.

–Por lo visto, para ustedes ser revolucionario es la primera virtud que buscan en la pareja. No, no me lo tomes a mal. Si no te estoy criticando. Allá, en cambio, la primera virtud que se exige es el dinero. Sin eso eres un mierda. –Hizo un gesto de desprecio y enseguida se repuso–. Oye, ¿por qué no nos damos unos tragos? No quisiera irme sin coger contigo una buena borrachera.

–Lo siento, Jaime. Tú lo que tomas es whisky y a mí nunca me gustó.

–Coño, no me vayas a decir que es la bebida del enemigo.

–No, es que me sabe a madera.

–¿Y qué me dices de esa botella de ron que tiene mamá escondida en la cocina?

–Bueno, pero te advierto que eso es ron a granel, del que dan por la bodega. Aquí le llaman chispa de tren, porque te deja la garganta en candela; papá dice que es un trago de cuchillas de afeitar.

–¡Bárbaro!, tráelo para acá ahora mismo. Me muero por probar eso. Allá nada se disfruta ni te sabe tan bien como lo de aquí. Por muy bueno que sea todo, la vida entera se añora el gusto de lo de uno.

Quizá en la despedida el abrazo fue más breve, pero habían logrado sobreponerse al estorbo del dolor y se sentían mucho más fuertes para enfrentar nuevamente la separación.

En esos días Águeda volvió a tener otro sueño de presagio. Se veía con Vicente navegando en el mar en medio de una negrura de espanto. Llevaba cargados a los gemelos, apretados contra el pecho, temiendo perderlos en la oscuridad. Todo era oscuro en el sueño. Cielo y mar unidos en la bocaza cerrada de la noche que se los iba tragando tramo a tramo a medida que avanzaban en su brújula de muerte. Una ola retinta y gigantesca los cubrió enteramente y le arrancó a uno de los gemelos de los brazos. Ella gritaba desesperada, sin saber si el que faltaba era Dara o Damián.

Vicente se hundió en la negrura a buscarlo pero él también desapareció y ella siguió dando alaridos, apretando contra el seno la única criatura que quedaba. Sus gritos alarmaron a la familia. Ángela corrió a hacerle tilo, mientras Teresa intentaba calmarla con palmaditas en la espalda. Todavía al atardecer le caminaba el susto por dentro, cuando salió a tomar el fresco a la terraza midiendo la lejanía impuesta por el mar, teñido de rojo fuego.

El timbre del teléfono la sobresaltó con un mal presentimiento.

Al otro lado de la línea escuchó la voz de Lala, cascada por un zumbido impertinente.

–¿Eres tú, Aguedita?

–Sí, Lala, sí... te oigo muy mal... ¿estás llorando? ¿Es Rogelio? ¿Le pasó algo a Rogelio?

–No, no es Rogelio, es... Vicente... él y Majagua tuvieron un accidente en el auto.

Águeda sintió un frío de sepulcro escalarle por las piernas.

–Lala, ¿están... mal heridos?

Se escucharon nuevos zumbidos y sollozos.

–No, están muertos... Muertos los dos.

11

No lloró. Ninguno de los vivos recordaba haberla visto llorar nunca, ni cuando la pérdida de los padres, el marido, la hermana o su tan querida Elisa. Tampoco cuando perdieron La Fernanda, intervinieron sus negocios, vio desplomarse su mundo y se encontró sin timón, a la deriva. Se acostumbró a sujetar sus lágrimas para absorber las de los suyos. Pero estas lágrimas y este dolor le pertenecían a ella por entero. No tenía ya la urgencia ni la excusa de consolar dolientes. Lala y Rogelio estaban lejos y ella estaba aquí, a solas con su deshielo íntimo y su derrumbe interior. Nadie aquí tendría para Vicente otra cosa que no fueran las brumas del recuerdo. Nadie le dedicaría una misa, un adiós o un último minuto de silencio. Nada, ni siquiera sus restos descansarían en este suelo. Todo lo de él estaba lejos, todo menos las frondas de su pecho y el vacío rugiente que le dejó su amor.

Ángela fue la única en sentir pena por ella. Aquilataba como nadie el íntimo dolor que la afectaba, pero sabía que de nada le valdría consolarla. No habría para su madre consuelos suficientes, menos aún si partían de ella, con quien jamás logró identificarse ni tener intimidades. Por otra parte, en esos días andaba hasta el tope de problemas, apenas si daba abasto con tantas obligaciones a la vez: Carmen María y Rafael partirían en breve a Nicaragua, donde permanecerían dos años prestando servicios médicos. Como era de suponer, en cuanto se precisó lo del viaje se dejó establecido que ella se encargaría de Dara y Damián. Teresa quedaba descontada, tenía demasiadas responsabilidades en el trabajo y carecía de ecuanimidad para lidiar con los niños. Aun así, se alegró con la noticia. El matrimonio necesitaba un cambio de aires: tal vez saliendo de la rutina llegaran a congeniar, porque en las últimas semanas no habían hecho otra cosa que malgastarse en peleas. Como nunca la cegó el cariño para evaluar con justeza los asuntos familiares, estimaba que su sobrina llevaba la voz cantante en las riñas y exabruptos. Tenía el carácter más agrio que el tamarindo, se celaba de su sombra y llegó al colmo de acusar a su marido de andar detrás de Isabel. ¡Mira que pensar mal de su prima, ese ángel de inocencia! Aunque, mirándolo bien, Isabelita había trocado el candor en hermosura, y lo que se dice hermosuras, ¡válganos Dios!, de sobra tenían en la familia para estar escarmentados. Cuando el río suena, piedras trae. Si iba a venirles encima otra tragedia, mejor que partieran cuanto antes. «Nada como poner mar por medio para detener desgracias», se decía Ángela, inmersa en sus cavilaciones pero siempre pendiente del reloj para que no se le pasara la hora de despertar a Orestes los domingos de trabajo productivo, la de las guardias médicas de su sobrina y Rafael, la de recoger a María Esther en la escuela, la del turno de la cola en la carnicería o la bodega, la de marcar en la tienda al amanecer cuando sacaban algo, la de la toma de leche de Dara y Damián que se ponían de acuerdo para llorar y mearse a la vez. El reloj era en su vida una especie de compás y de memoria que se tomaba como propios, porque a decir verdad sus propios no existían, no habrían existido de no ser en las manecillas que giraban en torno a los demás. Las colas la fueron habituando a vivir interesada en otras existencias: que si a fulana el marido se los pega, que si a mengana le hicieron una barriga, que si ciclanita tiene de todo gracias a la visita de los gusanos del norte que vinieron convertidos en mariposas. Los muchachos de la cuadra, que antes la llamaban tía, empezaron a llamarla chismosa y solterona. Un día la llamaron vieja, con el mismo tono irreverente que una noche de verbena les encajaron a ella y a Teresa el nombrete de lechuzas en Río Hondo. Pero Teresa, a pesar de ser mayor y sacarle cuatro años de ventaja, no recibía oprobios de nadie. Por el contrario, la trataban con marcada deferencia y cuando la veían aparcando el Lada la saludaban con respeto y comentaban: «Ahí va esa doctora que ocupa un puestazo en la universidad». A todo lo que ya tenía por dentro le sumaba ahora una amargura más, la de ver cómo en tan escasos meses su madre se abandonó a sus pesares entrando en plena ancianidad. Águeda se mantuvo por años vigorosa y diligente, al tanto de las faenas hogareñas. Escogía el arroz por las mañanas, pelaba las viandas del almuerzo, fregaba la loza de la cena, hervía la leche de los gemelos, una vez a la semana declaraba la guerra a las telarañas, limpiaba los espejos con alcohol y restregaba con vinagre los azulejos del baño, dejaba como nadie relucientes las cazuelas y se ocupaba de todas las costuras de la casa. Pero a poco del accidente del tío, Ángela empezó a notarle un reiterado temblorcillo que entorpecía su aguja y le escabullía las puntadas, además de aquel pasito en falso que solía manifestarse cuando se ponía de pie, luego de mucho rato sentada frente al televisor o de estar cosiendo en la terraza. En aquellos meses se encargó de acompañarla a todas partes; sabía que la procesión iba por dentro aunque su madre no quisiera demostrarlo. Lala se las agenció para enviarle a su cuñada una carta dolorosa y algunas fotos y pertenencias de Vicente, entre ellos su reloj, un llavero en forma de brújula y un pequeño medallón con una foto antigua de Águeda. En muchas fotos estaban los dos juntos, durante aquel viaje inolvidable que ambos hicieron a México y a Estados Unidos. Fotos de ellos dos felices y risueños: las últimas, mostraban a Vicente de esmoquin en un casino de Las Vegas. Vicente bajo la nieve con los cabellos grises, enfundado hasta el cuello en un abrigo también gris. Majagua y Vicente tomando el auto, el mismo auto que...

–¿Éste es el tío que falleció en el accidente? –había preguntado Carmen María curiosa, mirando algunas fotos al azar–. Tú y él eran buenos amigos, ¿verdad, abuela? Y qué tipazo era, ¿no?, parece un actor de cine, y ni se veía tan viejo.

Nada más; nadie sabría más que eso, que se entendían muy bien y siempre fueron buenos amigos: ante Dios era su viuda y la de Serafín ante los hombres. Pero eso tampoco lo sabían y aquellos que lo supieron no osaban mencionarlo. Incluso Lala en su trágica carta guardaba una correcta discreción. Ni una palabra alusiva sobresalía al escribirle.

«Ahí te envío algunos recuerdos de nuestro cuñado. Sé, por el aprecio que le tenías, lo grato que te será conservarlas.»

Águeda dobló la carta con los párpados secos, pero Ángela no pasó por alto el temblor que se acentuaba en las manos de su madre cuando repasaba las fotografías suyas y del tío. «Con esto sí no va a poder», pensó. Las fotos son las almas más fieles del recuerdo, instantes apresados en el tiempo, rectángulos de vida que burlan a la muerte.

A Ángela no le faltó razón. Al día siguiente su madre la sorprendió vestida para salir con el bolso colgado del brazo.

–¿Qué va a hacer, mamá? ¿Adónde piensa ir?

–Me voy a Río Hondo.

–Entonces espere, yo le acompaño.

–No necesito compañía.

–Pero mamá, usted no está para eso, hacer ese viaje como está el transporte. Hoy no es ninguna fecha señalada que yo sepa. ¿Por qué mejor no espera que Teresa haga un lugarcito y la lleve en el carro?

–Te digo que me voy sola.

No se detuvo en visitar antiguos conocidos, pocos ya la reconocerían en el pueblo. Podía caminar de incógnito, recorrer sin prisas las calles, desempolvando huellas en el tiempo. Conocía de memoria cada piedra y cada olor, y cada piedra y cada olor revivían en ella un recuerdo, un sentimiento de tristeza o regocijo, una imagen rehabilitada en las nostalgias. Quería impregnarse de imágenes y olores, llevárselo todo consigo para siempre en la retina del alma. Necesitaba sentir, respirar hasta el último hálito la fragancia dulzona de los jazmines en flor, el perfume de luna preservado en los amaneceres, la humedad evocadora del río, la frescura de la tierra roja a la que estaba enraizada. Vicente solía decir que los nacidos en Río Hondo no eran seres trasplantables. Se referían a su pueblo como un regalo de Dios y volvían allí sus pasos en busca del paliativo a las penas. Los restos de la barbería del padre yacían bajo un amasijo de escombros donde crecía un hongo algodonoso y prieto de humedad. La casa frente al parque de las esquinas cerradas, que Serafín hiciera para ella, se animaba por un ir y venir de médicos y enfermeras. Lo demás estaba igual, el río, la iglesia, el parque, el Círculo, la cueva del negrito. Pero ya no había verbenas ni rifas, ni bailes del patronato en el Círculo, ni la iglesia se atestaba de fieles los domingos y a nadie escalofriaba el fantasma de la cueva. Sólo el río seguía indiferente, sin desviarse de su cauce, y a ella únicamente le quedaba un último empeño: volver a ver La Fernanda.

Le abrieron la verja y la dejaron pasar, condescendientes con la anciana que decía haber vivido allí y quería caminar y recordar. Anduvo como un alma en pena, vagando entre los verdes cultivos y los húmedos campos roturados. Todo resultaba ajeno a sus pupilas, ávidas de un paisaje irreal que parecía no haber existido sino dentro de sí misma. Tenía razón Perico Callejas cuando le dijo que la Venus estaba allí todavía, como un cadáver insepulto, destronada y sin cabeza en medio de una glorieta en ruinas. La glorieta donde ella y Vicente se besaron bajo la lujuriosa fragancia de las tupidas madreselvas. ¡Tantos años habían pasado desde entonces!, pensaba al salir, y ni siquiera oyó la voz del custodio cuando cerró la verja a sus espaldas.

–¿Adónde va, compañera, se siente mal?

Nada oía, nada que no fuese el sonido de sus pasos. Se detuvo un instante para orientarse y comenzó a andar de nuevo tomando el camino que salía del pueblo con rumbo al cementerio. A la mañana siguiente la encontró el sepulturero, ovillada sobre la bóveda familiar. Dieron parte a la policía y a las dos horas la hija mayor, bastante circunspecta, se la llevaba en el carro a la vista de un grupo de curiosos.

Ángela las aguardaba en casa con un semblante de cera. Aún tuvo que soportar la descarga de Teresa por no saber hacer las cosas y dejar que su madre se escapara.

–De ahora en adelante ocúpate mejor de mamá. Yo no puedo estar faltando al trabajo por incidentes bochornosos como éstos. Ni te imaginas la vergüenza que pasé.

Ángela no le prestaba la más remota atención. Sus ojos estaban fijos en las pupilas extraviadas de la madre, que parecía estar sin estar.

–¿Quién soy yo, mamá? –le preguntó.

–Te pareces a Ángela, pero mi hija no es tan vieja como tú.

Más tarde, ¡gracias a Dios!, fue recuperando el raciocinio, pero negada a levantarse de la cama. Carmen María y Rafael, sin tiempo para ocuparse del caso, peleaban entre sí preparando las maletas para partir a la misión.

Jorge se ocupó personalmente de Águeda, pero consideró necesario consultar con un neurólogo. Luego de un concienzudo reconocimiento, el especialista dijo no encontrar en la paciente ninguna afectación en los nervios motores que impidiera la locomoción.

–Yo diría que todo el mal está aquí –dijo el médico apuntándose al sentido.

–¿Entonces, doctor? –inquirió Ángela desolada.

–Le pondré un tratamiento, pero le advierto que en estos casos todo depende de la voluntad del enfermo. Si su mamá no pone de su parte será inútil nuestro esfuerzo.

Ángela se paró frente a la cama de la madre hablándole con firmeza.

–Mamá, dice el doctor que usted no tiene nada, que puede levantarse cuando quiera y caminar normalmente.

Águeda la miró con el ceño contraído.

–¿Quién te ha dicho que quiero levantarme? ¿Por qué no me dejaron en la tumba con mis padres? Toda la noche los sentí llamándome desde adentro.

12

La sexta campanada de la tarde se encajó con agudeza en el silencio mortecino de la habitación, y Ángela clavó la vista en el péndulo del viejo reloj recogiéndose en la comadrita de Pelagia con un estremecimiento de soledad y vacío inconmensurable. Dara seguía sin aparecer por el asilo. Iba ya para dos fines de semana que no venía a visitarla. El último sábado que se vieron tuvieron su primer encontronazo. Ángela no pudo controlar la crecida de recuerdos que hablaban por su boca y terminó pronunciando el nombre del tío Vicente unido al de su madre en una historia de amor que los hizo trascender la llama rosa de la vida para acabar por fundirlos en la mecha negra de la muerte. Durante todo el relato, tuvo la rara impresión de que el fantasma de Vicente estaba allí, interpuesto entre ella y Dara. «Sé que nos está escuchando. Vuelvo a sentir su risa en mis oídos. Se está burlando de mí, del pudor que siento al contarte todo esto.» Al término de la historia, notó a Dara temblorosa y apenada, pero no tuvo la agudeza de entrever que lo que tenía la joven no era más que la propia sugestión que ella misma, sin saber, le transmitía, al empeñarse en decir que Vicente estaba allí mirándolas cara a cara. Interpretó la expresión de su sobrina como un gesto de vergüenza, supuso que Dara se avergonzaba tanto como ella misma de los amores de Vicente con su madre, y se arrepintió enseguida por habérselo contado. Le dolía profundamente que Dara pudiera juzgar a su bisabuela con esa presumida crueldad que le imputaba a los jóvenes de hoy, en su manera de hablar y condenar el pasado.

–Eres tú la que juzgas y censuras el pasado de mi abuela. No trates de culparme a mí de tus rencores y rabias –dijo Dara bruscamente.

La reacción de su sobrina aquella tarde la dejó tan mortificada y a la vez tan indefensa, que recurrió a su bastón: lo aferró firme por el puño y la apremió a que se fuera sin margen para un adiós. Dara no volvería, se decía ahora, lamentando su exabrupto. Se habría cansado de escuchar sus historias caducas y amarillas, sus sentencias de guacamaya vieja. Una mujer sin llama es una voz sin eco que rebota en el vacío y cae. Ella era eso: una escama de ceniza consumida en una hoguera. ¡Qué lástima volvía a sentir de sí misma! No había sentimiento más hiriente que la lástima. Si Dara volviera, ella se lo confesaría todo. Lo juraba ante Dios. Le diría cuánto la necesitaba. Lo mucho que la echó en falta aquellos días. Le rogaría que no volviera a abandonarla. Lentamente se fue quedando dormida, soñando con los jardines babilónicos de la abuela Serafina en La Fernanda, jardines llenos de puntas verdes y brotes encendidos bajo el sol. Dara vestida de flores y sol, corriendo hacia ella con los brazos extendidos bajo una aurora de primavera y de luz...

–Tía, ¿me oyes?

Ángela abrió los ojos, creyendo que aún soñaba.

–Tía, ¿por qué me miras así? No pude venir estos días a causa de mis exámenes. ¡Al fin me dieron la carrera de Derecho! Pero tuve que lucharla. Me salvé por un tilín de tener que estudiar Medicina, como mis padres y mi tía María Esther. Ya sabes que hacerse médico es ser un soldado más del Comandante. Yo no sirvo para eso; en cambio tengo mis leyes. Soy como tú siempre dices: leguleya de nacimiento. ¿No te alegras por mí? ¡Ya sé!, pensaste que no venía porque le cogí miedo a tu bastón. ¿Se te olvidó lo del pacto? Tú me cuentas, yo te cuento.

Ángela rompió a reír, sus ojos se cuajaron de lágrimas y sus arrugas se distendieron.

–Tía, ¿tú... estás riéndote o llorando?

–¡Ay, niña, y yo qué sé! Ven, Darita, acércate, siéntate junto a mí. Me debo de reír muy feo. Todo es feo a esta edad y más en el caso de una vieja a quien Dios hizo reacia a la risa y no le concedió a cambio el consuelo de llorar. Ven acá –volvió a decir tomándola de las manos–. No voy a pegarte un mordisco. Sólo quiero que sigamos nuestro pacto. Ponte aquí, a mi lado. Aún nos queda mucho por decir...

13

Esa tarde Tomasa apareció más oportuna que nunca, diciendo que le traía a la señora Aguedita un caldito de sustancia tan espeso y oloroso que levantaba hasta un muerto. Ángela la recibió a la carrera, preparando en la cocina el puré de malanga a los gemelos y pendiente de la hora en que vendrían de la escuela María Esther y Candelaria. En medio del ajetreo, agradecía a Tomasa el caldito que a la enferma le vendría como caído del cielo.

–A estas horas yo estaba por hacer la cruz. El pollo de la novena, que para colmos llegó con veinte días de retraso, lo dividí en seis comidas: la pechuga, los muslos y el encuentro para los niños de la casa. Los menudos los usé en una sopa que le hice ayer a mamá, y a nosotros los mayores nos tocó eso que la gente llama arroz amarillo con suerte, porque el pollo tuvimos que adivinarlo para poder pellizcarlo en el arroz.

–Yo siempre les jecharé una mano, mi niña. Jacobo e' amigo del cocinero de la empresa y siempre algo se le pega. Ayer trajo un trozote de ternilla y me dije: con eto saco yo un caldo pa' chuparse lo' deo y se lo llevo a mi señora enferma.

María Esther y Candelaria entraron con su algarabía de pájaros esparciendo los libros por la sala y zafándose sus pañoletas de pioneras.

–¿Se enteraron de la última? Hay un montón de gusanos colados en la embajada del Perú.

–Dale con estas chiquillas. ¿De dónde sacaron esa bola?

–No es bola, tía, es verdad –dijo María Esther–. Deja que papá suba y te cuente.

Orestes llegó agitado, sediento y sudoroso, diciendo que hacía un calor del carajo y daría cualquier cosa por una cervecita fría.

–Pues confórmate con una limonada –le respondió su cuñada–. Ya cogimos la que toca por la cuota y ahora échale guindas al pavo. Si acaso volverá de aquí a un par de meses.

Orestes confirmó lo dicho por las niñas, pero apenas pudo entrar en detalles debido a que tenía el tiempo contado para tomar un baño rápido, ponerse el uniforme de milicia y partir a la unidad militar donde estaba movilizado.

–Sí, Angelita, aquí no se sabe la que se puede armar con esa gusanera.

Estaba claro. La cosa se puso mala y las calles se caldearon en los días sucesivos con mítines de repudio y marchas del pueblo combatiente que desfilaban durante horas a lo largo y ancho del malecón habanero, coreando consignas revolucionarias: «¡Que se vayan la escoria y los gusanos!», «¡Carter, hijo e' puta!», «¡Socialismo o muerteee!». Fue por esa época que Águeda sufrió una infortunada recaída, Ángela tuvo un serio altercado con Orestes y se cumplió al pie de la letra lo que la negra Eusebia predijo la víspera de su muerte.

La recaída de Águeda ocurrió en los días del Mariel, cuando oyó a alguien comentar que del norte estaban viniendo embarcaciones a buscar a los de aquí: «Dicen que por cada familiar que te lleves, te tocan dos delincuentes por cabeza; los barcos están saliendo cargados de toda la tralla que existe en este país, están vaciando las cárceles y si vas a la policía y dices que eres puta, maricón o antisocial, te apuntan en una lista, te montan en un camión, y del Mariel pa' Miami. Se trata de hacer creer a los yanquis que de aquí sólo se va la mondonguera». Ése fue exactamente el comentario que llegó hasta su sillón de enferma en la terraza, y aquellos que estaban cerca quedaron sobrecogidos y con los pelos de punta al verla levantarse sin ayuda, andar sin tropiezo alguno como si estuviera sana y dirigirse resuelta a su cuarto afirmando que iba a hacer enseguida sus maletas porque Vicente seguro aguardaba ya por ella en el puerto con su yate.

Lo de Ángela y Orestes no contó con ningún elemento sobrecogedor. Se produjo por una violación de las normas culinarias y tuvo un final feliz: el cuñado vino a ofrecer disculpas y a dar la coba de siempre. El día del incidente, Ángela había tenido que madrugar en el puesto de viandas para coger los tomates de güirito que vendieron por la libre, algo pasados de maduros y un tanto apolismaditos, pero así y todo aceptables para hacer un buen puré. Regresó a casa ilusionada, diciéndose que tendría puré suficiente para un mes y resuelta la comida de esa tarde: con los tres huevos que le quedaban de la cuota cocinaría un revoltillo, lo agrandaría con papitas en cuadritos y los petit pois caseros que aprendió a hacer con los chícharos, y para darle sabor: un toquecito del puré. «Una vive midiéndolo todo en la cocina», le increpó severamente al cuñado. Orestes no la había tomado en cuenta. La dejó con el refrigerador pelado sin ninguna consideración, echando mano a todo lo que encontró para sumarse a la guerra de huevos y tomatazos que les armaron en el barrio a los vecinos del edificio la tarde que abandonaron definitivamente el país y enfilaron rumbo al norte. Nunca olvidaría la escena del cuñado inclinado en el balcón lanzándole a los gusanos, además de los tomates de güirito y los tres últimos huevos de la cuota, toda suerte de improperios. Todavía que les llamara escorias y antisociales a los negritos de María Regla, que tenían fama de andar de bravucones, portando siempre navajas y metidos en riñas callejeras, podía pasarse, pero gritarle maricón al hijo de Lucía la del sexto, sí que era un atropello. Cierto que había pasado por la UMAP en la época que el Comandante la cogió con los testigos de Jehová, los homosexuales, los cristianos y los hippies y dio orden de encerrarlos en un campo cercado con alambres de púas condenándolos a tres años de trabajos forzados, pero ella, la verdad, siempre lo tuvo por un muchacho muy correcto y educado que no se metía con nadie.

–Ahórrate la coba, Orestes. A ver, pongamos que ese joven hubiera sido hijo tuyo...

–Lo mato. Primero muerto que cogido por el culo.

A pesar de los años transcurridos, Ángela no podía apartar aquellos días de su mente. Además de los huevos y tomates hubo golpes, vejaciones y pedradas. A más de uno, sin serlo, le gritaron maricón, como si eso significara la peor de las ofensas. ¿Es que no podía haber personas honradas y decentes entre aquellos que se iban? ¿No existía gente buena que pensara diferente? ¿Por qué entonces ensañarse? Algunos años después, cuando la cosa pintó más fea todavía, la vida demostró que fueron precisamente los que más gritaron y más fuerte agredieron los primeros en mudar de parecer y abandonar el país inclusive ilegalmente.

Por último, llegó el día en que se hizo presente el vaticinio de Eusebia. La figura reseca de la negra leyendo los caracoles fue lo primero que a Sabina le vino a la mente cuando supo la noticia.

–Yo que siempre me negué a creer en nada de eso –le dijo esa noche a Liena–. Es curiosa la vigencia de sus palabras: «Fabricio va a cambiar mucho y tú vas a sufrir un desengaño». Debí haberlo visto entonces tan claro como lo veo ahora. Fabricio tenía sus cosas. Siempre fue un poco altanero y se puso como una fiera cuando nos censuraron la película que hicimos sobre La Habana marginal. ¡Coño!, yo tampoco estoy de acuerdo con que aquí todo sea ya censurable. Pero no por eso se me ocurriría dar un viaje y quedarme como él en Canadá.

No fue solamente Liena la que se dio prisa en estar junto a Sabina. Isabel vino también con su mudita de ropa para quedarse a dormir y hacer compañía a la amiga que siempre la respaldó en los momentos difíciles. Al filo de la madrugada, la llegada intempestiva de Joaquín levantó a las tres mujeres de la cama. Entró con cara de pésame pero dando por descontado que podía aparecerse a las tantas de la noche, pues entre él y Sabina no existían formalidades. Ni aun después del divorcio dejaron de frecuentarse y mantener la amistad. Joaquín estaba casado desde hacía varios años y tenía ya dos hijos, pero todavía Sabina causaba en él sus estragos. A menudo se quedaba mirándola embelesado, víctima de un embrujo misterioso que pegaba corrientazos a su piel y le ponía la carne de gallina. A veces conseguía salir del aprieto adoptando un aire paternal. Se tomaba libertades de hermano mayor y solía consentirla como si aún siguiera siendo la niña que conoció en la azotea correteando entre las tendederas de Juliana. Pero esa noche, Sabina había recibido un golpe bajo y sangraba por la herida. De nada valía que Joaquín ensalzara su condición de revolucionaria, sus cualidades de heroína, sus méritos excepcionales. Nada hacía efecto en ella. Lo rechazaba tajante negando con la cabeza y se secaba los lagrimones de rabia repitiendo hasta la saciedad que por eso mismo se sentía más humillada, dolida y colmada de culpabilidad por el proceder de Fabricio.

–¿Cómo pude estar tan ciega? Debí haberme dado cuenta de que esto iba a suceder; por ejemplo: a ti no te podía ver –dijo mirando a Joaquín–, pero yo de comemierda, creía que era por celos, porque sabía lo que tú significas para mí.

Aún seguían despabilados girando alrededor del tema cuando la brisa del amanecer empezó a correr por la sala. Únicamente Joaquín había dejado de hablar. El alma se le puso en vilo desde que oyó decir a Sabina aquello de: «lo que tú significas para mí», sin saber cómo medir la dimensión del «mí» o totalizarse él mismo en el «tú» abarcador y trascendente que ella había mencionado de forma tan espontánea. Enfrascado en eso estaba cuando llamaron a la puerta con dos toquecitos leves que apenas se habrían sentido de no ser por el silencio diáfano que reinaba en el edificio en esas horas tempranas. Isabel, que parecía estar tramando alguna de las suyas, se apresuró a abrir ella misma. Sabina reposaba en el sofá con las piernas al descuido y la cabeza apoyada sobre el pecho de Joaquín en el momento que descubrió a Jorge frente a ella, mirándola desesperado con sus ojos transmigrantes.

La noche que Isabel contó a su padre lo sucedido a Sabina, Jorge se la pasó en vela meditando si debía obedecer la voz de su conciencia o dar rienda al apremio que sentía en el corazón. La primera aconsejaba prudencia: «Tantea el terreno que pisas y pisa con pie de plomo. Sabina está sola, sí, pero estás en el deber de sujetarte las ganas y brindarle comprensión. Debes pensar en la amiga, primero que en la mujer. Lo contrario no es moral ni justo de tu parte». El corazón en cambio tenía dinámica de varón y exigía ser directo. «Estás como una puta en cuaresma y todavía te impones condiciones. No seas tan rígido, viejo, date un chance. Manda el deber a la mierda y muéstrale lo que es un hombre. ¿Cuándo han sido las mujeres más dadas a la comprensión que al amor? A la hembra se le ataca con el dedo en el gatillo. A mí no irás a negarme el gustazo que te dio saber que su marido se había largado al carajo dejándote el camino libre y a ella solita otra vez, esperándote con los brazos abiertos.» Jorge no podía permanecer impasible a la hombría del corazón ni sordo a sus viriles argumentos. Imaginaba a Sabina impaciente, atenta sólo al momento de verlo aparecer. Como un loco habría volado a verla, a decirle que no podía concebir una hora más sin ella, pero le parecía poco oportuno aparecerse a las tantas de la madrugada y sacarla de la cama sin ninguna consideración. Además, estaba bien retardarse. La espera le bajaría las ínfulas y la hallaría desarmada, dispuesta a entregarse al fin sin oponer resistencia. No aguardó a que clareara. Tomó una ducha fría que le sacudió del cuerpo los vestigios del insomnio y se vistió atolondrado. Como su madre aún no se había levantado, no quiso prender la luz y anduvo cauteloso en la cocina, revolviendo a tientas los estantes hasta dar con el escondite sagrado donde Beatriz preservaba de las tentaciones cotidianas el polvo de café que tocaba a la quincena. Sustrajo apenas dos cucharadas, limpió lo mejor que pudo los rastros del estropicio y coló un brebaje aguachento que le supo a lavados vaginales pero alebrestó su espíritu, contribuyó a despejarle los sentidos y obró en él como un sortilegio.

Alrededor de las seis de la mañana, cuando llegó a casa de Sabina, creía tener la situación en un puño. En ese estado de euforia habría de entrar a la sala y sorprenderla en la postura que le enfrió el espinazo. Sabina, la única mujer en el mundo capaz de llenar el vacío que Elisa dejó en su pecho, se acurrucaba mimosa en los brazos de Joaquín, quien al parecer volvía a tomarle la delantera y consolaba sus lágrimas con toda la comprensión que él descartó en su impaciencia de hombre enamorado. Por un instante intercambiaron miradas. Jorge, desesperado y Sabina, extrañada. Ese instante de extrañeza que asomó a los ojos de Sabina bastó para romperle a Jorge las alas del corazón. En el acto se juró no perdonar a Sabina el desconcierto que le causó su llegada. No sólo no lo esperaba sino que hizo lo peor: consolarse con Joaquín. El vértigo de los celos se le subió a la cabeza y le nubló los sentidos. Dio una vuelta en redondo haciendo un gesto altanero para intentar rescatar los jirones del orgullo, y salió dando un portazo feroz sin despedirse siquiera de Isabel.

14

Cuando Gabriel regresó a mediados del verano a pasar sus vacaciones, quedó más que impresionado con el cúmulo de acontecimientos que lo aguardaba en la isla. Su nieto Jorge Alejandro, el hijo de Cachita y Jorge, había logrado su sueño de ser piloto de los migs y estaba preparando su boda. Sus gemelos, Ángel y Miguel, esperaban nuevos hijos y el país enfrentaba desconcertado el brote de una mortal epidemia. A las bodas, paritorios y epidemias estaba ya acostumbrado, pero la postración de su hermana lo tomó desprevenido y lo dejó sin palabras. Nunca aceptó del todo que Isolda estuviera muerta y tampoco concebía la imagen de su Aguedita baldada, porque si bien era cierto que la diosa estaba hecha de la sustancia inflamable de la vida, Águeda era la chispa vital, el corazón de la familia. Por más que le costara admitirlo, su verdadera Aguedita se había ido para siempre. Perdida en una madeja sin término ni punta, hablaba siempre en presente de los muertos, se refería a sus padres como si estuviesen vivos y lo mismo se encolerizaba con Isolda por el escándalo provocado en Las Veguitas, que sonreía de repente enternecida contando que los rosales de su suegra habían florecido ese año como nunca.

–¿Sabes que mamá me quiere casar con el viejo búho de Serafín Falcón? Ellos no saben lo mío con Vicente. Cuéntaselo tú, Gabriel, cuéntaselo para que todos lo sepan.

No era la primera ocasión que en aquel rebobinaje de recuerdos dejaba escapar el secreto de sus amores con Vicente, y hasta daba a entender que podía verlo en sueños, porque cada mañana cuando Ángela la sacaba a tomar el tibio sol de la terraza, la escuchaba hablar del tío como si la hubiera acompañado durante toda la noche. Llegaba en su desvarío a confundir por momentos los sueños con la realidad: a veces la oían decir que Vicente estaba allí, parado delante de ella, y otras que pronto la vendría a buscar, y era tanta su certeza al decirlo que Gabriel se echaba a llorar y Ángela, escalofriada, temblaba de pies a cabeza.

Sin embargo, la gran sorpresa del año se la trajo esa noche Isabel, cuando vino a visitar a su madrina Aguedita y anunció que pensaba aprovechar el turno que tenía separado en el Palacio de los Matrimonios su hermano Jorge Alejandro, para casarse ese día ella también.

Consciente de las barreras que existían entre ella y Rafael, Isabel decidió no dar más largas a Quique, el fotógrafo que compartía su trabajo en el equipo de reporteros y la asediaba desde hacía dos años. Solamente a Sabina se atrevió a confiarle los motivos de su determinación:

–No hago más que seguir tu ejemplo –le dijo el día que discutieron largo y tendido el asunto de la boda.

Sabina, alarmada por el desastre que preveía en los planes de Isabel, se esforzaba en persuadirla del error, asegurándole que su ejemplo no era un modelo para imitar sino todo lo contrario.

–Mírate en mi espejo; si cometes el disparate de casarte por despecho o para huir del amor, lo vas a pagar tan caro como yo.

Lo pagó. No tuvo en cuenta advertencias ni contaba en ese entonces con el aplomo necesario para interpretar consejos. «Me porté como una necia», confesaría más tarde a su amiga cuando tuvo que enfrentar los resultados de su acción. Es justo reconocer que el azar también desempeñó su papel contribuyendo al binomio que formaron ella y Quique. Isabel atravesaba uno de esos años críticos en que todo parece confabularse para marchar al revés y hacer salir mal las cosas. Para ponerla más en crisis, hacía tiempo que venía afrontando dificultades con la jefa de información, una comuñanga rígida que unía a su demagogia y su pésimo carácter una mentalidad mediocre pronta siempre a censurar iniciativas con juicios de inquisición. La tenía cogida con Isabel por ser bonita, joven y talentosa. Se ensañaba en criticar su trabajo con la peor mala fe y la tildaba de ser una bitonguita con manitas de porcelana y carita de muñeca. Insistía en llamarla por el intercomunicador con una expresión mordiente y deliberada: «Sírvase Su Alteza Real a presentarse en mi buró», buscando mortificarla y crearle entre sus compañeros no sólo la mala fama de ser una niña bien de sangre azul, sino de estar complacida de saberse una princesa. Las cosas llegaron al límite cuando la jefa, resentida probablemente por el poco éxito de su campañita solapada, la emprendió de buenas a primeras con la muchacha insinuando sin ningún fundamento de peso que era ella la causante del apodo obsceno y suspicaz con que llegó a ser popular en el centro de trabajo. Le llamaban Ladillona porque era desagradable, halitosa y tan mal intencionada como el bichito jodedor que se colaba en las vellosidades del pubis, provocando escozores exasperantes. Nadie podía decir con certeza quién fue el primero en colgarle el sambenito a la jefa ni cuándo empezó a expandirse como pólvora por toda la redacción hasta alcanzar los niveles superiores y llegar a oídos del director del periódico con quien la jefa estaba en alza. Se convocó de inmediato a una asamblea y todo el mundo pensó que el director tomaría cartas en el asunto del mote y metería una descarga, diciendo que aquello atentaba contra el espíritu colectivista, la solidaridad socialista y la moral revolucionaria, pero no ocurrió así. El director se limitó a citar el caso de un militante tarrúo a quien fulanita de tal, su compañera (llamarla esposa hubiera sido un vicio pequeñoburgués), se los pegó mientras él cumplía heroicamente la misión que le asignaron en Angola. La asamblea acordó por unanimidad que el tarrúo, o sea el militante, no tenía otra alternativa que solicitar el divorcio o renunciar al carnet rojo del Partido. Desde luego, optó por el carnet. Cuando acabaron de ventilar la larga lista de tarrúos comprendidos en el orden del día, la compañera Ladillona se puso en pie, tomó la palabra y planteó, sin venir al caso, que estaba muy preocupada por la actitud negativa de la compañera Isabel. Se había enterado por casualidad (aunque para no dejarse llevar por chismes se tomó el trabajo de confirmarlo con el CDR) que Isabel recibía visitas de familiares del norte y aceptaba sus regalos, cosa que no era de extrañar, puesto que siempre fue dada a vestir bien y gustaba de ostentar con artículos de afuera. Se hizo un silencio sepulcral que Ladillona aprovechó para seguir atacando, sin mala intención, aclaró: «Sí, porque aquí se dice que yo la tengo cogida con Isabelita, y claro que no es así, ¡qué va!, en absoluto, sólo que estoy en mi deber como revolucionaria y militante de alertar al colectivo, al Partido y a los encargados de hacer las verificaciones de que aún la compañerita no está apta para obtener el carnet rojo de la UJC, y a pesar de haber salido joven ejemplar, tener cumplidas todas las metas, ganarse el bono de la emulación socialista, obtener todos los sellos y ser trabajadora vanguardia, no la considero lo suficientemente madura ni fortalecida ideológicamente para militar en las filas de la Juventud Comunista». Y como no podía faltar la coletilla, sugirió que debía profundizarse más en la extracción social de los jóvenes aspirantes, tener en cuenta las lacras del pasado que subsistían en la sangre y en el lastre familiar. A nadie escapó el recordatorio del apellido Falcón.

Mientras oía hablar a la jefa, Isabel intentó hilvanar todo un discurso para rebatirla, que la rabia y el bochorno acabaron por atascarle en la garganta. A la salida de la reunión algunos se le acercaron con palmaditas reconfortantes de pasada, pero el único que se detuvo a consolarla en serio fue Quique, el fotógrafo, que la invitó a dar una vuelta por el Malecón para que el aire puro del mar les disipara el disgusto.

–Lo que más me jode de esto es que no tienen razón. No sé de dónde sacó el comité que yo acepto regalos del enemigo ni ostento cosas de afuera. Que mis tíos y mis primos estuvieron en mi casa, sí: ¿y qué? Vinieron a visitar a mi abuela que se moría por verlos. No fui con ellos de compras, y ni siquiera acepté el estuche de sombras Revlon de veinticinco colores que me trajo mi tía del norte. Nada, que soy una comemierda. No me quiero ni acordar la que pasé en mis quince, cuando me pintaba los ojos con pasta Lassar y un cachito de crayola azul, me untaba betún negro en las pestañas y usaba aquellas chancletas mete dedos que me daban urticaria porque le hago alergia al plástico.

–Pero es verdad que tú tienes a tus abuelos allá y tuvieron que ver con la dictadura.

–Sí, pero no sé de ellos.

–¿Y nunca les escribiste?

–Ni letra. De niña mi padre se opuso y luego pasaron los años... Cuando entré en la universidad y llené el cuéntame tu vida, ¿qué crees tú que contesté en eso de si tienes o no creencias religiosas o relaciones con los parientes del norte...?

–Supongo que pusiste un no, como hace todo el mundo.

–Está claro. Sólo que el no que yo puse sí que era de verdad, y no uno de esos no que responde mucha gente. Y al final, ¿de qué me valió?, si de todos modos iban a sacarme el sable. Yo sigo sin entender el porqué de tanta intransigencia en que te guste vestir bien y lucir cosas bonitas. ¿No dicen que el socialismo no está reñido con la belleza?

–Bueno, pero fíjate en los bolos. No sé a quién se le ocurrió decirle bolos a los rusos, pero la verdad, se la comió. ¡Coño, porque hay que ver qué bolos son esos bolos!: iguales a sus matriuskas.

A Isabel se le despejó la tristeza del semblante y rió de buena gana con la ocurrencia de Quique. La noche los había sorprendido descargando, sentados en el muro del Malecón.

–Es bonita esta ciudad: tiene ángel –dijo Quique inspirando intensamente y abriéndole el pecho al mar–. Todo cambia cuando uno viene hasta aquí y se sienta a respirar profundo. Te viene como un alivio en el alma, algo muy puro te llena todo por dentro.

–¿Te estás volviendo poeta?

–No lo sé –le contestó, mirándola fijamente–. ¿Sabes?, en este país jamás podremos estar reñidos con la belleza. Hay tanto azul en el cielo, en el mar y en ojos como los tuyos...

No había pasado ni un mes cuando tronaron al director del periódico. La versión oficial fue que había sido sustituido del cargo y pasado a ocupar otras funciones. A nivel de pasillo se decía que se había caído pa' arriba sin darse golpe y que andaba por Bruselas de agregado cultural. La jefa sí cayó en baja: no le dieron el Lada ese año ni tampoco se empató con el viajecito al extranjero que tenía planificado. Lo cierto fue que a partir de la asamblea y la noche en el Malecón, nació una amistad sincera entre Quique e Isabel. Se hicieron inseparables en el trabajo y más tarde, fuera de él, se les veía siempre juntos, la mayoría de las veces sentados frente al mar, respirando aire puro. La partida de Rafael León a Nicaragua en unión de su mujer hizo que Isabel decidiera que había llegado el momento de concretar la relación con su amigo. Sin embargo, no llegaría a darle el sí definitivo hasta el día de la muerte de John Lennon, cuando de nuevo el azar medió entre ellos y los puso a revivir los años de juventud con la misma nostalgia de dos viejos. Esa tarde a la salida del trabajo se fueron otra vez al Malecón, se sentaron en el muro a lo yoga, descorcharon un litro de ron chispa de tren y entre buchazos a pico de botella empezaron a evocar aquellos tiempos del Pre, cuando la directora esperaba a los alumnos en la entrada, tijera en mano, para bajar los dobladillos de las faldas, abrir pantalones tubos y hasta mochar las melenas, consideradas entonces desviaciones ideológicas.

–Yo casi caigo en cana una vez por melenudo y por hippie. En serio, me querían meter preso. En el barrio me tenían como un antisocial. Cuando me cogió el servicio militar, el jefe de la unidad, que me tenía atravesado, na' más que por joderme me mandó a pelar al rape, y mira si me jodió que empecé a padecer de... ¿cómo se dice cuando a uno eso no se le para?: disfunción, anjá, eso mismo. Bueno, pues tenía una disfunción de ésas cada vez que me miraba sin pelo en el espejo.

–Ay, Quique, tú tienes cada cosa...

–Coño, por mi madre, me metí en cada lío por pelú y por ser fan de los Beatles. Parecía que nos podaran los sueños de juventud a tijeretazos, y del hambre... ¿Tú te acuerdas de las croquetas cielito lindo que se pegaban al cielo de la boca?, ¿y de la guachipupa de fresa que sabía a Benadrilina? Na', que de no ser por la música... porque ésa sí que era música de verdad, de la buty, con tremendo filin. Me acuerdo cuando estaban en su apogeo los quince de Paul Anka. Les decían el himno nacional porque los ponían siempre al empezar en todas las fiestas. Pero mi fuerte eran Pablito y Silvio. ¡Ah!, y los Zafiros con Bellecitaaa... ¡Coño, Isa!, ¿qué pasó con los Zafiros? ¿Se murieron?

–Lo dudo, Quique. Eran cuatro y no va a tocar la coincidencia.

–No, yo digo morirse, de irse, que viene siendo lo mismo. Nunca volverán tiempos así. Uno iba a los trabajos productivos y se pasaba una del carajo, pero cuando prendíamos el radio a la hora del programa *Nocturno*, se te olvidaba que estabas partío del hambre y descojonao del cansancio, no sentías ni los mosquitos, y ahora viene un desmadrado psicópata y nos mata a John Lennon: una cosa así no podía pasar sino en el norte revuelto y brutal... revuelto en dinero y brutal en comida. ¡Ñooo, si Ladillona nos oye!

Acabaron de beberse la botella y la lanzaron al mar poniendo adentro el mensaje que ambos escribieron al ídolo desaparecido. La contemplaron viajar entre el vaivén de las olas y terminaron mirándose a los ojos y besándose en la boca conmovidos, jurando que se amarían hasta el fin al igual que John y Yoko.

La boda quedó fijada para el 15 de diciembre, junto con la de Jorge Alejandro y Vicky, su novia. «Una boda cuatripartita», se decía Ángela, irónica, sin saber cómo vestirse esa noche ni qué zapatos vendrían bien con el vestido y la ocasión porque había perdido la cuenta de los años que llevaba usando siempre lo mismo. Total, no valdría afanarse tanto. Todas las bodas eran en esos días la misma cosa: cola para coger el turno del Palacio de los Matrimonios, cola para el cake, los bocaditos, la cerveza y el fotógrafo. Cola para comprar en la tienda de los novios y cola para sacar los tres días que te daban de luna de miel en el hotel. Las bodas habían perdido emotividad y lucimiento, y estaban lejos de ser un suceso solemne bendecido por la Iglesia. Las novias actuales hacían todo un escarnio del santo sacramento. Lucían el blanco nupcial sin recato ni pesares de conciencia, llevaban los simbólicos azahares y hasta el velo virginal a sabiendas de haber comido por adelantado, como se decía en su época de las parejas que solían meter la pata antes de concurrir al altar. ¡Vaya a saber Dios qué relación tenía la pata con... lo otro!, se dijo, persignándose abochornada de sus propios pensamientos y del tiempo que llevaba ella misma sin ver a su confesor. No había vuelto a confesarse desde que al padre Rodrigo lo trasladaron de parroquia. El curita nuevo le causaba resquemores. No por ser joven y bastante apuesto (hasta el punto que se entiende puede serlo un sacerdote), sino porque la primera y única vez que se toparon en el confesonario, la trató sin el más mínimo escrúpulo, preguntándole sin ton ni son si le faltaba al marido. Ella tuvo un golpe de rubor y creyó aclarar sus dudas diciendo que era soltera, pero a él no le bastó.

–Bueno, hija, pero eso no quita para haber...

Ángela, violentada en su pudor, le contestó enseguida tajante:

–Padre, se equivoca. Yo no he tenido hombre alguno.

Y tal vez fueron figuraciones suyas, pero creyó adivinar en la reserva del cura cierto mensaje velado de asombro o de reproche. Algo así como un: «Caramba, pues sí que ha perdido tiempo».

Últimamente le daba por pensar cosas así cuando estaba en sus trajines. A veces los pensamientos se ponían al rojo vivo y pecaban de insolentes, pero eran preferibles a los recuerdos oscuros que le venían por momentos y a los pensamientos mudos que quería espantar de su cabeza. Durante todo ese tiempo no había dejado de atender los macarrones y las papas, que hervía en la cocina para hacer la ensalada fría de la boda. Desde la boda de Elisa, cuando su ensalada de langosta se ganó el crédito de ser comentada en la crónica social, le tocaría de por vida la encomienda de hacerlas en todos los festejos, incluyendo los de la Federación y el comité, donde todos los vecinos cooperaban trayendo sus cebollitas, la botellita de aceite para hacer la mayonesa casera y a veces hasta una latica de algo. Esa latica era la que le hacía falta en esos momentos. Y no solamente una sino dos, para mejorar aquel mejunje de macarrones almidonosos porque ni la mayonesa rindió lo que se esperaba y se perdió al mezclarla en el cazuelón. Sabía por experiencia que las fiestas de la Federación y el comité no requerían pretensiones. Eran celebraciones de barrio y la gente comía a conciencia lo que hubiera. ¡Ah!, pero en las bodas las familias emulaban entre sí y gustaban de tirar la casa por la ventana. Allí estaban presentes los criticones, los maldicientes y los colados, que venían sólo a comer y a beber, para luego salir diciendo que la cerveza la sirvieron bomba, el cake estaba más duro que un ladrillo y la ensalada, seca y desabrida. Una buena cocinera, por mucha escasez que hubiera, tenía siempre el prurito de salir bien de estos trances. Por suerte Tomasa, oportuna como siempre, la sacó del atolladero, trayéndole tres laticas de spam chino, dos cebollas moradas de las grandes, una piña de las que nunca se ven y, por último, dos rarezas en conserva: un frasco de mayonesa Doña Delicias y otro, ¡válgame Dios!, de aceitunitas rellenas, que sobraba decir cuánto costó a Jacobo janear en la empresa, cayéndole atrás al cocinero como si fuera un pitirre con la cantaleta del nieto que se le iba a casar. Ángela echó al olvido la epopeya de su ensalada de langosta y dio miles de gracias a santa Tomasa de los Milagros.

La noche que se casaron sus hijos, Jorge contempló a Sabina herido de rabia y celos. Sabina se sabía hermosa y cuidaba de realzar su hermosura con acierto. Llevaba el cabello suelto, peinado a la última moda, unas argollas llamativas en sus orejas y un vestido descotado de algodón malva y violeta ceñido al busto firme y retador. Recorría el salón taconeando altanera, acaparando las miradas masculinas y haciendo sentir a Jorge el ser más desgraciado del mundo. Todo lo perdonaría con tal de saberla suya. Sus matrimonios despechados, sus rechazos y desplantes, incluso la concupiscencia con Joaquín, que se juró no perdonarle jamás. Todo lo olvidaría con tal de oírla decir que lo amaba como antes, que estaba dispuesta a quedarse a su lado y compartir el resto de su vida. Todo podría pasarlo por alto, menos consentir ese capricho suyo de no usar ajustador y proclamar unos pechos de locura. Con eso sí no podía ningún hombre y menos uno como él, que ya peinaba sus canas y tenía la mente un tanto chapada a la antigua. Su arrebato por Sabina le había estropeado la noche y apenas le permitió disfrutar la boda de sus hijos. No se ocupó para nada de Jorge Alejandro y Vicky, y lo más grave de todo: olvidó decir a Isabel que lo había conmovido hasta las lágrimas y revuelto las nostalgias con su vestido de novia. «Es idéntica a la madre», oyó exclamar admirados a aquellos que conocieron a Elisa, y en efecto, la genética le devolvía en la hija el milagro que le negaron las estrellas. Elisa resucitaba, embellecida en Isabel, o más bien era Isabel quien embellecía y perpetuaba a la madre en el recuerdo: sólo que Elisa en su boda rebosaba felicidad mientras que Isabel aparentaba estar si acaso contenta. A Jorge no le pasó inadvertido el detalle. Su hija no era dichosa. Algo de ella se le fue a él de las manos, algo que quizá ya era tarde para remediar. Quique, rojo de amor, estrujaba a la novia contra él, pero Isabel lo miraba amistosa, con ojos de camarada entusiasta, como si fuera a palmearlo en el hombro igual que en la redacción y soltarle de buenas a primeras: «Quique, qué bien salieron las fotos del reportaje». Se cuestionó en sus adentros cuánto tiempo llevaba sin hablar a fondo con su hija. Desconocía mucho de ella y lo que conocía resultaba ahora insustancial. Tuvo el impulso de impedir que Quique se la llevara, pero tardó en decidirse. Isabel escapó precipitadamente, colgada de su marido. En el último momento lo buscó a él con los ojos y le lanzó un beso de lejos, en medio del grupo efusivo que despedía a los novios con una lluvia de arroz.

La ensalada fría de Ángela tuvo un éxito rotundo. Fue ponderada por todos y no quedó ni la raspa de lo mucho que gustó. Sin embargo, extenuada como estaba por las maromas del día, no pensaba más que en marcharse cuanto antes a su casa y se escurrió entre los invitados apenas sin despedirse para no hacerse notar. Llegó con los pies trozados por los zapatos anticuados de Águeda, que a falta de otros más nuevos se vio obligada a llevar. Cuando estaba descalzándose, sentada en la comadrita donde dormía cada noche a Damián, notó que el niño tenía como un rash en la carita y corrió muerta de miedo a ponerle el termómetro. No era más que una ligera destemplanza y eso la tranquilizó, pensando que se debía al fogaje o a que estaría por partirle un nuevo diente. La tranquilidad le duró poco. Mientras ponía el pijama a Dara en la cuna, le sintió la piel ardiendo y descubrió en su cuerpo una erupción similar.

Tocó en el cuarto de Orestes y Teresa exclamando alarmadísima:

–¡Es el dengue, los niños tienen el dengue!

Cuando Jorge llegó en la madrugada, los niños volaban en fiebre y se determinó ingresarlos de inmediato en el hospital pediátrico. Al amanecer los gemelos se agravaron y tuvieron que trasladarlos a la sala de terapia intensiva donde Ángela y Teresa se turnaban día y noche, forradas con batas verdes. En el apartamento dejaron a Tomasa, como amiga de la familia, cuidando de Águeda, que a veces, en un lapso de lucidez, reconocía a la que fue su sirvienta y hacía prevalecer su condición de señora amenazando despedirla si se ausentaba de nuevo por tanto tiempo de casa. Fueron días de incertidumbre y desorden. Hasta Orestes, que era el optimismo en persona, apreció la envergadura del caso y se mudó con lo puesto al hospital, instalándose como pudo en el sofá del vestíbulo y tomando en pocos días el aspecto de un Robinson Crusoe con la patilla crecida, la ropa desaliñada y unas ojeras de náufrago que inspiraban compasión. Los vecinos de la cuadra lo iban a ver con frecuencia, mostrándose interesados por la salud de los niños, pero Mariko resultó ser la más servicial de todos. Siempre lo sorprendía trayéndole alguna cosa de comer. A veces se aparecía con una natillita casera y otras con un caldito caliente para entonarle el estómago. Pero lo que más ansiaba Orestes era aquel frasquito ámbar de café recién colado que le llevaba Mariko al amanecer; lo paladeaba a sorbitos como un néctar de los dioses y le daba las gracias de todo corazón sin dejar de repetir lo mismo todos los días:

–Sin café soy hombre muerto.

Tanto Mariko como Orestes culpaban a los yanquis de la

epidemia que azotaba el país. Si el Comandante dijo en su discurso que los agentes de la CIA habían traído mosquitos envasados a la isla, por muy increíble que fuera, tenía que ser verdad, porque el Comandante ¡jamás! había dicho una mentira ni había engañado a su pueblo y los verdaderos revolucionarios veían por los ojos de su líder y confiaban ciegamente en la Revolución. Claro está que los gusanos hubieran dicho lo mismo, pero al revés: los que no creían las mentiras del Comandante ni confiaban con los ojos cerrados en la Revolución, eran los que tenían vista larga. Por eso a los gusanos había que aplastarlos, fumigarlos igual que a los mosquitos.

Sólo cuando Dara y Damián estuvieron fuera de peligro, Teresa consideró que debían avisar a su hija y a su yerno. Carmen María llamó desde Nicaragua enloquecida, pero su madre la atajó en seco.

–Tú cumple con tu deber. Los niños ya están perfectamente.

Ángela, con la angustia todavía en el semblante, comentaba a Jorge esa noche:

–Dara y Damián están vivos gracias a los médicos y enfermeras de terapia.

–A quien debes dar las gracias es a la Revolución, Angelita –le respondió Jorge sonriendo malicioso, mientras tomaba el maletín y salía al pasillo a esperar el ascensor.

El ascensor se abrió en el quinto y Jorge dio de bruces con Sabina que salía del interior.

–Venía a saber de los niños –dijo ruborizada de sorpresa.

Jorge no respondió. Había una urgencia imperiosa en su mirada cuando la atrapó por la cintura y presionó decidido el botón del ascensor. Sabina, con el alma en un hilo, temblaba como una hoja, sabiéndose indefensa y frágil ante los ojos audaces que viajaban por su piel haciendo palpitar sus entrepiernas. Sin dejar de recorrerla con los ojos, Jorge la pegó de golpe contra él. Sabina creyó sentir todo el ímpetu del mar oculto en el corazón de Jorge, porque su pecho rugía con una fuerza salvaje y producía conmoción. No se percató de la habilidad relampagueante con que él zafó su blusa, hasta sentir el roce de sus pulgares en los pezones arrancando de su boca un espasmo de placer que le puso el sexo húmedo.

–Jorge, ¿tú no crees que estamos viejos para locuras? –le dijo por decir, sabiendo que desde el día que lo conoció siendo aún una chiquilla, no había soñado otra cosa que volverlo loco al fin.

–Sabina, no me jodas –le dijo él ya sin resuello, buscando su lengua con la suya y sorbiéndole los labios con un beso posesivo mientras apuntaba el arma entre sus muslos.

Entonces se cortó la luz y el viejo ascensor del edificio se detuvo en seco con una sacudida aspavientosa de cables rechinantes.

–¡Que viva el apagón de las ocho, Sabina! –le susurró al oído antes de caer al suelo envueltos por la oscuridad.

15

Sabina y Jorge tenían decidido casarse en la intimidad. Deseaban una boda discreta, sin bulla, puesto que estaban ya grandes para alborotos y habían dejado atrás la primera juventud. Ésa fue la excusa que pusieron a los parientes y amigos. Todo menos reconocer que estaban viejos, porque la vejez era una condición que el amor se negó siempre a aceptar. A Jorge los años no le pasaban ya inadvertidos, le hacían sentir el declive con ciertos indicios vagos, desestimables quizá para el Jorge hombre pero no para el Jorge médico. Sin embargo, a pesar del almanaque traicionero se consideraba lúcido aún para el amor. Podía reconocer los síntomas en el mandato del cuerpo, en el resorte del sexo, sorpresivamente rígido al amanecer, en las fantasías crepusculares que emanaban de su piel y en la audacia definitiva del corazón que puso en juego la noche del ascensor para atrapar los sueños sin dejar que alzaran vuelo ni permitir que enmudecieran en el eclipse fatal de la vejez. No fue un hombre envejecido el que tuvo Sabina aquella noche haciéndole el amor por vez primera en medio de la oportuna oscuridad del apagón, ni tampoco se dejarían ver en él los años cuando al fin se toparon en la cama, exaltados como dos gallos de lidia dispuestos a medir fuerzas en el combate aplazado que los mantuvo en caliente y malquistados por décadas. Al principio se amaron sin amor, como si no buscasen más que vencerse mutuamente a la tremenda con torpezas y arranques desesperados que les impedían rebasar la emboscada de los sentidos y trascender jubilosos a la certidumbre de la posesión. Sabina fue la primera en percatarse. Su instinto claro de mujer le dijo que el éxito no estaba en salir airosa del lance, sino en poner fin al desafío.

–No quiero hacer esto así –le dijo sofocando el sexo de Jorge entre sus piernas y dejándolo congestionado de perplejidad–. Estoy haciendo contigo lo mismo que hacía la Cacha, y tú te comportas conmigo como Fabricio y los otros.

Jorge trató de sacudir de su cabeza la alusión intempestiva de Sabina, pero no pudo. Tenía el pecho helado como un témpano y el miembro huidizo y flácido, goteándole entre los muslos una esperma bochornosa. Le parecía una intromisión absurda tener a tanta gente en su cama: Cachita, el ex marido de Sabina y... los otros. ¿Cuántos serían? No podía dejar de preguntarse cuántos sumaban en total, ni sustraerse a la idea de que alguno de esos otros hubiese dejado en ella un recuerdo o una huella imborrable.

–Esto que me has hecho hoy no voy a perdonártelo, ¿sabes? Esto no se le hace a un hombre.

–Eso es precisamente lo que no quiero de ti: el hombre.

–Coño, Sabina, haces que me sienta como un mierda.

–Quiero que me ames hasta el alma, igual que amaste a Elisa desde la primera vez.

No sólo la perdonó sino que se hizo perdonar él mismo por pretender fulminarla con la rabia posesiva que por años retuvo engatillada. Se buscaron nuevamente con las manos y los labios, dejando que un manantial subterráneo de aguas dulces les amansara por dentro la contienda. Se besaron aliviados, dichosos de saberse juntos sin tropiezos, de reconocerse unidos por primera vez, y fue entonces que lograron hacer cierta aquella antigua creencia de que el alma podía transmigrarse y pasar de un cuerpo a otro a través de la mirada, cuando Jorge la envolvió en la luz de sus pupilas y la retuvo mucho rato, llevándola a explorar las praderas verdes de su espíritu.

Luego la tomó enteramente con aquel gemido de aleluya que lo llenaba de vida siempre que la imaginaba en sueños, y la elevó a la cima del universo haciéndola sentir ingrávida, cósmica, inverosímil hasta el punto de realizar el milagro de poder rozarse el alma con el borde de los dedos.

Contrario a todos los planes que Sabina y Jorge se trazaron para casarse en la mayor intimidad, la boda se celebró en grande y resultó probablemente una de las más alegres y concurridas de toda la barriada. Los vecinos deseaban manifestar su entusiasmo por tener de nuevo al doctor viviendo en el edificio, y aunque tuvieron el tacto de no decirlo en voz alta por la mucha estimación que sentían por la pareja, lo cierto es que habían respirado aliviados al saber que se casaban, considerando que al fin el viejo ascensor del edificio, desgastado y resentido por los años de trabajo y la falta de mantenimiento, cesaría de viajar impelido por maniobras temerarias y dejaría de sufrir accidentes sospechosos a causa del apagón. Una vez más Ángela se vio atrapada en la odisea de preparar la ensalada fría de la boda y una vez más recurrió a la milagrosa Tomasa y a la ayuda solidaria de Jacobo y su socio, el cocinero de la empresa. Isabel también cooperó. Consiguió todo cuanto pudo y contagió a todos con su euforia al pintar en la cabina del ascensor un corazón atravesado por la flecha de Cupido con los nombres de Sabina y de su padre, que sería preservado como un símbolo y permanecería intocable inclusive cuando tres años más tarde, gracias a las tesoneras gestiones de los vecinos y del delegado de la circunscripción, se consiguió que blanquearan la fachada del edificio y le dieron una manita de pintura al ascensor.

Al menos por aquellos días Isabel se veía feliz, pero su felicidad tenía más que ver con lo de Jorge y Sabina que con su propia vida de casada, a la que se refería diciendo siempre lo mismo: Quique era un excelente compañero, honesto y trabajador, que le brindaba su apoyo y la hacía sentir segura.

Jorge, que no las tenía todas consigo, no quiso dar más largas al asunto y le expuso su criterio la tarde que se encontraron en su casa al regreso de la luna de miel.

–Ensalzas a tu marido como si se tratara de una verificación para entrar en el Partido. Sólo te falta agregar que cumple con la guardia cederista y con todas las tareas que le asigna la Revolución –le dijo tratando de abordar intimidades pendientes y resolver en un día los años que dejó correr–. No me has dicho lo primero: ¿tú lo amas?

–¡Pues claro! Quique es más bueno que el pan.

–Si es como el pan de la cuota... –le respondió Jorge irónico, seguro de que su hija le negaba la verdad.

De esa verdad Isabel sólo mostraba una cara. La otra prefería guardársela para sí. No mentía al decir que Quique era eso y mucho más, pero le venía notando un defecto que opacaba sus numerosas virtudes y le restaba en su estima. De hacía un tiempo a esta parte solía beber demasiado y cada vez que se pasaba de tragos se volvía impertinente y a veces hasta grosero. Antes nunca notó esto. Al menos no lo miró mal. Los tragos lo hacían ponerse simpático y lo desinhibían lo suficiente como para soltar aquellas ocurrencias suyas que realzaban su carisma personal, capaz de levantar con su llegada el ánimo en todas las fiestas. Ahora en cambio le importaba. Todo lo que pasó inadvertido o aceptó como chistoso en su momento le parecía especialmente ridículo y la ponía en contra de él, haciéndola sentir incómoda y humillada. Por más que Jorge indagó, no logró que Isabel le expresara ninguna de estas inquietudes; tampoco le contó a su padre ni palabra de aquella emoción dormida que sólo le despertaba Rafael, el esposo de su prima. Sin embargo hablaron mucho de las penas ya lejanas que sufrieron en común cuando perdieron a Elisa, y de la dicha que ambos compartían actualmente con la entrada definitiva de Sabina en la vida de los dos. Hablaron durante toda la tarde, hasta que la noche los sorprendió de porrazo sentados en la terraza y Sabina apareció prendiendo luces porque ni el padre ni la hija se habían percatado de que estaban sumidos en la oscuridad y permanecían llorosos y cogidos de las manos como si fuesen una pareja de novios.

Esa noche, cuando Quique vino a buscar a Isabel para llevársela a casa, Jorge experimentó una angustia dolorosa que no consiguió explicar a su mujer y lo mantuvo desvelado dando vueltas en la cama con el alma y la conciencia aguijoneadas por viejos remordimientos. Tenía aún la sensación de que Elisa lo observaba desde algún punto lejano en el firmamento para saldarle las cuentas que él dejó helar por dentro. La conversación que tuvo con Isabel le trajo a Elisa de vuelta. Sentía de nuevo el impulso perentorio de volver a hablar con ella y sabía que no podría eludir su llamado ni sacárselo del pecho a viva fuerza.

–¿Qué hice con mis promesas, Elisa? –murmuró sollozando torpemente en la almohada.

Entonces sintió la voz sincera de Sabina rozándole la nuca como una caricia afortunada.

–No mires en Isabel la deuda que tienes con Elisa sino la tuya propia. Es a Isabel a quien debes la promesa de amor que le dejaste en el aire y lloras siempre en tu almohada.

Gabriel acababa de dar el último toque de pincel al cuadro más triste de su historia. Había vuelto a llevar al lienzo un retrato de mujer, pero esta vez no se trataba de un desnudo ni había tomado por musa a una amante ocasional. Lo había inspirado la imagen de su propia hermana. Pintó a Águeda de espaldas, sentada en la vieja comadrita de Pelagia, frente a un mar azul añil que se perdía en lontananza, más allá del fondo mismo del cuadro. Únicamente Gabriel, que había nacido con el don de dar vida a sus paisajes y recoger en sus óleos el dorado ocre del río y los verdores del campo, podía reflejar así toda la movilidad del mar y comunicar esa impresión de misterio oculta entre sus azules. Arriba, en una esquina del cuadro, ascendía una luna antillana que plateaba con su luz los cabellos de Águeda, presos en la redecilla invisible, apenas delineada. Ángela, que no era ducha en el arte y siempre tuvo a su tío como un loco de remate que se las daba de genio para vivir como le daba la gana, quedó yerta del asombro con un nudo en la garganta cuando Gabriel le mostró el retrato de su madre. Allí estaba Águeda de espaldas a la vida, aferrada al filo de su sueño, detenida en la memoria del tiempo y en la nostalgia de una noche antillana, bajo el relente lívido de la luna, esperando todavía la vuelta del hombre amado. Ángela no sabía qué decir. De haber tenido palabras le hubiera dicho a su tío lo conmovida que estaba, y de haber tenido lágrimas se hubiera echado a llorar: sencillamente a llorar como cualquier ser humano. Pero no hubo nada de eso. Sólo se le antojó preguntar cuál era la intuición secreta que tenían los artistas para poder ver el alma y plasmar de un brochazo lo que a ella le llevó años entender.

–Es que la siento morir. ¿No la sientes tú, Angelita? –dijo Gabriel mientras se enjugaba una lágrima–. Tiene el alma en la punta de los ojos, por eso no los desprende del mar. Sólo aguarda para irse la llegada de Vicente.

Apenas dos días después Gabriel hizo sus maletas, dijo adiós a su familia y se marchó de sopetón, como tenía por costumbre. No volverían a verse más.

La víspera del 28 de Septiembre estuvieron de regreso Carmen María y Rafael, tras cumplir sus dos años de misión en Nicaragua. Encontraron a Dara y Damián crecidos y saludables, a María Esther hecha ya una jovencita que cursaba secundaria y a la abuela Aguedita prácticamente en las últimas. A los vecinos los hallaron enfrascados en engalanar la cuadra y preparar la caldosa para la fiesta cederista, y a Ángela como siempre en la cocina, en el lío de la ensalada de esa noche, aunque se las arregló para ponerlos al corriente de los nuevos acontecimientos. La ensalada estaría floja, les dijo: las laticas de spam chino que quedaban se gastaron en la última de las bodas que tuvieron. La de Isabelita y Quique no sería, porque de ésa hacía más de un año. Tampoco la de Sabina y Jorge, que a la postre se casaron y la tuvieron en grande.

–¡Ah!, ya me acordé, fue en la de la hija mayor de María. Se casó en segundas con un alto oficial del MININT que la ha puesto comodísima, con dos carros en la puerta y viviendo en una residencia de esas que ya saben: piscina, aire acondicionado, un televisor en colores en cada cuarto, dos Ladas en el garaje; en fin, de todo. En cambio aquí, la de siempre. Al televisor se le volvió a ir el flyback, y eso no lo hay en ninguna parte, tuvimos que conseguirlo de trasmano y pagarlo como oro, pero resolvimos. Pudimos ver el último juego de la serie de pelota y el capítulo final de la telenovela, buenísimo que estuvo. Luego el refrigerador americano dijo hasta aquí llegué, pero nos pusimos de suerte y lo cambiamos por el ruso que Orestes se ganó en el centro de trabajo; ahí no paró la cosa, a los dos meses de comprado: pracatán, se llevó el relay. Casi nos morimos; menos mal que apareció un técnico que le hizo un invento de esos para ir tirando hasta que nos toque el turno en el consolidado... Esperen, no pongan todavía caras de tragedia, que ésas son sólo las buenas noticias. Faltan las malas, así que agárrense. Se quedaron sin ventilador. Sí, se rompió el Sputnik, aunque nos queda el General Electric mío que cancanea un poquito y apenas gira, pero echa un fresco de ciclón. Nada, que lo bueno es lo bueno; cuarenta años de servicio y ahí está sin jubilar, todo un héroe del trabajo socialista. Ahora respiren profundo porque aún no les he dicho lo peor. La otra noche pasamos un susto tremendo, en plena madrugada: fuácata, se cayó una torta del techo, justo encima de la cama de ustedes. ¿Se acuerdan de la filtración que había en el cuarto por culpa del inodoro tupido que tiene María Regla en los altos? Bueno, pues la tupición sigue. Cómo no va a seguir si son lo menos diecisiete usando el mismo inodoro, y además empezaron a criar un puerco en la bañadera.

–Ñooo, esto es el colmo –dijo Rafael con las manos en la cabeza.

–¡Tía, qué barbaridad! ¿No avisaron a Salud Pública?

–Espera, Carmencita, no te pongas así, caray. Lo hicimos y vinieron a llevarse el puerco, que por cierto no era puerco sino puerca y estaba hasta preñada la pobre. Ni se imaginan la tángana que se armó en el edificio. La puerca daba unos chillidos horrendos cuando la sacaron, pero peores fueron los de María Regla y sus quince negritos, más las dos negritas nuevas que se juntaron con ellos, viven ahí y también están preñadas. Este edificio se ha vuelto un solar. Si el dueño que debe andar por Miami supiera... Él, que no permitía a los vecinos ni tener un periquito. Se me cae la cara ya de quejarme al delegado. Un compañero muy consciente, la verdad, no paró hasta lograr que pintaran la fachada del edificio, le dieran mantenimiento al ascensor y destupieran la cloaca de la acera.

–¿Destupieron la cloaca? ¡Menos mal, coño! –exclamó Rafael–. Tú ves, Angelita, eso sí es una buena noticia. Imagínense lo que sería dormir sin ventilador sintiendo esa peste a mierda.

Rafael se acostó a dormir la siesta y a reponerse del viaje. Al fin la tía Ángela los había dejado en paz después de tanta descarga. Entonces se acordó de Isabel. La noticia de su boda no le calentó la sangre, pero tampoco le fue indiferente. Isabel le interesaba, pero no lo suficiente todavía como para exponerse demasiado ni dejarse involucrar cometiendo un disparate que podía poner en juego su bienestar personal. Odiaba recordar los años humillantes que dormía en un pimpampun y estorbaba en todas partes. Al menos con Carmen María había integrado un hogar, tenía hijos propios, cuarto propio, cama propia y una familia que lo acogió desde el primer día como uno más de la casa. Eso pesaba y era algo que no se veía en esos tiempos. La mayoría de sus amigos casados no tenían donde vivir. Los que no vivían hacinados, tenían que fabricarse una barbacoa de tablas o resignarse a alquilar una habitación mierdera en un solar inhabitable del Cerro o Centro Habana, con tal de tener un cuarto donde dormir con la mujer. «Tú sí que tienes suerte, compadre –le decían–. Carajo, vivir en un apartamento de los de antes, en el Vedado, con una suegra buena gente que te presta siempre el carro.» Era verdad, sus únicas desavenencias eran precisamente con Carmen, pero Carmen era su mujer y con la mujer uno se las remediaba. Incluso se podía tener otra mujer y conservar la de uno. Les pasaba a muchos hombres y podía también pasarle a él sin llegar a tirar por la borda lo ganado.

Esa noche cuando vio a Carmen María arreglándose para ir a la fiesta del comité, le comentó como quien no quiere la cosa:

–¿Viste como se casó Isabel?

–Sí, ¿y qué?

–No, nada, digo yo... ¿qué tal será el marido?

–No sé ni me interesa.

–Bueno, pero es tu prima, ¿no? A lo mejor se embullan y vienen a la fiesta de esta noche.

–Me importa un pito mi prima, su marido y que vengan o no a la fiesta. En cambio, tú parece que estás loquito por verla.

–¿Yo? No seas boba, Carmen, lo dije por decir.

A Isabel la sangre se le heló en las venas cuando supo esa mañana por la abuela Beatriz que Carmen María y Rafael estaban ya de regreso. Sabina también la había llamado por teléfono temprano para decirle que viniera con Quique a comer y a esperar el 28 juntos. Isabel jamás dejaba de asistir a las fiestas cederistas que se daban en la cuadra de su padre. Incluso cuando Jorge se separó de Cachita y vivió un tiempo con Anselmo y Beatriz siguió participando en las celebraciones de su antiguo vecindario. Isabel se sentía a gusto con el ambiente de juventud que reinaba en el edificio de su padre. Eran gente entusiasta que formaban un fiestón de cualquier cosa, armaban ruedas de casino en plena calle y bailaban hasta el amanecer. A pesar de haberse criado en casa de sus abuelos, no compaginaba mucho con los vecinos del barrio y esa poca simpatía se tornó en resentimiento después de las referencias que, según la jefa de información, el CDR dio de ella en su centro de trabajo. Se pasó el día sin saber qué cosa hacer. De sólo pensar en el encuentro que tendría con su prima y Rafael el ánimo se le ponía por el piso. Estaba tan indecisa que a las ocho de la noche seguía aún sin vestir y tirada en la cama dilucidando un pretexto.

–Arriba, Isabelita –dijo Beatriz entrando al cuarto–. Mira la hora que es y tú ahí como si nada.

–Creo que no voy a ir.

–¿Qué? No, hijita, qué va. Eso sería señalarte. A nadie le conviene ponerse a mal con el CDR y menos tú que tuviste ese lío en el trabajo.

–¡Eeeh!, ¿y tú qué haces aquí acostada todavía? –dijo Quique entrando como una tromba–. Oye, dicen que lo que hay de cerveza y ron para esta noche es mucho. Dale, nos vestimos y arrancamos. No pensarás pasarla aquí con la pila de pasmados y vejestorios que viven en esta cuadra. Vamos, Isa, el dolor de cabeza se te quita con el primer cañangazo de ron.

Ni el primero ni el segundo cañangazo lograron levantarle el ánimo a Isabel ni quitarle el presentimiento de que iba a pasar algo malo. La fiesta sólo estaba comenzando, pero prometía ser de las buenas. Además de la caldosa tradicional, hecha con diversidad de viandas y una cabeza de puerco, había cake, bocaditos de pasta de macarela, croquetas cielito lindo, la ensalada fría de Ángela, guachipupa, caramelos y condones teñidos con rojo asceptil, azul de metileno y violeta genciana, que a falta de globos originales hacían las delicias de los niños de la cuadra. Tal como anunciara Quique, contaron con cerveza y ron en abundancia. No faltó un solo vecino. Jorge Alejandro y Vicky, su mujer, trajeron a su bebito de meses al que pusieron por nombre Tamayito Romanenko en honor del vuelo conjunto al cosmos de los cubanos y los bolos, que resultó una hazaña de la ciencia y la solidaridad de dos pueblos leninistas. También estaban Mariko, con su clan de hijos y nietos, y María Regla, con su prole de negritos, cada vez más numerosa, Tomasa, María, Jacobo y Candelaria, la hija de Jorge y Cachita, a quien todos decían Candy por su color de melado y su dulzura de melcocha, nada afín con el carácter radiactivo de la madre. La Cacha seguía siendo la misma, lo que se dice de lengua se zumbaba y se mandaba igual que siempre, pero desde que se separó de Jorge, se decía que mudaba de marido con la misma naturalidad con que cambiaba las sábanas. Esa noche se apareció estrenando a Puchilanga, un moreno tercer dan con unos bíceps parecidos a los mogotes de Viñales y un semblante truculento que le metía miedo al susto, pero que le daba a la rumba en la costura y al meneo por el centro. Cuando la fiesta entraba en calor y se habían formado ya las parejas para la rueda de casino, llegaron Teresa, Orestes y María Esther con Rafael, Carmen María y los niños, diciendo que Ángela no venía porque Águeda iba de mal en peor y no tenían con quien dejarla. Isabel los saludó muy cortada y fue a buscar a su padre para bailar en la rueda mientras Sabina andaba de pareja con su primo el pelotero. Con Quique no podía contarse. Por mucho que Isabel lo vigiló, le fue imposible impedir que se pasara como siempre con los cañangazos. Cuando quiso que bailara la fumigó con su aliento a reverbero y no tuvo otro remedio que dejarlo discutiendo de pelota con el vecino del sexto.

Por su parte, Rafael también tomaba bastante. No soportaba ver a Isabel bailando desentendida de todo y sobre todo de él, a quien apenas miró ni tuvo en cuenta un instante. Caramba, él siempre creyó que le importaba. Cuando partió a Nicaragua no le cabían dudas de eso. Se ponía nerviosa al verlo y revelaba en sus ojos un montón de cosas bellas. Rafael no se lo pensó más. No era capaz de pensar que tenía a Carmen con él, a sus dos hijos al lado, a la suegra buena gente que nunca le negaba el carro, con la vista puesta en él, y a todo el mundo pendiente de lo que estaba pasando o más bien de lo que iba a pasar cuando le hiciera efecto todo el ron que había tomado para lograr envalentonarse y acercarse a Isabel.

Los Van Van estaban tocando «Yo tengo un pollo que me quiero comer así, así, así...» y ella bailaba con Puchilanga, que tendría cara de crimen pero por los pies no se quería y acoplaban de lo mejor aunque a Cachita no le cayera ni regular que Isabel le hubiera levantado al non plus ultra de los bailadores, el que se llevaba las palmas en la rueda. En el momento que Rafael se acercaba, alguien gritó: «¡Pongan un bolerito, pa' darle un chance a los más viejos!». Lo pusieron. Se oyó la voz ronca y la guitarra nostálgica de José Antonio Méndez diciendo: «Eres mi bien lo que me tiene extasiado...», «porque negar que estoy de ti enamorado», tarareó bajito Rafael, mientras estrechaba a Isabel con una intimidad progresiva. A ella la embargó de inmediato un estado de gracia que la hizo olvidar dónde estaba. No advirtió la mirada llameante de su prima, la inquietud de los presentes ni las intenciones belicosas de su marido que se abalanzó sobre ellos como un bólido, volteó a Rafael y le disparó un derechazo meteórico.

–¡Quiqueee!, ¿qué haces?, ¡estás borracho!

–Sí, y tú eres una putaaa... –le gritó rojo de cólera cruzándole el rostro de una bofetada.

De pronto no se supo más quién era quién. Sobre Quique se cerraron los puños del padre y el hermano de Isabel. Rafael, repuesto del derechazo, se las cobraba a embestidas y las mujeres se anudaban a los hombres intentando separarlos mientras llovían jalones, palabrotas y trompadas. Vicky tiraba de Jorge Alejandro, Carmen María, de Rafael, Sabina trataba de separar a Quique de Jorge, y Orestes y Puchilanga, divididos en dos bandos, trataban de imponer orden en medio del despelote. Teresa fue la única que mantuvo su ecuanimidad y se llevó a su hija María Esther, que se había puesto pálida del susto. De Isabel se encargaron los vecinos: Tomasa le roció la frente con el hielo de la guachipupa y Mariko la auxilió con su saquito de hierbas aromáticas sacándola de allí en cuanto pudo.

Quique y ella no volvieron a dirigirse la palabra en mucho tiempo. Ni siquiera cuando dieron la última firma del divorcio. Pero pasados tres meses el azar volvió a unirlos en el trabajo. Isabel hizo un reportaje que le valió un primer premio periodístico y Quique alcanzó también el primer puesto con las fotos que tomó. Isabel sentía que el éxito de su trabajo se lo debía en gran parte a él y esa tarde se citaron de nuevo en el Malecón para desaguar las culpas y quitarse el resentimiento que tenían ambos por dentro. El ángel de la ciudad y el aire puro del mar tuvieron la virtud de aliviarles el alma y traerlos de vuelta al juramento de estar juntos para siempre.

–Amigos inseparables –dijo ella.

–Hasta la muerte –dijo él, con una sonrisa triste, pensando en el amor de John y Yoko.

–¡Ave María Purísima, otro divorcio más en la familia! –dijo Águeda, en uno de aquellos arranques de aparente lucidez que tenían siempre la virtud de animar y confundir a Ángela.

–Sí, mamá, ya ve usted. No bastaron los de Sabina. Ahora, también, Isabelita divorciada.

–Pobre Elisa, así habrá de sufrir.

Ángela dejó caer los brazos con desaliento. Ya debía de haberse acostumbrado a la manera en que Águeda trocaba circunstancias y actualizaba difuntos. Cada día que pasaba eran más los muertos que sacaba a relucir. Nombraba mucho a Serafín, tan a menudo como a Pelagia y Monteagudo. Relacionaba a la hija con el padre y la ponía tan nerviosa que le viraba la sopa encima de la pechera antiséptica hecha con los pañales viejos de Dara y Damián.

–Quita, Ángela, me quemas con ese caldo caliente. Eres tan inútil como tu padre. Quiero a Teresa. ¡Teresaaa...!

Ángela condensaba las lágrimas en el borde de los ojos como si fueran de azogue y las sorbía en la nariz para evitar que le nublaran la vista.

–Papá está muerto, mamá, y Teresa no está aquí. Tendrá que conformarse conmigo.

–¿Y cuándo fue que se murió Serafín? –preguntaba Águeda perpleja.

A Ángela los días le pesaban como años, haciéndola sentir más vieja, cansada y llena de incomprensión. Así se lo hizo saber a Teresa, no porque fuese a entenderla, sino porque al fin y al cabo había nacido en su tiempo y vivido toda la vida con ella.

–Tienes razón, Angelita. Ya veremos en qué podemos ayudarte. Orestes ya se retiró, te hace los mandados y te ayuda en la cocina. ¿No se rebanó un dedo el otro día picando no sé qué cosa? Los hombres no sirven para esos trajines, y yo menos, en toda mi vida he tocado un cuchillo ni encendido un fogón. Dara y Damián podrían ir al círculo infantil, y María Esther, becarse. Pero tú eres la primera en oponerte a que salgan de esta casa. Los quieres debajo del ala y luego vienes con quejas. Mejor sería que vieras el conflicto que tenemos con ese angelito de Isabel. ¡Ah! Pero ¿qué vas a ver ni saber? Nunca tuviste marido ni supones lo que cuesta mantener un matrimonio.

Ángela recordó aquella vez en que Orestes estuvo a un tris de dejarlas y los pelos se le pusieron de punta. ¡Dios mío, que iba a pasar! Recordó que la noche de la fiesta todo el mundo entró a la casa con mal aspecto. A Rafael hubo que ponerle hielo en la mandíbula porque había bebido mucho y tropezó en la escalera. ¿Sería en la escalera donde se golpeó? ¿Qué podría haber pasado entre Isabelita y él? Conjeturas de Teresa, que siempre estaba tramándolas contra alguien. Isabel no era capaz de quitarle el marido a su prima, nadie con esos ojos de cielo y esa carita de ángel sería capaz de tal cosa.

Nadie la creyó capaz. Ni ella misma lo supuso hasta la tarde que le dieron el recado en la redacción de que el doctor Rafael León la buscaba para un asunto de urgencia. Empezó a sudar hielo al saber que Rafael la esperaba en los bajos del periódico. «Tenemos una conversación pendiente –se dijo para calmarse–. Será mejor que pongamos las cosas en su lugar para sentirnos tranquilos y mirarnos a la cara delante de los demás. No tenemos nada que censurarnos», se repetía, mientras bajaba las escaleras corriendo para encontrarse con él. Llevaba mucho coraje, estaba muy segura de sí misma y se sentía en paz con su conciencia. Pero todos sus nobles propósitos se le vinieron abajo en cuanto lo tuvo delante.

–Isabel, necesito hablarte a solas. Ven conmigo, acompáñame a dar una vuelta.

Ella titubeó, pensando en negarse. Pero no pudo resistir la súplica que leyó en sus ojos.

–Está bien, vamos.

Eran pasadas las doce de la noche cuando Rafael llegó a su casa y encontró un revuelo de vecinos cuchicheando en la puerta del apartamento.

–Parece que la mamá de Angelita se ha empeorado, doctor –le dijo la vecina del sexto.

Jorge vio entrar a Rafael y frunció el ceño. «Ni siquiera tiene el valor de mirarme a la cara», pensó, sospechando que esa llegada a deshora tenía que ver con su hija.

–¿Pasa algo con la abuela? –le preguntó Rafael sonrojándose hasta el pelo.

–No, nada de importancia. Fue otra de sus pesadillas con los muertos.

–Muertos no, Jorge. Vicente está vivo. Lo vi ahí como te veo a ti ahora –afirmó Águeda incómoda porque dudaran de sus palabras.

–Pues ya no hay nadie, Aguedita, ¿lo ves? Vicente se fue.

–No. Él no se irá más sin mí.

Los gritos de Águeda esa noche habían alarmado a todos los vecinos del piso. Se había puesto en pie sin ayuda, caminando a oscuras hacia la sala. «Vicente, espérame, voy contigo», clamaba con los brazos extendidos en pos de la aparición, chocando con los muebles y dando tumbos hasta caer de bruces contra el suelo. Allí la recogió Ángela, que a esas alturas no se había acostado aún y simulaba leer, preocupada en realidad por su sobrina, a quien veía dar vueltas, recelando por la tardanza del marido.

Cuando al fin acostaron a la enferma, los vecinos se marcharon y todos se recogieron. Rafael enfrentó en el cuarto a su mujer dispuesta a hacerle una escena.

–Dime dónde estuviste hasta esta hora.

–Mira, Carmen, voy a decirte la verdad, me creas o no. Me encontré con un amigo de la niñez, nos dimos unos tragos y se me pasó el tiempo. Eso es todo.

–¿Tú piensas que voy a tragarme ese cuento?

–Es tu problema. Ya te dije. Ahora déjame dormir.

Vuelto de espaldas la escuchó sollozar largo rato hasta quedarse dormida, sintiendo dentro de él un desconsuelo enojoso. Él nunca consiguió con su mujer en todos estos años lo que alcanzó a sentir por Isabel en esta noche única. Todavía perduraba en su bigote la fragancia turbadora del sexo de Isabel. Todo su cuerpo ardía aún y se resistía al sueño. Esa noche no había otro sueño que Isabel desnuda entre sus brazos, con sus senos menudos y sus caderas de luna besándolo desesperada hasta dejarlo sin resuello. La había poseído sin prisas, ensimismado en una suerte de culto religioso, y ella se le entregó de igual modo, glorificada en el bautismo de sus múltiples orgasmos. Isabel era como esos sueños placenteros que te dejan un goce dulce en el pecho y se ansían retomar para continuar soñando. Isabel había cobrado para él la importancia de un sentimiento verdadero.

Hacía apenas unos días, Ángela tuvo por primera vez la certeza de que su madre había empezado a morirse y consiguió verle el alma en la punta de los ojos. Era evidente que a Águeda se le agotaban las fuerzas y ni siquiera perseguía ya a su fantasma con esa ansiedad motora que la hacía levantarse y caminar tras la luz que decía que le llegaba desde el mar. Rogó a Dios que el tiempo le alcanzara para poder enfrentar la muerte de su madre con entereza. La muerte le apagaría el último rescoldo de esperanzas que le quedaba por dentro. La esperanza de oírle decir siquiera una sola vez: «Hija, tú no eres la más torpe y la más mala». Decían que los moribundos se arrepentían de sus errores en el minuto final. Ángela se reconoció de por vida como el peor de los errores de Águeda. Un error que aspiraba que su madre no olvidara enmendar. Ese día, sin embargo, Águeda amaneció mejorada, incluso parecía lúcida y la miraba con piedad, llegando hasta sonreírle tiernamente, gesto que Ángela no recordaba haberle visto tener con ella en muchos años. Después de darle el caldo del almuerzo se sintió casi animosa del buen estado que la enferma reflejaba en el semblante y se fue a sus quehaceres en la cocina, dejándola dormida en la terraza al amparo de la sombra y vuelta siempre hacia el mar en la vieja comadrita de Pelagia. Águeda dormía tranquila y respiraba con una placidez de niña. Veía a Vicente aproximarse sin una cana en el pelo y vestido de gris claro. Traía las manos hundidas en los bolsillos del traje y la miraba risueño, igual que aquella mañana de mayo cuando cubrió con su estatura todo el sol de la ventana. Lo tenía tan cerca que podía respirar sin equívocos el perfume de su lavanda de siempre y contar una a una las rayas de su corbata de seda. Podía sentir la caricia de su voz diciéndole al oído: «Yo te quiero, mi Aguedita, no importa el tiempo y la distancia». Ella sintió que levitaba, sin pies... sin cuerpo ya... «Me voy contigo, Vicente.»

–Mamá, ¿le pasa algo? –le preguntó Ángela acercándose con las manos en el delantal.

Comprendió que se había ido y permaneció callada, contemplándola dormir al fin su sueño de amor eterno. Sin saber bien lo que hacía, se puso de rodillas frente a ella y recostó la cabeza en su regazo. Vicente no había faltado a su promesa: había venido de la muerte a llevarla del otro lado del mar.

16

La noche que velaron a su madrina Aguedita, Isabel confesó a Sabina la relación incierta que llevaba con Rafael y su sospecha de estar embarazada. Sabina no mostró sorpresa alguna. Conocía a Isabel como la palma de su mano, la quería de verdad y jamás hubo dobleces ni reservas entre ambas. Sin embargo, desde que ella y Jorge se casaron, Isabel no fue la misma. Había dejado de ver en ella a la amiga, creyéndose en el deber de asumirla como madre y tratarla como tal. Fue por eso por lo que esa noche Sabina aprovechó la ocasión para hablarle sin tapujos, diciéndole lo lastimada que estaba por su falta de confianza. Le sacó en cara los años de amistad incondicional que las unía y terminó reprochándole el intento de querer suplir a Elisa en su corazón. Deseaba que la tuviera como la amiga de siempre. La amistad si es verdadera se prueba en los ratos malos y por muy malos que fuesen ella estaría en su lugar, lista a enfrentar los embates. Isabel abrió las compuertas de su pecho llorando sin contención. Pero Sabina no esperaba sino eso: el flujo del abandono que le era imprescindible para poder socorrerla.

–Debes decirle a Rafael el estado en que te encuentras.

–No, quiero esperar a estar segura. Voy a tener ese hijo a costa de lo que sea.

–Haces bien. Mantente firme. Puedes contar conmigo pase lo que pase.

Se avecinaba otro año duro, de mucho dolor y muerte no sólo en la familia de Ángela sino también para el país. La intervención yanqui en Granada hizo de nuevo al pueblo cerrarse de duelo y rendir tributo a los compatriotas caídos cumpliendo misión internacionalista en otras tierras. Isabel se vio colmada de trabajo, sin tiempo para pensar en sí misma ni definir la alarmante situación en la que estaba. El binomio perfecto de reportera y fotógrafo que integraban ella y Quique se mantuvo días y noches en jaque al tanto de los sucesos y cuando ambos creyeron que tendrían un respiro, les fue asignada la tarea de cubrir el Festival de la Canción en la playa azul de Varadero. A Quique se le juntaron en el rollo de la cámara las últimas fotos del duelo con las primeras que tomó a Oscarito de León, el músico venezolano que había arribado al país precedido de su fama y puso a bailar al público que colmaba el anfiteatro de la playa haciéndole honor al Beny con su timbre de sonero. «Aquello fue el acabose –contaba Quique al regreso todavía contagiado por la fiebre del festival–; Oscarito sonó su *Ciguaraya* y ahí mismo se formó la gozadera. Las mulatas parecían batidoras. ¡En mi vida he visto tantos culos meneándose a la vez! ¡Y qué culos! De confección nacional. En ninguna parte hay hembras como las de aquí con tanto ritmo y sabrosura. ¿Sabrán en el extranjero lo que significa ripiarse y tener la caja e' bola encendía? Nuestro pueblo es alegre a matarse, ná más que le dan un chance y del duelo se pasa al vacilón. ¡Ñooo, es que la gente está ya de lutos hasta la coronilla! Tenían que meterse en Granada, como si no les bastaran los muertos de Angola y Etiopía y los que hemos dejado en todas las guerrillitas de Latinoamérica, eso sin contar los que se mueren en los calabozos o se comen los tiburones, que ésos sí no los suman a la lista. ¡Qué clase mierda nos ha hecho esta Revolución! Por eso yo digo como Oscarito de León: "Defiéndete tú que yo me defiendo como pueda".» Isabel le suplicó que se callara, que aquella descarga le podía costar el puesto, que dejara de beber de esa manera, porque el ron lo hacía hablar hasta por los codos y lo iban a meter en chirona, por curda, gusano y comemierda. Por suerte en la redacción no se tomaron a la tremenda lo de Quique. Tal vez porque muchos compartían su opinión o porque estaban más atentos a Isabel que, por el contrario de Quique, había vuelto de Varadero muy callada y con aspecto de enferma. Sus compañeros le aconsejaron que pidiera vacaciones y de paso viera al médico. Había trabajado duro y sería conveniente que vigilara su salud, puesto que era de naturaleza delicada y por encima de la ropa sobresalía su finura y distinción. No se lo decían por malo, al menos no con la finalidad que traía siempre la jefa Ladillona, pero a Isabel le picaban las dichosas palabritas: fina, frágil, distinguida... tres pecados capitales difíciles de sobrellevar que equivalían a una clase abolida, excomulgada, difunta en el país, que lamentaba llevar como un estigma.

–¿Qué vas a hacer, Isa, si a ti te hicieron los ángeles? –le decía siempre Quique.

Era la pura verdad. Por más que disimulara, su organismo tendía a resentirse si abusaba de sus fuerzas o pasaba malas noches, y ni decir de su piel que se ponía más roja que un camarón si se exponía al sol de la playa o las arduas jornadas en el campo. Desde luego, esta vez la causa de sus fatigas físicas no se debía únicamente al exceso de trabajo. El médico confirmó sus temores: «Catorce semanas, joven: la felicito», dijo, extendiendo sus parabienes también al doctor Ulloa por la grata novedad. No podía dar más largas al asunto. Se imponía hablar con Rafael cuanto antes y enfrentar a su padre sin demoras. Peor sería que llegara a sus oídos por boca del médico que la atendió en el hospital o de personas extrañas.

«Voy a matar a ese tipo», fue la primera reacción de Jorge cuando supo la noticia. Inconfesables recursos se requirieron para volverlo a la calma. Primero probaron con una infusión de tilo, que no dio el más leve resultado. Más tarde con un café bien cargado que costó medio sobre de la cuota quincenal, también sin efectos claves. Comenzaban a impacientarse cuando Isabel se acordó por casualidad de la botella de ron Matusalén que Jorge había rechazado al vecino de los bajos alegando que no aceptaba regalos por cumplir con su deber. Isabel voló escaleras abajo (el ascensor estaba roto otra vez) y la trajo a escondidas evitando que su padre descubriera lo que Sabina y ella tramaban. ¡Alabao! Si Jorge se olía que su propia hija había violado sus preceptos morales osando reclamar en nombre suyo el regalo rechazado, ahí mismo la cagaban. Pero el momento no era idóneo para recatos. El Matusalén, añejo de pureza y linaje, cumplió el objetivo de traer a Jorge de vuelta. Una sola copita bastó para apaciguarle los impulsos asesinos y regresarlo a la cordura, dispuesto a ser razonable. Aunque el padre y la hija no llegaron a avenirse totalmente, ni alcanzaron a tomar acuerdos definitivos, Jorge respetó la disposición de Isabel de traer su hijo al mundo por sobre todas las cosas, inclusive por encima de la disposición personal de Rafael, quien aún a esas alturas seguía ajeno al dilema. En cuanto a Carmen María, el caso quedó por ver. Isabel argumentaba que su prima no tenía por qué enterarse de nada. Si Rafael no asumía su paternidad, ella se bastaría para enfrentar a solas el problema. No iría a verlo con apremios ni reclamos. Eso nunca. Desde el inicio aceptó la parte que le tocaba en la relación; reconocía su imprudencia y se sabía la máxima responsable. Era ella a quien tocaba el noventa por ciento de la culpa.

–De acuerdo, no te estoy exonerando. Pero ese tipo me las paga. Soy tu padre y no me creo pintado en la pared. A mí me toca también mi parte en este problema. Adviértele a ése que tendrá que vérselas conmigo si se hace el desentendido y no asume como hombre el diez por ciento de culpa que tú apenas le dejaste.

Rafael lo asumió sin vacilaciones. La abrazó emocionado

y lo único que le imputó fue haberse guardado para ella algo que pertenecía a los dos. Luego vinieron las preguntas: que si tenía molestias o malestares, cuántas semanas contaba, cómo la había encontrado el médico, quiénes sabían del asunto y cómo lo tomó su padre. La sola mención del padre hizo a Isabel sudar frío.

–Quiere matarte.

–Tranquila, Isa. Tu padre y yo acabaremos entendiéndonos. Ya verás como todo sale bien. Esta misma noche hablo con Carmen, no es justo seguir engañándola. Es preferible la verdad: que he dejado de quererla, que estoy enamorado de otra y me quiero separar.

La determinación que había en Rafael, si bien aclaró las dudas y acabó por inclinar la balanza a su favor, incrementó en cambio su incertidumbre moral haciéndola ver más claro las consecuencias cataclísmicas que podían sobrevenir de la ruptura. Durante el regreso a casa no hizo más que pensar en Carmen. Representaba en su mente la escena del enfrentamiento que esa noche tendría lugar entre marido y mujer, le parecía oír a Rafael defendiendo el derecho de poner punto final a un capítulo concluido en su vida para dar comienzo al nuevo que no la incluía a ella sino a otra. ¿Cómo tomaría Carmen que esa otra fuese su propia prima? La misma que creció al tanto de todas sus rarezas, se burló más de una vez de sus ingenuos temores y compartió en la niñez sus juguetes y sus ropas. Invirtió los papeles en la escena. Se imaginó a sí misma en la piel de la mujer no querida, abandonable. Fue capaz de penetrar la materia del dolor que estaba destinado a Carmen, valorándolo en toda su heroica dimensión. ¡Cuán duro debía de ser saberse sustituida en el corazón de un hombre! Enterarse de que el hombre con quien se pensó compartir la vida entera había parado de amarte, como si el amor fuese un reloj que se detiene de pronto y se le acaba la cuerda. La abuela Beatriz decía que nadie podía edificar su felicidad sobre las ruinas ajenas. ¿Podría ella hacer la suya a costa de la de Carmen? No creía en el destino. Sabía que antes, como todos en la familia, había creído también en Dios, incluso recordaba haber rezado de niña. Conservaba la sensación de que no era raro rezar en ese entonces, no se consideraba como ahora cosa de viejos, se tenía como una actitud común, algo que no despertaba asombro y se hacía por igual: tanto negros como blancos, ricos o pobres, niños o viejos. Pero esos tiempos le parecían tan lejanos como su propia niñez. Sin embargo, retenía en su memoria un hecho relacionado con Dios que le chocara en la infancia. Fue el día que al abuelo Anselmo se le ocurrió sustituir el cuadro de la Sagrada Cena que estaba en el comedor por una imagen de Lenin. Sería ésa la primera y única vez que presenció una disputa entre sus abuelos. Aunque había olvidado gran parte de los detalles, debieron haber sido crudos y subidos de color porque todavía le duraba en el recuerdo la impresión que le causó. Seguramente la abuela se impuso en la discusión porque el cuadro seguía presidiendo el comedor mientras que la imagen de Lenin ocupaba un sitio en la habitación que fue el gabinete del abuelo. Beatriz, mujer recta de carácter, no admitía intromisiones en lo tocante a sus credos. La abuela parecía saber un poco de todo y acostumbraba a decir cosas muy sabias. Estaba convencida de que el alma se integraba al individuo tomando los primeros elementos del propio líquido amniótico, y cada niño traía la suya al nacer. A los padres les correspondía sacarla del estado bruto y tallarla en facetas. Si algo agradecía a la vida era haber podido contar con alguien como la abuela Beatriz, quien le talló el alma por el haz y el envés, inculcándole a su espíritu los sentimientos más nobles. Pero ahora algo fallaba. Un remolino turbio, sedimentado en el fondo de su ser, se había agitado de golpe subiendo a la superficie, y lo peor: prevalecía a su pesar como algo ingobernable por sobre todo lo limpio. Cuando llegó a su casa estaba ya anocheciendo y había empezado a llover. Se detuvo unos instantes en el umbral, dejando que la lluvia le corriese por encima, hasta sentirse el cuerpo aliviado y la mente despejada de Carmen y lo demás. Entró toda ensopada, y le extrañó que Beatriz no hiciera un caos como siempre corriendo a buscar toallas y protestando a la vez por lo poco que cuidaba su salud mojándose de ese modo y por añadidura en octubre, mes típico de ciclones y catarros resistentes. El único comentario que hizo al verla llegar mojada no tuvo que ver en nada con la lluvia ni con ella sino sólo con el mes.

–Ángela tiene razón al decir que los octubres son trágicos –dijo, dejando escapar un suspiro desalentador que llamó más todavía la atención de Isabel. Le constaba que la abuela no era persona de abatirse ni suspirar fácilmente a no ser que existiesen grandes males.

–¿Pasa algo?

–Sí y no. En fin, no sé cómo lo vas a tomar. Por lo visto Jorge no te dijo nada.

–No he visto hoy a papá...

–Mejor, así te lo cuento yo luego. Primero ven a tomar la sopita de pollo que te tengo.

–¿De dónde sacaste el pollo?

–¿De dónde va a ser, hijita? El de la dieta de Anselmo.

–¿Cuántas veces te he dicho que el enfermo es mi abuelo y que no voy a comerme el pollo de su úlcera?

–Ay, no seas así, Isabelita. Si me alcanzó para todos. Anoche de madrugada te oí vomitando la comida. Seguro te cayó mal la macarela de lata que comiste en el trabajo, o a lo mejor tanto chícharo. Estoy de chícharo hasta el pelo. Oye, que no se les ocurre darnos otros frijoles en la bodega. Todos los meses lo mismo. ¡Cosa más grande!

Isabel recogió la mesa cuando acabaron de comer y ayudó a Beatriz a fregar la loza en la cocina. Estaba tentada a decirle que no era la macarela ni el chícharo lo que la hacía vomitar de madrugada. Pero sabía que la abuela tenía alguna preocupación y no quería angustiarla con lo suyo, que bien podía esperar otro día más. De la sala les llegaban las voces de la película rusa que Anselmo veía en la televisión.

–¿Por qué no se sientan a verla? Se trata de un drama bélico, interesantísimo.

–¡Ni loca veo yo eso! La han puesto como quince veces. Lo sé por la cancioncita que tocan los bolos en el acordeón. De no ser porque es en ruso te sabrías los diálogos de memoria. Y eso que estaba anunciada una de Bette Davis para hoy. Siempre nos dan gato por liebre.

–Como si esa de Bette Davis no la hubieses visto ya también unas quince veces.

–Bueno, pero es Bette Davis y no es de guerra sino de amor.

Isabel intervino y se llevó a la abuela al cuarto, donde podrían hablar sin ser importunadas por el zumbido de los cazabombarderos que salían del televisor.

Beatriz empezó diciendo que Jaime la había llamado esa tarde para darle la noticia de que Rogelio Falcón había muerto de repente durante la madrugada en una clínica privada de Miami, dejando a Lala a merced de la voluntad de Dios, sin nadie de su sangre con quien contar ya en la vida. Según Jaime, en esos últimos años Lala se había vuelto todavía más excéntrica. Andaba siempre rodeada de una claque de adoptados que le chupaban el dinero. Cada día le llovían nuevos ahijados. A todos los bautizaba con nombres de estrellas de cine, los tomaba bajo su protección y a veces bajo su techo, aprobando complacida la vida de parásitos que llevaban a costa de su fortuna, de lo muy anciana que era y lo ida que al parecer andaba ya de la mente.

–Yo en tu lugar le escribiría. Es tu abuela. Tu madre te lo agradecerá desde el cielo.

–¿Y qué le digo?

–No sé... que sientes lo del abuelo, que te aflige saberla sola... En fin, lo que siempre se dice en estos casos.

–Es que no siento nada. Apenas si me acuerdo de ellos dos.

–Así y todo, es tu deber. Eres lo único que le queda a Lala en este mundo.

Isabel se dispuso a escribir la carta. Tomó pluma y papel y quedó como en suspenso sin saber siquiera qué decir en el encabezamiento. Lala, a secas, le lucía un tratamiento muy frío en el caso de una abuela, pero abuela le sonaba más ajeno todavía. Llenó casi medio pliego intentando formalismos que tampoco se avenían a relaciones filiales. Lo rompió y probó de nuevo. ¡Qué difícil resultaba una cosa tan sencilla! Hizo una lista de encabezamientos usuales para ver cuál escogía: abuela, abuelita... Estimada abuela Lala. Ninguno la satisfizo. Todos le sonaban falsos, insinceros, calculados. Faltos de fibra. Cerró los ojos y trató de concentrarse. Le vino la imagen vaga de una señora enlutada que repasaba un rosario enrollado en su mano musitando oraciones apenas sin mover los labios. Era un recuerdo mudo, sin dolor, superpuesto sobre el telón de la mente. Cómo escribir una carta de sentimientos mudos y recuerdos sin dolor. Una carta sin voz no era una carta. Esgrimió la pluma decidida. En la esquina superior de la hoja escribió con tinta negra la fecha. Luego, estampó su firma debajo: al final de la hoja en blanco. La dobló y la alisó con el dorso de la mano, encerrándola en un sobre destinado a la señora Eulalia Benavides, viuda de Falcón. Al poner la dirección de la abuela en Miami, lo hizo con letra de molde para que fuese legible y llegara a su destino. Eso fue todo. A la mañana siguiente al salir hacia el trabajo la deslizó en el buzón.

Últimamente Rafael llegaba tarde a la casa, se acostaba sin comer y dormía de espaldas a su mujer, diciendo que le dolía la cabeza. Pero esa noche llegó más puntual que de costumbre, comió con buen apetito sin muestra de cansancio alguno y al irse Carmen a acostar se maravilló de encontrarlo aún despierto con los brazos cruzados tras la nuca, mirando pensativo al techo.

–Habrá que volver a hablar con María Regla para que acaben de destupir ese inodoro. De nada valió el arreglo del techo. Ahí está otra vez la filtración.

Rafael se sentó en la cama de pronto, buscándole los ojos.

–No se trata de eso, Carmen... es que no puedo seguir engañándote más.

–Tú no querrás decir que tienes otra, ¿verdad? –Se hizo un silencio ingrato hasta que al fin ella añadió–: ¿Es Isabel?... ¿Tú estás con Isabel?

Él afirmó con la cabeza.

–Lo sabía. Dime, ¿no te lo advertí? ¡Ah!, pero deja que yo agarre a ésa...

–Óyeme, Carmen, óyeme primero. Ella no tiene la culpa. En todo caso tómala conmigo. Soy tu marido. Soy yo el que quiere terminar...

–¿Terminar? Estás loco. No puedes hacerme esto, soy tu mujer. Nos queremos, tenemos dos hijos, una misma profesión, llevamos un montón de años juntos. No, tú lo que estás es confundido. Lo sé. Ésa te sonsacó, te hizo perder la cabeza, pero eso se pasa...

–Atiéndeme. Esto no se me va a pasar. Es definitivo en mi vida. Sé lo que duele. ¿Crees que a mí no? Trata de comprender. No quise que me pasara, pero pasó, coño. Me enamoré de Isabel. ¿Entiendes? Tenemos que separarnos.

Carmen rompió a llorar y se abrazó a él suplicando.

–No, Rafa, no me dejes. No te vayas. ¡Te quiero tanto! Por favor, no me hagas esto.

Rafael intentó calmarla.

–No te pongas así, Carmen, si te pones así será peor.

Pero ella insistía, suplicando, llorando a más no poder. Se apretaba a él como un pulpo.

Lo abrumaba con besos desatinados, lastimosos. Mezclaba besos y lágrimas con un ímpetu de nunca acabar.

Él se levantó de la cama, zafándosela de encima.

–Esto se acabó, ¿lo oyes? Déjame, me voy.

Echó mano a la camisa colgada en la puerta del closet, pero Carmen se la arrebató de un tirón. «No te irás», gritó amenazadora, apoderándose de la ropa regada por la habitación para impedirle marcharse. Rafael se exasperaba: «Suelta, coño, dame acá», repetía molesto, andando en un solo pie mientras recogía la camiseta por aquí, el cinto por allá y metía a la atolondrada el otro pie en la pata del pantalón buscando en torno suyo con la vista los zapatos y las medias que le había escondido Carmen. Luchando de esa manera llegaron hasta la sala, Rafael a medio vestir y Carmen dando jalones, empeñada en no soltarlo. Él que sí, coño, que me voy, y ella que no fuera comemierda, que ni muerta le dejaría salirse con la suya para ir tras esa puta.

Teresa se levantó de la cama alarmada por las voces y el jaleo que venía de la sala y los sorprendió a los dos en medio del zafarrancho.

–¿Puede saberse qué pasa? Van a asustar a los niños, hacer que vengan los vecinos y eso sí que no lo admito en mi casa. Orestes, ven a ver...

Al llamado de Teresa, acudió un Orestes soñoliento que se agarraba bostezando la portañuela del pijama.

–Eeeh, ¿qué fue? ¡Carajo, pero qué es esto!

Detrás llegó también Ángela, despabilada del todo y mirando azorada a los contrincantes.

–Carmen no me deja ir –dijo Rafael apenado, haciendo otro esfuerzo por zafarse.

Orestes medió entre ellos.

–Déjalo ir, Carmencita. Las cosas no se resuelven por las malas. Vamos, hija, hazme caso.

Nada. Carmen seguía renuente a dejarse convencer. Al menor gesto de Rafael por desprenderse, reaccionaba tirando de él enseguida, como animada por un reflejo o un mandato apremiante, quizá no del todo consciente. Había cesado de lanzar amenazas al marido, pero esta aparente quietud no era un síntoma confiable. Bastaba observar el aspecto que tenía y la expresión agresiva contenida en su semblante para saber que faltaba lo peor. Entonces se produjo una escena dolorosa. Duró apenas unos segundos, probablemente uno sólo, pero a todos les quedó grabada en la memoria para siempre. Orestes se vio obligado a imponer su autoridad reduciendo a su hija por la fuerza. Con un hábil forcejeo consiguió separarla del marido, pero no pudo impedir que alcanzara el cenicero de Murano que estaba en la mesita del centro y lo lanzara a la cabeza de Rafael, quien tuvo el buen tino de esquivarlo y salir a la carrera, antes de que el proyectil fuese a dar contra la puerta haciéndose añicos en el suelo.

–Te va a pesar. Ya verás lo que te espera.

Fue lo último que Rafael oyó antes de recuperar el resuello y cerrarse el ascensor.

17

Aquel «te va a pesar» que Carmen María le lanzó a Rafael junto con el cenicero cuando escapó por la puerta se hizo sentir de inmediato en su unión con Isabel. En los dramáticos meses que siguieron a la separación, la vida se les vino encima cargada de sinsabores, inquinas y desavenencias. Carmen, decidida a no cejar un ápice en su afán de reconquista, persistía en dar batalla. A veces, aparecía hecha una furia, otras, reconciliadora y las más, tirada a morir, manteniendo a la familia intimidada con sus propósitos suicidas y a Rafael con el credo en la boca, pendiente de las mudas de su humor y sus continuas amenazas de prohibirle ver a los niños. Había rebasado todos los límites, llegando a humillar a su marido delante de sus colegas del hospital, increpándolo con palabras ofensivas, incluso delante de los pacientes, muchos de los cuales participaban consternados de las intimidades del doctor y la doctora sin saber a qué atenerse. A las ofensas verbales se sumaron las persecuciones y los hostigamientos telefónicos; la mayoría de sus llamadas eran mudas, con el solo objetivo de escuchar la voz amada y resignarse a colgar amargamente, siempre que no respondiera Isabel y tuviera la oportunidad de acribillarla a palabrotas. En ocasiones el timbre del teléfono despertaba a Rafael a altas horas de la noche. Carmen reclamaba su presencia en casa usando como pretexto a los hijos. Entablaba una conversación rutinaria, aparentemente inofensiva. Decía que los niños lo extrañaban, que habían bajado de peso, que estaban tristes o enfermos, que tenían dificultades en la escuela, que necesitaban esto o lo otro, pero sobre todo a él, ahí empezaba a lamentarse y del lamento iba a la súplica, de la súplica a la recriminación, de ahí pasaba al insulto y finalmente a las lágrimas. Los niños eran la única arma con que Carmen contaba a su favor y los involucraba a conciencia. Isabel representaba la mala de la película. Por meses la persiguió con una tenacidad de pesadilla. Lo mismo le armaba una pelotera en la puerta de la casa, que en el centro de trabajo, que en la cola de la guagua. Isabel sobrellevaba la crisis con bastante dignidad, nada de lo que ocurría la tomaba desprevenida y se sabía además respaldada por Rafael y los suyos, inclusive por Beatriz, quien tuvo la suficiente presencia de ánimo para encarar a Teresa y escuchar los reproches de Ángela sin perder su compostura ni hacer desmerecer a la nieta que adoraba. «Tal como corresponde a una dama», según el decir de Anselmo, que no perdía oportunidad de ponderar a su mujer, principalmente ahora que la sabía haciendo de tripas corazón delante de las Falcón y manteniendo a duras penas el decoro familiar.

Por suerte esos asuntos morales no se miraban en esos días con la misma óptica que los miraba aún Beatriz. Su nieta no había de ser señalada por el hecho de ser una madre soltera como en los tiempos de antes ni tendría que tragarse la vergüenza y encarar la sociedad envuelta por el escándalo. Isabel recibió en su trabajo muchísimas muestras de apoyo. Todos los días sus compañeros le traían un nuevo presentico que contribuyera a incrementar la incipiente canastilla. Un par de mediecitas tejidas con hilo osito, una colonia Bebito o un muñequito de goma de los que hacen fui, fui y sacan muy raras veces por las casillas adicionales siempre que haya lactantes en la libreta. Tampoco constituyó motivo de escándalo su repentina unión con Rafael. La propia Ángela, tan aferrada de por vida a la moral, reconoció ante Beatriz que en los tiempos que corrían el divorcio se había popularizado tanto que parecía formar parte del folclore nacional y era cosa de todos los días que a una esposa, por muy santa y decente que fuese, el marido la dejara de buenas a primeras como a una papa caliente para casarse con otra, aunque esa otra no fuese ni tan santa y quizá ni tan siquiera decente. El único comentario que hubo a decir verdad un tanto fuera de tono fue el de la jefa Ladillona, que por esos días empezó a calibrar a Isabel con otros ojos y a mudar de parecer, afirmando que se había caído de culo al saber en lo que andaba la niña bitonga, porque quién iba a creerla capaz de embollar a un hombre ni de ser tan echaíta p'alante, tan papayua, vaya, como para quitarle el marido a la prima. Nada, que una no podía fiarse ya ni de su sombra.

Sin embargo, los primeros sinsabores de ambos como pareja no vinieron únicamente de los resentimientos de Carmen ni de la mala intención que les inculcaba a los niños, sino que partieron de las fricciones creadas por la convivencia. El principal escollo que Rafael encontró al mudarse con los Ulloa fue la rigidez de Anselmo, un peñasco inaccesible contra el cual habrían de estrellarse de entrada sus mejores propósitos. Los años y las ausencias familiares que no quería confesar le habían agriado el carácter transformándolo en un cascarrabias empedernido que se irritaba por gusto con los vecinos del barrio, armaba líos en las colas y peleaba con frecuencia por el placer de pelear. Beatriz era para él sagrada y la nieta seguía siendo la niña que siempre fue, la misma muñequita rubia que quiso lleno de pena y luego lleno de orgullo cuando se hizo mujer. La llegada de Rafael resultó una intromisión súbita en su vida. No soportaba a un extraño compartiendo las mujeres de su casa, profanando su dominio y el reino de su privacidad. Como Beatriz a menudo sacaba a relucir las buenas migas que antes habían hecho él y Quique, Anselmo le replicaba diciendo que no podían compararse el uno con el otro. Quique era un tipo campechano al que todo venía bien, un hijo del proletariado, buena gente y hombre a todo. ¡Je!, pero este mediquito ojos bellos con ínfulas de señorito era harina de otro costal. No sólo metía la nariz en todo sino que por no dejar de fijarse, se fijaba hasta en las telarañas que tenían en el techo. En eso tenía razón, Rafael tenía sus escrúpulos y Beatriz parecía adivinarlos.

–¡Ay, hijo, desde que no tenemos criada este caserón se me viene encima! Yo sola para limpiar, imagínate, con este puntal tan alto y sin un deshollinador. Lo digo porque te veo haciéndole muecas al techo. No te apures, ya verás lo pronto que te acostumbras.

Tendría que acostumbrarse, además de a las arañas, a las hormigas, las cucarachas y los ratones de diversos tamaños que andaban pululos por toda la casa, y en especial a los métodos de ahorro que el viejo Anselmo tenía implantados en su hogar y le impuso desde el primer día como un decreto ley. Primero: el jabón no se ponía directo en el lavamanos, sino encima de una chapita de refresco para que no se hiciera una baba y rindiera todo el mes. Segundo: el tubo de pasta de dientes se exprimía de abajo hacia arriba y no se tiraba sin antes abrirlo con una tijerita y aprovechar lo que quedase. Tercero: el puré de tomate no se le echaba al pan como si fuera ketchup y jamás se usaba puro, se ligaba en un jarrito, mitad puré, mitad agua. ¡Ah!, en cuanto al agua, le advirtieron que allí todo era por cubos. El agua no subía a los tanques ni salía por los grifos desde que se había quemado el motor hacía cosa de diez años y era necesario cargarla directo de la cisterna. A cubos se descargaba el inodoro, a cubos tenían que bañarse, a cubos se limpiaba, se lavaba, se fregaba la loza, se regaban las maticas del portal y las arecas que Beatriz tenía a lo largo del corredor. El cubo fue lo primero que le brindaron, o mejor dicho, le colgaron de la mano en cuanto traspasó la puerta. La casa de los Ulloa era uno de esos enormes palacetes, al estilo de los Loynaz del Castillo, que los ricos poseían en el Vedado habanero. En su época debió de haber sido espléndida y hasta lujosa, pues todavía conservaba cierto aire de señorío y los restos de su pasado abolengo en las columnatas dóricas del portal, las estatuas mutiladas que rodeaban la terraza y los angelitos góticos pintados en los techos, cuyas clámides lucían despellejadas y ausentes de colores descifrables. Pero lo más hermoso de todo estaba en el ambiente nostálgico del jardín o lo que debió de ser un jardín, porque de él no quedaba más que eso: la nostalgia de lo que fue en su tiempo, y una fuentecita seca con un cupido de mármol y pupilas en blanco que parecía clamar al cielo la vuelta de un hilito de agua cantarín que fluyera de su boca y reviviera la fuente. Rafael poseía una fértil imaginación que le permitía reconstruir en la mente la casa tal como debió haber sido. Eso lo deprimía hasta el punto de extrañar cada día más la vida en el apartamento. ¡Coño, con aquella vista al mar y el Lada esperándole en el garaje! Después de sus hijos y el Lada, a quien más extrañaba era a Angelita, que cocinaba como nadie, siempre se las arreglaba para conseguir algo por fuera y tenerle la comida caliente cuando llegaba de la guardia médica. Aquí, de conseguir por fuera, nananina. La comida era pobre y estaba mal sazonada, el café que ni se diga de aguado y cuando no, brillaba por su ausencia. La primera discusión que tuvo fue por culpa del café, que estaba al igual que lo demás incluido en el código de ahorro que él aún no alcanzaba a interpretar. Estando casado con Carmen se habituó a beber café sin restricciones. Angelita jamás permitía que faltara el café en su casa. Sabía que Orestes se moría si no tomaba un buchito antes de prender el cigarro y tenía invariablemente en la cocina un frasquito ámbar de Citrogal con la colada reciente. La mañana de la discusión Rafael se había levantado molesto, pensando en la caminata de doce cuadras al sol que le esperaba para llegar al hospital, ahora que no contaba con el carro de Teresa.

Sobre el asunto del carro habían discutido también hacía dos noches atrás.

–Coño, Isa, si convencieras a tu abuelo de que nos dejara usar ese Buick que tiene pudriéndose en el garaje.

–¡Tú estás loco! ¿Con qué dinero contamos para arreglarlo?

–Eso déjamelo a mí. Conozco un tipo que le sabe un mundo a la mecánica. Su mujer es paciente mía. De seguro ni nos va a cobrar nada.

–Bueno. Voy a ver cómo le entro. Sabes como es de testarudo.

Pero nada. No se tocó más el tema, o tal vez sí se tocó a sus espaldas y el viejo dijo que no tan sólo por llevarle la contraria. «¡Que se vaya a la mierda con su carro!», se dijo acabando de tomarse el desayuno de mala gana. Fue al probar el café que se le escapó la frase.

–Esto sabe a lavados vaginales.

Isabel lo miró incomodada.

–Estás que protestas por todo. Ni que hubieras probado a qué saben los lavados.

–Tampoco tú has probado las cucarachas y el otro día dijiste que el arroz te sabía así –replicó Rafael.

Anselmo los cortó sonando un manotazo en la mesa.

–Me cago en diez, coño. Tienes razón: sabe a chocho, ¿y qué? Ése es el café de aquí, el que hace mi mujer, para que el polvo le dure la quincena. Dos coladas al día, doctor, y una extra los domingos si es que tenemos visita. ¡Ah!, una aclaración, el inodoro no está tupido de nuevo, la peste a mierda del baño es del jabón amarillo de lavar que huele a culo, pero con ése tendrá que bañarse, porque este mes no vino jabón de tocador a la bodega. En esta casa no se compra ni un alfiler en bolsa negra y al que no le venga bien, puede irse a otra parte.

Ni siquiera la llegada de Michael, que nació a finales de año colmando de alegría a los Ulloa, consiguió aliviar del todo las tensiones familiares. Anselmo, por no dejar pasar una, la tomó hasta con el nombre que Isabel y Rafael le pusieron a su hijo. Mira que ponerle a mi biznieto un nombre yanqui. ¿Por qué no le pusieron Fidel, o Vladimir, o el nombre de un heroico cosmonauta ruso como hizo Jorge Alejandro con su hijo? No señor, se antojaron de llamarlo como ese artista excéntrico que estaba en pleno apogeo con su baile de visajes que lo dejaba a él intrigado haciéndose conjeturas por no poder definir a simple vista si era hombre o mujer ni si era negro o blanco. Los domingos, cuando Jorge y Sabina venían a visitar a los viejos, trataban de aplacar los ánimos. No se hablaba de otra cosa que del niño que acababa de nacer y se hacía un almuerzo en familia con todas las de la ley, que Rafael apenas probaba por ser el domingo el día de visitar a sus hijos y tener que vérselas con Carmen.

Dara y Damián crecían por día, progresaban en la escuela y a medida que pasaba el tiempo se volvían más curiosos, queriendo saber por qué el padre se había marchado de casa. Darita era la más preguntona.

–Papi, ¿tú ya no nos quieres?

–Claro que los quiero mucho, mi amor. Yo nunca he dejado ni dejaré de quererlos.

–¿Y por qué no vives con nosotros?

–Bueno, es que tu mamá y yo tuvimos problemas. Cosas de gente grande.

–Pero mami te quiere mucho y dice que te pida que vuelvas.

–¿Tu mamá te dice eso?

–Sí, y dice que Isabel es mala y que no debo querer al hermanito nuevo, que tú lo quieres a él más que a mí y que a Damián. ¿Eso es verdad, papi?

–No, mi cielo, tu mamá está equivocada. Dice cosas que no son.

–Entonces no le hagas caso. ¿Ves qué fácil? Quédate en casa y ya. Anda, papi, quédate.

Rafael regresaba destrozado, se acostaba sin comer y miraba a Isabel como si fuese una extraña. Se sentía molesto consigo mismo. Creía haberse precipitado por el sorpresivo embarazo de Isabel y empezaba a preguntarse si el amor merecía precio tan alto.

Eso mismo se preguntaba Ángela todos los días. No había dudas de que el amor entre todas las cabronadas de la vida era la peor y la más cara. El precio lo estaban pagando todos: los niños que necesitaban estar cerca del padre, Carmen que seguía desconsolada, María Esther, que se había encariñado desde niña con el cuñado y se veía entristecida por su ausencia, Beatriz, quien la llamaba por teléfono dejando escapar siempre un tono de aflicción que no ocultaba del todo la vergüenza que sentía. Ella misma no sabía cómo esquivar a la gente cuando le hablaban del asunto poniendo cara de pésame y refiriéndose a Carmen con cierto dejo de lástima. La lástima era terrible, eso lo sabía bien. Era peor que la nada, si es que la nada era algo y tenía peso y dolor, pues la lástima pesaba y dolía más que todos los dolores juntos. ¡Pobre Carmen!, qué sucio le jugó la prima. Jamás perdonaría a Isabel el daño que les hizo a todos. Quién lo diría, caray, tan modosita, igual a la gatica de María Ramos, que tira la piedra y esconde la mano. «No sigas con ésa, Angelita –decía Orestes cuando la oía pensar en voz alta–. A Carmencita se le pasará, todo pasa en esta vida, cuñada, no hay mal que dure cien años ni cuerpo que lo resista.»

Teresa no hacía comentarios. Tragaba bilis en silencio pero lucía como siempre: estable y dueña de sí. Poseía un perfecto sentido del orgullo y comprendía que su hija estaba haciendo el ridículo. Más que nadie padecía los papelazos de Carmen, la sabía cayéndole atrás a Rafael, poniéndose con su actitud en boca de todos los vecinos y de sus propios compañeros de trabajo que hasta ayer la tuvieron en tan alta estima. Todo aquello le parecía intolerable. El bochorno la hacía recomerse por dentro y tragar buches amargos. Se había desentendido de Carmen mientras ésta fue una niña. Los niños para Teresa debían mirarse de lejos y tenerse de bonito. Le restó siempre importancia a las manías de la hija y a eso de que dijera estar enferma de sí. Todos los chiquillos tenían sus rarezas: Ángela tuvo las suyas y ella tampoco fue una excepción, mas no por eso en su casa se consideraron anomalías y mucho menos dolencias. Cuando la hija creció puso en claro sus derechos maternales. Por años vivió tranquila y satisfecha de Carmen. Se sentía orgullosa de saberla estudiando Medicina, de que siguiera los pasos de su abuelo, el doctor Serafín Falcón, todo un sabio. Los médicos eran estetas de la ciencia, seres de apariencia higiénica, pulcros y respetables que andaban siempre de blanco cuidando de su prestigio. A Teresa le importaba mucho eso. Todo lo que tuviera que ver con el respeto, el prestigio y la pulcritud. Por otro lado Carmen jamás le dio quebraderos de cabeza, se casó con su primer y único novio, el joven y apuesto doctor que se había graduado con ella. Juntos terminaron la carrera, hicieron el servicio social en el campo, partieron a cumplir misión a Nicaragua, trabajaban en el mismo hospital, y entraban y salían de casa. Eran una pareja modelo, profesionales y padres modelo de unos gemelos robustos y saludables. Era el estado perfecto. El orden de la familia ideal y equilibrada, que jamás subía el tono de la voz ni daba que hablar a los vecinos. Ella presumía de su puesto en la universidad y de todas las cosas honorables que había logrado con los suyos. Hasta entonces se consideró invulnerable. Las tragedias familiares le habían resbalado siempre por un costado sin rozarla. Mantuvo a Orestes sujeto a ese costado, por donde dejó resbalar todas sus infidelidades. Impidió a toda costa que la madre se casara con el tío y lo siguiera al norte, cosa que le hubiera ocasionado trastornos y vergüenzas, quizá no tan resbalables. Al triunfo de la Revolución superó el lastre del apellido Falcón y salió ilesa en los minutos cruciales. Sacó su posición adelante, era admirada, respetada, ¡quién sabe si hasta temida! Era reina por derecho. Pero ahora su reinado se venía abajo como un castillo de naipes. Una segunda Elisa resurgía y le eclipsaba el firmamento. Elisa fue la única que le hizo sombra con Águeda y le ganó la partida casándose con Jorge. Luego Dios le hizo el favor de quitársela del medio. ¿Por qué se la devolvía ahora en la hija llevándole al yerno modelo, la pieza perfecta del marido que encajaba en el hogar? Teresa sufría, sí. Pero su dolor no era reflejo del que su hija padecía sino más bien pura rabia; una rabia verde que empezaba a sulfatarla por dentro, minándole el organismo y salpicando su piel con unas pecas extrañas.

Ángela, que conocía a su hermana como nadie, la había venido observando en esos días. Teresa desde chica fue reseca y avinagrada pero pecas nunca tuvo y menos unas tan raras. Como Jorge andaba de vacaciones en la playa con Sabina y los nietos, mandó a buscar a Cachita, que tendría sus cosas malas y todo eso pero era buena enfermera y sabía casi tanto como el mejor de los médicos.

–¡Ay, Angelita, no sé! Parece algo del hígado, pero es mejor consultar con algún especialista.

El especialista dio un diagnóstico similar. Era evidente que el hígado de Teresa andaba en malas condiciones, aunque lo de las pecas seguía sin explicación. Cada vez le salían más. En menos de un mes, le brotaron tantas que llegaron a cubrirle todo el cuerpo. Lo peor fue que su piel empezó a supurar un zumo semejante a la bilis que era un completo misterio. Teresa se podría en vida y no se sabía de qué: no era cirrosis, ni cáncer, ni hepatitis. Los análisis no esclarecían nada. Una noche, empezó a quejarse de cólicos y punzadas por todas partes. Su piel se veía verdosa y purulenta, Ángela tuvo la impresión de que estaba a punto de ahogarse.

–Orestes, ¿por qué no llamas al médico? –dijo, tratando de que la enferma no la oyese.

Pero Teresa la oyó a pesar de todo y, haciendo un gesto imperativo con los ojos, le ordenó que se acercara a la cama para poder hablarle al oído con el resto de voz que le quedaba.

–Mejor será que me traigas al cura, Angelita. Los médicos no remedian lo que tengo: tú lo sabes. Me estoy muriendo de rabia. De la rabia que tragué toda mi vida.

Carmen María se plantó frente a su tía dispuesta a cortarle el paso.

–¿Un cura aquí?, ¡ni lo pienses! ¿Qué dirían el CDR y los vecinos de esta casa donde viven militantes?

–El cura no es para ti ni para Orestes. Es para tu madre que está en las últimas, Carmen.

–No saldrás por esa puerta. En este edificio jamás se ha visto una sotana.

Orestes entró a la sala como una exhalación.

–Coño, Carmen, es tu madre –dijo apartando a su hija, irritado–. Se está muriendo, carajo. Deja que la gente hable la mierda que le dé la gana.

Carmen María dejó la puerta libre y corrió al cuarto ahogada por los sollozos. Pero el cura llegó tarde. Encontró a Teresa muerta, tendida sobre la cama con una expresión reacia en la boca y evacuando todavía por los poros los últimos residuos de su rabia.

A comienzo de la primavera murió Gabriel en París. La noticia conmovió los círculos artísticos del mundo y se hizo eco en la prensa nacional donde se le consideraba un maestro de la escuela paisajística, cuyo arte engrandecía a la patria y más que todo, la imagen de la Revolución. Ángela terminó de leer las escasas cuatro páginas del diario oficialista que circulaba en el país, pensando lo envidiable que resultaría para cualquier cubano normal morirse de esa manera. Hasta la muerte valía la pena en París. ¡Caray, qué bonito sonaba eso de abandonar este mundo en plena primavera! Desde luego, la de allá, que nada tenía en común con la de aquí, donde no había primaveras precisables, sino inviernos pasajeros y un verano siempre invicto como el propio Comandante. ¡Sálvenos Dios de no tener esa brisa que nos bate desde el mar! Aunque a decir verdad cuando al tiempo le daba por ponerse farruco, soplaban unos nortecitos de chiflar la mona por el Malecón y a ella la nariz se le ponía como un pollo con moquillo. La esperaba una noche de velorio insoportable. No podía darse el lujo de tomar antihistamínicos, porque le entraba zoncera y ella siempre pensó mal y tachó de indolentes a los que aprovechaban los velorios para dormir a pierna suelta. Más si se trataba de velar a un genio, héroe de la Revolución, que retornaba a la patria para ser sepultado en Río Hondo, su pueblo natal, con todos los honores de ley.

Años después, le vendría muchas veces a la mente el velorio del tío Gabriel. Volvería a ver a Mariko, igual que aquella noche, con los ojos oblicuos clavados sobre el féretro cubierto por la bandera cubana. Abroquelada en su viudez de gloria, mientras dejaba resbalar a ratos una lágrima de cera por su semblante de cirio. Había permanecido de por vida fiel a su concepto del clan, y acaso siempre feliz: la más feliz quizá dentro del clan, donde ni un hijo, ni un nieto, faltaba todavía. Ángela insistía en decir que los velorios eran una de las pocas cosas que no habían entrado en las transformaciones del país. A no ser en que ahora los entierros no costaban y todos los difuntos se iban al cementerio en una caja de pinotea similar sin dejar a la familia otra preocupación que no fuese la del hueco que ocasionaban con la baja en la libreta de abastecimientos o la del propio vacío que siempre deja la muerte. Por lo demás, los velorios constituían un motivo de reencuentros entre amigos que no habían coincidido en mucho tiempo. Era la oportunidad idónea para arrancar las tiras del pellejo, lo mismo la tomaban con fulanita que estaba hecha leña, que con menganita, que se conservaba en formol aunque le habían pisado el callo, se le había acabado la cojioca, y la vida de mayimbona que se daba, viajando al extranjero y estaba que trinaba, a punto de querer pirarse al norte. Todavía tenía fresco en la memoria el de Teresa, que fue también muy concurrido como correspondía al alto cargo de su hermana. Quizá fue por eso mismo que se habló hasta por los codos y se trajo a colación a la querida de Orestes a quien ella creía ya fuera de circulación; es decir, relegada al pasado. Allí con Teresa de cuerpo presente supo que su cuñado seguía ligado a la mujer de aquellas fotografías de la playa y pudo comprobar también de improviso que su sobrina María Esther, quien hasta entonces fue mimada como la chiquitina de la casa, estaba definitivamente crecida y convertida en mujer. Había sido necesario avisarle de la muerte de su madre a la carrera, porque andaba de cara al campo en Pinar del Río, cumpliendo la jornada de cuarenta y cinco días con que los estudiantes del Pre contribuían anualmente en la zafra tabacalera y pagaban sus estudios al Comandante. La pobrecita llegó a la funeraria presa de incredulidad. Buscaba por todas partes, como si aún esperara encontrar a Teresa con vida mezclada entre la gente y no tendida en la caja. Venía desguabinada del viaje y traía puesta aún la muda del campo, percudida de tierra colorada. Cuando al fin consiguió aceptar la realidad, no atinó sino a soltar la pesada maleta de madera y correr a abrazarse al féretro, en medio de un silencio trágico. Fue extraño que en un momento como ése Ángela se diera cuenta de pronto del estirón que había dado María Esther. Le parecía imposible que la niña pudiera alcanzar el féretro y doblarse encima de él, sin tener siquiera que empinarse. Alguien que no recordaba tuvo el acierto de decir que los muchachos crecían sin apenas darnos cuenta. Ese simple comentario bastó para romper la mudez y aligerar el ambiente de la penosa impresión causada con la llegada de su sobrina. Todo el mundo comenzó a hablar a la vez y a comentar de lo mismo: que mira lo alta que está, que mira qué bonita es, que quién diría que se iba a recuperar así de lo de las piernas, porque había que ver las piernas que tenía la muchacha. Como las de Loipa, la bailarina de ballet que sirvió de modelo a la heladería Coppelia. No entendía cómo podían admirarse las piernas de María Esther, llevando esos toscos pantalones de los trabajos productivos. Tampoco le haría pizca de gracia que sus compañeros del Pre dijeran que era muy sexy. Lo de sexy dejó a Ángela intrigada mucho tiempo. ¿Qué querían decir con eso? Nada bueno, por supuesto. Dios no debió permitir que hiciera lo que les hizo después.

18

A raíz de la muerte de Teresa, Carmen María trajo a casa un enamorado. Se trataba de un bigotudo vulgar, de mirada pendenciera y lengua jactanciosa que pasaba de los cuarenta y era, para colmos, calvo. Con sólo echarle una ojeada, a Ángela le dio mala espina, pero ni aun el dinámico sistema del que ella disponía para enterarse de la última, alcanzó a poner en claro del todo al individuo en cuestión. Con el tiempo y sus muchas diligencias, Ángela había conseguido establecer una red informativa que controlaba los municipios habaneros, y se extendía además a otras provincias. Esto le permitía no sólo mantenerse al tanto de las bolas que corrían sino conocer con antelación por dónde andaba el pollo de población, la leche de los ancianos mayores de sesenta y cinco años o la carne de dieta. Esa primacía hizo que se ganara en la cuadra el calificativo de Radio Bemba, cosa que además de parecerle una provocación, consideró una ingratitud a sus bondades, puesto que se ponía en tela de juicio la buena fe que la movía a estar siempre en contacto directo con los problemas del entorno. Sin embargo, el primer objetivo que Ángela se trazó al armar la red fue el que Orestes no se quedara cojo con los cigarros: los fuertes, que eran los que fumaba su cuñado, y ella cambiaba por los suaves de la cuota, mediante un círculo programado, ágil y puntual que nunca le falló en años. Pero este sistema envidiable de corresponsales, que aportaba inclusive valiosas informaciones sobre lo mal que le iban las cosas a Rafael en casa de los Ulloa, no fue lo suficientemente efectivo con el bigotudo que andaba interesado en Carmen. Se sabía, eso sí, que había venido de Oriente dejando allá mujer y tres hijos. Por ese lado podía ella estar tranquila, de la mujer estaba divorciado con papeles y los hijos eran grandes y no constituían estorbo. Lo que sí nadie sabía era a qué se dedicaba el tal señor. Probablemente era bisnero y vivía de sus marañas porque se las daba de ser macetúo y estar forrado en billetes, y lo único que necesitaba era un techo en La Habana para vivir sabrosón.

–Eso es lo que quiere de ti, Carmencita: el apartamento. No me mires atravesado, te lo digo por tu bien. ¡Dios mío!, no estarás pensando traerlo para acá...

–Y si lo pienso, ¿qué? No creerás que voy a pasarme la vida como tú: sola y sin marido.

Fue así que empezó la cosa. Aunque cuando trataba de ser justa se decía que las querellas más gordas no las causó el bigotudo (lo del bigotudo vino después) sino aquel empecinamiento de Carmen por procurar que ella le diera las joyas de la familia para entregárselas al Estado, a cambio de unos chavitos para comprar en las shoppings. Ella se opuso, desde luego. Ni muerta permitiría que le quitaran lo último que le quedaba de valor entre los muchos valores que sabía ya perdidos. Jamás cambiaría sus recuerdos por artículos de porquería. Pero Carmen seguía dale que dale. Mierda llamaba su tía a tener un televisor en colores y un vídeo para ver películas americanas. Como si no fuera ella la que más se quejaba de las películas rusas del año de la corneta que ponían por la tele y la primera en sentarse delante de ese cáncamo en blanco y negro que le iba a comer la vista de lo mal que se veía. En nada de eso pensaba. Por lo visto ni en los niños. Tanto que decía quererlos y ni una sortijita les cedía para comprarles ropitas; a lo mejor, alcanzaba para un aire acondicionado. Y eso por no hablar de lo que sería tener un refrigerador moderno, de dos puertas, igual que el del vecino del sexto que se había comprado el suyo entregando todo el oro y la plata, total, sin tanto aspaviento. Todavía se acordaba del brillante de la abuela Aguedita. Debía de valer cantidad. Todo el mundo decía que era como un garbanzo de grande. ¿Cuánto no darían por el sortijón de oro macizo del abuelo Serafín?

–Ni muerta, Carmen, ¿lo oyes? Déjame en paz. No sigas con la cantaleta.

Orestes mediaba siempre entre las dos, impidiendo que las peleas llegaran a ser candentes. Pero esa tarde la situación se tornó tan peliaguda entre la tía y la sobrina que las voces silenciaron la estampida de los truenos y el rumor de la lluvia sesgada que corría por los cristales. Fue ésa la primera vez que Carmen perdió los estribos y se atrevió a atacarla con una frase mordiente.

–No eres más que una vieja... una solterona de...

El puñetazo que Orestes descargó contra la puerta paró en seco a su hija y dejó inconclusa la frase en su boca. Se había levantado de la butaca de la sala sin que ninguna de las dos lo notase y miraba a Carmen como si una furia ancestral, guardada durante siglos, le hubiese subido de golpe a los ojos.

–Cállate –dijo sin alzar el tono, pero con la cólera reconcentrada en la voz–. Esa que está ahí, ha sido más que tu madre. Cuídate de ofenderla en mi presencia o no respondo de mí.

Afortunadamente en los días sucesivos las peleas se calmaron. Carmen solía llegar tarde y a veces ni venía a dormir haciendo progresar su relación con el bigotudo, mientras Ángela, más liberada, se dedicaba a seguir por televisión los pormenores de la llegada del nuevo hombre del Kremlin que acaparaba por entonces la atención de todos en el país. Había oído relacionar más de una vez el futuro de la URSS con la llamada perestroika: sí que esos bolos se gastan unas palabritas raras para dejarla a una en blanco y trocadero. Con todo, de la visita dedujo que por la patria de Lenin se estaba pensando en cambios y hasta tuvo la impresión que esas exhortaciones cordiales del visitante para que nos esforzáramos más, y fuéramos más responsables, dejaban entrever, como quien no quiere la cosa, que la URSS enfrascada como estaba al parecer en sus conflictos internos no iba a procurarnos la misma ayuda que antes ni a ser ya tan solidaria. «¿Será que nos van a cerrar el grifo?», se preguntó consternada, y se impuso la tarea de empaparse en el asunto. Pero cuando algunos compatriotas que regresaban de la Europa Oriental la pusieron al corriente de la situación y le explicaron no sólo lo que significaba la llamada perestroika sino que le hablaron de la glásnost y el pluralismo, comentando además que Polonia y Hungría buscaban la vía del capitalismo, Bulgaria estaba en la cuerda floja, Rumanía con problemas y Alemania a punto de tumbar el muro, creyó que a ella se le habían pegado los cables o le patinaba el coco.

–¿Qué va a pasar aquí si los rusos se viran del otro lado, Orestes?

–Angelita, ¿qué bicho te picó? Mira qué cosas se te meten a ti en la cabeza. No irás a decirme ahora que estás preocupada por la salud del socialismo.

–Sí, tienes razón. Debe de ser que me estoy poniendo chocha.

Ese año el calor empezó temprano, y Ángela repitió lo mismo de todos los años: «¡Madre mía, qué verano nos espera! Aquí debían quitar tres meses del almanaque». Pero más que el calor, que parecía superar siempre sus expectativas, la tenía asombrada la candente situación que se vivía en el país.

–Ni yo misma, Sabinita, que estoy en contra de ciertas cosas... podía imaginar algo así. Cuando lo oí por la radio de afuera, lo tomé como una patraña más. ¡Contra!, ya se me fue que oigo la radio de allá. Bueno, hija, es que tengo la cabeza mala. De una vieja como yo, ¿qué más se puede esperar? Tú me entiendes, ¿no?

–Sí, Angelita. Lo que no sabía era que tú consideraras patrañas lo que dicen por allá.

–Ven acá, Sabinita, eso no es una indirecta, ¿eh?

–No, qué va, en absoluto.

–Me alegro, porque fíjate: no me gusta que me tilden de lo que no soy. Tengo mis rezagos: lo reconozco, pero lo que es a ti siempre te he tenido en un altar.

–¿A mí, Angelita?

–Sí, a ti. ¿Nunca te lo dije? Pues, ya ves, para eso vine a verte. Pero bueno, a lo que iba: le zumba el mango, Sabina, que un país como éste con un CDR que vigila cada cuadra, y un aparato represivo, ¡perdón!, un cuerpo de seguridad, que nos protege del enemigo y que es tan eficiente, estuvieran ajenos a la corrupción en la que estaban metidos sus ministros y generales de las FAR y del MININT...

–¡Ay, Angelita!, me basta. ¿Para qué tantos rodeos? Viniste para que esta noche te invite a ver el juicio en colores por televisión. Si no te conociera yo.

–Y... ¿Isabel? Vendrá seguramente.

–Lo más probable es que venga.

–Bueno, ¡qué le vamos a hacer! El caso merece el sacrificio de tener que tropezármela.

Se la tropezó como era de esperarse, y la saludó de mal talante. De no haber sido por lo interesada que estaba por ocupar el primer asiento frente al televisor para no perder detalle, Ángela se hubiera fijado en la tristeza que embargaba a la muchacha, en la cara de disgusto que traía Rafael y en la de pocos amigos que tenía el viejo Anselmo, que había llegado como siempre del brazo de Beatriz. La casa estaba llena de vecinos que venían como ella a ver el juicio en colores. Todos pensando en lo mismo, algunos con indignación y otros colorados de vergüenza. Sí, que no era para menos, se dijo Ángela, arrellanada ya en el primer puesto. A las ocho en punto empezó el juicio sumarísimo, y la indignación y la vergüenza se pusieron al rojo vivo. Salieron a relucir cosas que la dejaban a una con la quijada caída y los oídos ardiendo. Se hablaba de narcotráfico, de lavado de dinero, de entrevistas con el zar de Medellín, de operaciones con marfil, oro, diamantes y maderas preciosas extraídas de las selvas africanas, de ventas en la candonga, cambios de kwanzas en el mercado negro y hasta cuantiosas sumas de billetes ingresadas en cuentas personales. Eran grandes sumas de todo, de droga, de dinero, de autos lujosos, de casas ostentosas, incluso de armas regaladas por los lancheros narcotraficantes a los generales y comandantes acusados.

Los comentarios corrían por la sala.

–¡Oye eso!, le estaban tumbando droga al mismísimo Escobar.

–Deberían fusilarlos a todos.

–Coño, el pueblo pasando una del carajo y ellos viviendo la dulce vida.

–Qué falta de respeto al pueblo, a la Revolución, a la patria.

Por varios días no se habló de otra cosa en la calle, pero después de las conclusiones, las sentencias y los fusilamientos, la vida volvió a la calma, las aguas tomaron su curso y el único comentario que quedaba todavía flotando en el edificio era con relación a la hermana de Cachita, la enfermera, que había caído en desgracia porque al marido, un alto oficial de la seguridad, aunque no salió en la tele entre el grupo de acusados, parece que también tenía su caca, porque lo habían retirado del cargo y aplicado el plan pijama enviándole a su casa sin grados ni privilegios.

Sabina no hizo un solo comentario. Ni antes de empezar el juicio ni tampoco al terminar. Pero esa noche, después de apagar la tele y meterse en la cama, sintió la voz de Eusebia tan próxima y tan clara como la última vez que la escuchó. «Tú va a tené un desengaño muy grande, mi niña.» ¿Se había referido a Fabricio solamente o sus palabras ya intuían lo de hoy? Ni siquiera a Jorge le confesó el desgarramiento que volvía a atenazarle las entrañas. Ni él, que dormía a su lado, abrazado a su cuerpo y tan cerca de su corazón, la escucharía esa noche sincerarse con la almohada. Qué duro era tener que admitirlo, cuánto dolía cederle a Angelita la razón. Por mucho que tratara de masticarlo y digerirlo, seguía sin poder tragarse el plato fuerte que le habían servido al pueblo esa noche por televisión. Ni alguien como ella, con una fe absoluta en la Revolución, podía aceptar como cierto que al alto mando del gobierno lo tomara desprevenido un asunto tan grave y de tanta trascendencia. Si los compañeros de armas, los combatientes de la Sierra, los héroes de la guerra de Angola y los amigos más leales a la Revolución, que más de una vez expusieron su vida por salvar de la muerte a su comandante en jefe, eran acusados de traicionar a la patria, se convertían en enemigos de la noche a la mañana, se pudrían tras las rejas o iban directo al paredón, ¿en quién podía confiarse? ¿No serían los traidores los que fueron traicionados? ¿Y Joaquín? ¿Cómo podía mirarla a partir de ahora sin avergonzarse? ¿Y ella, podría volver a mirarle a los ojos otra vez? No, Eusebia no se refería a Fabricio cuando habló de desengaño. La negra veía venir la puñalada trapera de la Revolución y su propio Comandante.

El calor se fue aflojando con la llegada de octubre, que esta vez, para variar, le trajo a Ángela gratas sorpresas. Su sobrina María Esther concluyó su primer año de Medicina siendo el mejor expediente de su curso, los vecinos de la cuadra le hicieron una fiesta y el comité le entregó el galardón de cederista ejemplar. La otra fiesta estuvo dirigida a ella y fue por su cumpleaños, que en la casa se antojaron de celebrarle con todos los hierros aprovechando la ausencia de Carmen María, que había tenido que viajar al extranjero para asistir a un congreso médico de su especialidad. Cuando Carmen faltaba de la casa se respiraba una paz bendita en el hogar, la familia se sentía más unida y hasta Dara y Damián hacían de las suyas sin que nadie lo notara más que para reírles la gracia. Eran dos niños formales que no daban ni que hacer. Se tomaban muy en serio las actividades de la escuela, sacaban siempre buenas notas y gozaban de una perfecta salud, salvo las fiebres eruptivas que se pegaban mutuamente con frecuencia y algunas malas palabras que también se pegaban por contagio y recogían, según Ángela, de la virosis ambiental. Con su tía eran extremosos; a menudo amanecían en su cama, pues solían escapar a medianoche y aparecerse en su cuarto diciendo que no se dormían si ella no les narraba esas fábulas de Esopo donde los animales hablaban como si fueran humanos. No eran niños de maldades y eso la preocupaba bastante. Hacían preguntas capciosas a Rafael cuando venía a buscarlos los domingos y regresaban hablando de situaciones más capciosas todavía que Ángela encontraba demasiado intrincadas para su comprensión. En ocasiones se expresaban como adultos, no por el hecho de imitar a los mayores como hacían los otros niños sino porque la ausencia del padre y las incongruencias de Carmen María los habían hecho crecer quizá muy aprisa de mente. Dara tenía ya sus leyes y se expresaba como una mujercita y Damián era el caballerito de la casa; bueno, en la época que los caballeritos se usaban. Como Ángela pensaba que no era sano madurar antes de tiempo, trataba de interesarlos en cuestiones más acorde con su edad, por ejemplo, la lectura y las cosas relacionadas con la naturaleza: el mar, los peces, las plantas, los pájaros. Un día les trajo un tomeguín del pinar metido en una jaulita y otro día una pecera pequeñita con dos goldfish en naranja y dorado. A los niños les encantaban los animales y se quejaban de no tener un perrito. «Uno chiquito, tía, un cachorrito que no te dé a ti trabajo.» Pero en eso Ángela no transigía. «Un perro sí que no. Desde chica odio los perros.»

Fueron los niños quienes trajeron el cake esa tarde, de chocolate y masa de capuchino como a ella le gustaba. ¡Dios mío, con lo que costaba mandar a hacer un cake de ésos! Pero nadie le hacía caso. Le prendieron las velitas: ¿cuántas serían? «¡Ció, niños! Eso no se le pregunta a las personas mayores.» Se rieron. Todos reían esa tarde todavía. María Esther convidó a cuatro o cinco amigos de la escuela y Orestes trajo a los tres viejos de la cuadra que jugaban dominó con él todas las noches. ¡Ay, virgencita del Cobre, qué tarde tan feliz aquélla! La última tarde feliz y el último cumpleaños que Ángela habría de recordar en mucho tiempo.

Carmen María regresó del viaje y la calma terminó, aunque en todo el mes casi ni habló una palabra con nadie a no ser para decir que notaba al padre desmejorado y quería llevárselo al hospital para hacerle un chequeo. Era la primera vez que Ángela y su sobrina compartían el mismo criterio. En las últimas semanas Orestes había enflaquecido. El médico le había prohibido hacía tiempo el cigarro y el café: el café lo fue aguantando como si hiciera una hazaña, pero seguía fumando como una chimenea. Ángela empezó a preocuparse. Por las mañanas lo sentía expectorar, y llegaba de la calle jadeando como un potro viejo aunque hubiese tomado el ascensor. Decidió esconderle los cigarros, los mismos que ella se ocupaba de garantizarle sin falta. Él le prometió que lo iba a dejar y se acabó. Pero ella sabía que mentía. Todos los días olfateaba la nicotina en su cuarto cuando le hacía la cama y descubría las colillas solapadas en la gaveta del velador.

El día que se lo llevaron y decidieron ingresarlo, le dijo a Ángela antes de salir:

–Qué jodienda tener médicos en la familia, cuñada. Es alarde nada más. Total, si yo soy un trinquete. Tú lo sabes. Bicho malo nunca muere.

Ángela no podía enfrentar siquiera la posibilidad de que Orestes le faltase. ¿Qué sería de ella sin él? Su único apoyo, el único bastión que Carmen aún no había logrado vencer para salirse con la suya y colarles al bigotudo en la casa. Cuando iba a verlo al hospital lo encontraba animoso, optimista y sobre todo hablándole de cualquier tema que no tuviese que ver con su enfermedad. «¿Todavía sigues pensando en la salud del socialismo, Angelita? Sí que está la cosa mala por allá. El bloque se viene abajo. Qué ojo clínico el tuyo. Tú ves, eso sí es grave. Lo mío no, lo mío no es nada.»

Una tarde al regresar del hospital, encontró a Carmen María esperándola con el resultado de los exámenes médicos y una placa que le mostró a trasluz.

–A papá le queda poco –le dijo secamente, señalando la sombra que veía en su pulmón.

Ángela sentía que la vista se le iba, temblaba de los pies a la cabeza como una gelatina, imposibilitada de recobrarse y reorganizar sus fuerzas. Ahora era el momento de compartir su dolor con alguien. Tenía a Carmen delante, mirando como abstraída el pulmón enfermo del padre. Si se atreviera de una vez a decirle cuánto la quería. Debía abrazarla, besarla, consolarla, dejarla que le entregara las joyas al gobierno y las cambiara por lo que le diera la gana. Si Dios le diera el valor que nunca tuvo para decir lo que sentía. La avidez que tenía de saberse necesitada por afecto, no por utilidad.

Le quitó a su sobrina la placa de las manos y la atrajo hacia ella torpemente.

–Carmencita, yo...

–Déjame, tía. ¿Es que no te das cuenta de los problemas que tengo encima?

Ángela se tragó de un buche la vergüenza y se sintió miserablemente ridícula. Tenía la impresión de que una mano asesina le estaba inoculando un veneno álgido y letal. Algo que al igual que el hielo, además de helar, ardía.

María Esther vino a ella y se arrodilló a su lado secándose las lágrimas.

–Tía, ¿qué tienes? Es por papi, ¿verdad? Yo sé que lo quieres mucho.

Pero ya nada quedaba, el gesto se había astillado en pedazos y el corazón regresaba a su lugar y volvía a quedar mudo.

–Nada, niña, levántate. Carmen tiene razón, no es momento de chiquearnos. Hay que ver cómo podemos ayudarla y hacer por Orestes... hasta el final.

El final tardó apenas cuatro meses. Orestes lo veía aproximarse y buscaba la oportunidad de estar a solas con Ángela. Una noche cuando se marchó la visita y el hospital quedó sumido en la semipenumbra, Orestes le pidió que se quedase con él.

–Siéntate aquí, cerquita de mí –le dijo recogiéndose en la cama para cederle un espacio.

Ella miró turbada a su alrededor.

–Vamos, déjate de velar por el qué dirán. ¿Te importa que te vean en la cama de un moribundo?

–¡Por Dios, qué cosas tienes! Los bichos malos no mueren. Tú mismo siempre lo dices.

Él sonrió tristemente y la tomó de las manos.

–Al bicho le llegó su hora; lo único que me preocupa es irme y dejarte por detrás.

Ella bajó la cabeza para que él no le notara las lágrimas asomadas a los ojos. Pero Orestes se acercó más y la tomó por la barbilla obligándola a mirarlo.

–Muchas veces he pensado que debiste ser tú la que perdiera el prendedor en el teatro.

Ángela trató de retirar su mano de la suya, pero él se la retuvo con firmeza.

–Ojalá esa noche mi linterna te hubiera alumbrado a ti y no a Teresa.

–Pero qué te traes tú. No vas a burlarte de mí aunque me jures que estás en las últimas.

Estaba tan próximo a ella que Ángela podía sentir el fallo de su respiración.

–Aquella vez que hablamos en la cocina, ¿lo recuerdas? Quise decírtelo entonces.

–¿Decirme qué, Orestes? ¡Por Dios!

–Que debí casarme contigo y no con tu hermana.

–Ya sé. Ahora caigo. Te crees obligado a hablarme así por agradecimiento.

–No, no es por agradecerte. Yo siempre te he estado agradecido.

Ángela zafó de un tirón su mano de las de él.

–Entonces es porque sientes lástima por mí.

–No –dijo mirándola fijamente a los ojos–. Yo te lo digo de veras. A ninguna mujer en mi vida he respetado tanto como a ti.

–Si me respetas, ¿por qué me pones en este aprieto, de no saber qué hacer ni qué decir?

–Porque me queda poco, ¡carajo!, y de no ser por eso, tú no estarías así, pegadita contra mí.

–Pues no te oigo más, se acabó, ¿qué te crees? Me voy a ir ahora mismo.

Pero no se movió y en cambio dejó que él recostara la cabeza en su hombro.

–Angelita, ¿qué más te da? Tú necesitas oírlo tanto como necesito decírtelo yo.

–No necesito tu lástima.

–Si no es lástima, bobita, es cariño de verdad.

El aliento se le hizo inalcanzable y Ángela lo miró asustada.

–Te pones mal, Orestes, tanto hablar te hace daño.

–Déjame terminar. Tú me ganaste por ti misma. Te he admirado toda la vida. Te he querido mucho siempre. Tú eres algo muy grande para mí. Si nadie nunca te ha dicho lo grande que eres, yo te lo digo, coño. Te quiero de todo corazón, Angelita.

Ella hizo un gesto para secarse las lágrimas y él se incorporó para besarla en los párpados.

–No te cohíbas de llorar. Yo sé que tú también sientes lo tuyo por este jodedor.

Entonces, insospechadamente, volvió a ser el Orestes de los brazos fuertotes, el hombrunazo troncudo que la sostuvo en brazos el día que nacieron los gemelos, recién llegado del África, y ella volvió a sentir aquella fragilidad desconcertante que la invadía cuando él rodeaba su talle y la apretaba tanto que nadie podía pensar que entre los dos quedara resquicio para la muerte. Se besaron en los labios con un roce asustadizo impregnado de inocencia, esa inocencia regresiva que al llegar a cierta edad hace que los viejos sean parecidos a los niños. A la mañana siguiente las enfermeras lloraban a más no poder cuando encontraron a Orestes dormido para siempre entre los brazos de Ángela.

19

Si alguien se mostró afectado con la muerte de Orestes Cañizares, ése fue Rafael León. La noche que lo velaron, lloraba como un niño arrepentido y fue además de los pocos que pasó la madrugada en claro sin pegar ni un pestañazo, sentado junto a una desconocida que había llegado de incógnito besando el cristal del féretro y empañándolo de lágrimas. Rafael la reconoció en el acto. No estaba ajeno del todo a la amante que Orestes mantuvo secretamente vinculada a su vida, y de algún modo esa noche se sentía identificado con ella. Al suegro lo tuvo siempre en el lugar más alto de su estima, y más que suegro llegó a verlo como a un padre. El verdadero nunca se hizo querer ni llegó a ocupar lugar alguno en su corazón. Desde los días tristes del divorcio cuando se separó de su madre para casarse con otra, se desentendió del todo y se ocupó únicamente de los hijos que tuvo con su segunda mujer. Hacía cerca de dos años que se había ido del país llevándose a su familia. Dos cartas recibió de él: las únicas en dos años. Contaba que allá en el norte las cosas no le iban bien. Pero Rafael sabía que nada de eso era cierto. Un tío de su madrastra, con el que sí se carteaba, solía mostrarle las fotos. En ellas veía a su padre sonriente y repuesto al lado de su mujer y rodeado de sus hijos, cortando lonjas de jamón, trinchando un grueso bistec, asando perros calientes o posando frente a un refrigerador abierto, atestado de comida. En todas estaban igual: rozagantes, risueños y comiendo. Vio fotografías tomadas en la nueva casa, con un césped tan cuidado que parecía artificial. Vio también varias del carro al que su padre llamaba «mi cacharrito», cosa que no era verdad, pues si bien estaba claro que no era lo que se dice de estreno, así y todo daba el plante y pasaba como nuevo. Eso era prosperar: cambiar el carro, mudarse de casa, comer de forma normal. Él en cambio no contaba con ninguna propiedad. Por muy médico que fuese, por mucho que lo consideraran un especialista de los buenos, su vida seguía estancada. Tenía que conformarse con vivir siempre agregado, comer lo que le pusieran, cargar el agua por cubos y andar en una bicicleta china, de hembra para colmo. ¡Coño, porque ni eso! Las de varón no alcanzaron para todos los médicos del hospital y él, en medio de la repartición, se dijo: «Agarra aquí mismo, Rafael, que la luz de adelante es la que alumbra y nunca se sabe si van a dar o no segunda vuelta». El día que se la dieron hasta contento se puso, ¡mira que uno se contenta con poca cosa, cará!, incluso se fijó en la marca, Forever: para siempre, y trató de darse ánimo diciéndose que a lo mejor le salía buena, resistente y duradera. Llegó a sentir hasta alivio, ¿cómo no? Si iba a ahorrarse la abrumadora distancia que hacía a pie diariamente y más que todo pensó mucho en Isabel, en lo bueno que sería poder sacarla a pasear los fines de semana emparrillada con el niño. Pasear era un gusto que se daban cada vez menos desde que empezó a escasear el transporte. De cuántos gustos y cosas se privaban todos los días. ¡Cosas tan naturales! Se le hacía la boca agua cuando veía las fotos del padre en su carro o pensaba en aquel carro que dejó Teresa al morir y que ahora el bigotudo le estaba vacilando a Carmen. Ese carro sería hoy todo suyo de haber seguido casado con su mujer.

–Dime, Isa, ¿hay algo censurable en querer vivir mejor? ¿Vale la pena sudar la gota gorda y quemarte las pestañas estudiando una carrera para estar así, pasándolas?

Ella le respondía pocas veces y las pocas que lo hacía reemplazaba las palabras por gestos y monosílabos que apenas expresaban nada. Sabía que lo iba perdiendo pedacito a pedacito, que todo lo que había ganado colgaba de una puntillita floja a punto de desprenderse, pero se sentía impotente para solucionar sus problemas. Rafael la espoleaba constantemente. Ya no hablaba de arreglar el carro que Anselmo tenía inutilizado en el garaje. Estaba puesto de lleno en la idea de permutar. Decía que, si ella quisiera, podría convencer a sus abuelos de cambiar aquel caserón enorme por dos apartamentos para vivir independientes y tener intimidad. Entre ella y él no existía una sola dificultad que no fuese provocada por no tener casa aparte. Isabel no tenía a menos concederle la razón. Bien que lo comprobaron cuando Sabina y Jorge se fueron de vacaciones a la playa llevándose a Michael con ellos y cediéndoles esos días su apartamento para que pudieran desquitarse a solas. Sí que se desquitaron. Se amaron con la pasión de los primeros tiempos. No quedó un sitio en la casa donde no hicieran el amor. Lo hicieron en la cocina, en el baño, bajo la ducha que, además de agua corriente, tenía calentador. Lo hicieron en el sofá, sin cuidarse de que el viejo Anselmo, que como todos los viejos apenas dormía de noche, saliera a dar vueltas por la sala y los trabara en el brinco. Lo hicieron dentro del armario, echándolo todo abajo: las mantas del invierno dobladas en los entrepaños, las maletas que Sabina tenía para los viajes, el abrigo peludo que Jorge llevara a Argelia, que por poco los ahoga con su tufo a guardado y los asa sin que se dieran ni cuenta porque estaban ya muy lejos de percibir ningún olor, contacto o sensación que fuese ajena a ellos mismos. Fueron días inolvidables. Isabel los trajo consigo cuando estuvo de regreso y el gusto le duró en el recuerdo más tiempo que a Rafael, que no volvió a saborearlo. Cuando pasó lo de Orestes sus relaciones empeoraron. La puntilla que andaba floja se aflojó más todavía y quedó como prendida del aire. Aunque ninguno de los dos se atreviese a confesarlo, tanto el uno como el otro se sentían involucrados a las pérdidas sufridas por Carmen y su familia. Les parecía ser partícipes de aquella fatalidad y se miraban entre sí con un pesar de conciencia que sin querer admitir en voz alta, admitían en lo más íntimo. Isabel notaba a Rafael cambiado. Además de la indiferencia altiva que había adoptado como medio de defensa, lo hallaba siempre sombrío, poseído de una lasitud extraña que a ella le crispaba los nervios, mentaba a Orestes con una frecuencia que pasaba de la raya y lo hacía con ese tono indulgente que se usa a menudo para hablar de los difuntos. Como si la muerte, de hecho, tuviera la potestad de transformar defectos en virtudes y corregir por sí sola lo que en vida estuvo descarrilado. Para Rafael su suegro era intachable. Un ejemplo como padre, el mejor de los amigos y lo que se dice un hombre en toda la extensión de la palabra.

–Por nada del mundo, Orestes hubiera actuado como lo hizo mi padre.

–¿Te refieres a irse del país? –preguntó Isabel curiosa.

–No, lo digo por despreocuparse. Si yo me fuera algún día y dejara un hijo mío por detrás, jamás lo abandonaría.

Esa noche discutieron hasta tarde. Rafael no podía concebir que Isabel tomara tan a pecho una suposición absurda sin pizca de fundamento.

–Fue un decir –aseguraba él incómodo–. Igual que cuando uno dice: sería capaz de matar al tipo ese o me quisiera morir. ¿Pensarías tú por eso que voy a matar a alguien o morirme de verdad?

Pero ella no paraba de llorar y lloraba precisamente por eso. Porque estaban discutiendo por una insignificancia. Su llanto acabó por sacar de quicio al marido.

–Bueno, chica, sí, lo dije. ¿Y qué? Aquí no se sabe el rumbo que va a coger esto. La cosa va de mal en peor y con los líos de los soviéticos, dime, ¿qué podemos esperar? Habría que pensar en todo. Si a ti no te hubiera entrado esa onda surrealista de hacerle a tu abuela rica una carta en blanco, podríamos en caso extremo contar con alguien allá. ¡Pero coño, tú eres del carajo! No se te puede hacer caso.

Rafael se volvió de espaldas en la cama. Sin percatarse de que estaba actuando igual que con Carmen, repitiendo con Isabel el mismo gesto que antes hacía con Carmen cuando se iban a la cama disgustados.

Tres muertes en la familia solamente en dos años pesaban demasiado para llevarse con rigor en los días apremiantes que corrían. A fuerza lo habría de reconocer Ángela, que vio a Carmen María reponerse y volver al bigotudo con una rapidez relámpago. Resurgieron las discusiones domésticas. El armisticio establecido entre la tía y la sobrina tocó a su fin, esta vez con la agravante de no contar con Orestes para terciar entre ambas. María Esther no intervenía en las peleas, se mostraba retraída y distante. Hacía rato que Ángela la venía notando rara, trayéndose simulaciones que nunca fueron comunes a su carácter. Llegó al punto de suspender una asignatura en la universidad y eso era más que extraño tratándose de una alumna como ella. Al principio Ángela lo achacó a la pérdida del padre. La muerte lo trastocaba todo, a ella misma le rompió el compás de la rutina y la tuvo por un tiempo anonadada sin saber si era mejor dejar a Orestes descansar en la paz de sus recuerdos o revivirlo a diario en el recuerdo sin paz que le dejó en el adiós. Sin embargo, María Esther había dado muestras de saber sobreponerse. Cuando perdió a su madre tuvo que pasar las pruebas de ingreso para estudiar Medicina y las sacó todas con sobresaliente. Las rarezas de su sobrina le recordaban a Ángela otras rarezas pasadas, que no lograba ubicar en su mente. ¡Cuántos líos, Señor, tenía para ella sola! Tratar de que a Carmen no le entrara de nuevo la taranta de las joyas, que no le fuese a meter al bigotudo en la casa, que

María Esther aprobara la asignatura suspensa y la rareza no significara nada. Cada noche le rogaba a la imagen de la santa patrona que tenía en la cabecera de su cama, intercalando las súplicas con las recriminaciones para hacerla entrar en razón, porque a veces parecía que la santa se hacía la sorda y no prestaba atención a los hijos de esta islita. «A ver, virgencita, dinos, ¿qué vamos a hacer si nos cortan el petróleo que nos manda la URSS? ¿Si nos quitan la harina para el pan o se acaba la malanga? Claro que lo de malanga es un completo misterio y de eso no puede culparse a la Virgen de la Caridad ni al imperialismo yanqui ni a la caída del campo socialista, pero algo debe hacerse para que no les falte a los niños y a los viejos. La malanga, madre santa, tú lo sabes, es un tubérculo que aquí se da silvestre, y es parte del patrimonio nacional, de nuestra cultura alimenticia: nos pertenece por derecho, como el son y el zapateo. Danos hoy nuestra malanga de cada día, líbranos de todo el mal de... quien tú sabes. Amén.»

Pasaba las noches rezando mientras la casa dormía y aún con el rezo a flor de labio se levantaba antes del amanecer, despabilada y ligera. Se aseaba siempre deprisa y con esa misma prisa asumía sus quehaceres. Dara y Damián eran el único rescoldo afectivo que la sostenía en pie y le daba algún sentido a su existencia. Los gemelos eran los únicos en casa que se fijaban en ella, curioseaban en sus cosas y mostraban interés en saber por qué se pasaba el día y gran parte de la noche hablando con esa señora invisible llamada Caridad del Cobre que ninguno de ellos dos conseguía ver. En su afán de querer averiguarlo todo, y de tenerla informada de cuanto acontecía en el barrio, fueron también los primeros en ponerla sobre aviso del alboroto que se armó en el edificio el día que a Jorge el mundo se le vino encima y se convirtió de sopetón en el centro del escándalo.

Las cosas ocurrieron de la manera siguiente: ese domingo, Sabina y Jorge estaban todavía durmiendo la mañana, cuando Cachita y Candy les tocaron a la puerta. La sola presencia de Cachita en su casa puso a Jorge en alerta presintiendo una amenaza. Lo mismo le ocurrió a Sabina, que había hecho lo indecible en sus años de casada por limar las asperezas que existían entre ambas sin recibir de Cachita más que groserías y desplantes. Pero la Cacha esta vez no venía en son de guerra. Se echó en los brazos de Jorge y rompió a llorar a gritos sin que ninguno acertara a saber qué le pasaba.

Candy, llorosa también, pero dispuesta a salir cuanto antes del apuro, alcanzó a balbucear el nombre de su hermano Jorge Alejandro.

–¿Qué le pasa a mi hijo? ¿Tuvo algún accidente en el avión? –preguntó Jorge exaltado.

–Mi hermano se fue en el avión con Vicky y con el niño –dijo la muchacha haciendo un esfuerzo.

Sabina, descalza, a medio vestir y temblando de los pies a la cabeza, corría de la cocina a la sala mientras ponía tilo a hervir pendiente de la reacción de su marido.

A primera vista Jorge no expresó reacción alguna; tenía el semblante pálido y estaba semiatontado o más bien recogido en sí mismo, como si estuviera interiorizando el caso y necesitara tiempo para acabar de entenderlo. No lograba entrever qué podía haber de raro en que su hijo se fuera como siempre en un avión. Lo único que llegó a chocarle fue lo de Vicky y el niño. ¿Qué hacían Vicky y el niño con su hijo en el avión? Notó que empezaba a sudar, a faltarle todo el aire, que se ponía como el hielo y a la vez se moría de calor. Apenas si fue capaz de reconocer su voz al decir:

–¿Se fueron, dijiste? ¿Adónde?

La Cacha se sorbió los mocos y lo miró estupefacta.

–Serás comemierda, Jorge. Al norte. ¿Dónde si no?

A Isabel no tuvieron que avisarle, llegó a los pocos minutos seguida por Rafael, tratando de aparentar calma y de calmarlos a todos. Dijo que podían respirar tranquilos, porque el tío Jaime había llamado a la abuela Beatriz desde Miami asegurándole que los tres escaparon ilesos de los disparos de la artillería cubana, que hizo todo lo que pudo para tumbar el avión, y que únicamente los nervios de acero y la pericia de Jorge Alejandro como piloto lograron evadir el ataque y alcanzar la Florida, sin sufrir graves daños en el viaje.

Jorge se encendió hasta el pelo, y se llevó la mano al pecho con un gesto de dolor.

–No puede ser que esto me esté pasando.

Fue lo último que le oyeron decir, antes que Cachita corriera a buscar una ambulancia.

Aunque la prensa se limitó a informar al pueblo con una escueta nota en los diarios, la noticia de la deserción del hijo de Jorge corrió de boca en boca de un lado a otro del país. Ángela, loca por hablar también con sus sobrinas del asunto, aprovechaba la hora del desayuno para leerles la nota oficial mientras colaba el café. María Esther, absorta en sus preocupaciones, apenas le prestaba atención, y Carmen, deprisa como siempre, desayunaba de pie, mojando el pan en la leche sin esperar a que su tía terminara la colada.

–Ahora sí que a Jorge se le cayó la Revolución del altar. ¡Qué bochorno le ha caído encima a esa familia! ¡Hey!, muchachitas, no se vayan, ya está el café, se lo sirvo volando. Eh, ¿y tú qué tienes? ¡No me vayas a decir que estás mala del estómago otra vez! –dijo Ángela observando intrigada a María Esther, que rechazó la taza de café con una mueca de asco y se fue directo al baño haciendo arqueadas.

Ángela no tuvo más remedio que guardar sus inquietudes hasta que la casa quedó en calma y pudo pensar a solas. Inesperadamente, la imagen de María, con los ojos en blanco cayendo redonda frente al piano con la bandeja cargada de vasos con champola, le vino a la cabeza. María, la criadita de color, seducida por el tío Gabriel, el niño blanco de la casa, puesta al nivel de María Esther, su sobrina, una niña blanca, de su casa, criada a toda leche. María y su sobrina igualadas en el tiempo. Eso no podía ser. A nadie dijo palabra. Ni siquiera lo reveló ante el cura a la mañana siguiente cuando determinó confesarse con aquel curita confianzudo, bonitillo y recién salido del cascarón, que la miraba siempre de soslayo, como poniendo en duda su moral y su definitiva abstinencia de carne. No tenía alternativa. En estos tiempos de escasez hasta los curas escaseaban y no era el momento de ponerse a escoger con pinzas confesores estando una en aprietos y sabiendo que la cosa andaba mala. Además, lo merecía. Ella misma se buscó que pasara todo esto. Era el justo castigo de Dios por alegrarse de las desgracias ajenas.

–Padre, yo siento una culpa muy grande en la conciencia.

–¿Culpa, Angelita? Si a usted le basta un empujoncito para que la hagamos santa.

Ni el padre le hacía el menor caso. Estos curas de hoy en día a fuerza de modernizarse no veían pecado en nada. Aun así, no salía de la iglesia. Asistía al confesonario sin falta cada domingo, y entraba en regateos con el padre exigiendo que redoblara el número de oraciones que le mandaba a rezar. Tanto arreciar penitencias, le ganó algo de consuelo y le devolvió a su espíritu el valor que necesitaba para enfrentar lo inevitable. Su mayor preocupación seguía siendo descubrir cuanto antes al canalla que le hizo la gracia a María Esther para conminarlo a cumplir debidamente. Lo iba a saber mucho antes de lo que ella imaginaba.

El Domingo de Ramos, al regresar de la misa, Ángela encontró la casa patas arriba y al bigotudo disponiendo y dando voces con ínfulas de mayoral. No había una sola cosa en su sitio. Los muebles no sólo se cambiaron de lugar sino que fueron arrinconados y puestos contra la pared para abrir paso a un mulato desconocido, muy diligente por cierto, que maniobraba con una cinta métrica midiendo por aquí y por allá de acuerdo a las instrucciones que le daba el bigotudo, quien parecía llevar la voz cantante en el desorden. Debían de haber estado bebiendo desde temprano, aprovechando que ella se encontraba en misa, pues encima de la mesita del centro (que ya no estaba en el centro sino pegada a una puerta) habían ido acumulando vasos con ron y botellas vacías de cerveza, junto a los dos ceniceros de Murano llenos de colillas. Ni Carmen María ni el bigotudo se dieron por enterados de su presencia, pero María Esther se puso nerviosa. Le viró al mulato la cerveza de un codazo y el pobre reaccionó tan mal que a Ángela le dio hasta pena lo colorado que se puso y el apuro que pasó. Le extrañaba que un joven de buenos modales tuviera algo que ver con alguien tan chabacano y de tan baja calaña como el bigotudo. Claro que alguna componenda se traerían en común, puesto que por algo estaban allí, juntos en el ajetreo. Lo escudriñó con la vista. El muchacho tendría apenas la edad de María Esther. Era bastante claro de piel y tenía el pelo bueno. Uno de esos mulaticos de salir que ahora estaban en moda. El mulato y su sobrina tampoco le quitaban ojo y eso acabó sacándola de quicio. Creyó haber rebasado los límites de la paciencia y ya no resistió más.

–¿Se puede saber a qué se debe el relajo?

–Tía, deja que te explique –dijo María Esther ruborizada–. Estábamos probando, nada más.

–¿Probando? ¿Qué?

–A ver si nos sobraba espacio en la sala para hacer aquí otro cuarto.

–A santo de qué otro cuarto, si cuartos nos sobran.

–Eso te crees tú –respondió Carmen María con una segunda intención que no pasó inadvertida para Ángela. El mulato seguía con la vista fija en ella, y ella, además de malhumorada, se sentía recelosa al punto de no saber si el malhumor sobrepasaba el recelo, o el recelo al malhumor.

–¿Me pueden decir de una vez quién es este joven? –preguntó–. Nadie me lo ha presentado.

–¡Ay, tía, pero qué fallo! Enseguida te lo presento –dijo Carmen, acentuando el tonito de mala intención–. Es Lázaro Concepción, estudia Medicina, y es el novio de María Esther.

Ángela sintió que un vapor inesperado le subía hasta las orejas y su visión se nubló cubriéndose de puntos negros. «A mí me va a dar algo», pensó, viendo al mulato acercarse con la mano extendida.

–Mucho gusto, tía Angelita.

Fue demasiado. Dio dos pasos en falso y empezó a recular hacia la puerta, tropezando con la mesa y los muebles cambiados de lugar hasta dar de nalgas contra el suelo. El bigotudo se apresuró a levantarla mientras el mulato, apenado, continuaba con la mano extendida repitiendo:

–Mucho gusto, tía, mucho gusto en conocerla.

Ángela rechazó indignada la ayuda del bigotudo y se puso en pie ella sola. Se alisó el vestido de un tirón, recobró su compostura y dijo:

–¿Cómo se atreve a poner los ojos en mi sobrina?

María Esther intervino:

–Tía, Lázaro y yo nos queremos.

–¡Querer tú a ese ne... ne... grooo...!

El bigotudo haló a Lázaro por un brazo llevándoselo casi a rastras.

–Vamos echando, mi socio, dejémoslas a ellas dos que se las entiendan con la vieja.

En cuanto quedaron las tres solas, Carmen María la emprendió con Ángela.

–¿Qué te crees? Ya tú no mandas aquí. Yo soy la que decide ahora. Armando es mi marido y se muda para esta casa en esta misma semana, y Lázaro vendrá para aquí también.

–¡Un negro en nuestra familia, viviendo en mi propia casa!

–Negro, no. Mulato. Además, ¿eso qué importa? Allá tú con tus rezagos. María Esther y él están por tener un niño y van a casarse pronto, en cuanto acaben la carrera.

–Aguanta, Carmen –dijo María Esther–. Será mejor que hablemos por las buenas.

Pero Carmen María siguió a la carga.

–Y para que sepas cómo serán las cosas desde hoy en esta casa, que es mía y de mi hermana, yo dormiré con mi marido en mi cuarto, Dara y Damián en el tuyo y María Esther y Lázaro tendrán el de los niños.

A Ángela le pinchaban alfileres en la nuca y le pesaba el corazón.

–¿Puedo saber, Carmencita, dónde has dispuesto tú que duerma yo?

–¿Tú? Al fondo, en el cuartico de criados.

–No quepo. Está repleto de tarecos. Tú lo sabes.

–Pues apartamos los tarecos y te plantamos la cama. ¡Total!, no necesitas tanto espacio.

–Me iré de aquí, te lo juro. Yo no me entiendo con negros ni tolero hijos del pecado, y tampoco soy un culo roto para que me tiren al rincón de los tarecos. ¡No faltaba más!

Ángela cumplió su palabra. Al amanecer del Viernes Santo, tenía la partida lista: el vecino con el camión en los bajos del edificio y las monjas esperando su llegada al asilo. Poco tuvo que echar en la vieja maleta escocesa que trajera a La Habana cuando llegó a los quince años. Mientras estuvo recogiendo no se detuvo a pensar ni quiso recordar nada. Ni siquiera a sus muertos. Ya habría tiempo para ellos cuando estuviera en Río Hondo. Ahora sólo quería irse y evadir la realidad para poder con ella. Nadie la tomó en serio hasta que no la vieron vestida para salir, buscando como una loca el estuche con las joyas que no encontró en su gaveta.

–Yo las tengo –dijo Carmen–. Si te vas de veras no pretenderás llevártelas.

–Son mías. Es lo único que no pudieron quitarme. ¿Qué más quieres de mí? ¿No te basta con sacarme de esta casa como un cachivache viejo?

–Nadie te echa de aquí. Allá tú si te vas.

–Devuélveme mis joyas, Carmen. Terminemos esto en paz.

–No.

–Entonces te va a pesar. Me llevaré todo lo mío. La vajilla y las porcelanas. Todo, hasta los clavos. Te vas a quedar pelada en estas cuatro paredes.

Le dio la espalda decidida y comenzó a sacar la loza guardada por años en los baúles que vinieron de Río Hondo. La casa se fue inundando de un olor que escalaba las paredes, parecía resucitar a los muertos y producía escalofríos porque olía igual que las tumbas. María Esther lloraba a cántaros, pero ni la viveza del llanto ni lo escalofriante del olor detuvo a Carmen María. Cuando el vecino del camión, que ya empezaba a impacientarse por la tardanza de Ángela, subió a ver qué pasaba, encontró a María Esther luchando a brazo partido con la hermana quien insultaba a la tía, fuera de todo control, lanzando platos y adornos.

–No te lo llevas, vieja de mierda. No te vas a llevar naaada.

El vecino alcanzó a salvar algunas cosas que volaban en picada. Carmen hacía alarde de un galillo impresionante desgañitada de histeria, mientras que Ángela, haciendo caso omiso de los gritos, descolgaba con toda su calma el viejo reloj de pared de la abuela Pelagia que estaba en el comedor.

–Lleve esto al camión, hágame el favor, y esos cajones de allí y también la comadrita, y gracias... gracias por todo.

Dara y Damián despertaron con la bulla y presenciaban la escena sin entender, restregándose los ojos legañosos.

–Ya está todo empacado, Angelita –dijo el chófer del camión sacudiéndose las manos–. Sólo falta usted.

Por primera vez en toda aquella vertiginosa confusión, Ángela se tomó un segundo de respiro para tenerse en cuenta y recorrer con los ojos lo que dejaba por detrás. María Esther seguía llorando sin atreverse a soltar a Carmen, que aún se resistía furiosa, y los gemelos guardaban silencio pero lo expresaban todo a través de sus ojazos azorados. Damián fue el primero en reaccionar, corriendo a abrazarse a Ángela.

–Déjame, Damián, tengo que irme.

–Pero tú vuelves, ¿verdad? ¿Tú vuelves pronto?

–¡Muerta, vuelve esa bruja para acá! –gritó Carmen, en el momento que la bocina del camión volvió a anunciarse en los bajos del edificio.

Todavía le faltaba la despedida más larga, y era igual de dolorosa. Le faltaba despedirse del mar y la ciudad para siempre. Le había costado quererla tanto como le costaba dejarla. ¿Cuándo fue que prendió en su piel y cómo la dejó colarse en sus venas al extremo de hacerla sentir como una desterrada? Ni la muerte era comparable a este dolor. La muerte equivalía a no existir, no sufrir, no dolerse más por nada ni por nadie. Pero esos que no mueren y están condenados de por vida a no volver, vivían la más triste de las muertes. Claro que no era su caso. Ella no salía de su casa con los pies por delante y no partía al exilio. Más que irse, regresaba a sus raíces. ¿Qué tenía esta ciudad para no echarse al olvido ni poder vivir sin ella? El tío Vicente decía que La Habana se gozaba como se goza a una hembra y el tío Gabriel, que la apreciaba con la visión del artista, entendía que el encanto estaba en la mezcolanza y los contrastes. Teresa lo llamaba magia, y Orestes hablaba de muchas cosas a la vez: del ritmo de una rumba de cajón en el patio de un solar, del sóngoro cosongo del mamey, del sabor del mojito con hierbabuena, del saoco, el guarapo y el daiquiri, y del sello de elegancia que tenían las habaneras. Las mujeres en La Habana sabían caminar con gracia y vestir con distinción. Por algo recorrió el mundo el chachachá de Jorrín: «A Prado y Neptuno iba una chiquita que todos los hombres la tenían que mirar». Pero eso eran épocas pasadas, ahora la famosa esquina de Jorrín estaba mosqueada, y las pobres habaneras andaban en bicicletas chinas, cargaban jabas de yute y vestían vulgarmente. Isabel y Quique no compartían ninguno de estos criterios y decían que era «el ángel» y «el alma» de la ciudad lo que hacía que aún permaneciendo a oscuras y sin un alma en sus calles no por eso perdiera ni su alma ni su ángel. Ciertamente había perdido mucho de su pasado esplendor. Sus calles estaban percudidas, llenas de baches y basura acumulada, de ratas y perros desvalidos, de rastras llamadas camellos que se usaban para el transporte urbano y unos cuantos autos viejos como dinosaurios. Sus fachadas se veían despintadas, carcomidas por el desgaste del tiempo y la dejadez; muchas apuntaladas, amenazando caerse. Exceptuando las manzanas que rodeaban los nuevos hoteles y el antiguo casco histórico, donde los jardines florecían, los céspedes verdeaban y las fachadas lucían una cara diferente. Qué feo le sonaba eso de casco a Ángela. Lo asociaba a cosa vieja, desechable como es todo lo viejo, exceptuando la historia, que no por vieja dejaba de ser menos respetada y atraer los dólares de los turistas. El casco sí conservaba el encanto de sus tradiciones y su pasado linaje protegido en un sagrario o una especie de reservorio espiritual. Las plazas, los paseos, la alameda, las calles adoquinadas, la mansedumbre hospitalaria de los patios interiores, los balcones coloniales, pequeñas selvas domésticas colmadas de plantas amables y enredaderas descolgadas en guedejas guardaban el alma de los siglos. Allí estaba: recogida en el gesto estático de las estatuas, palpitando en la mudez de la piedra, repitiéndose en el eco subterráneo del aljibe, filtrándose en la diáfana policromía de los vitrales de la Catedral... y más allá en la bahía, entremezclada a las leyendas de naufragios, de tesoros que yacían bajo el mar, de galeones sumergidos jamás y nunca encontrados. Quizá de ahí partía el misterioso encanto que poseía la ciudad. Tal vez la clave del enigma estaba en su resistencia a caer. En no aceptar sumergirse como el casco de una antigua nave, y permanecer de cara al mar, fortificada, con la testa siempre erguida y su perfil de giraldilla nostálgica apuntando cada noche a sus lunas cimarronas por encima de atalayas centenarias, eternas centinelas de las costas, pendientes de los embates cíclicos del mar y la amenaza de siglos que acechaba en la distancia; los ataques de los filibusteros, el contrabando y las epidemias, los nortes y los ciclones: la guerra. Atentas a los que se iban, adentrándose en sus aguas, navegando contra viento y marea, solitarios en la soledad del mar. A Ángela le vinieron a la mente los versos de Julián del Casal que había leído muchas veces y se sabía de memoria: «Soy un poeta nacido en región americana, famosa por sus bellezas y también por sus desgracias».

El chófer dio un corte brusco con el timón para esquivar un hueco de la calle y Ángela pegó un brinco en el asiento. El mar fue quedando atrás. Era apenas una cinta azul oscuro que fluctuaba por momentos en el espejo retrovisor del camión como una vena rota, desprendida del camino. Ángela cerró los ojos, hundida en su propia sombra. No supo cuánto tiempo estuvo así, pero aun cuando pasaron los días y el aliento raso del río se fue posesionando de sus huesos, no logró quitarse de la boca el gusto salobre del mar que trajo de la ciudad. Fue una polémica de aguas y saboreamientos encontrados que habría de durarle adentro hasta el día que los hizo confluir en un punto de sí misma.

20

Dara había escuchado a la anciana sin interrumpirla esta vez. Al término del relato no hizo comentario alguno. No alzó siquiera los ojos ni mudó de posición; permaneció absorta y cabizbaja, recogida en una inquietante mudez que comenzó a alarmar a Ángela.

–¿En qué estás pensando, Dara?

–En que uno de nosotros debería llenarse de valor y escribir todo lo que me has contado. La historia de nuestra familia o lo que de ella ha quedado. La de esa Habana perdida que se desvanece en el tiempo.

–Para escribir esta historia desde adentro, se necesitan timbales. La única de la familia que además de timbalúa tiene talento de sobra es la loca de Sabina. Pero ésa es roja a matarse.

–No has mencionado a Isabel, que es talentosa también y tiene mucho coraje.

–A ésa ni me la mientes. Sí que le sobró coraje y cara dura cuando le levantó el marido a tu madre. No me vayas a decir que te entiendes con esa bruja.

–Estás equivocada, tía. Las cosas han cambiado mucho... Recuerda que hay un tramo de diez años en nuestras vidas que te falta conocer.

–Entonces... ¿qué esperas para empezar? Ahora te toca a ti cumplir tu parte en el pacto.

–De acuerdo. Sólo te pido que me dejes quedarme contigo esta noche.

–¿Quedarte aquí en el asilo a dormir en esa cama que apesta a moho y vejestorio?

–Es el olor de lo nuestro. Tú lo has dicho. Un olor con alma propia. Yo no pretendo dormir. Sólo quiero que me abraces, tía. Que me contagies tu fuerza y me sostengas cuando me sientas flaquear...

21

El hijo del pecado, como Ángela había llamado al niño que esperaba María Esther, nació la víspera de San Lázaro, a la hora del cañonazo del morro. Creció en un abrir y cerrar de ojos, aprendió a decir Fidel antes que mamá y papá, y como todos los niños del país también se hizo pionero y lo enseñaron a decir «Comandante en jefe, ordene» y «Seremos comunistas como el Che», aunque no entendiera nada. Lo del comunismo y el Che se lo aprendió de corrido, igual que las tablas de multiplicar, pero al Comandante lo tenía asomado en la ventanita de la tele, a veces mucho más tiempo que el que podía compartir en casa con sus padres. Al cumplir los siete años tuvo su primera crisis: entró en la edad de la peseta, mudó los dientes de leche y como a todos los niños del país le quitaron la leche para darle el cerelac: que ni el cuento de la buena pipa ni de que el coco se llevaba a los niños que no se comían la papa conseguía hacérselo tragar. El niño no pasaba la gandofia que el Comandante ordenaba a todos los pioneritos de su edad. Tomasa, quien en más de una ocasión cuidó de él con su mejor voluntad, para que María Esther y Lázaro cumplieran las misiones que la Revolución les asignaba a los médicos, se quejaba de que era todo un caso. Por más que se le explicara: mira, niño, que la cosa está de ampanga, que los rusos viraron la tortilla, los yanquis arreciaron el bloqueo y no queda más que echar pa' lante porque estamos en período especial y no van a dar más juguetes por la libreta, pues hubo que legalizar el dólar, los fulas para que entiendas, y los fulas hay que ser mago para sacarlos del bolsillo, y por eso había que contar musarañas durante los apagones porque duraban doce horas y no podía verse la tele, ni dormir con el calor, los mosquitos levantándote en peso y la falta del ventilador, ¿qué menos podía hacer un niñito bueno que usar la imaginación? Pero el niño no se estaba quieto. Corría por toda la casa con el mechón en la mano a punto de provocar un incendio y se le escondía a Tomasa hasta dentro del refrigerador que por suerte estaba descongelado por las horas sin corriente. Lachy era lo que se dice un niño terrible. Le decían Lachy de cariño pero se llamaba Lázaro igual que su papá aunque, ateniéndose a las coincidencias, era lógico pensar que el nombre se lo pusieron más que por darle gusto al papá, por no desmerecer al santo. En esta decisión también influyó mucho Tomasa. El día del paritorio se encargó de alertar a María Esther del error que cometía si se atrevía a contrariar al viejo de las muletas. San Lázaro no era un santo cualquiera. Por algo tenía mano tan milagrosa y contaba con tantísimo poder. Pero ese mismo poder que tenía para hacer milagros lo usaba para vengarse si no se cumplía con él. «Con Babalú no se juega», le advirtió a Carmen María cuando tiró a risa el asunto diciendo que Lázaro era nombre de negro y ya podían suponer la cara de la tía Ángela cuando llegara a enterarse. La advertencia se hizo patente enseguida. A Carmen le llegó la mala nuevamente echándole a perder la vida que hacía sólo pocos meses creyó haber organizado uniéndose a su nuevo amor. No se llegó a saber en detalle cómo y por quién se enteró de que el bigotudo se paseaba en el Lada de Teresa con una desconocida, pero ahí mismo vino la salación. Carmen lo puso de paticas en la calle con galletazo incluido y un «te vas a casa del coño de tu madre», que retumbó en el edificio hasta los cimientos. La mamá del bigotudo residía por vuelta de Oriente y el solo hecho de pensar en el retorno hizo al desalojado apelar a los recursos más inverosímiles buscando su perdón. Pero ella no sólo no consiguió perdonarlo sino que tampoco conseguía apaciguar su conciencia, y llegó a escandalizar a Tomasa el día que se presentó en su casa disculpándose por hacer burlas del santo y rogando encarecidamente que le prendiera una vela en su nombre para ver si alguna vez en la vida le tocaba a ella la buena.

–¡Ay, niña, calla boca! A Babalú se le pide por la familia y la salud, no por chanchullos de cama. Tú tienes un pecao muy negro adentro, po' echá a Angelita de la casa. Babalú no te va a concedé na' de na' jasta que la traigas de vuelta.

Cada 17 de diciembre que pasaba, Tomasa ponía más énfasis en pedir a Babalú. La primera vela siempre estaba dedicada a Angelita, que por serle tan querida no envejecía jamás en su corazón y seguía siendo niña por muy vieja que estuviese. Le insistía mucho al santo que no dejara a la muerte cerrar los ojos de ninguna de las dos sin antes volver a verse. Como la situación no estaba para dárselas de botarate despilfarrando velas aunque fuese con los santos, y los santos, por serlo, estarían más que informados de lo priorizadas que estaban las velas debido a la situación, asumía en una sola las plegarias dedicadas a su núcleo familiar. Jacobo tenía el uno en la lista de oraciones. Mucha hambre les mató en la vida, y eso no podía olvidarse a la hora de rogarle al santo para que velara su salud, le alumbrara los caminos y le diera luz larga para trabar como antes amistad con el cocinero de una empresa, porque desde que se jubiló les vino una peladera de padre y muy señor mío. A María no era cosa de llevarla cómoda con plegarias, sino de echarle responsos por bobalicona y socotroca. Regañaba a Babalú por no forzarla a meter cabeza de una vez ayudando a Jacobo a salir de los apuros, como hacía siempre Cachita, que además de la cabeza, metía el cuerpo, la mano... Bueno, a veces se pasaba en metezón, pero ésa sí resolvía y traía pa' la casa. Jorge Alejandro: ni letra, ni una letrica a ella que lo crió y lo quiso tanto. Cría cuervos y te sacarán los ojos, pero así y todo rogaba porque le fuesen bien las cosas por allá igual que rogaba por Candy aquí, para que consiguiese un buen partido, un gallego pesetudo que la colmara de todo y se casara con ella, claro está, pues tampoco estaba bien que el gallego viniera a coger mangos bajitos con la nieta por eso de ser una mulatica linda como un pimpollo con un culito parado que era un primor y a repetir en la niña los amores de fuego y barracón de cuando el coloniaje: «Candy puede amarrar hasta un príncipe si tú empujas un poquito, Babalú, y nos haces el milagro». La última vela de ese año se la dedicó a Mariko, que por primera vez en su vida atravesaba una crisis con su clan y había caído en desgracia: tres de sus nietos se le piraron pa' la Yuma cuando se les acabó el negocito familiar, y la china se las vio tan negras que mandó a descolgar de su sala el retrato de... quien tú sabes, diciendo que ni en pintura quería mirarle a las barbas. En situaciones extremas los santos no perdonaban ruindades y exigían velas extras. Tratándose de Mariko no se podía escatimar, le sobraban bondades en la familia y méritos por antigüedad. «Ven acá, Babalú. ¿No es válido que la gente se defienda como pueda? ¿Qué daño le hacía Mariko al gobierno vendiendo tallitas de madera en la plaza de la Catedral? Dejaste que le quitaran la licencia y que les cerraran a los nietos el restaurancito chino que se montaron en la casa, sólo porque metieron un forrito en el menú haciendo pasar la langosta enchilada por jurel en salsa de tomate. La langosta por tener la masa blanca es pa' los turistas namá y el jurel que tiene el pellejo negro es el que le toca al pueblo. Eso es discriminación, mi viejo. ¡Total!, a fin de cuentas, ¿no se codean como iguales los dos bichos en el mar?»

A pesar de las oraciones, las asistencias y despojos, habrían de tardar doce meses para que el milagro se hiciera realidad y apareciera el gallego en la vida de Candy. Tomasa no sabía cómo agradecer al santo tanta prodigalidad. Claro que no todo salió a la perfección, porque los santos como los seres humanos no son del todo infalibles y los milagros no siempre se realizan a pedir de boca. Cierto que el gallego era calvo y gordinflón, tenía edad para ser el abuelo de la niña y tampoco podía aspirarse a que se casaran como Dios manda por contar ya con esposa y varios hijos en la madre patria, pero mirándolo por el lado bueno, como debían mirarse los milagros, la suerte la pintaban calva y cuando se estaba a la cuarta pregunta no cabía detenerse en poquedades, menos tratándose de un señor que parecía un Santi Cló regalando a manos llenas: una bicicleta montañesa de doce velocidades, un equipo de discos no sé qué, de marca qué sé yo, que sonaba como si tuviera una orquesta entera adentro, un aparato que se tragaba las películas por una ranurita y las sacaba después por un televisor con unos colores tan reales que cuando las películas eran de matazones la sangre parecía verdadera. Pero la concreta era la facturita de comida que les compraba en las shopping y que, estirándose bien como una sabía estirar las cosas, podía pasarse del mes y durar hasta que el gallego regresara y les comprase la próxima. La recholatera se armó por culpa de Jorge, que puso el grito en el cielo y a la Cacha de vuelta y media tildándola de alcahueta, inmoral, doble moral, madre desnaturalizada, guaricandilla, hija de... eso mismo, por haberle permitido a la niña dejar la universidad, meterle al viejo verde por los ojos y tirarse por la calle del medio igual que una jinetera. ¡Alabado sea el Santísimo!, Candy que no salía apenas de su casa, que se topó con ese gallego porque Babalú y no otro se lo puso en el camino. Se dijeron hasta del mal que se iban a morir. Sacaron a relucir a Jorge Alejandro y eso fue como se dice mentar la soga en casa del ahorcado.

–Yo me encargué de encaminar al muchacho y tú de echarlo a perder.

–¿Yo? Ja, no me vengas a mí con ésa, Jorge. Jamás te importó un carajo saber cómo pensaban tus hijos. Una vez que fueron grandes: a volar, pelo suelto y carretera. Cachita que se joda, para eso los parió; lo mío es mi trabajo, mi casa y mi mujercita. Como si yo no tuviera también maridos en que pensar, casa que atender y trabajo de sobra. Vete a la mierda. Allá tú si no sembraste para recoger, ni en tus dos hijos conmigo ni en tu nenita Isabel. Ésa tarde o temprano te pasa también la cuenta.

–Te juro que si Tomasa no me la quita de las manos le retuerzo el pescuezo. A Isabel sí que nadie me la toca.

Sabina lo dejó desahogarse sin emitir comentarios mientras ponía a hervir tilo en el fogón. El tilo era lo único que valía de algo con Jorge. A veces hacía que durmiera, a veces le alisaba las tensiones y a veces conseguía aplacar sus desvelos de conciencia. Si duro era reconocer que Cachita llevaba algo de razón en las cosas que decía, peor aún resultaba aceptar que fuese ella quien le cantara a Jorge las verdades. Jorge no se merecía tener que pasar por eso. Si en algo se le iba la mano era queriendo arreglar todo con la verdad y la razón que, por creer de su lado, se creía con derecho de imponer a todo el mundo. Ésa, según Isabel, fue siempre la pared de hielo que interpuso entre sus hijos. «Ciego a todo lo que no sea la Revolución, cerrado a cualquier razonamiento que no sea el suyo propio.» Ese juicio de la hija devino de una amarga discusión que hacía alrededor de un año tuvo lugar en casa de los abuelos a causa de las continuas fricciones entre Rafael y Anselmo. Jorge, como es natural, tomó partido por el padre y le enfiló al yerno los cañones. El viejo tendría sus resabios pero en su casa mandaba y llevaba aún los pantalones. Ningún tipo de afuera podía venir a ponerle los cojones por delante. ¿Qué era eso de querer permutar la casa buscando darles la mala a los viejos por ser viejos nada más? Igual que Carmen María, que acabó metiendo a Angelita en un asilo. Pobre del que se atreviera a tratar así a sus padres.

Caso cerrado. Isabel trancó la boca y a partir de ese día no volvió a hablar del problema. Ni siquiera a Sabina le dio pie para abordar más el asunto. Se retrajo de tal modo que limitó los encuentros con el padre a los almuerzos del domingo en casa de los abuelos, y al llegar los años críticos, cuando los almuerzos dejaron de ser almuerzos porque apenas se sabía qué iba a servirse a la mesa, las visitas quedaron reducidas a un domingo en la quincena y por último a un solo domingo en el mes, y eso para evitar que Sabina se entristeciera con la ausencia de Michael, a quien quería con afecto desmesurado, mimaba a más no poder y se venía ya quejando de no tener siempre cerca. Y no era porque Isabel culpara a Sabina de nada, ni tampoco la creyera menos digna de confianza. Todo lo contrario. Necesitaba de la amiga como nunca y más que nunca le urgía abrirle el corazón y sincerarse con ella como antes. De sobra sabía Isabel que Sabina se buscó más de un disgusto con Jorge por salir en su defensa y eso sí que no era justo. No había derecho a tenerla entre dos aguas. En los tiempos de Cachita su ego se enaltecía al saberse manzana de las discordias. Pero Sabina era su amiga y tenía con su padre una unión nada común. Sabina no entendía que ella lo hacía por su bien, aunque ese bien le costara a sí misma mucho mal. Tanto daño llegó a hacerse guardándoselo todo adentro que no movió siquiera un dedo ni pidió ayuda a nadie cuando la jefa Ladillona le dijo que había quedado excedente porque faltaba papel y sobraba personal en el periódico. No estaba dispuesta a irse al campo a trabajar, teniendo un niño pequeño y dos viejos con la salud pendiendo de un hilo y siempre llenos de achaques. Rafael contaba cada día menos o no contaba para nada. Apenas estaba en la casa. Llegaba de noche del hospital, cargaba el cubo del baño sin chistar, comía siempre sin chistar y se metía sin chistar en la cama vuelto de espaldas a ella. Hasta el amor lo hacían sin ganas y sin chistar. Los domingos, cuando no estaba de guardia o salía a pescar, se iba a casa de sus hijos. Se ocupaba mucho de Damián, que era ya un adolescente, alto, flaco, melenudo y muy amante del rock como ellos en su época. Le gustaba sentarse en el Malecón a descargar o a matar en algo el tiempo, pero a menudo se veía descontento y se quejaba de no tener en donde desconectar. Los cines ya no estrenaban películas de las buenas como antes. La heladería Coppelia estaba cerrada, las jevitas andaban detrás de los extranjeros y él no tenía ni dos fulas para pagar la entrada a la discoteca. No podía explicarse por qué sentía cierto resquemor cuando escuchaba de pasada los berrinches de Damián. Más de una vez Isabel hizo el intento de hablarle, pero no lo consiguió. Para Damián seguía siendo la mujer que se interpuso entre sus padres.

Dara, en cambio, tenía otra manera de ser. Era alta y flaca también y no del todo bonita, muy parecida al hermano en lo que respecta al físico, pero poco en el carácter. Al revés de Damián, se esforzaba en caer bien y ganar su simpatía. Con el tiempo se hicieron buenas amigas y llegó a confiarle cosas de esas que no se confían a nadie si no se siente amistad y confianza verdadera. Isabel fue la primera y la única a quien Dara le confió los temores que sentía por Damián. Pero por aquel entonces Isabel estaba aún muy lejos de creer que algo grave pudiera ocurrirle al hijo de su marido. Tenía demasiados quebraderos de cabeza propios para detenerse a pensar en los ajenos. No sabía con certeza qué rumbo tomaría su vida ni qué sentido daría a su profesión a partir de ese momento. Empezó a verlo todo negro y a sentir que se adentraba en un túnel sin salida. Eso la hizo recordar aquello que dijera Rafael como una posibilidad remota. Irse podía ser para ellos la única solución.

–¿Te acuerdas cuando dijiste que debíamos pensar en todo?

–Sí, y tú casi me comes. No querías oír hablar sobre eso.

–En cambio ahora prefiero que lo hablemos francamente.

Él dudaba todavía.

–No sé. A ti te encanta este país.

–Bueno, es lo mío, ¿no? ¿Qué hay de malo en que me guste?

–¿Lo ves? Contigo no se puede llegar a nada en concreto. Ni sabes bien lo que quieres.

–Te quiero a ti.

–Dime una cosa, Isa, ¿serías capaz de seguirme con el niño? Supón que llego una noche y te digo: «Agarra a Michael que nos vamos. Tengo una embarcación esperando por nosotros».

–¿Irnos así, a lo loco por el mar, exponiéndonos a todo...?

–Anjá, ¿correrías ese riesgo conmigo?

–Yo... por mí, sí... pero ¿y el niño, y tus hijos?

–Dara y Damián no irían con nosotros. Los sacaríamos después.

Isabel se sentó en la cama, helada como un carámbano. Se imaginaba atrapada dentro de una pesadilla, navegando en la oscuridad con Michael entre los brazos, protegiéndolo de la acechanza de los tiburones y la embestida de las feroces olas del Caribe.

–No hay cosa más imponente que mirar el mar de noche.

–Tienes razón, olvídalo. Te pregunté porque quisiste hablar de eso.

Dicen que no hay peor ciego que aquel que no quiere ver, y en el caso de Isabel además de la ceguera funcionó ese mecanismo de blindaje que tiene la mente humana para rechazar el pensamiento obsesivo que tiende a desajustarla. Quizá había también cierta dosis de inocencia en su persona. Era probable que todos esos factores se conjugaran a la vez para traerle el sosiego y devolverla a la calma luego de la conversación que esa noche sostuvo con Rafael. Lo cierto fue que creyó ingenuamente que al fin habían logrado explicarse sin injerencias ni reprobaciones, como era lo apropiado entre marido y mujer, y se sintió esperanzada de que las dificultades habrían de solucionarse porque no existen obstáculos imposibles de vencer si prevalece el amor. Eso se dijo, sin que una sombra de duda cruzara por su cabeza. Ni aun cuando Rafael dedicó sus fines de semana estrictamente a pescar dejando de salir con ella y de atender a sus hijos los domingos. Precisamente el último fin de semana que Rafael fue de pesca, le prometió regresar a tiempo para llevarlos al cine. Se despidieron como siempre. No hubo besos prolongados, gestos definitivos, ni nerviosismo en su voz. Nada en su actitud fuera de lo acostumbrado que levantara sospechas. Incluso al declinar el domingo y caer la noche del lunes sin saber de Rafael, lo único que pensó Isabel en medio del desespero fue en un fatal accidente con la bicicleta. La llamada por teléfono la dejó casi en las mismas. No entendía qué quería decir con eso de que llegué bien, voy a probar suerte acá y en cuanto pueda te traigo a ti con el niño. No podía concebir que la separaran de él noventa millas de distancia.

Jorge, tratando de no ser duro, dijo a su hija lo más duro que se puede decir en estos casos.

–Olvídate de él. Ese hombre no te ama.

Se le escapó sin pensar, como se escapan a veces las cosas que no se quieren decir y se dicen como salidas del alma. En realidad, traía en mente otras razones pero temía la forma en que reaccionaría Isabel al escucharlas. A pesar de las muchas diferencias que tendían a desunirlos, se sabía atado a su hija por una fuerza que lo hacía vulnerable. Muchas noches de su vida se las pasó desvelado temiendo por Isabel. No con el justo desvelo que se siente por los hijos sino con miedo real: el miedo a que Isabel le faltara igual que le faltó Elisa o faltaban los demás. El tiempo que todo lo puede llegó a curarle el dolor de la pérdida de Elisa y lo hizo superar la lejanía del hermano al menos sin sentir violencia. Pero ahora volvía a sentirse violentado por una frase de Jaime, que en su momento consideró casi trivial: «Ojalá que tus hijos, Jorge, nunca te pasen la cuenta ni que el día de mañana te reprochen tu manera de pensar». Cuando ocurrió lo de Jorge Alejandro, creyó morir de vergüenza. Sus propios compañeros reunieron a todo el personal médico del hospital, y delante de su cara organizaron un mitin de repudio y leyeron un comunicado, donde la jefa de enfermeras tildó a su hijo de desertor y vende patria. El CDR de la cuadra, para no quedarse atrás, citó a todos los vecinos del edificio y además de dar el mitin, leyeron la sarta de insultos que correspondía al caso. Hasta los pioneritos de la escuela donde estudiaba su nieto Tamayito Romanenko desfilaron frente al muro del Malecón, tirando piedras al mar como señal de repulsa a los traidores que arrancaron a un niño de su patria, volaron sobre el océano y aterrizaron en la orilla enemiga. Más difícil todavía que las humillaciones y los oprobios, resultó tener que soportar que muchos de los que gritaron y despotricaron en los mítines y los comunicados, vinieran luego a decirle que lo habían hecho obligados por las circunstancias. «En el fondo, doctor, usted no tiene que sentirse avergonzado; su hijo es tremendo cojonudo, se la jugó en el avión con su familia, y en vez de tomarse por traidor, debía tenerse por un héroe.» Luego vino lo de Candy. La bronca con Cachita por aquello de que el gallego le iba a poner la carta de invitación y llevarla para España. ¡Coño! Si los gallegos venían aquí a hacer turismo sexual, a darnos siempre por el culo y a coger los culos gratis. Desde los tiempos de la colonia, las negras y las mulatas les rompieron siempre el coco. Ahora las cazaban mansas: «Guapa, si me dejas follarte el culito, te regalo el desodorante y el champú que me traje en la maleta». Deslumbraban a las niñas que podían ser sus nietas, se aprovechaban de sus necesidades y les prometían Villas y Castillas, y en el mejor de los casos, si se casaban con ellas y las llevaban a Europa, las encerraban en una aldea y las ponían a trabajar para ellos como si todavía se tratara de esclavas y de negreros. Pero lo que vino a ponerle la tapa al pomo no fueron los gallegos, sino el propio comandante en jefe, cuando reconoció públicamente que sí, que había prostitución en la isla, pero que nuestras jineteras eran las más sanas del mundo porque la Revolución cuidaba mucho la salud del pueblo al igual que de su educación, y por eso nuestras prostitutas eran doctoras y maestras. ¡Coño, cuánto le dolió oírle decir eso! Por más vuelta que le diera a aquella frase y al hecho de decirla quien la dijo, ¿podía poner oídos sordos a la carga de cinismo, desfachatez y crueldad que contenía? Mirándolo fríamente: ¿no encerraban sus palabras la más perversa y despiadada de las burlas a las mujeres de este pueblo? Ni a Sabina, que dormía siempre pegadita a él, le confesó su decepción. No, para Sabina sería muy difícil de entender. ¿Cómo iba a mirarle a los ojos y decirle que todo lo que habían soñado se había ido al carajo y convertido en la más cursi y despreciable de las pesadillas? ¿Cómo mirar los ojazos azules de Isabel y decirle todo esto que sentía? ¿Qué explicación iba a darle, qué consejo, si él mismo no encontraba explicación ni modo de aconsejarse? Era eso lo que intentaba decirle, pedirle perdón incluso por los años sin perdón y abrirle su corazón rogándole que no se fuera, «porque si tú me faltaras, hija, dejarías a tu padre hecho un guiñapo». Eso y no otra cosa fue lo que vino a decirle y en cambio, dijo todo lo contrario.

Sabina, por su parte, parecía la mujer montaña cargando con todo a la vez. Se dividía entre dos casas: por un lado cuidaba que no se fuera a pique la suya, a donde llevó a Isabel y a Michael, y al mismo tiempo atendía la de sus suegros, preocupada más por Anselmo que nada decía, que por Beatriz que todo lo decía llorando. Hacía tilo para todos a todas horas del día sirviéndolo de varias formas: caliente para los viejos, helado para el niño, con jazmín de cinco hojas para calmar los nervios de Isabel, con hielo y ron para Jorge, que lo batía con el dedo igual que si fuese un trago, mientras que al de ella le agregaba tintura de pasiflora y flores de manzanilla. Tenía dos jarros de tilo siempre hirviendo en el fogón, otros dos refrescándose en la cocina y lo menos tres litros listos en el refrigerador por si surgía una emergencia. Cualquier cosa menos el tilo podía faltarle en la casa. Según pasaban los días y a medida que el tilo fue recobrando sus nervios, Isabel empezó a tomar conciencia del caso y estuvo pronto en condiciones de reflexionar como siempre con su amiga. Se enfrascó en un prolongado análisis que Sabina escuchó en silencio, sin permitirse un gesto de desgano, impaciencia o reprobación. En primer término enumeró sus problemas, luego hizo un examen de conciencia y acabó filosofando muchísimo sobre el amor. Dijo que después de todo no creía que pudiese juzgarse de la manera absoluta e imparcial con que Jorge lo juzgaba, instándola a que olvidara a Rafael y ya está. El amor no era ese ser omnipotente que uno imaginaba en sueños haciendo eternos milagros, estaba hecho de seres de carne y hueso con cientos de imperfecciones y derecho a equivocarse. El amor era algo humano y no había nada más humano que amar y cometer errores.

–Mi error fue creer que el amor podía tanto como Dios, si es verdad que Dios lo puede todo. Más incluso que Fidel, que va por encima de Dios y tiene tanto poder que todo lo que logró, él mismo lo echó a perder. Tú querías la verdad. Aquí la tienes. Papá no puede entender y censura a Rafael diciendo que no me ama y que debo olvidarlo y se acabó. Así de fácil.

–Tu padre teme por ti.

–¿Teme? ¿Teme qué? Debía de temer verme así, sin saber qué voy a hacer con mi vida.

–¿Por qué no pruebas y escribes?

–¿Escribir?... ¿Para quién?

–Pongamos que para ti.

Isabel dejó escapar una risa dolorosa.

–Nunca escribí para mí, sino para que los demás me leyeran.

–Así y todo, sería bueno que lo hicieras. Recuerdo que te quejabas de no disponer de tiempo para hacer esa novela que siempre quisiste escribir. No quiero que me contestes ahora. Sólo piénsalo. Es todo cuanto te pido.

La ida de Rafael significó un golpe severo en casa de Ángela. Así la seguían llamando todos en el vecindario: «la casa de Ángela», «la familia de Ángela», «las cosas de Ángela». Aunque ella no estuviese y llevaran muchos años sin tener noticias suyas, lo suyo seguía siendo suyo en el sentir de la gente. Por primera vez quizá desde que su tía faltaba, a Carmen le empezó a pesar su ausencia; no se decidía a comentarlo ni siquiera con Tomasa, que se mantenía en sus trece de no desperdiciar velas pidiéndole a Babalú por un pecado como el de ella. Tampoco se atrevía a hablarlo con su hermana María Esther y mucho menos con Lázaro, su cuñado. Habría sido concederles la razón y reconocer que ella fue la causante de que la tía se fuera. Lázaro se la pasaba diciendo que Angelita era el horcón de la familia y que de haber hecho las cosas a su manera él habría llegado a ganársela, pero lo tiraron todo al estricote, ésa era la palabra que usaba su bisabuela, una negra lucumí que era ya nonagenaria y contaba con el suficiente conocimiento de la vida para afirmar con razón que ese dicho de que los negros si no la hacían a la entrada, la hacían a la salida, no era más que mala fama, porque cuando a los blancos les daba por cagarla, la cagaban bien cagada como en el caso de Carmen. Ahí mismo se le sumaban María Esther y los gemelos, echándole el muerto encima. Todo se les volvía decir que si la tía estuviera no faltaría esto o lo otro, que siempre se las arreglaba para resolver las cosas y tener cada cosa en su lugar, y «hasta quién sabe si papá hubiese vuelto», decía cruelmente Damián, «porque varias veces me dijo que jamás encontró a nadie como la tía Angelita y en la casa de Isabel la estaba pasando fatal».

–Ahora resulta que, además, soy culpable de la locura de tu padre.

Pero Damián no juzgaba lo del padre como un rapto de locura. En todo caso lo que no le perdonaba era el no haber contado con él para irse juntos. Nunca antes tuvo esa idea metida entre las cejas, pero ahora la incubaba día a día, noche tras noche, hora tras hora, hasta que llegó a volverse una obsesión que no dio cabida a otras ideas. Perdió todo interés por los estudios.

¡Total, para qué!, hoy por hoy, los estudios no dan nada. El «para qué» y el «nada» parecían sus respuestas preferidas. Comenzó a desesperarse. Cada vez que Rafael lo llamaba pidiéndole que tuviera paciencia, no hacía sino impacientarlo más. Le decía que necesitaba tiempo, que la vida allá no era tan fácil como uno pensaba, que había que pinchar en lo que fuera y por el momento no podía pensar en ejercer su profesión porque no dominaba el inglés y tenía que hacer la reválida. Lo mandaría a buscar lo más pronto que pudiera. Sería cosa de un año o de dos, tres a lo sumo. Aunque tenían por el medio lo de la edad militar y eso sí era un inconveniente. Lo importante era esperar y no cometer locuras. Siempre le decía lo mismo: «No hagas locuras, Damián». El muchacho esperaba, matando el tiempo en el muro del Malecón. Llevaba la guitarra y se ponía a descargar con el grupito del Pre. A veces la policía venía a pedirles el carnet y eso lo ponía furioso. «¡Coño, ni en el Malecón nos dejan ya respirar!»

–Cállate la boca, bárbaro, que van a cargar contigo y te vas a meter por gusto la noche en la unidad. Asere, estás hecho un ácido. Consíguete una jevita.

–Las jevitas están puesta pa' los que tienen fulas.

–Pues mira, mi socio, entonces fuiii... pa' la Yuma –le decían sus amigos apuntando hacia el mar.

–Eso es lo que a mí me jode: que seamos nosotros quienes tengamos que largarnos. Coño, antes eran los gallegos los que emigraban para acá, y a los yanquis el culo les hacía puchero por esta islita. Ya tenían en el coco hacer una cadena de hoteles en el Malecón. Porque como La Habana no hay nada, mi social; La Habana no sólo es andarla, como dice Eusebio Leal, sino habanearla y llevarla dentro de uno. Yo no sé si en otro sitio del mundo existe un malecón como éste, pero seguro que en ninguna parte se estila repellar a una jevita frente al mar, bajo una noche estrellada, sonándole un bolerón con tu guitarrita. Coño, pero estos comuñangas no dan chance, enseguida empiezan con la jodienda: que estás en zona turística y molestas a los extranjeros, que no se permite cantar ni repellar enfrente de los hoteles, que si te estás haciendo el guillao con la guitarra y la jevita para sacarle los fulas a los turistas. ¡Carajo, qué cojoneta! Esta ciudad es más de los turistas que nuestra. ¿Qué diría ahora nuestro poeta nacional de su «tengo lo que tenía que tener»?

Lázaro Concepción que, al casarse con María Esther, había asumido el mando del hogar, por ser el único varón adulto de la casa, se sentía siempre inquieto por aquellos comentarios de Damián. Esa tarde salió de su guardia médica pedaleando su bicicleta como una exhalación. Se acababa de enterar de que cerca del Malecón la gente se había tirado a la calle gritando horrores del gobierno y le habían caído a pedradas a las tiendas de área dólar.

–La cosa se ha puesto en candela –le contó a Carmen María, en cuanto llegó–. ¿Se puede saber por dónde anda Damián?

–¿Qué pasa con mi hijo?

–Nada, es que ese muchacho no para en esta casa. Desde que el padre se fue está fuera de control.

–¿Qué tiene de malo que salga? Estamos en pleno verano, se pasó el año estudiando y quiere aprovechar las vacaciones.

Haciendo luego un recuento verbal de lo ocurrido, Dara tenía la impresión de que fue a partir de ese día y de esa conversación entre Lázaro y su madre cuando comenzó a notar que algo no andaba bien con Damián. Su hermano ya no era el mismo. Se le había agriado el carácter y solía molestarse sin motivos llevándole la contraria a ella y a todo el mundo. Había perdido incentivo en los estudios y renunció a su hábito de leer. Apenas tocaba un libro ni sentía apego por nada. Nadie se explicaba por qué un muchacho tan tranquilo y formal buscaba ahora la calle con semejante ansiedad. Vivía y moría en la calle y cuando no en la playa, rodeado por un grupito de amigos que no parecían amigos ni tampoco eran del Pre.

Coincidió que también por esos días comenzó la desbandada. La gente se tiraba al mar en cualquier embarcación, por muy endeble que fuese. Lo mismo daba una balsa que una cámara de camión con un par de remos. Cualquier cosa que flotase venía bien. Hasta la vieja lanchita que cruzaba la bahía llegaron a secuestrarla. Como si el mar fuese un juego y no una trampa de muerte. «Parece cosa de locos», se le ocurrió a Dara decirle a Damián la única vez que trataron el asunto o, mejor dicho, no lo trataron porque él nada respondió. Pero en esa no respuesta estaba todo. Lo único que recordaba haberlo visto hacer por esos días fue señalar con lápiz rojo algunas líneas de *La historia me absolverá*, que insistió en leerle en voz alta: «Los profesionales jóvenes salen de las aulas con sus títulos deseosos de luchar y llenos de esperanzas para encontrarse con un callejón sin salida... Este pueblo, cuyo camino de angustias está empedrado de engaños y falsas promesas. Un pueblo que debía luchar con todas sus fuerzas si quería ganar su libertad». Lo que Damián quería decir estaba claro, y lo decía con las palabras del propio Comandante cuando el juicio del Moncada. No sólo no había cumplido lo que prometía en su histórico alegato, sino que todo lo que condenó y denunció hacía casi medio siglo se estaba cumpliendo hoy, punto por punto y letra por letra, en las nuevas generaciones formadas por la Revolución. Sólo le faltó recomendar a su pueblo remar con todas sus fuerzas si quería ganar su libertad. A Dara no se le ocurrió otra cosa que ir a visitar a Isabel y contarle sus iniquidades. Pero encontró a su madrastra sin trabajo, buscando una esperanza a que asirse y un modo de salir del callejón sin salida en el que estaba. A Beatriz, colgando un letrero en la puerta que decía: «Se venden durofríos», y al viejo Anselmo en la cocina, sacando de la nevera cubitos congelados de fresa, mantecado y vainilla. La única respuesta de Isabel a los temores de Dara fue hablarle de las cosas de Angelita, de cuánto se rieron de ella y de cuánta razón llevaba en las cosas que decía.

Fue curioso que ese día la tuvieran tan presente y que fueran precisamente sus ocurrencias y sus cosas las que atenuaran por un rato sus angustias y las hiciera reír en medio de la incertidumbre.

La noche que Damián no regresó, Dara tuvo un sueño revelador. Ella y Damián se encontraban en un lugar profundamente tranquilo. No sabía dónde estaban, pero sentía que los rodeaba un silencio sobrecogedor y una paz casi inhumana. Una quietud como ésa no podía concebirse en lugar alguno, a no ser la que uno imaginaba dentro del claustro materno o la del fondo del mar. Sentía que estaba helada más del susto que del frío. La asustaba aquel lugar desconocido y solitario. Damián no aparentaba sentir el mismo miedo que ella y tampoco tener frío. La miraba serenamente a los ojos, como queriendo transmitirle su propia serenidad. Le dijo que estaba dentro del vientre de un pez y Dara intentó despertarse y no pudo. Sabía que Damián mentía porque ni las ballenas se tragaban a la gente ni los peces te comían sin antes despedazarte. Empezó a sacudir a su gemelo con una fuerza que la hacía ser más fuerte que Damián. Lo sacudía por los hombros pidiéndole que la sacara de esa horrible pesadilla y le dijera la verdad. Vio cómo Damián se fue empalideciendo y volviendo transparente y pensó que no era un sueño sino que estaban muertos en realidad. Oyó la voz de su hermano muy lejana pero clara: le dijo que el muerto era él y tenía que despertarla, que era imposible seguir ligados en el sueño porque ni soñando podía llevarla más lejos en aquel viaje. Todavía recordaba que, despierta ya del todo, se aferraba a los substratos que le quedaban del sueño, para no separarse de Damián. Tres días después se conocía la tragedia. Desde Miami, Rafael llamó desesperado sin que nadie en la casa atinara a coger el auricular. Lázaro fue el único que contó con los arrestos requeridos para atender la llamada y dispuso del aplomo necesario para recibir a los amigos, familiares y vecinos que no cesaban de tocar a la puerta, consternados, abrumando la casa de condolencias durante varias semanas. Con el correr de los días el temor seguía siendo Carmen, que no comía ni dormía y andaba con las pupilas dilatadas hablando sin ilación y preguntando a ratos por Damián como si no consiguiera encontrar un lugar en su alma para canalizar aún su pena. A veces se quedaba quieta, demasiado quieta para que pudiesen tenerlas todas consigo.

22

Dara recordaba aquellos días con una exactitud asombrosa. Podía describir al detalle la ropa que tenía puesta su madre cuando le dieron la noticia y el gesto de perplejidad que hizo con las manos. La perplejidad que precediera al dolor, que más tarde se apropió y se hizo dueño de todo, que se introdujo entre ellos como algo corporal con lo que tendrían que convivir y tropezar a cada paso.

–Todos nos quedamos más tranquilos cuando vimos a mamá vestirse por sí sola y decir que volvería al hospital porque sólo el trabajo le devolvería la calma... Entrada la madrugada, aparecieron dos médicos en casa buscando a mi tía María Esther. La enfermera de turno había encontrado a mamá, colgada en el baño del cuartico de guardia –dijo Dara, escurriéndose las lágrimas y clavando los ojos en el péndulo del viejo reloj de pared.

Ángela había llegado a olvidar las horas que llevaba inmóvil en la misma posición, atenta a las palabras de su sobrina. Fijó a su vez la vista en el reloj de la abuela, atrapó las manos de Dara entre las suyas y las apretó dolorosamente. Sólo Dios sabe cuánto tiempo permanecieron así, con las manos agarradas, hechas nudo, mirando hacia un mismo punto común. Clavadas en el alma del tiempo: fundidas en una sola alma. Sor Carmelina entró callada y se marchó de puntillas, sin atreverse a interrumpir la atmósfera de intimidad anunciándoles que ya había amanecido y tenían el desayuno servido en el comedor. A Ángela le ardían los ojos, pero tampoco pudo llorar esta vez. En los años que llevaba en el asilo contó con tiempo de sobra para ubicar a sus muertos y darle a cada uno el lugar que debía en la memoria y dentro del corazón. Si algo faltaba no era tiempo sino fuerzas. Los arrestos del cuerpo, y no tanto los del cuerpo como los que sostenían el alma. Más por sostener el alma que el cuerpo fue que recurrió al bastón de empuñadura de plata que heredara de su abuelo el General, cuando llegó al asilo de Río Hondo. Se incorporó a esa vida monótona y vegetativa sin ofrecer resistencia. Solía tomar el sol por las mañanas y caminar sin camino. Comía siempre a horas fijas. Rezaba en horarios fijos, tenía también puestos fijos y un sillón en la terraza que nadie le disputaba por temor a su bastón y tenerla por chiflada. Sabía que era diciembre porque veía engalanada de rojo la mata de flores de Pascua, que era enero por las orquídeas que nacían en los cascarones de coco sembrados por las ancianas, que había entrado la cuaresma por la molesta ventolera, los días de Semana Santa y las flores color fucsia que echaba la buganvilla que colgaba del tejado. Septiembre por la Santísima Virgen de la Caridad del Cobre. Octubre por los ciclones. Noviembre por los Fieles Difuntos. Los años se le iban sin contar, vegetando igual que las plantas y el resto de las ancianas. Clavada en ese sillón de la terraza la encontró Dara un sábado de finales de septiembre. Pensar que de no ser por el oscuro costurón que tenía en la frente y la promesa a sor Carmelina, la habría rechazado también valiéndose del bastón.

Dara la miraba a los ojos y era ya entonces capaz de leerle el pensamiento.

–Sabina y la tía María Esther no tuvieron la culpa de que te fueras de casa. No sé por qué las trataste mal cuando vinieron a verte.

–Desde que te vi llegar por primera vez, estuve esperando este momento de rendir cuentas pasadas.

Ángela se detuvo un instante, navegando por los meandros de la mente. Dara tuvo la impresión de que esta vez los sentimientos tomarían un curso más tortuoso y habrían de tocar fondo.

–Quizá sí los culpé a todos por no culparme yo misma. Todo empezó con el ciclón de aquel octubre en que nací y luego siguió así, como un devastamiento que estuvo siempre conmigo. Culpé a Teresa y me reconcentré en odiarla porque me faltó entereza para enfrentar la verdad.

–¿Qué verdad? –preguntó Dara.

–La de no sentirme querida ni deseada por nadie. La verdad de sentirme lastimada, más insegura que en una cuerda floja. De no saberme más que el error de haber sido parida por mi madre. Culpé al tío Vicente por tener para él solo su corazón de mujer. A Teresa por robarme sus ternuras maternales, a papá por no ajustarse los calzones y exigir que se me hiciera justicia. A Alberto Santiesteban por no seguir insistiendo cuando le di calabazas. A Orestes por elegir a mi hermana en vez de a mí. A Carmencita por ser a la que más quise, por la que tanto luché. –Hizo una pausa para recobrar el aliento–. Tu madre fue el dolor que me acabó. Carmencita era parte mía, un territorio que me tomé como propio. De niña, Teresa ni la miraba, era una especie de estorbo igual que yo. Eso la hacía a mi medida. En ella me veía reproducida y cuando me confió que estaba enferma de sí, yo la entendí como nadie. A Carmencita la vida le sobraba como a mí y la quise por sobre todas las cosas, incluso más que a mi madre por la que tanto pené hasta el final. Sabiendo ya que se iba me dedicó una sonrisa, pero yo esperaba más. Sabía que Vicente estaba allí para llevársela y esa sonrisa podía ser más de Vicente que mía. Yo no quería que se fuera sin que antes me perdonara el no haberme hecho querer, o tal vez sólo esperaba saber por qué lo quiso a él tanto que para mí no dejó de su amor nada.

–Eres tú quien debía perdonarla y no ella a ti, ¿no te das cuenta? –dijo Dara con el labio trémulo sin poder dominar más la emoción ni contener las lágrimas ardientes que rodaban por su barbilla goteando sobre el nudo de las manos atadas entre sí como raíces de dedos y de carne–. Eres tú quien tiene que perdonar a mamá que se fue sin pedirte que lo hicieras.

–Quien tiene que perdonarnos es Dios. Lo acusé a Él, más que a todos los otros juntos. A pesar de todo, le agradezco el haberte traído aquí, le doy mil gracias por ello.

–Entonces no todo es tan malo ya... estamos unidas como estas manos que no te voy a soltar. Yo te necesito, tía, de verdad. Tú ahora eres lo primero para mí y quiero pedirte que vuelvas, que regreses con nosotros. Para que Dios, como tú dices, pueda perdonarnos un poquito lo mucho que te hemos hecho falta.

–¡Volver allá con ese negro en mi casa! Ni muerta.

Dara rompió a reír.

–¡Ay, tía, si Lázaro es un pedazo de pan! Tú no sabes cuánto ha hecho por nosotros. El color de la piel no hace a la gente, ésos son prejuicios de vieja y tú has vuelto a nacer hoy. Deja que conozcas a Lachy. Es un mulatico lindo cantidad. Te vas a encariñar con él enseguida, y él contigo, en cuanto le cuentes tus fábulas de Esopo. Deja que veas a Sabina. Ella y Jorge siguen tan enamorados como siempre. ¡Qué gusto les va a dar! Y la tía Mariko: cada día más llena de nietos y trabajo, pero le sobran energías.

–¡Dios mío, con esa edad! –dijo Ángela sonriendo admirada.

–De edad no hablemos. ¡Si vieras a Tomasa lo fuerte y paradita que está! Vive pensando en ti y haciéndome cuentos tuyos. Dice que tú fuiste su hija blanca, que hasta el asma te curó cuando eras niña, pero que nunca te pudo sacar de encima el olor a río que tenías pegado en la piel. Vuelve, tía, anda, dentro de pocos días será Nochebuena, la tía María Esther le está adornando el arbolito de Navidad a Lachy con las bolas y guirnaldas viejas que tú dejaste guardadas en el cuartico del fondo.

–¡Navidades! ¿No las habían cerrado por reformas?

–Tía, pero en qué mundo tú vives. ¿No ven aquí la televisión? Está por venir el Papa.

–Cuando una es tan vieja, hija, y oye cosas como ésas cree que está chocheando.

–Pues déjate de chocheras. El día de Navidad lo declararon feriado.

–¡No! Me dejas boquiabierta. ¿Qué le ha pasado a Yo Castro, quiere que lo canonicen o está chocheando también? Nada, tendré que acompañarte para recibir la bendición del Santo Padre, eso sí no se da todos los días. ¡Qué cosa! Papa y Navidades en la Cuba comunista. Eso yo no me lo pierdo. Voy contigo, pero con una condición: si me gusta lo que encuentro y puedo volver a ser útil me quedo; si no, regreso aquí, a esperar mi hora en este sillón.

23

Entre los muchos apuntes y recuerdos que Isabel recogió entristecida el día que abandonó definitivamente su puesto en la redacción, estaba una cita de Vicente Blasco Ibáñez que copió textualmente y conservó por años expuesta bajo el cristal de su buró: «Para escribir novelas hay que haber nacido novelista. Y nacer novelista es llevar dentro el instinto que hace adivinar el alma de las cosas, asir el detalle saliente que evoca la imagen justa, poseer la fuerza de sugestión necesaria para que el lector tome como realidad lo que es obra pura de la fantasía».

A Isabel le llamó la atención la frase por tres razones: una, porque (modestia aparte) estaba firmemente convencida de haber nacido dotada de ese instinto al que hacía referencia el escritor; dos, porque siendo aún muy niña para haber leído nada y ser influenciada por nadie, se sabía capaz no sólo de verle el alma a las cosas sino de poder describirlas a través de la imaginación, y tres, porque desde la más tierna edad fue favorecida por el don de soñar despierta y entablar conversación con los personajes nacidos de su mente novelera que adivinaba ocultos en los espejos, los cuales más de una vez, a fuerza de sugestión y encarnizada insistencia, consiguió hacer visibles a otros niños en la escuela, ganándose a causa de esta virtud, facultad o lo que fuese la inquina de los adultos, el enojo de sus maestros y un sinfín de correctivos que no surtieron provecho ni lograron enmendarle la arrogancia de sus fantasías que, de acuerdo al parecer de sus mayores, no eran sino modorra y falta de aplicación. Sin embargo, qué engorroso resultaba aplicar esas facultades en la práctica. Por mucha disposición que tuviera o grande que fuese el convencimiento de haber nacido dispuesta así, escribir una novela implicaba un reto a la voluntad. Había que empeñarse cuesta arriba y ese empeño requería entre otras cosas la búsqueda de un acuerdo íntimo, saberte conciliada con tu yo, y ese abandono interior previo al proceso creativo todavía no llegaba.

Despierta no soñaba ahora tanto como en la infancia. Simplemente esponjeaba lo que veía a su alrededor. Se nutría los sentidos, recogía y almacenaba rostros, gestos, sensaciones, olores. Dormida reconocía esas imágenes como propias. Creía haberlas visto en el pasado, sentidas o vividas anteriormente. Era como si todos esos rostros, gestos, olores y sensaciones hubieran estado siempre en ella reposando en un lugar ignoto de la mente. Con frecuencia pasaba noches desconcertantes, detenida en un estado neutro entre el sueño y la vigilia donde, a medida que iba creciendo el andamiaje, sentía correr el azogue de la imaginación. Atrapada en ese aletargamiento que no podía definir, fue que escuchó fluir dentro de ella la voz inconfundible de Ángela. La escuchó nítidamente con su metal disfónico y nasal, dictándole la primera línea de la novela, la línea infatigablemente buscada que no lograba encontrar. Le describía un olor que decía sentir en carne propia. Un olor que tenía alma y se llevaba con uno de por vida más allá de la muerte y el olvido, de los contornos del tiempo y la memoria. ¿Sería que Angelita se había muerto? Era eso: Angelita le hablaba del más allá y buscaba desquitarse enloqueciéndola, pero a la mañana siguiente comentando con Sabina lo ocurrido, se enteró de que Angelita no sólo estaba vivita y coleando sino que pensaba regresar en pocos días a pasar la Nochebuena en su casa.

Diciembre siempre fue un mes que jamás se dejó pasar por debajo de la mesa en casa de los Ulloa. Beatriz, aferrada a sus credos y tradiciones, no perdía la costumbre de regalar en Navidad y celebrar la Nochebuena en familia. Todos los años sin fallar se las ingeniaba en secreto para entregar un obsequio a cada uno. «Una bobería, ya se sabe, pero llena de cariño», decía, conmovida hasta las lágrimas, repartiendo postales de felicitación y regalitos envueltos con esmero en los papeles recobrados de los regalos hechos el año anterior, que estiraba y guardaba para volver a usarlos el año siguiente: «Porque la apariencia es la apariencia y un regalo no es regalo si no se ofrece con gracia y buena presentación». La cena del día 24 era para Beatriz un mandamiento sin réplicas. Nada de picadillo de soja, ni frijoles avispas negras, que no se ablandan ni poniéndolos toda la noche en remojo en la olla de presión. ¿Cuándo se ha visto Nochebuena sin lechón asado, frijoles que no parezcan frijoles y yuca dura como un palo que ni se entera del mojo? Los dólares que Jaime mandaba por Navidad no alcanzaban para lujos. ¡Ah!, pero el pernilito iba de todas, todas. ¡Faltaría más! Así ocurría cada año. Éste, por si fuese poco, tendrían la llegada de Angelita. ¡Alabado sea Dios! Había que apertrecharse temprano y cooperar entre todos para recibirla en grande con una cena especial. Al mismo tiempo se sentía alentada por una alegría esperanzadora que debía celebrarse y agradecer al Señor. Isabelita llevaba más de dos noches tecleando sin parar hasta el amanecer en su máquina portátil, cosa con lo que nadie contaba y no podía menos que tomarse como una bendición. Beatriz implantó en la casa un régimen de cementerio. Le bajaba constantemente el volumen de la televisión a Anselmo que, medio sordo de por sí a causa de la vejez, comenzaba a cabecear en el sillón, hastiado de presenciar programas silentes y no poder hablar en alta voz con su mujer que se expresaba por señas y lo hacía todo de puntillas. Alrededor de cuatro días llevaba la nieta recogida en su encierro cuando el tecleo epiléptico de su achacosa Underwood se cortó en seco y la máquina salió despedida por la ventana del cuarto, yendo a estrellarse contra el

Cupido de mármol que seguía en un solo pie sobre la fuente del nostálgico jardín, clamando al cielo por un hilito de agua. Beatriz, que estaba en ese momento entretenida en regar con un jarrito las matas de los canteros, quedó paralizada del susto. Acto seguido, tras un portazo estremecedor, vio salir a Isabel tirándose de las greñas hasta caer desplomada en el sillón de la sala con los ojos clavados en el techo en una postura de genio incomprendido.

–Nada sale. No sirvo para esto.

Beatriz soltó el jarrito en el cubo y corrió a la cocina a hacer café.

Esa noche, después de rogar a Dios para que le diera fuerzas, decidió entregar a Isabel anticipadamente el regalo excepcional que le tenía reservado para el día de Nochebuena.

–Es el diario de tu madre –dijo con los ojos húmedos–, me lo confió poco antes de morir. Quería que lo guardara hasta que estuvieras en edad de poder entenderlo.

–Entonces, ¿por qué esperaste tantos años para dármelo?

–Porque contiene secretos de familia que no nos pertenecen.

–Todo lo que tenga que ver con la familia es cosa mía.

–Te equivocas. Lo que hay escrito ahí se lo llevaron los muertos a la tumba. De los vivos, sólo Angelita y yo lo sabemos.

–¿Y... papá?

–Nada, nunca le dije a tu padre que existía ese diario. No podía soportar ver a mi hijo sufrir. Me flaqueó la voluntad para revivir todo de nuevo. –Beatriz le acarició el pelo mansamente–. Te dejo sola, hijita. Léelo, te va a ayudar a escribir eso que quieres. Tu mamá dice ahí cosas salidas del alma.

Era un cuaderno delgado, forrado de raso rosa con las iniciales de Elisa fileteadas en oro y nácar. Estaba escrito con la letra menuda y descomplicada de las personas felices. La palabra feliz aparecía escrita en casi todas las páginas, siempre asociada al nombre de Jorge que encabezaba las hojas encerrado junto al suyo en un mismo corazón dibujado en tinta roja y herido por una flecha inocente trazada con mano de colegiala. Incluso en las últimas páginas, las que escribió estando enferma y traspasada de dolor, insistía en hablar de amor y narraba horas felices que ni la muerte siquiera podría arrancarle del alma. A medida que se acercaba el final, iba hablando más del alma. Como si el alma estuviera más afiliada a la muerte que a la vida. No expresaba sus pesares ni se quejaba de nada. Pero ya no pintaba corazones rojos en los encabezamientos y, sin decir que estaba triste, su tristeza se hacía visible en el temblor de la letra y en la carga de aflicción que brotaba en las palabras. Isabel cerró de golpe el cuaderno. Tenía un nudo atenazado en la garganta y le faltaba valor para continuar leyendo. Agradecía profundamente a la abuela haberle ahorrado a su padre ese último dolor. Empezó a beberse las lágrimas y volvió a abrir el diario. Su madre quería que lo entendiera, que vivieran juntas a través de aquellas páginas lo que la vida les negó vivir de otra manera. Pero ¿qué había escrito en ellas que una hija no pudiera entender? ¿Cómo no valorar la pureza de un amor como el suyo? El amor de una muchacha sana y transparente que murió con la misma transparencia que vivió. Cierto que había también páginas grises, donde Elisa describía a sus padres lastimada. Ponía al desnudo el carácter de su madre, censurando su pobreza de espíritu, su egoísmo y sus frivolidades. Hablaba de cuánto la hizo padecer saber a su propio padre aliado a una dictadura que ensangrentaba al país, y daba gracias al cielo por la fortuna de haber tenido a su hija, «mi tesoro más preciado», decía, en medio de tantas calamidades. Pero todo esto Isabel ya lo sabía. Ninguna de estas historias le era ajena. ¿Dónde estaba entonces el secreto que los muertos se llevaron a la tumba? Algo debía de haber que ella, llevada por la emoción, había pasado de largo. Comenzó a hojear el cuaderno detenidamente hasta dar con unas líneas que la dejaron perpleja: «¡Qué linda pareja hacen el tío Vicente y la tía Aguedita! Se diría que nacieron el uno para el otro igual que Jorge y yo. Se amaron toda la vida sin adivinarlo nadie. Yo misma no lo supe hasta ayer, cuando mi tía me puso al tanto de todo».

El primer atisbo de luz la agarró ensimismada en la lectura. Tenía los párpados hinchados de llorar y de leer, y el cuerpo adolorido de las congojas y fatigas de la noche. Pero ansiaba con el resto de sus fuerzas salir afuera y caminar: abandonarse al cansancio de sí misma. En cuanto empezó a clarear se echó a la calle y anduvo sin rumbo fijo, respirando a bocanadas la brisa primera del día. La ciudad aún dormía envuelta en la gasa tenue del amanecer y el mar se divisaba en calma, teñido de azules irregulares. Se sentó en el Malecón con la ciudad a sus espaldas, tratando de desamarrarse el nudo tenaz que persistía en oprimir su garganta. Contempló la inmensidad del mar pensando lo inmenso que debió haber sido el amor de Vicente y Águeda. Conservaba retratado en la mente aquel cuadro que Gabriel hizo a la hermana. El mar de esa mañana no parecía el mismo mar azul añil que el artista recogiera en su pincel, el del cuadro parecía más azul y real que el verdadero y te dejaba calada de una impresión abismal. Todo era verosímil en el cuadro, incluso la inmutable lejanía y la mirada contemplativa de Águeda que, aunque no se podía ver, se adivinaba posada en la distancia. Cuando descubrió el cuadro expuesto en una galería de la capital quedó choqueada del impacto, pero fue incapaz de descifrar el mensaje que Gabriel quiso plasmar pintando a Águeda de espaldas. De no haber leído la historia que Elisa contaba en su diario seguiría sin entenderlo. Qué ilusa era al creer que podía captar al vuelo las almas ocultas en los espejos y revelárselas a los demás hasta el más ínfimo detalle como sólo conseguían hacerlo los artistas verdaderos. ¿Cómo pretender asir la imagen justa del alma sabiéndose tan abrumada y teniendo tan dispersa el alma suya? Los embistes monótonos del mar en su infinita porfía de desnucarse a los pies del muro y el rumor de caracolas apresado en la brisa le fueron entrecerrando los párpados y sumiéndola en una somnolencia taimada. Se sentía suspendida en el aire, ausente de toda gravedad, extraviada de nuevo en el espejismo cómplice de la duermevela donde oía la voz de Ángela semejante a una ráfaga salida del más allá, hablándole como si estuviera muerta y pudiera como los muertos venir en volandas de otra dimensión y atravesar la urdimbre de los pensamientos.

«Lo primero que tienes que poner en claro es si esa alma tuya, tan soñadora y volátil, quiere anclar en esta orilla o continuar mar afuera. Tú que dices leer todo en los espejos, mírate en el de mi madre. Toda la vida esperando algo que no iba a volver. Más valía que se hubiera ido tras él desde la primera vez si iba a morirse esperándolo.»

Isabel se rebeló contra la voz impertinente que escuchaba dentro de ella.

–¿Quién eres para juzgar lo que pasó en el corazón de mi madrina Aguedita? Ella nunca te contó. Sólo confiaba en Gabriel y en mi mamá, y los dos están ya muertos.

–Los muertos se compadecen de los viejos que no duermen por las noches como yo.

–¡Eso es mentira!

–Está bien. Piensa lo que te dé la gana, pero no me busques más para escribir. Encuéntrate a ti misma. Desvívete por lo que quieres hacer. Aprésalo, hazlo tuyo. Si no, no cuentes conmigo para poner ni una letra.

La voz se desvaneció en la brisa y ella se encontró de vuelta a la materia, recién salida de un ensueño de sirenas. Debía de haber permanecido largo rato gesticulando a solas y peleando con alguien invisible porque un grupo de curiosos se había aproximado al muro del Malecón, y la observaban intrigados. Ella les devolvió una sonrisa vacilante. Hizo un gesto de que todo estaba bien, normal, de que no estaba tan chiflada como para lanzarse al mar de cabeza, y consiguió que se fueran dispersando. En cambio un hombre de mediana edad, patilla cerrada y gorra verde que pescaba sin pescar nada desde el amanecer a unos pocos pasos suyos, prendió un cigarrillo y se acercó decidido, poniéndose de cuclillas a su lado.

–Oiga joven, no ve que el indio está en candela. A las rubias el sol se les pega de na'. Mejor se apea de aquí o va a coger una insolación. No le dé más vuelta al coco. Lo que usted tiene en la cabeza se resuelve con una balsa y dos remos.

Isabel soltó una carcajada.

–Mire, le voy a confesar algo pero no se asuste. Yo estoy más loca de lo que cree. A mí me gusta el ángel de esta ciudad y ese sol que le achicharra la piel como usted dice a las rubias.

–Venga acá, ¿usted es masoquista?

–No, lo que soy es periodista, y necesito escribir.

–¿Escriii... qué? ¿Usted no conoce la ley de la soberanía nacional? Treinta años o pena capital na' más que por decir ji en contra de esto. Oiga, aquí si el paredón hablara, no alcanzarían los ceritos. ¿Ha oído hablar de los plantados? ¡Qué va a oír!, si aquí la prensa no existe, y se sabe más de lo que pasa allá enfrente que lo que pasa aquí adentro. Plantados les llaman a los presos políticos, prefieren vivir desnudos en sus celdas antes que vestir el mismo uniforme de los delincuentes comunes. Tampoco sabrá na' de las celdas de frío y de calor, de las torturas psicológicas, ni del gavetero, de donde si sales vivo te sacan congelao como una merluza. Este servidor estuvo en una gavetica de ésas: le hablo por experiencia.

–Lo voy a hacer –dijo Isabel, bajándose del muro decidida y respirando a pulmón abierto mientras emprendía el camino de regreso sin volver la vista atrás.

«En serio que está tostá de verdad –pensó el hombre de la gorra verde–. ¡Qué pena, tan fina y tan bonita como es!», se dijo, haciendo una mueca irreconciliable consigo mismo y tirando la pita al mar todo lo lejos que pudo.

El día de Nochebuena, María Esther amaneció con los nervios en llamas. No habían dado ni las seis cuando Dara partió hacia Río Hondo con el vecino del camión para traer de vuelta a la tía Ángela, mientras ella, en la casa, daba vueltas y más vueltas sin atinar a hacer nada. La noche antes Sabina había venido a verlas, y estuvieron despiertas hasta tarde conversando con Dara: entre las dos se la comieron a preguntas. No se explicaban cómo una muchachita tan joven había logrado el milagro de retornar a la tía tras una década de ausencia: ¿qué te ha dicho de nosotras?, jamás quiso recibirnos. ¿Es que piensa quedarse aquí? ¿Te dijo por qué se entró a bastonazos? ¿Cómo fue que conseguiste convencerla?

–Viene de prueba. De nosotros depende que se quede. Si sabemos llegarle al corazón la habremos rescatado para siempre.

Sabina tenía ya pensado el modo de retenerla, pero se lo guardó para sí. Apenas pegó un ojo esa noche elaborando su plan en la cabeza. Angelita no tenía un pelo de tonta. Había que persuadirla como decía Dara, ganándole el corazón. Esa mañana se levantó con nuevos bríos. Convencida de alcanzar el éxito con sus propósitos, se vistió sin coquetear con el espejo y en cuanto sirvió el desayuno a Jorge se despidió a la carrera y salió presta a darle una mano a María Esther. La encontró como un erizo, tratando de imponer el orden en la casa malamente. Acosaba al bueno de Lázaro con reclamos perentorios: hay que traer más lechuga del mercado, no alcanza el ajo para el mojo, no alcanzan las naranjas agrias, no alcanza el poco dinero que nos queda para lo mucho que falta. Sabina hacía lo posible por calmarla, pero si bien consiguió que diera una tregua al marido, no pudo impedir que la emprendiera con Lachy: niño, deja de tocarlo todo; niño, recoge el reguero; niño, que vas a coger una ingesta comiendo tanto chicharrón, niño, no enciendas y apagues más el arbolito por gusto; ¡niño, que te llevas los fusibles! Niño, que me tienes loca, que no puedo más, mira que la tía Angelita está a punto de entrar por esa puerta...

–Me importa un coño la tía –exclamó Lachy, volcando de un manotazo la fuente de chicharrones.

Aquello colmó la copa. María Esther daba alaridos halándose los pelos y Lázaro bufaba de cólera persiguiendo al chiquillo por la cocina para darle un pescozón, cuando Sabina lo atrapó al fin por un brazo.

–Lachy, si te portas bien, te llevo luego a la tienda y te compro un juguetico –le dijo.

–¿Con fulas? –preguntó el niño con ojos desmesurados.

–Sí, pero estate quitecito.

Lachy se tranquilizó como por arte de magia y se mantuvo entretenido por un rato ovillado en el sofá observando con curiosidad el entra y sale de vecinos en la casa. Todo el mundo aparecía cargando algo. Jacobo traía a cuestas un racimo de plátanos machos. Puchilanga, el moreno tercer dan que vivía con Cachita, llegó con un saco de yuca al hombro, los gemelos de Mariko trajeron el lechoncito en parihuela, destilando el jugo del adobo y listo para entrar al horno. Jorge, ¡cosa increíble!, aceptó por primera vez en su vida obsequios de sus pacientes y entró con una sonrisa triunfal de oreja a oreja, exhibiendo dos botellas de ron añejo Bacardí, tres de sidra El Gaitero y una caja de cerveza Cristal que provocó una gran algarabía y se apresuraron a meter de inmediato en el refrigerador para garantizar que estuviera bien fría a la hora de la cena. El nieto mayor de Mariko trajo un racimo de cocos y un litro de aguardiente de caña para preparar saoco, y el menor un botellón de canchánchara con miel de abejas y fruticas aliñadas en alcohol. Mariko en persona preparó un garrafón de sake, hecho con cáscaras de piña que sabía secretamente a manzanas, y Candy como siempre se extremó, poniendo los turrones de Alicante y Jijona y tres botellas de vino de La Rioja que le dejó el gallego incluidas en la facturita de Navidad. La mañana se les fue entre las manos. Para ir amenizando la cosa y también haciendo boca, picaban sus saladitos y bebían los cubanitos que había preparado Lázaro, quien le metía en la costura a eso de los traguitos y sabía darles el toquecito justo de pimienta, sal y limón. Casi habían olvidado del todo la llegada de Angelita cuando sintieron el timbre de la puerta repiquetear con insistencia. Ninguno se atrevió a dar un paso. Lázaro se tornó cenizo y por poco se lleva un dedo con el cuchillo que picaba los limones. María Esther y Sabina se miraron entre sí sin articular palabra y Lachy, que andaba de nuevo por la libre haciendo de las suyas, fue quien corrió a abrir la puerta. Dara entró cargando al niño animosa.

–Ven, tía, pasa. Éste es Lachy, el angelito de la casa.

Niño y anciana se midieron mutuamente. Ángela no pudo evitar que se le fueran los ojos para el pelo, ensortijado y rubianco del chiquillo. «Como jabaito pasa», se dijo, pero como se había propuesto causar buena impresión y no dejar traslucir sus pensamientos, intentó ser amigable pellizcando al niño en un cachete. Lachy esquivó el gesto con un virón de cara desdeñoso y, sacándole la lengua cuanto pudo, le lanzó una trompetilla diciendo:

–Me importas un coño tú.

Ángela volvió a medirlo con los ojos y dijo sin inmutarse:

–Tienes la lengua bien sucia y no sabes ni cepillarte los dientes. –Y alzando el tono de voz inquirió–: ¿Es que no ha llegado este mes pasta de dientes a la bodega?

Fue suficiente. María Esther se echó en los brazos de su tía sollozando, mientras Sabina conmovida se enjugaba los ojos con la punta del delantal.

–Vamos, dejen esas lagrimitas de caimanas. Vengo sólo como invitada de honor a pasar la Navidad.

–Invitada no, señora. Usted está en su casa –oyeron decir a Lázaro a sus espaldas.

Ángela le clavó las pupilas. Lo midió de arriba abajo y le apuntó al pecho con el bastón.

–No me luces tan oscuro como la primera vez. Debes de tener como Tomasa el alma blanca.

–Yo no sé de eso, señora.

–Ángela. Mejor será que me llames por el nombre. ¡Total!, si vives en esta casa. Toma, cuelga por ahí este bastón, no va a hacerme falta, me conozco estas paredes de memoria.

Entonces se escuchó un grito en la puerta.

–¡Angelita, mi corazón, niña de mi alma!

–¡Tomasa, bendito sea Dios, no pensé volver a verte en esta vida!

Y Ángela se apretó a ella con fuerza, henchida de gozo y emoción.

La cena estuvo lista a las nueve en punto, pero tuvieron que servirla con demora debido a la tardanza inusual de Anselmo y Beatriz. Hasta el último minuto Isabel se mostró reacia a acompañarlos, y se necesitó que Sabina y Jorge fueran en persona a buscarla y la trajeran prácticamente a la fuerza. Isabel tenía sobradas razones para suponer que la tía Ángela no podía verla ni en pintura y estaba segura de que su presencia les echaría a perder la noche. A pesar de la buena disposición de Dara en invitarla y del empeño de Sabina en que asistiera porque era la mejor manera de tirar al olvido asuntos del pasado y poner en práctica sus planes, Isabel seguía sin tenerlas consigo, aguardando lo peor.

La primera reacción de Ángela cuando vio entrar a Isabel fue de sorpresa. Mas, por mucho que socavó en su interior buscando animosidades y resentimientos, no encontró ni una señal. Empezaba a acostumbrarse a ese estado de gracia que imbuía su espíritu desde el día venturoso que le abrió a Dara el corazón. Fue por eso que al revés de lo que todos esperaban no sólo celebró a Dara por haber contado con Isabel sino que recibió a su antigua enemiga con un gesto conciliador diciendo que la Nochebuena era noche de paz y perdón y no debía contradecirse al Señor actuando con suspicacias.

Por fin pasadas las diez quedó servida la mesa. Requirieron sillas extra y tuvieron que pedir prestada la mesa de banquetes que Mariko usaba cuando todavía no le habían cerrado el restaurante, para resolver la apretada situación que tenían con los invitados. Anselmo, por ser el más viejo, y Ángela, por ser la homenajeada, se sentaron en las cabeceras. A la diestra de Ángela ubicaron a Tomasa y a Mariko con sus nueras y su novena de nietos. Jorge, sentado al otro extremo entre Sabina y Beatriz, se levantó de repente poniendo cara de ocasión y haciendo tintín con el cuchillo en su copa, propuso iniciar la cosa con un brindis por la salud de los presentes y en especial por el feliz regreso de Angelita a su hogar. Las botellas de sidra El Gaitero se desbordaron risueñas encima del mantel y las copas se chocaron muchas veces como cogiéndole el gustico al sonido de campanitas que (ya nadie recordaba) tenían las copas de Bacará que guardaba Angelita. Lázaro, muy solemne y estirado, también con cara de ocasión, puso fin al relajito entregando los cubiertos a la tía para que fuese la primera en trinchar el lechoncito y servir el primer plato de la noche. A Ángela le tocaba a rebato el corazón. Aquello le parecía más un banquete pantagruélico que una Nochebuena en familia. De sobra sabía cuánto costó a todos en esfuerzos preparar esa comida para halagarla y recibirla.

–¡Dios nos perdone! Pero mañana ni se sabe qué vamos a desayunar –fue lo único que se le ocurrió decir clavando al fin el tenedor en la carne jugosa del lechoncito.

–Mañana será otro día –dijo Lázaro, que se había ofrecido voluntariamente a sacrificar al puerquito que criaba en la azotea del edificio sin cuidarse de guardar en el congelador más que la empella, la cabeza y las patas para usar en los potajes y extraerle la manteca.

Ángela se mordió la lengua y empezó a servir los platos. Cada cual se había propuesto cumplir con lo suyo con un esmero exquisito. Pero Sabina en verdad merecía un reconocimiento aparte por el punto de sazón que le dio a los frijoles, el aliño que preparó a la ensalada y el gusto con que decoró las fuentes poniéndoles por encima rodajitas de cebolla cruda y bañándolas con la grasita impregnada en el mojito del puerco. La yuca quedó como Beatriz deseaba, blandita como panetela. Los chatinos tostaditos y los buñuelos crujientes y doraditos nadando que daba gusto en el almíbar de medio punto que Tomasa sabía dejar como nadie. A mitad de la comida sacaron la cajita de cerveza. «¡Arriba, que llegó la fría!», exclamaron los hombres que, a esas alturas, habían dado cuenta ya de la sidra, vaciado las botellas de vino tinto y al parecer las de añejo Bacardí, que jamás llegaron a la mesa. Jorge, con un bigote de espuma sobre el labio y bastante achispadito, besaba a Sabina en la nuca y levantaba la copa sudada de cerveza proponiendo un nuevo brindis en honor a la Cristal, criolla y de pura cepa. Se inició otra ronda de tintineos, chocaderas y mojazones acompañada de aplausos y risotadas.

En ese justo momento se cortó la luz y se sintió un gruñido unánime de protesta.

–¡Ñooo, qué mierda! Traigan el mechón –exclamó alguien en la oscuridad–. Estos hijos de puta no perdonan ni el día de Nochebuena.

Pero la luz retornó en pocos minutos y el grupo se entretuvo en hacer chistes de Pepito, donde le echaban a la Revolución con el rayo y ponían al Comandante de vuelta y media. Ángela, que tenía la cabeza algo mareada por el vino, la sidra y la falta de costumbre, aprovechó la oportunidad para salir a la terraza y tomar el aire fresco del mar. Allí sorprendió a Dara cuchicheando con Tomasa. Algo se traían las dos entre manos desde esa mañana y ya no aguantaban más, porque vio a su sobrina salir sin decir palabra y volver con una caja forrada en papel regalo, abultada y llena de extraños agujeritos que apretaba entre sus brazos mientras cerraba la puerta de cristales para no ser molestadas por el bullicio que venía del comedor.

–¿Más regalos? –preguntó Ángela asombrada–. No les basta todavía con la comida de lujo que me han servido en esta casa.

–Es un regalo de Tomasa y mío. Una sorpresa especial para esta noche –dijo Dara, acomodando cuidadosamente la caja sobre las piernas de su tía.

Apenas comenzó a abrirla, se pegó un susto tremendo.

–¿Qué es esta cosa que me han echado encima?

–Es sólo un perrito, tía, un cachorrito, ¿no lo ves? No te hace nada.

–¡Quítenme a este animal de arriba! –gritó crispándose toda sin atreverse a tocarlo.

Pero el perrito, cansado seguramente de los afanes por escapar del encierro, se ovilló como una mota de lana en su regazo y se durmió gruñendo de alivio.

Ángela cesó de protestar y acabó posando su mano sobre el blanco pelambre del animalito mientras los ojos se le inundaban de lágrimas.

–Tía, ¿tú estás llorando? Pero si te lo traje para alegrarte. Tomasa me contó lo que te hicieron con un perrito un día de Nochebuena.

–Tomasa es... es... –Los sollozos la estremecían y le ahogaban en el pecho las palabras–. Es una vieja memoriona a la que quiero mu... muuu... chísimo.

Tomasa, con la nariz secretosa, pegó la cabeza de Ángela a la suya y dijo con la voz rota:

–Llora, mi niña. Desquítate de to' eta noche, que aquí etá entoavía esta negra pa' quererte.

Ninguna durmió en el resto de la noche. Esperaron la salida del sol sentadas en la terraza, celebrando las gracias del perrito y conversando cosas viejas, que no por ser ya muy lejanas hacían sentir a Ángela y a Tomasa el peso de la vejez sino que las volvía más ligeras y acaso otra vez niñas.

El 25 de diciembre de ese año sería una fecha trascendental en la vida de Ángela. Pero eso aún no lo sabía a esa hora tan temprana. Lachy, el primero en levantarse esa mañana, se lució como nunca en el aseo y luego corrió a la cocina para mostrar a la tía su ringlera de dientes irregulares acabados de lavar.

–Anoche soñé que tía Dara te había regalado un perrito por el día de Navidad.

–No fue un sueño –respondió Ángela señalando el cachorro que se desperezaba en un rincón de la cocina entreabriendo su boca sonrosada.

El niño se acuclilló para acariciarlo.

–¿Tú me lo prestas?

–Sí, claro...

–¿Y me lo dejas tener para mí solo?

–Es de los dos.

–Pero si tú te vas, seguro que te lo llevas.

–Todavía no tengo decidido si me voy a ir o no.

Durante el transcurso del día Lachy no paró de jugar y correr detrás del perro.

–Quédate, tía –le decía Dara suplicante–. Hasta Lachy ya está loco contigo. Él cree que gracias a ti tiene ahora ese perrito. No pensarás en irte y quitárselo.

–Bueno... ¿el perro es mío o no?

–Sí, tía, el perro y todo en esta casa.

–Te dije que me quedaba si volvía a sentirme útil.

–¡Ah! ¿Y no lo eres?

–Pues mira que no. María Esther no me deja hacer nada, y Lázaro ni se diga. Se ha creído que es mi mayordomo y me vigila cuidando que no me vaya a caer porque ando sin bastón.

–Ahí tienes la prueba de lo mucho que te quieren.

–Déjamela a mí, Dara, necesito hablar a solas con Angelita –dijo Sabina, que entraba en ese preciso momento a la sala.

Se sentaron en el sofá y estuvieron por un buen rato calladas, Sabina reconcentrada en lo que iba a decir y Ángela a la expectativa esperando a que hablara. Sabina carraspeó para impedir que le temblara la voz y le contó sin rodeos sobre la novela que pensaba escribir y tenía semiparada por no contar con la persona indicada que la nutriera con la voz de los recuerdos.

Ángela la escuchaba disimulando una sonrisa traviesa entre los labios.

–No me vengas con sinvergüenzuras, Sabina. ¿Por qué no sueltas la verdad y me dices que es Isabel y no tú la que quiere escribir esa novela?

–Angelita... yo... creí.

–Borrón y cuenta nueva, ¿entiendes? Tráeme a Isabel esta noche. Es con ella y no contigo con quien necesito hablar.

La víspera de Año Nuevo Ángela, segura ya de quedarse, pidió a Lázaro que la ayudase a colgar de nuevo en el comedor el viejo reloj de pared que durante muchos años marcó con sus manecillas las horas de aquella casa. Isabel los observaba sentada a lo yoga en el sofá, tomando a vuelapluma algunas de las ideas desperdigadas que aún revoloteaban por el aire. A su lado reposaba el diario escrito por Elisa. Ángela se acercó de puntillas y puso en orden las cuartillas dispersas sobre el sofá, temerosa de que el viento las volara. Las fue leyendo pensativa. El título no estaba mal porque hacía referencia al tiempo y al alma. También le gustó el comienzo: Isabel describía un olor muy humano que recordaba a Río Hondo.

–Sólo eso queda en uno: el tiempo, el alma y el olor propio. Es por ahí por donde luego nos juzgan las nuevas generaciones.

Isabel alzó los ojos y quedó con la pluma en suspenso, mirándola con la atención puesta en cada palabra.

En ese instante entró Lachy alegremente por la puerta agitando en la mano los tres dólares que Sabina le había dado para comprarse el juguetico, arrancándose del cuello la pañoleta de pionero que tanto calor le daba y dando voces al perro.

Ángela lo siguió con la vista y pensó en el futuro, en aquel hombre del siglo XXI del que tanto esperaba el Comandante.

–Ni tú ni yo, Isabel. Déjale a Lachy el final. A Lachy y a tu hijo Michael. Resérvales a ellos en tu libro el derecho a la posteridad, el derecho a juzgarnos y a decir la última palabra.

El reloj de la abuela Pelagia recién echado a andar nuevamente dejó escuchar en el comedor la cuarta campanada de la tarde, mientras en el viejo tocadiscos de Aguedita la voz de oro de Barbarito Diez cantaba: «Adiós, adiós, lucero de mis noches, dijo un soldado al pie de una ventana. Adiós me voy, no llores alma mía, que volveré mañana».

La Habana,
domingo 12 de febrero de 2001,
a las cuatro de la madrugada

Agosto - 2010

Índice

Primera parte
El reloj
11

Segunda parte
Los años
155

Tercera parte
El alma
325

Diseño: Winfried Bährle
Fotografía de la sobrecubierta: © Eryk Fitkau/Getty Images
Foto de solapa: Joan Borrás/Círculo de Lectores

Círculo de Lectores, S. A. (Sociedad Unipersonal)
Travessera de Gràcia, 47-49, 08021 Barcelona
www.circulo.es
1357990128642

Licencia editorial para Círculo de Lectores
por cortesía de Random House Mondadori, S. A.

Este libro ha sido impreso en papel Supersnowbright
suministrado por Hellefoss AS, de Noruega

Depósito legal: B. 43713-2009
Fotocomposición: Didot, Barcelona
Impresión y encuadernación: Printer industria gráfica
N. II, Cuatro caminos s/n, 08620 Sant Vicenç dels Horts
Barcelona, 2009. Impreso en España
ISBN 978-84-672-3817-4
N.° 27151